오직 기도만이 능력이다

오직 기도만이 능력이다

저자 아더 피어슨
역자 유재덕

초판 1쇄 발행 2025. 10. 2.

발행처 도서출판 브니엘
발행인 권혁선

책임교정 조은경
책임영업 기태훈
책임편집 브니엘 디자인실

등록번호 서울 제2006-50호
등록일자 2006. 9. 11.

서울특별시 송파구 백제고분로28길 25 B101호 (05590)
마케팅부 02)421-3436
편 집 부 02)421-3487
팩시밀리 02)421-3438

ISBN 979-11-93092-48-4 03230

독자의견 02)421-3487
이 메 일 editorkhs@empal.com

북카페주소 cafe.naver.com/penielpub.cafe
인스타그램 @peniel_books

이 책은 저작권법에 따라 보호받는 저작물이므로 무단전제 및 무단복제를 금합니다.
이 책의 전부 또는 일부를 이용하려면 반드시 사전에 저작권자와 도서출판 브니엘의
동의를 받아야 합니다.

도서출판 브니엘은 독자들의 원고를 설레는 마음으로 기다리고 있습니다.
위의 이메일로 간단한 기획 내용 및 원고, 연락처 등을 보내주십시오.

도서출판 브니엘은 갓구운 빵처럼 항상 신선한 책만을 고집합니다.

[조지 뮬러를 인도하신 하나님에 대한 그의 증거]

오직 기도만이 능력이다

아더 피어슨 지음 | 유재덕 옮김

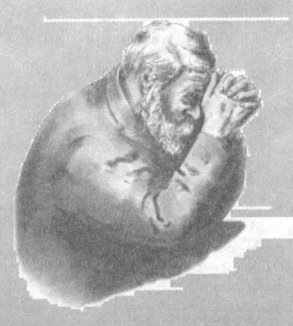

뮬러는 믿었고 믿었기에 기도했다.
그리고…
기도했기에 기대했고 기대했기에 응답받았다.

| 옮긴이 머리말 | 기도로 하나님의 약속을 증명한 사람

1840년 11월 8일, 말랐지만 꼿꼿한 자세의 한 사내가 다이아몬드 반지를 한 손에 쥔 채 창문을 마주하고 서 있었다. 당시 그의 나이 35세. 물론 그 반지는 자신과 함께 하나님의 사역에 헌신한 아내를 위해 마련한 것이 아니었다. 그것은 세상의 물질보다 하나님의 나라를 더 소중하게 생각한 어느 자매가 고아원에 수용된 아이들을 위해 헌금한 것이었다. 재물의 진정한 소유주에 대한 확고한 믿음과 고아들에 대한 따뜻한 애정이 담긴 다이아몬드 반지는 재정적으로 몹시 힘겨운 처지에 있던 브리스톨의 고아원에 말할 수 없을 정도로 큰 힘이 되어주었다. 그것이 기도에 대한 하나님의 응답이라는 사실을 잘 알고 있던 사내는 유리창 앞으로 다가섰다. 그러고는 다이아몬드 반지를 가지고서 유리창에 낱말 두 개를 히브리어로 새겨 넣었다.

"여호와 이레."

여호와 이레. '여호와께서 공급하신다'라는 뜻을 가진 하나님의 이름은 이 사내, 조지 뮬러의 믿음과 삶 전체를 관통하는 핵심적인 단어였다. 사역을 시작할 때부터 1898년 세상을 떠날 때까지 하나님을 제외하고는 누구에게도 일절 도움을 청하지 않았던 뮬러에게 주님은 필요한 모든 것을 공급하셨다. 뮬러는 하나님이 5만 번 기도에 응답하셨고, 그 가운데 3만 번은 기도하는 바로 그 순간이나 당일에 응답받았다고 겸손히 말했다. 하나님은 뮬러의 사역을 위해 7,500만 달러, 한화로 약 9백억 원이라는 놀라운 금액을 보내주셨다.

뮬러는 고아원 운영자이자 전형적인 목회자였다. 실제로 그는 영국 브리스톨의 한 교회에서 대략 1,200명의 성도를 보살폈다. 몇 년간 동료 헨리 크레익과 더불어 두 개의 교회에서 동시에 목회사역을 하기도 했다. 사역 초기에는 '국내 및 해외를 위한 성경지식연구원'을 설립해서 유럽의 주요 국가에서 학교의 설립과 운영을 후원했다. 일평생 그가 학교에서 교육한 인원은 123,000명 이상이었고, 무료 또는 낮은 가격으로 출판해서 보급한 책이 수백만 권이었다. 그는 성경지식연구원을 통해 수많은 해외선교사를 후원했는데, 허드슨 테일러와 중국내지선교회에서 파송한 최초의 선교사들이 대표적이었다.

그의 사역 가운데 최우선 관심은 누구나 알고 있듯이 고아들을 위한 고아원의 운영에 있었다. 동시에 2천 명을 수용할 수 있는 다섯 개의 고아원을 건축해서 죽기 전까지 10,024명의 고아를 돌보았다. 그리고 70세부터 87세까지는 세계 곳곳을 돌아다니며 선교했다. 한 차례의 일정은 대부분 1년 정도 계속되었고 2년간 지속할 때도 있었다. 이 선교여행을 위해 42개국을 방문했는데 모두 합하면 지구를 여덟 바퀴나 돌 수 있는 거리였다.

뮬러의 신앙은 어린아이처럼 아주 단순했다. 자신이 추진하는 모든 일이 성경의 인도함을 받고 있다고 믿었다. 그는 신비주의나 어떤 환상을 추종하거나, 문맥과 무관하게 함부로 성경을 해석하는 것에 반대했다. 성경에서 벗어난 신앙생활은 상당한 오류를 낳을 수밖에 없다는 것이 그의 확고한 믿음이었다. 그는 성경의 사람이었다. 성경으로부터 하나님의 약속을 찾아내서 그것을 의지했다. 뮬러가 보기에 진정한 신앙은 하나님의 말씀이나 뜻을 확인하고서 어떤 상황에서든지 흔들림 없이 그 약속에 매달리는 것이었다.

하나님은 어떤 식으로든지 빚을 지는 것을 용납하지 않는다는 것이 뮬러의 확고한 믿음이었다. 마찬가지로 누구에게도 돈을 요청하지 않았다. 그는 단 한 차례도 자신이 추진하는 사업 때문에 사람들에게 도움을 요구하거나, 기금 마련을 위해 사업가와 접촉하거나 교회를 찾아가 협조를 구하지 않았다. 그가 한 일이라고는 기도가 전부였다. 자신이 처한 상황을 드러내는 것까지도 내켜 하지 않았다. 그것 역시 간접적으로 기부를 기대하는 행위로 받아들여질 수 있었기 때문이다. 돌이켜보니 필요한 모든 것을 하나님이 채워주셨다고 고백하는 게 뮬러가 하나님께 영광을 돌리는 방식이었다. 그리고 그는 용도가 지정된 기부금을 다른 목적으로는 한 푼도 사용하지 않았다. 그의 삶은 말 그대로 신앙의 삶이었다. 뮬러의 삶을 이끌어간 원동력은 그가 고아원 사역을 시작한 이유에 고스란히 드러나 있다.

"교회 전체와 세상 앞에 하나님이 조금도 변하지 않았다는 증거를 제시해야 한다는 생각을 일깨우려고 그들을 사용했다. 그리고 이 일을 위해서는 고아원의 설립이 가장 좋은 방법처럼 보였다. 고아원은 일반의 눈으로도 직접 확인할 수 있는 특별한 무엇이 되어야 했다. 그런데 만일 아무것도 소유하지 않은 내가 누구에게도 도움을 구하지 않고, 오직 믿음과 기도로 고아원을 설립하고 계속 유지할 수 있는 수단을 확보한다면, 그것은 회심하지 않은 사람들의 양심에 하나님의 약속들이 현실적이라는 증거가 되는 동시에 주님의 축복으로 하나님 자녀들의 믿음을 세우는 도구가 될 수 있다."

뮬러는 그 무엇보다도 하나님은 살아계시고, 성경 말씀 그대로 기도에 여전히 응답하고 있음을 알리는 살아 있는 증거가 되고 싶어 했다. 실제로 하나님은 자신의 자녀들이 지닌 확신이 옳다는 것을 즐겨 입증하신다. 이것이 바로 뮬러가 하나님께 접근하는 그 나름의 방식이었다. 그는 대부분이 모르는 비밀, 즉 하나님은 말씀하신 그대로 직접 역사하고 있음을 세상에 알리려는 열망을 지닌 이들에게 아주 확실하게 모습을 드러낸다는 사실을 알고 있었다.

이 책의 저자 아더 피어슨은 이상과 같은 조지 뮬러의 삶을 다양한 극적인 사건과 함께 성경에 근거한 깊이 있는 영적인 해석을 추가해서 소상하게 소개하고 있다. 적당히 가릴 것은 가리고, 피해 갈 것은 에두르는 일반적인 전기와는 애초부터 성격이 다르다. 그 덕분에 우리는 뮬러의 진정한 사람됨과 강력한 소명의식, 그리고 풍성한 사역의 결실에 이르기까지 하나도 남김없이 파악할 수 있다. 시대적으로는 전형적인 19세기 인물이었지만, 신앙과 삶의 자세에는 시대를 초월해서 강력한 모범이자 도전이 되는 조지 뮬러의 이야기가 오늘 우리 모두의 믿음을 새롭게 일깨우는 커다란 울림이 되기를 기대한다.

옮긴이 유재덕

| 프롤로그 | 하나님의 능력이 각별히 나타난 뮬러의 삶

평론가 올리버 홈스(Oliver W. Holmes)는 자서전이라면 모든 전기가 당연히 따라야 한다고 재치 있게 말했다. 「일화」는 이미 뮬러가 직접 네 권을 출판했고, 선교여행을 다룬 다섯 번째 책은 부인이 직접 준비하면서 출간 이후의 연례 보고서들로 보충했기 때문에 실제로 일종의 자서전이라고 할 수 있다. 거기에는 뮬러의 생애가 독특한 개성과 더불어 아주 소상하게 드러나 있다. 뮬러의 생애에 얽힌 일화를 다룬 간단한 전기를 기대하는 이들은 이 저서들만으로도 그에 대한 다른 설명이 필요 없다.

하지만 내가 이 간단한 전기를 준비하게 된 것은 두 가지를 고려했기 때문이다. 첫째, 이 탁월한 생애를 구성하는 사실들을 그 삶이 주는 교훈과 상당한 영적 원리와 모범을 제시하고 강조하려고 발생순서와 무관하게 기록했다. 그리고 둘째는 사후에 다른 사람들이 하나님께 영광을 돌리도록 제대로 자신을 기록할 만큼 겸손한 인물이 없었기 때문이다.

누구든지 뮬러의 생애를 집필하는 이런 작업을 맡으면 거룩한 삶과 봉사와 관련된 더할 나위 없이 활기찬 사실로부터 깊은 인상을 받는다. 또 누구라도 그런 작업을 완성하면서 일화가 제시하는, 존재하고 살아 있고 기도에 응답하시는 하나님, 그리고 그분과의 실제적인 동행과 동역에 대한 증언에 압도당하는 느낌이 들 수 있다. 이 책을 준비하면서 오랫동안 뮬러의 동료이자 사위였던, 나의 막역한 친구 제임스 라이트와 자주 대화를 나눈 것이 큰 도움이 되었다.

나는 뮬러의 삶에서 하나님의 말씀이 각별한 능력을 발휘해서 믿음과 실천을 격려하고 인도하였다는 증거를 그의 일기 곳곳에서 발견하여 가장 매력적이고 유용한 것들만 간추렸다. 이 책은 소개되는 뮬러의 삶처럼 오직 하나의 목적을 갖고 있다. 기도에 응답하시는 하나님에 대한 조지 뮬러의 증언을 확대하고 강조해서 영원히 알리고, 하나님의 인도하심과 돌봄에 관한 한 인간의 역사와 경험을 활용할 수 있을 만큼 간결하고 강력하게 제시해서 다음의 질문에 제대로 응답하는 것이다.

"엘리야의 하나님 여호와는 어디 계시니이까?"(왕하 2:14).

글쓴이 아더 피어슨

"뮬러는 오직 단순한 믿음으로 하는 기도가 어떻게 하나님을 통해서 능력을 발휘하는지 잘 보여주는 산 표본이다."

CONTENTS
차례

옮긴이 머리말 _ 기도로 하나님의 말씀을 증명한 사람 ··· 005
프롤로그 _ 하나님의 능력이 각별히 나타난 뮬러의 삶 ··· 009

Section 1. 선택받은 그릇으로 재창조되다

죄악으로 점철된 쓰디쓴 젊은 시절 ··· 017
초자연적인 섭리로 회심하다 ··· 030
쓰임받는 그릇으로 새롭게 빚어지다 ··· 046
영혼에 대한 열정은 거룩한 불길이다 ··· 059
위엄과 책임이라는 사역의 길로 ··· 070

Section 2. 우리를 다루시는 하나님의 손길

하나님은 부름받은 사람을 어떻게 인도하실까 ··· 089
하나님이 인도하신 뜻밖에 새로운 세계 ··· 104
하나님이 직접 브리스톨에 심으신 나무 ··· 121
은혜의 사람으로 성장하는 하나님의 기도 나무 ··· 136
오직 약속하신 말씀에 의지한 기도만이 ··· 154

Section 3. 슬픔의 짙은 그늘 너머 빛이 비추고

믿음의 시련, 그러나 믿음의 조력자들 ··· 175
하나님의 기도학교에서 익힌 새로운 교훈들 ··· 190
온유함으로 구름기둥과 불기둥을 따라서 ··· 205
하나님의 섭리는 아주 복잡하게 움직인다 ··· 220
하늘 은혜의 제복을 입은 주님의 두 하인 ··· 241
슬픔의 짙은 그늘 너머 주님의 빛이 비치고 ··· 260

Section 4. 시험받은 믿음은 반드시 승리한다

또 다른 비전에 응답하신 하나님의 은혜 ··· 275
시험받은 믿음은 반드시 승리한다 ··· 294
아름답고 파란만장한 삶의 마지막 모습 ··· 312
뮬러에 대한 하나님의 살아 있는 증거들 ··· 326
기도의 사람을 향한 회고, 그리고 비전 ··· 344

▶ 특별부록. 뮬러를 기도의 사람으로 세운 자양분 ··· 367

S·E·C·T·I·O·N·1

선택받은 그릇으로 재창조되다

죄악으로 점철된
쓰디쓴 젊은 시절

•
•
•

    육신에 속한 인간에게는 눈으로 확인할 수 없는 영원한 것이 멀리 있고, 희미하지만 눈에 보이는 순간적인 것은 생생하고 구체적이다. 실제로 자연에 속한 물체는 볼 수 있고 느낄 수 있어서 살아 있는 하나님보다 더 현실적이고 실제로 보일 수 있다. 하나님과 동행하면서 필요할 때마다 실제적인 도움을 받고, 하나님의 약속을 실제적인 증거로 간주하고 현실의 경험에서 검증하는 모든 사람, 그리고 믿음의 열쇠로 하나님의 신비를 열고 기도의 열쇠로 하나님의 보회를 여는 모든 그리스도인은, 인류에게 "그분은 존재하고, 또 부지런히 자신을 찾는 이들에게 상 주신다"는 사실을 증거하고 소개한다.

    조지 뮬러는 인간의 몸으로 그것을 입증했고 모범이 되었다. 그는 우리처럼 정욕 때문에 온갖 유혹을 받으면서도 하나님을 신뢰하고 믿음 안에서 성장했다. 하나님이 기도에 귀를 기울인다는 것과 언제든지 그분을 신뢰할 수 있다는 것을 확실하게 입증하는 삶을 살면서 사역을 감당하려고 간절하게 기도했다. 에녹처럼 그는 진정으로 하나님과 동행했고 하나님을 기쁘게 하려고 부지런히 증거했다. 그래서 우리는 1898년 3월 10일에 조지 뮬러가 "세상에 있지 않다"라는 소식을 들었을 때 하나님이 데려가셨다는 사실을 알게 되었고(창 5:24 참조), 그것은 죽음이라는 표현보다 훨씬 더 잘 어울리는 진실이라는 사실도 알게 되었다.

그의 오랜 삶에 익숙한 이들과 그중에서도 그와 막역하고 개인적으로 영향을 받은 이들에게 있어서 그는 하나님의 원숙한 성도 가운데 한 사람이었고, 믿음의 삶이 가능하다는 것과 일상의 삶에서 하나님을 알고 교제하고 발견하고 막역한 친구로 지낼 수 있음을 입증한 산 증인이었다. 조지 뮬러는 하나님의 말씀을 기꺼이 받아들이고 그분의 뜻에 복종하는 이들에게는 하나님이 "어제나 오늘이나 영원토록 동일하시다"는 사실을 자신은 물론, 자신의 증거를 접하게 될 모든 사람에게 입증했다. 믿음과 순종을 과거로 돌리는 이들에게는 하나님의 간섭과 구원이 과거에 지나지 않는다. 한마디로 옛날 우리의 조상이 들려준 대로 믿음의 기도는 여전히 기적을 행할 수 있다.

조지 뮬러의 삶은 대표적인 사건이나 경험을 중심으로 검토하면 일정한 기간들로 자연스럽게 구분된다. 예를 들면 이런 식이다.

1. 출생부터 새로운 출생, 혹은 회심까지 (1805-1825)
2. 회심부터 일생의 사역에 입문할 때까지 (1825-1835)
3. 이때부터 선교여행까지 (1835-1875)

4. 선교여행의 출발부터 마칠 때까지 (1875-1892)
5. 선교여행을 마칠 때부터 죽음까지 (1892-1898)

이상과 같이 첫째 기간은 20년, 둘째 기간은 10년, 셋째 기간은 40년, 넷째 기간은 17년, 그리고 마지막 기간은 6년이다.
그런데 이처럼 일정하지 않은 각각의 기간은 확실하게 구별되고, 아주 중요하고 기억할 만한 교훈이 포함된 일종의 독립적인 시기를 구성한다. 가령 첫째 기간에는 죄 때문에 잃어버린 기간이었고 순종하지 않는 삶은 고통스럽고 무가치하다는 중대한 교훈을 익혔다. 둘째 기간에는 위대한 사역을 준비하는 특별한 과정을 확인할 수 있다. 셋째 기간은 그가 하나님의 사역을 실제로 수행한 시기를 포함한다. 우리는 이후로 17년이나 18년 동안 세계 곳곳에서 하나님을 전하는 뮬러의 모습을 볼 수 있다. 그리고 하나님은 그의 기독교적인 성품이 원숙해지도록 마지막 6년을 사용하셨다. 이 시기에 그는 상당히 외로웠지만 그 덕분에 하나님과의 교제는 더욱더 깊어졌다. 그래서 가까운 이들은 그가 어느 때보다도 거룩한 성품과 주님의 아름다움을 닮은 시기였다는 사실을 발견할 수 있었다.
첫째 기간은 간단히 넘어갈 수 있다. 죄에 물들고 방탕해서 청소년과 청년 시절을 허비한 시기였기 때문이다. 주로 이 기간은 죄인 중의 죄인까지 풍성하게 누리는 은총의 주권을 보여주고 있어서 흥미롭다. 그 기간에 얽힌 일화를 읽고 경건을 진화의 결과로 간주할 사람이 있을까? 뮬러의 경우에는 진화가 아니었다. 구원의 기록에서나 접할 수 있을 만큼 분명하고 완벽한 혁명이었다. 사도 바울이 다소에서 경험한 회심을 전적으로 초자연석인 능력에 의한 것으로 설명했던 신학자 조지 리틀턴(Ge-

orge Lyttelton)이라면 조지 뮬러의 변화를 어떻게 받아들였을까? 바울은 그릇된 길로 인도받았으나 양심적이었고 바리새인처럼 행동했지만 도덕성은 있었다. 그러나 뮬러는 평범한 정직이나 품위와는 어울리지 않는 전형적인 죄인이었다. 어려서는 하나님은 물론, 도덕의식과 전혀 무관한 삶을 살았다. 바울이 완고한 죄인이었다면 조지 뮬러는 정말 강퍅한 죄인이었다.

프로이센 출신의 조지 뮬러는 1805년 9월 27일에 할버슈타트 부근의 크로펜슈테트에서 태어났다(조지 뮬러의 본명은 요한 게오르그 페르디난드 뮬러(Johann Georg Ferdinand Muller)이다-역주). 그로부터 채 5년이 지나지 않아 부모는 6km 정도 거리의 하이머스레벤으로 이사했고, 아버지는 그곳에서 세무서 직원이 되었다. 11년 뒤에는 쇠네벡으로 또다시 이사하고 새로운 업무를 맡았다.

조지 뮬러는 부모의 양육을 제대로 받지 못했다. 뮬러에 대한 아버지의 편애는 그 자신은 물론, 형제들에게 좋지 않은 영향을 끼쳐 야곱의 가족처럼 시기와 불화의 원인이 되었다. 돈을 제대로 관리하는 법을 익히도록 어린 자식들에게 제한 없이 돈을 맡겼지만 덕분에 생각 없이 돈을 마음껏 쓰게 되었다. 어린아이들은 대개 그렇게 해서 사치의 죄에 빠진다. 어떻게 돈을 쓰는지 거짓으로 둘러대면 상황은 훨씬 악화한다. 어린 조지 뮬러는 자기가 받은 금액을 속이거나 쓰고 남은 돈을 꾸며 용의주도하게 아버지를 속였다. 속임수가 발각될 때마다 받았던 벌은 전혀 효과가 없었고, 더 기발한 속임수를 꾸며내게 할 뿐이었다. 스파르타 소년들처럼 뮬러가 볼 때 잘못은 훔친 게 아니라 그 도둑질이 드러나는 것이었다.

어린 시절의 회상으로는, 그는 정말 나쁜 아이였고 부끄러움을 전혀 몰랐다. 열 살이 되기 전에 습관적으로 훔치고 노련하게 속였다. 아버지가 관리하는 정부의 자금마저 그의 손에서 안전하지 못했다. 의심을 품은 아버지가 함정을 준비했다. 전체 금액을 정확하게 확인한 후 훔쳐가기 쉬운 곳에 숨겨둔 것이다. 아니나 다를까 뮬러는 돈을 가져다가 신발에 감추었지만 발각되었고, 이전에 사라진 돈까지 남김없이 밝혀지고 말았다.

이런 뮬러를 아버지는 성직교육을 받게 하려고 열한 살이 되기 전에 할버슈타트의 대성당 고전학교에 입학시켰다. 부도덕하고 행실이 나쁜 자식이 성직을 준비하도록 의도적으로 떨어져 지냈다는 것은 사실 잘 믿어지지 않는다. 하지만 국교가 존재하는 곳에서는 복음을 전하는 사역이 거룩한 소명보다는 인간적인 직업으로 간주되는 경향이 있었고, 그래서 자격 기준이 낮은 세속 수준으로 떨어질 때도 종종 있었다. 그러면 안타깝게도 주된 목적이 거룩한 삶과 전혀 무관한 소위 '생계'로 전락하고 만다.

이때부터 소년은 공부를 제외한 소설 읽기와 온갖 나쁜 일에 탐닉했다. 카드놀이와 술에 자주 빠져들었다. 열네 살 소년은 어머니가 세상을 뜬 날 밤에도 거리를 쏘다니면서 술을 마셨다. 어머니의 죽음도 그의 악한 행동을 바로잡거나 잠자는 양심을 일깨우시 못했다. 그리고 대부분 그렇듯이 엄숙한 경고가 효과를 보지 못하면 더욱 악해져 갈 뿐이었다.

입교시기가 되자 예비 종교교육을 받아야 했다. 하지만 이것은 형식에 불과해서 별다른 생각 없이 참석해 또다시 잘못을 범했다. 거룩한 일들을 평범하게 받아들였고, 그렇게 해서 더욱 냉담해졌다. 입교식과 성찬식에 처음으로 참석하기 전날 밤에 그는 엄청난 죄를 저질렀다. 관례로 '죄의 고백'을 위해 목사를 만났을 때 천연덕스럽게 거짓말을 늘어놓고 아버지가 맡겨놓은 입교 비용의 대부분을 가로챘다.

뮬러는 그런 마음과 생활 습관 속에서 1820년의 부활절 기간에 입교식을 치르고 성찬식에 참석할 자격을 얻었다. 실제로 입교식을 치렀지만 죄에 빠져서 부도덕할 뿐 아니라 거듭나지 못했고, 그리스도의 복음의 원리에 무지했던 그는 구원의 절차를 묻는 사람에게 제대로 설명할 수 없었다. 엄숙하고 거룩한 일의 경우에는 그럴 수도 있겠지만, 일시적인 인상을 남기거나 더 나은 삶에 대한 얄팍한 결심으로 이끈 어정쩡한 진지함이 있었다. 죄의식이나 하나님에 대한 회개는 없었고 더 큰 능력을 조금도 의지하지 않았다. 그것들 없이는 스스로 개선하려는 그 어떤 노력도 가치를 입증하지 못하거나 꾸준한 결과를 낳지 못한다.

이렇게 악한 소년 시절에 얽힌 일화에서 죄악과 범죄를 제외하면 달리 남는 것이 없다. 그것은 악한 행동과 그에 따른 슬픔에 대한 긴 이야기이다. 언젠가는 지닌 돈을 모두 낭비하는 바람에 함께 방을 쓰는 군인의 맛없는 빵을 훔칠 정도로 굶주리기도 했다. 그래서 한참 뒤에 아주 극단적이던 시절을 돌아보면서 그는 이렇게 탄식했다. "이 세상이라고 해도 사탄을 섬기는 것은 정말이지 비참한 일이다!"

1821년, 아버지가 쇠네벡으로 이사하게 되자 뮬러는 마그데부르크의 대성당학교에 보내달라고 요구했다. 내적으로는 그런 식으로 죄의 유혹이나 악한 친구들과의 관계를 끊고 새로운 환경에서 자신을 스스로 개선하는 데 도움을 받으려고 했었다. 그는 가끔 이런 식으로 도덕적으로 변화하려고 했다. 하지만 진정한 개선을 가능하게 하는 원천이 되는 존재를 일상적이면서도 치명적으로 간과하는 잘못을 거듭 범했다. "그의 생각에는 하나님이 일절 존재하지 않았다." 그는 이쪽에서 저쪽으로 떠나는 게 자신의 죄를 남겨두고 가는 것이 아니라는 사실을 깨달았다. 자신을 데려갔기 때문이다.

이상하리만치 신중하지 못한 아버지는 그가 하이머스레벤에 있는 집에서 잡무를 처리하면서 그 지역을 책임진 나겔(Nagel) 목사와 고전을 읽을 수 있게 주선했다. 그렇게 한동안 주인 노릇을 하게 되자 유혹의 문이 활짝 열렸다. 그는 아버지한테 빚진 사람들에게 돈을 받을 수 있도록 허락을 받았고, 그래서 또다시 상당한 금액의 돈을 탕진하고는 그 사실을 아무도 모르게 숨겼다.

1821년 11월, 뮬러는 마그데부르크와 브라운슈바이크로 떠났다. 브라운슈바이크에서는 입교식을 치른 직후에 만난 가톨릭 출신의 소녀를 사랑하게 되었다. 집을 떠나 있던 이 시기에 사악한 탐닉의 길로 거듭해서 빠져들었다. 일차적으로 가정교사에게 거짓말로 둘러대고 그곳에 가도 된다는 허락을 얻었다. 그러고는 마그데부르크에서 죄악의 한 주간을 보냈고, 브라운슈바이크에서는 값비싼 호텔에서 아버지의 돈을 탕진했다. 돈이 모두 떨어지자 삼촌을 찾아가서 떠나라고 할 때까지 그곳에서 버텼다. 그런 뒤에 또다시 값비싼 호텔에서 늘어난 방값을 독촉받을 때까지 묵다가 비싼 옷을 맡기고 가까스로 빠져나와야 했다. 그러고 나서 볼펜비텔에서 똑같이 대담한 계획을 실행에 옮겼다. 그러나 돈을 지급하지 못하자 도망쳤다가 붙잡혀 감옥에 갇히는 신세로 전락하고 말았다.

이 열여섯 살의 소년은 이미 거짓말쟁이와 도둑, 사기꾼과 술주정뱅이였고, 서지르는 짓이라고는 범죄뿐이었다. 그리고 유죄 판결을 받은 흉악범의 친구이면서 그 자신이 흉악범의 감옥에 갇힌 신세였다. 며칠 뒤에 어떤 도둑이 함께 갇혔다. 이 둘은 다른 도둑들처럼 서로 자랑을 늘어놓았는데, 어린 뮬러는 눌리지 않으려고 그럴듯하게 이야기를 꾸며서 더 유명한 행세를 했다. 이렇게 비참한 교제를 열흘 또는 열이틀 동안 지속하다가 의견이 틀어지자 어정쩡한 침묵이 흘렀다. 그렇게 해서 1821년 12월 18일부터 다음 해 1월 21일까지 34일간 우울한 날이 계속되었다. 그 기간에 뮬러는 감옥에 갇힌 채 함께 지내는 도둑에게 선심을 사려고 애썼다.

딱한 처지를 알게 된 아버지가 호텔의 숙박비와 그 밖의 비용과 여비를 보내왔다. 하지만 감옥을 나온 그는 분을 삭이지 못했고, 관대한 부모를 만나러 가는 길에 몹시 나쁜 사내와 동행할 정도로 여전히 사악했다. 아버지에게 심한 꾸지람을 듣자 태도를 바꾸어서 신임을 얻으려고 어느 정도 노력했다. 그래서 열심히 공부하고 수학과 독일어, 프랑스어와 라틴어 수업을 들었다. 이런 외적인 변화에 크게 기뻐한 아버지는 얼마 지나지 않아서 아들의 악한 행실을 용서했다. 하지만 겉모습만 반듯했을 뿐이었다. 은밀한 생각은 여전히 몹시 악해서 하나님이 보시기에는 삶 전체가 가증스러웠다.

이제 뮬러는 나중에 '전적인 거짓말의 사슬'로 규정한 일을 감행하기 시작했다. 아버지가 집에 머무는 것을 더는 용납하지 않자 겉으로는 시험을 치러 대학도시 할레로 가겠다고 하고는 실제로는 김나지움에 입학하러 노르드하우젠으로 떠났다. 할레를 피한 까닭은 그곳에서의 엄격한 훈육이 두려웠고, 그런 속박이 대학에서 공부하면서 자신보다 더 큰 자유를 누리는 젊은 친구들과의 교제를 방해한다고 생각했기 때문이다.

그는 집으로 돌아와서도 아버지에게 이 사실을 숨기려고 했지만 노르드하우젠으로 떠나기 직전에 사실이 밝혀졌고, 자신이 꾸며낸 조직적인 불순종과 속임수를 해명하려고 거짓말의 사슬에 필요한 고리를 새롭게 끼워 넣었다. 아버지는 화를 내면서도 노르드하우젠에 가도록 허락했다. 그는 그곳에서 1822년부터 1825년 부활절까지 지냈다.

뮬러는 2년 반을 김나지움 교장과 함께 지내면서 고전과 프랑스어와 역사 등을 공부했다. 행동이 달라진 그는 인정을 받으면서 다른 학생들에게 모범으로 소개되었고, 선생님과 산책하면서 라틴어로 대화할 정도가 되었다. 이때 그는 새벽 4시에 일어나서 밤 10시까지 책을 읽는 부지런한 학생이었다. 그럼에도 그의 고백으로는 이 모든 형식적인 예절 배후에는 은밀한 죄와 함께 하나님과의 완벽한 단절이 숨어 있었다. 드러나지 않는 악함 때문에 병에 걸린 그는 13주를 누워서 지내기도 했다.

뮬러는 클롭슈토크(Friedrich Gottlieb Klopstock, 1724-1803, 괴테의 「젊은 베르테르의 슬픔」에 이름이 등장하기도 하는 그는 독일 출신의 시인이다. 처음에는 고전문학, 나중에는 예나대학과 라이프치히대학에서 신학을 공부했다. 1751년 덴마크의 국왕 프리드리히 5세의 초청을 받아서 코펜하겐으로 이주한 뒤에 걸작으로 꼽히는 서사시 '구세주'(Der Messias)를 완성했다-역주)의 작품을 비롯한 저서들을 읽을 정도로 종교적인 성향이 없진 않았지만, 하나님의 말씀에 무심했을 뿐 아니라 하나님의 법을 무시하면서도 선혀 죄책감을 느끼지 않았다. 그의 서가에는 3백 권 이상의 책이 있었지만 성경은 없었다. 친숙한 키케로와 호라티우스, 몰리에르와 볼테르의 작품은 높게 평가하면서도 성경은 전혀 몰랐고, 그렇게 무지한 만큼 무관심했다.

그는 당시 습관처럼 한 해에 두 차례씩 성찬식에 참석했다. 입교의 시기를 넘긴 다른 사람들도 그랬다. 그런데 그는 그럴 때마다 종교적으로 큰 감동을 받았다. 성별된 빵과 포도주를 먹을 때면 다르게 살겠다고 이따금 서원하고 며칠간 공개적으로 죄를 피하기도 했다. 하지만 내적으로 힘을 발휘할 수 있는 영적인 생명은 존재하지 않았고, 서원은 얼마 지나지 않아 거의 소멸되고 말았다. 노회한 사탄은 젊은 뮬러가 상대하기에 버거웠다. 악한 본성의 강력한 정욕이 살아나면 그의 결심과 노력은 잠에서 깬 삼손을 묶어놓은 마르지 않은 줄처럼 힘을 발휘하지 못했다.

이 스무 살의 청년이 얼굴도 붉히지 않고서 천연덕스럽게 거짓말을 할 수 있었다는 것은 쉽게 믿어지지 않는다. 돈을 탕진하고 빚의 수렁에 빠져 용돈으로 해결이 안 되면 더할 나위 없이 그릇된 수단을 거듭 의지했다. 그는 방탕한 생활에 탕진한 돈을 강도 맞은 것처럼 꾸미고서 배우처럼 행동하기로 했다. 가방과 악기 상자 자물쇠를 억지로 부수고는 옷을 대충 걸친 채 놀란 표정으로 교장실로 달려가서 강도를 만났다고 말했다. 덕분에 친구들은 불쌍하게 생각하고 주머니를 털어서 잃은 금액을 보충해주었다. 그렇지만 거짓으로 꾸민 것이라는 의심을 받게 되고, 결국 교장의 신임을 잃어버렸다. 비록 당시에는 죄책감이 없었지만 그런 비열한 행동과 위선이 발각된 것이 부끄러워서, 오래 앓을 때 어머니처럼 보살펴주던 교장 부인을 두 번 다시 만날 수 없게 되었다.

이런 뮬러가 명예로운 대학생이 되었을 뿐 아니라 루터교회에서 설교하는 성직 후보자가 되었다. 이 신학생은 하나님이나 구원을 전혀 몰랐고 구원의 은총에 대한 복음의 계획 역시 알지 못했다. 개선된 삶이 필요하다고 생각했지만 경건한 마음은 그를 지배할 수 없었다. 과거와의 단절은 순전히 편의상의 문제였다. 방탕한 생활을 계속하다가 결국 발각되는 바람에 어느 교구에서도 그를 목회자로 받아들이려 하지 않았다. 소중한 해결책과 건전한 삶을 확보하려면 좋은 점수로 신학공부를 끝마쳐서 적어도 나름의 평판을 얻어야 했다. 세속적인 판단을 따르다 보니 한편으로는 공부를, 또 다른 편으로는 삶을 바로잡으려고 노력하지 않을 수 없었다.

뮬러는 다시 한번 실패했다. 모든 능력의 근원이자 비결을 발견하지 못했기 때문이다. 결심이 거미줄처럼 나약해서 악한 버릇을 통제하지 못한다는 게 드러나기 직전에 겨우 할레대학에 입학했다. 실제로 길거리의 다툼이나 싸움에 끼어들지는 않았다. 그랬다가는 자유가 박탈될 수도 있었다. 하지만 그에게는 여전히 도덕적인 자제력이 없었다. 가지고 있는 돈이 바닥나자마자 빌릴 수 없을 때까지 빚을 지고는 시계와 옷가지를 저당 잡혔다.

그는 비참해질 수 있었다. 그런 길을 따라가면 가난과 불행, 수치와 망신을 겪을 게 분명했다. 사리 판단은 악한 짓을 그만두도록 강력하게 요구했지만 경건은 아직 삶 속에서 제소리를 내지 못했다. 그런데도 그는 과거에 학교를 함께 다닌 베타(Beta)라는 젊은이를 가까이했다. 친구의 진지함이 자신의 행로에 도움이 될 수 있다는 기대 때문이었다. 하지만 그것은 상한 갈대를 의지한 것과 다르지 않았다. 베타 역시 타락한 상태였다. 뮬러는 또다시 병을 앓았다. 하나님은 그가 젊어서 저지른 잘못의 대가를 치르게 하셨다. 몇 주 뒤에 건강이 좋아지자 겉으로 볼 때 그의 행동은 한 차례 더 달라졌다.

하지만 여전히 전체적인 삶을 제대로 통제할 수 있는 진정한 원천이 결여된 탓에 얼마 지나시 않아 또다시 죄에 빠져들게 되었다. 뮬러는 악한 일을 꾸미는 데 전문가였다. 돈을 마련하려고 남은 것을 저당 잡히고 베타와 다른 친구 둘과 함께 나흘 동안 쾌락을 좇다가 알프스로 긴 여행을 떠날 계획을 세웠다. 문제는 돈과 여권이었다. 재빠른 머리로 장애물을 즉시 해결했다. 부모로 속여 쓴 편지로 여권을 마련하고 책을 맡겨서 자금을 확보했다. 43일간 거의 도보로 여행을 계속했다. 여행하는 동안 뮬러는 유다처럼 공동의 재정을 관리하면서 도둑질을 했다. 친구들에게 자신의 비용 가운데 상당 부분을 떠넘겼다.

9월이 지나기 전에 친구들과 할레로 돌아온 뮬러는 남은 방학기간을 보내러 집으로 돌아갔다. 사용한 돈을 적당하게 둘러댈 새로운 거짓말이 연속적으로 쉽게 떠올랐다. 그의 선한 결심은 너무 빨리, 너무 슬프게 또다시 완전히 깨져버리고 말았다.

한 번 더 할레로 돌아왔을 때 예수 그리스도 안에서 새사람이 될 시기가 닥쳤다는 사실을 제대로 의식하지 못했다. 그는 하나님을 발견해야 했고, 그런 발견이 삶의 흐름 전체를 새롭게 변화시켜야 했다. 20년 동안의 이런 죄악과 불행을 마지못해서 기록으로 남긴 게 아니었다. 자신의 회심이 초자연적인 역사이고 하나님을 제외하면 설명할 수 없다는 사실을 분명히 해두기 위함이었다. 그에게는 그런 결과를 발전시킬 수 있는 게 전혀 없었고 그가 처한 환경도 마찬가지였다.

대학 도시에는 그가 경험한 성품과 행실을 변화시킬 수 있는 자연적인 능력이 존재하지 않았다. 그곳에는 1,260명의 학생이 거주했고 그 가운데 9백 명이 신학생이었다. 그리고 신학생들은 모두 설교를 하도록 허락을 받았지만 실제로 '하나님을 두려워한' 사람은 백 분의 일도 채 되지 않았다고 뮬러는 말한다. 순수하고 깨끗한 신앙을 형식주의가 대신했고,

▲ 뮬러 당시의 할레 전경. 뮬러는 젊은 시절 이 거리를 방황하며 온갖 악행과 죄악을 일삼았다. 그 당시 그에게는 하나님이 없었으며 오직 육체적 탐닉만이 존재했다. 하지만 회심 후 이곳은 뮬러의 새로운 신앙 터전으로 바뀌었다.

그들 대부분은 직업적인 경건함 뒤에 부도덕과 불신앙을 숨겨두고 있었다. 그런 환경에 있던 뮬러는 어떤 강력한 힘이 외부와 위로부터 개입하지 않고서는 성격과 삶이 근본적으로 바뀌는 게 불가능했다. 지금부터 우리는 이 힘이 무엇이었고 어떻게 그에게 임했는지 살펴보아야 한다.

초자연적인 섭리로
회심하다

우리는 뮬러의 생애 가운데 두 번째 시기에 접어든다. 조지 뮬러는 악행으로 점철된 세월을 보내고 나서 하나님께 돌아섰다. 그런 변화의 근본적인 성격은 전능하신 은총의 주권을 극명하게 입증하고 보여준다. 그는 포악하고 심각한 죄악에 둘러싸여 지냈고, 두 번에 걸친 질병을 비롯한 적잖은 고통을 겪어야 했다. 자비하신 하나님의 목적이 그를 통해 성취되어야 했기 때문이다. 그런 사실을 다르게 설명할 수 있는 적절한 방법은 없다.

하나님을 간과한 채 그런 회심을 설명해 보려고 하는 이들은, 이 젊은 죄인이 어느 때보다 신앙에 무관심한 시기에 일어났다는 사실을 지나쳐서는 안 된다. 당시 그는 여러 해 동안 성경을 읽지 않았을 뿐 아니라 성경을 갖고 있지 않았다. 예배에 제대로 참석하지 않았고 복음의 설교도 듣지 않았다. 주 예수 그리스도를 믿고 하나님의 도움과 말씀에 따라서 사는 것이 무엇인지 들어본 적이 없었다. 실제로 기독교의 교리에 대한 일차적인 원리를 전혀 몰랐고 거룩한 삶의 진정한 성격도 알지 못했다. 오히려 타락과 죄악이 정도의 차이는 있어도 모두 자신과 같다고 생각했다. 이 젊은이는 죄인과 성도가 수준이 아니라 종류가 다르고, 그리스도 안에 있는 사람은 누구나 새로운 피조물이라는 초보적인 진리를 알지 못한 채 성인이 되었다. 그런데 그런 시기와 상황에 부닥쳤던 굳은 마음을 지닌 그 사내에게 성령이 임해서, 갑자기 새로운 삶의 영역으로 들어가는 입구를 발견하고는 새로운 분위기에 새롭게 적응하게 된 것이다.

우리가 지금 돌이켜서 이것을 필생의 사역을 위한 준비과정으로 생각하면 이 역사 속에서 작용한 거룩한 손길이 더욱 확실해진다. 그가 이런 사역을 생각하거나 예상하지 못했기 때문에 준비기간은 더욱 신비롭다. 우리는 그 이후로 십 년 동안 조지 뮬러를 선택해서 용도에 맞는 그릇으로 빚어낸 거룩한 토기장이를 볼 수 있다. 모두 준비단계였지만 미래의 관점에서 거꾸로 교회와 세상을 위한 독특한 사역을 바라볼 때만 제대로 파악할 수 있다. 새롭게 회심한 이 사내는 전혀 의식하지 못하는 사이에 하나님에 의해서 성별되었고 아주 특별하게 헌신해야 했다.

1825년 11월 중순 어느 토요일 오후, 산책을 마치고 돌아오는 길에 베타는 뮬리에게 그날 저녁에 한 성도의 집에서 열리는 모임에 참석할 예정이라고 말했다. 그는 토요일마다 정기적으로 참석했고, 몇 명의 친구들이 모여 찬송하고 기도하며, 하나님의 말씀과 인쇄된 설교를 읽는다고 했다. 하지만 그런 순서가 날마다 카드놀이와 음주와 춤과 연극에서 만족을 구하면서 타락한 친구들과 어울려 다니는 세속적인 사내의 관심을 끌기는 불가능했다.

그런데 조지 뮬러는 이유는 댈 수 없었지만 갑자기 그 모임에 참석하고 싶은 생각이 들었다. 그에게는 결코 채울 수 없는 공허감이 존재했고, 어떤 본능적인 내적 음성이 그곳에서 영적 허기를 충족시킬 수 있는 양식을 발견할 수 있다고 속삭였다. 그것은 일평생 무의식적으로, 그리고 맹목적으로 찾아다녔던 만족의 대상이었다. 뮬러는 함께 가고 싶다고 말했다. 베타는 사악한 쾌락을 즐기며 무분별하게 집착하는 친구가 그 모임을 내켜 하지 않을 것 같아서 권하기를 망설였다. 하지만 그는 뮬러를 불러서 그 모임에 데리고 갔다.

타락해서 방황하는 동안 베타는 조지 뮬러의 나쁜 행동을 따르거나 거들기도 했었지만, 스위스 여행에서 돌아오면서 죄를 의식하자 믿음을 회복하고서 아버지에게 있는 그대로 고백했다. 그리고 과거에 할레대학에서 공부했던 그리스도인 친구 리히터(Richter) 박사의 소개로 장소를 제공하는 바그너(J. V. Wagner)를 알게 된 것이다. 그렇게 해서 과거에 타락했던 사람 베타는, 죄인에게 그릇된 길을 벗어나게 하고 영혼을 죽음에서 구원하고 수많은 죄를 덮어주시는 하나님의 도구가 되었다.

토요일 저녁은 조지 뮬러의 역사와 운명의 전환점이 되었다. 뮬러는 낯선 사람들과 새로운 환경에서 새로운 공기를 마시고 있다는 것을 깨달았다. 그는 자신이 환영받고 있는지 확신하지 못한 나머지 어색해서 그곳에 참석한 것을 사과하기까지 했다. 하지만 바그너 형제의 따뜻한 대답은 결코 잊을 수 없었다. "마음이 내키면 자주 오세요. 집과 마음이 당신에게 열려 있습니다." 그는 나중에 복된 경험을 통해서 배운 것, 즉 악한 사람이 아무리 조심스럽게 기도의 장소로 발길을 돌리더라도 기도하

◀ 요한 바이트 바그너의 초상. 바그너는 뮬러가 새로운 삶을 살 수 있도록 길과 마음을 열어주었다.

▶ 할레에 있는 바그너의 집. 뮬러는 성령의 인도하심을 받아 이곳에 오게 되었고 토요일 저녁 모임을 통해 운명의 전환점을 맞았다.

는 성도의 마음이 얼마나 기쁘고 설레는지 거의 알지 못했다.

모두 자리에 앉은 채 찬송을 불렀다. 나중에 런던선교협회 소속 선교사로 아프리카로 떠난 어느 형제가 무릎을 꿇고 그 모임을 위해 하나님께 축복을 구했다. 하나님 앞에서 무릎을 꿇은 모습은 뮬러에게 절대 지워지지 않는 인상을 남겼다. 그는 스물한 살이었지만 무릎을 꿇고 기도하는 것을 단 한 번도 본 적이 없었다. 그리고 물론 그 자신도 하나님 앞에서 무릎을 꿇어본 적이 없었다. 프러시아 사람들은 공적으로 기도할 때는 대개 일어서서 기도했기 때문이다.

하나님의 말씀을 한 장 읽고 나서 인쇄된 설교를 읽었다. 어떤 모임이든지 안수를 받은 성직자가 없으면 성경을 해석하는 것이 대개 금지되었다. 찬송을 한 곡 더 부르고 나서 뮬러는 속으로 생각했다. '나는 이 무식한 사람보다 훨씬 더 많이 배웠지만 저렇게 기도할 수 없다.' 이상하게도 그 모임에 참석하고 싶은 심정을 설명할 수 없었듯이 이미 영혼에 샘솟는 새로운 기쁨을 제대로 표현할 수 없었다. 하지만 사실이었다. 그래서 집으로 돌아오는 길에 그는 참지 못하고 베타에게 이렇게 말했다.

"스위스 여행에서 우리가 보았던 모든 것, 그리고 우리가 즐겼던 모든 쾌락도 오늘 밤과는 전혀 비교할 수 없어."

집에 돌아와서 무릎을 꿇고 기도했는지는 기억나지 않지만, 아무튼 그날 밤 침대에 누웠을 때 발견한 낯설고 생소한 평안과 안식은 결코 잊을 수 없었다. 독수리 같은 하나님이 둥지를 떠나 헛되이 날아다니던 새끼를 찾아 두 날개로 감싸준 게 아니었을까?

하나님이 일하는 방식은 정말 주권적이었다. 신학자들은 조지 뮬러 같은 죄인이 새로운 삶을 살려면 대단한 '율법의 행위'가 수반되어야 한다고 요구했을지 모른다. 하지만 이때는 하나님과 거룩한 일에 대한 깊은 지식은 물론, 죄책감과 정죄에 대한 지식이 부족했다. 어쩌면 거룩한 일을 잘 알지 못하다 보니 죄책감이나 정죄 역시 제대로 알지 못했을 것이다.

이런 사실을 고려하면 회심에 대한 우리의 엄격한 이론은 완전히 근거를 상실한다. 우리는 구원을 위해 아주 단순하게 그리스도를 믿어서 '율법의 행위'를 전혀 설명하지 못했던 어떤 어린아이의 일화를 알고 있다. 일정 기간 철저히 양심의 가책을 느끼지 않으면 진정한 회심이 불가능하다고 생각하던 어른이 물었다.

"그렇다면 절망의 구렁텅이는 어떻게 된 거지?"

아이는 허리를 숙여 인사하면서 말했다.

"저는 그 길로 오지 않았는걸요."

조지 뮬러의 눈은 반쯤 열려 있었다. 사람들이 걸어 다니는 나무처럼 보였다. 그런데 그리스도께서 눈을 만져주셨다. 그는 위대한 치유자를 몰랐으나 어떻게든 은총의 옷자락을 만졌다. 그러자 솔기 없는 옷을 입고 더듬어서 구원을 바라던 영혼의 한없이 희미한 손길에도 응답하시던 그리스도에게서 은총이 흘러나왔다. 덕분에 우리는 여기서 하나님이 끝없이 다양하게 역사하시고, 또 그런 역사는 아주 놀랍다는 증거를 접하게 된다.

1825년 11월 어느 토요일 밤은 할레대학의 이 젊은 학생에게 분수령이 되었다. 그는 하나님의 자비하심을 경험했지만 거룩한 것에 대한 새로운 관심을 설명할 수 없었다. 다음 모임을 위해서 또다시 한 주를 기다리는 게 너무나 길게 느껴졌다. 그래서 그는 토요일이 되기 전에 세 차례나 바그너의 집을 찾아가서 형제들의 도움을 받아 성경을 공부했다.

이런 회심과 같은 사건과 실제 과정을 너무 급하게 다루면 이 전기의 핵심이 되는 교훈 가운데 하나를 지나칠 수 있다. 하나님이 자신의 일을 위한 일꾼을 준비시키는 위대한 첫째 단계를 여기서 찾아내야 하기 때문이다.

미리 준비시키는 것을 보여주는 확실한 징조와 증거보다 더 대단한 것은 역사에 존재하지 않는다. 우리의 생활에서 벌어지는 일은 단절되거나 우연한 단편들이 아니다. 하나님의 책에는 이 모든 사건이 미리 기록되어 있었다. 아직 존재하지 않더라도 하나님의 마음에는 계획이 존재해서 실제 역사에 계속 등장한다. 시편 139편 16절의 내용이 그것을 가리키는 것일 수 있다.

"내 형질이 이루어지기 전에 주의 눈이 보셨으며 나를 위하여 정한 날이 하루도 되기 전에 주의 책에 다 기록이 되었나이다"(시 139:16).

건축하는 곳에서는 석재와 목재를 볼 수 있다. 석재는 각기 다른 채석장에서, 그리고 목재는 다양한 목재소에서 가져온 것이다. 시간이나 공간에서 의식적인 접촉이나 협력이 한 번도 이루어지지 않은 일꾼들이 부지런히 그것들을 다룬다. 전혀 예견된 일이 아니지만 깎거나 자르지 않은 돌과 나무가 서로 잘 들어맞는다. 아귀와 비율, 그리고 치수가 모두 잘 맞아서 건물이 완성될 때 한 작업장에서 준비되고 검사를 거치거나 한 것처럼 완벽하게 맞아떨어져야 한다. 그와 같은 상황에서 정상적인 사람이라면 채석장과 목재소와 일꾼이 아무리 많더라도 한 사람, 즉 건축가나 총책임자가 주도적으로 그 구조물을 설계했다는 사실을 의심하지 않을 것이다.

이 전기 역시 그런 때에 해당한다. 업적이라는 하나의 구조물을 구성할 수 있는 자료는 무수히 많고, 여럿의 손길을 타서 만들어진다. 그런데도 의도하는 목적대로 서로 잘 들어맞는다. 그것은 오랫동안 생각하고 계획한 존재의 각별한 목적에 따라서 모든 인간 대리인이 무의식적으로 공헌했다는 사실을 입증하는 것이다. 하나님의 놀라운 솜씨를 보여주는 이 장면은 단순한 인간의 사건들 이면에서 단절된 듯한 이 모든 사건과 경험을 하나의 생애로 구성하고 완성하는 하나님의 손을 바라볼 때 더 분명해진다.

가령 조지 뮬러의 영적인 역사에서는 무엇을 첫째 단계나 국면으로 간주해야 할까? 그는 몇 명의 성도들이 모이는 모임에서 하나님의 자녀가 무릎을 꿇고 기도하는 것을 처음 목격하고서 용서의 하나님께 다가가려는 마음을 먹게 되었다. 다음의 내용을 검토할 필요가 있다. 이 사람은 이후로 가장 원초적이고 사도적인 방식을 따르는 소박한 성도의 모임에 적극적으로 참여했다. 기도와 찬양, 성경 읽기와 해석을 위한 모임이었고, 실제로 요한 마가의 어머니인 마리아의 집에서 열린 모임과 같았다. 일차적으로는 성도들을 위한 모임이라서 어느 장소든지 가능했고, 성별된 건물이나 세속적인 아름다움을 실내직으로 강조하지 않았다. 그런 모임은 조지 뮬러라는 이름과 분리될 수 없을 만큼 그의 삶 전체와 사역, 그리고 증거와 엮어졌다. 그가 숨을 거두기 전날 밤에 마지막으로 찬송을 부르고 기도한 곳도 그런 모임이었다.

게다가 은밀하게, 혹은 성도들과 함께 무릎을 꿇고 했던 기도는 이후로 그의 거룩한 삶과 사역의 핵심적인 비밀이 되었다. 그의 일생의 사역은 이 기도의 초석 위에 세워졌다. 루크노우 폭동 때 원주민 군인들은 헨리 로렌스(Henry Lawrence) 경을 이렇게 평하곤 했었다. "그는 하늘을 두 번 올려다보고 땅을 한 번 내려다보고, 그러고 나서 수염을 쓰다듬으면 어떻게 해야 할지 알았다." 그렇다면 조지 뮬러 역시 어떻게 행동해야 할지 파악하려고 70년 이상 부단히 하늘을 올려다본 인물이라고 할 수 있다. 크고 작은 위기 속에서 하나님의 직접적인 인도하심을 구하는 기도가 삶 전체를 규정하는 비밀이었다. 그가 처음으로 하나님께 인도받았던 정확한 방법과 그렇게 지속해서 관심과 의미를 부여하게 한 정교한 성격의 사건들에 우연이라는 게 조금이라도 존재할 수 있었을까?

이 시점에서 그렇게 강조되는 하나님의 계획을 떠올리면 아주 분명한 그림이 그려진다. 그러면 우리는 석재와 목재가 건축현장에 운반되고, 또 그것들이 모두 서로 잘 들어맞아서 일생의 사역이 완성되는 동안에 인간의 도구를 사용하는 소리가 전혀 들리지 않는다는 사실을 알게 된다.

물론 무분별하고 방탕했던 사람이 변화된 삶을 살려면 적어도 회심에서 출발해야 한다. 오래된 죄악을 한꺼번에 완전히 포기한 것은 아니었지만, 그런 전체적인 변화를 위해서는 하나님의 말씀과 뜻에 대한 지식이 조지 뮬러가 소유한 것보다 훨씬 더 많이 요구되었다. 하지만 새롭게 구별하고 거룩하게 하는 능력이 그의 내부에서 작동하고 있었다. 그는 악한 즐거움과 과거의 친구들에게 흥미를 잃었다. 자주 가던 술집도 끊고, 거짓을 말하던 입도 새롭게 달라진 것 같았다. 입에는 불침번이 세워지고, 그리고 말할 때마다 조심하다 보니 닥치는 대로 말하던 과거의 버릇이 교정되었다.

  당시 그는 파리를 비롯한 여러 곳을 여행하는 데 필요한 경비 때문에 프랑스 소설을 독일어로 번역하는 작업을 하고 있었다. 그러나 즐거움을 위한 여행 계획은 일차적으로 취소되었고, 이어서 그 작업을 계속해야 할지가 문제가 되었다. 확신이 서지 않았는지, 아니면 도덕적인 용기가 부족했는지 번역일은 계속했다. 그러나 일은 끝냈지만 출판하지는 않았다. 섭리대로 원고의 판매나 출판이 이루어지지 않거나 연기되었다. 더 확실해진 영적인 시각 때문에 그 모든 일이 믿음과 무관한 죄악이라는 것을 알게 되었고, 그래서 원고를 팔거나 출판하지 않고 불태웠다. 그것은 또 다른 중요한 진전이었다. 성령의 음성에 순종해서 자신을 부정한 최초의 용기 있는 행동이었기 때문이다. 이렇게 또 다른 목재와 석재가 건물의 완성을 위해 마련되었다.

  이제 그는 다른 방향에서 악을 상대로 선한 싸움을 시작했다. 여전히 연약해서 시험에 자주 넘어졌지만 습관적으로 계속해서 죄를 짓거나 하나님을 거슬러서 경건한 슬픔을 유발하지는 않았다. 공공연한 죄가 줄어들고 은밀한 죄를 저지르는 횟수도 잦아들었다. 하나님의 말씀을 읽고, 자주 기도하고, 동료 성도를 사랑하고, 올바른 생각으로 교회의 모임에 참석했으며, 함께 공부하는 친구들이 비웃고 비난해도 새로운 주인을 과감하게 편들었다.

  새로운 길을 가는 조지 뮬러의 확고한 다음 걸음은 하나님의 말씀이 얼마나 소중한지 깨닫는 것이었다. 처음에 그는 자신이 나중에 탐구하게 된 자원이 풍부한 깊은 광산이 존재한다는 것 정도만 알고 있었다. 하지만 그의 개인시기 모두 어떤 위대한 본문과 밀접해서 중요한 대목마다 이야기의 전개에 끼어들게 된다. 그리고 그 모든 것 가운데서도 요한복음 3장 16절이라는 '작은 복음서'가 무엇보다 중요하다. 그것 덕분에 완전한 구원을 발견했기 때문이다.

"하나님이 세상을 이처럼 사랑하사 독생자를 주셨으니 이는 그를 믿는 자마다 멸망하지 않고 영생을 얻게 하려 하심이라"(요 3:16).

조지 뮬러는 이 말씀을 통해 처음으로 구원의 계획에 포함된 철학을 접했다. 주 예수 그리스도께서 우리의 죄를 대속하려고 십자가에 달리신 이유와 과정, 그리고 겟세마네와 골고다의 고난이, 회개하고 믿는 죄인이 죄악을 짊어지고 죽어야 할 필요가 영원히 사라지게 된 사연을 알게 된 것이다. 이 사실을 실제로 파악하는 게 진정한 구원에 이르는 믿음의 시작이다. 성령이 "굳게 붙잡으라"고 말씀하신 게 바로 그것이다. 하나님이 먼저 사랑하셨다는 사실을 믿어 알고, 그에 대한 응답으로 하나님을 사랑하고, 그리고 사랑 때문에 역사하는 믿음으로 마음을 정결하게 하는 사람이 삶을 변화시키고 세상을 이긴다.

조지 뮬러가 그랬다. 그는 하나님의 말씀에서 한 가지 위대한 사실, 즉 그리스도 안에 있는 하나님의 사랑을 발견했다. 믿음은 감정이 아니라 그런 사실에 기초했다. 그러면 기다리거나 찾아다니지 않아도 자연스레 감정이 생겨났다. 그리스도 안에 있는 하나님의 사랑은 그에게 사랑을 따르도록 만들었다. 실제로는 그럴 만한 자격이 전혀 없었지만 이전에는 알지 못했던 새로운 자극을 가져다주었다.

아버지의 명령, 체벌, 애원, 뮬러 자신의 양심이 내리는 긴급한 모든 요구, 편의에 따른 동기, 그리고 반복된 개선의 결단은 모두 별다른 효과를 발휘하지 못했다. 하지만 하나님의 사랑이 그것을 가능하게 해서 죄악 된 방종의 삶을 포기하게 만들었다. 그렇게 해서 뮬러는 초반에 이중적인 진리를 익혔다. 나중에 그는 하나님의 속죄양이 흘리신 피가 용서와 정화의 원천이라는 진리를 다른 이들에게 열정적으로 가르쳤다. 죄의 용서를 구하든지 아니면 죄에 대한 능력을 구하든지 간에 그것의 유일한 근원과 비결은 우리를 위한 그리스도의 사역 안에 존재한다.

1826년의 새해는 새롭게 태어난 이 사람에게는 진정으로 새로운 해였다. 뮬러는 이제 선교잡지를 읽기 시작했고 덕분에 마음에 새로운 불길이 일었다. 아직은 그렇게 지적이지는 않더라도 해외선교사가 되고 싶다는 생각을 하게 되었고, 자주 기도하는 만큼 그런 기대가 더욱 깊어지고 확실해졌다. 세계에 대한 지식이 늘게 되자 이방인들의 빈곤과 비참함에 대한 새로운 사실들은 이런 선교정신이 계속 타오르도록 연료가 되어주었다.

그렇지만 한동안 육적인 집착이 내적인 하나님의 이 불길을 거의 사그라지게 만들었다. 뮬러는 비슷한 나이의 젊은 여성에게 마음을 빼앗겼다. 그는 믿음생활을 하는 그녀를 토요일 저녁모임에서 만났다. 그런데 그가 보기에는 그녀의 부모가 선교사 생활을 용납할 것 같지 않았다. 그래서 거의 무의식적으로 사역에 대한 갈망과 그녀에 대한 열정을 가늠하기 시작했다. 이끌림이 의무를 앞질렀다. 기도의 능력이 사라지고 한동안 제대로 기도할 수 없었다. 그에 따라서 기쁨도 찾을 수 없었다. 외국의 현장에 관한 관심이 줄고 자기를 부인하는 사역을 실제로 멀리했다. 이런 영적인 위축이 6주 동안 계속되자 하나님은 전에 없던 방법으로 그를 회복시키셨다.

젊은 형제 헤르만 볼(Hermann Ball)은 부유하고 교양 있고 세상에서 전도유망한 사람이었다. 하지만 그는 이 모든 것을 내려놓고 자신을 희생했다. 그는 폴란드를 선교현장으로 선택해서 유대인을 상대로 사역했다. 그는 집에서 머물면서 방종하고 호화로운 생활을 하려고 하지 않았다. 이런 선택은 젊은 뮬러에게 강력한 인상을 남겼다. 그는 자신의 삶과 비교하지 않을 수 없었다. 자신은 젊은 여성에 대한 열정적인 사랑 때문에 하나님의 인도를 받는 것으로 생각했던 사역을 포기하고 기쁨과 기도를 잃어버렸지만, 세상적으로 훨씬 더 매력적인 다른 젊은이는 괄시당하는 폴란드의 유대인을 헌신적으로 섬기려고 세상의 즐거움과 보화를 모두 내려놓았다. 헤르만 볼이 자신의 생애에 위기가 닥쳤을 때 모세처럼 행동하고 선택했던 반면에, 조지 뮬러는 볼품없는 먹거리와 장자의 권리를 맞바꾼 속물적인 에서처럼 행동하고 선택했다. 결과는 새로운 포기였다. 그는 자신이 사랑한 여성을 단념했고, 믿음이나 기도와 무관하게 맺은 관계를 끝내면서 그것을 하나님으로부터 소외를 가져온 원인으로 인정했다.

여기서 우리는 뮬러가 일생의 사역을 준비하는 과정에서 새롭고 중요한 또 다른 단계를 확인할 수 있다. 그것은 이후의 삶을 규정한 결정적인 단계였다. 하나님을 위해 두 번째로 내린 결정 때문에 자기부인이라는 값을 치르게 되었다. 과거에 그는 소설을 불태웠다. 이제 그는 똑같은 제단 위에서 부정한 영향을 끼쳤던 인간의 정욕을 불태웠다. 여기까지 돌아보면 조지 뮬러는 남김없이 하나님께 완전히 헌신했고, 그렇게 해서 빛 안에서 걸어가고 있었다. 그는 보상을 받으려고 오래 기다릴 필요가 없었다. 하나님은 인간의 사랑을 잃은 것에 대해 미소로 응답하셨고, 평강의 하나님이 함께한 덕분에 하나님의 평강이 그의 몫이 되었다.

내적인 기쁨이 솟구칠 때마다 그것을 배출할 수 있는 통로가 필요하다. 그래서 뮬러는 증거하고 싶은 마음이 간절해졌다. 그는 아버지와 형에게 자신의 행복한 경험을 편지에 담아 하나님 안에서 같은 평안을 누리도록 호소했다. 그들도 기쁨을 누릴 길을 알면 똑같이 그것을 갈망할 수밖에 없을 것으로 생각했다. 하지만 돌아온 답변은 분노뿐이었다.

비슷한 시기에 유명한 톨룩 박사가 할레대학교 신과대학의 주임교수가 되었다(프리드리히 톨룩(Friedrich Tholuck, 1799-1897)에 관해서 루이스 스턴즈(Lewis Sterns)는 이런 글을 남겼다. "톨룩 교수는 제자들에 대해 불타는 정열을 가지고 있었다. …그들의 삶의 방향을 고귀하고 신성한 방향으로 이끄는 것을 기뻐했다. 독일과 영국, 그리고 미국의 많은 학생이 톨룩 교수의 영향력 아래서 영적생활을 할 수 있었다. …미국의 젊은 신학자 하지는 톨룩의 제자가 되어 깊은 감화를 받았다"(Charles F. Thwing, American and the German University: One Hundred Years of History, 이형행 역, 「대학과 학문」(서울: 연세대학교출판부, 1979), 155쪽-역주).

상당히 경건한 인물이 교수진에 합류하자 다른 대학의 경건한 학생들이 모여들었고, 덕분에 조지 뮬러가 만나는 동료 성도의 숫자도 늘었다. 그들은 품위 있게 도움을 주었다. 선교에 관한 생각도 당연히 되살아났고, 그런 열정이 커지자 독일의 선교기관에 소속될 수 있게 해달라고 아버지에게 허락을 구했다. 아버지는 크게 화를 냈을 뿐 아니라 낙심한 나머지 대놓고 책망했다. 자신이 교육에 투자한 모든 비용은 안락한 집과 노후를 보상받는 삶을 위한 것이었다고 강조했다. 분이 안 풀린 아버지는 더는 자식으로 인정하지 않겠다고 목소리를 높였다.

그래도 아들이 전혀 태도를 바꾸지 않자 자세를 바꿔서 위협이 아니라 눈물로 매달렸다. 그것은 비난보다 감당하기가 훨씬 더 어려웠다. 둘 사이의 대화는 아들의 일생에 걸친 사역을 준비하는 데 중요한 세 번째 단계가 되었다. 어떤 희생을 치르더라도 하나님의 인도하심을 따르겠다는 뮬러의 결심은 무너지지 않았다. 하지만 이제는 "더욱 철저히 하나님을 의지할 때만 인간으로부터 독립할 수 있고, 그리고 이후로는 아버지로부터 더는 돈을 받을 수 없다"는 사실을 확실히 깨달았다.

그런 도움을 받게 되면 아버지의 요구에 순종하겠다는 뜻이었다. 아버지의 분명한 기대에 조금도 부응할 생각이 없는 이상 훈련비용을 바라는 것은 분명히 잘못이었다. 그가 아버지의 돈을 의지해서 살아가면 아버지의 계획대로 무언의 의무를 감당하며, 고향에서 성직자로서 안정된 삶을 좇아야 하는 것이었다. 덕분에 조지 뮬러는 자기 생각을 고수하려면 반드시 독립해야 한다는 값진 교훈을 처음부터 익히게 되었다.

하나님은 젊은 종이 자신에게서 필요한 것을 공급받도록 인도하셨다. 이 단계는 대가가 따랐다. 이후로 대학에서 2년을 보내는 동안 과거 어느 때보다 더 큰 비용이 필요했다. 하지만 뮬러는 어려울 때 하나님이 성실한 공급자이자 친구가 되어주신다는 사실을 일찍부터 알게 되었다. 그 직후에 할레에 머물던 일부 미국인들 가운데 대학교수 셋이 독일어를 배우고 싶어 해서 톨룩 박사가 조지 뮬러를 개인교사로 추천했다(그들 가운데 한 사람이 찰스 하지(Charles Hodge, 1797-1878) 목사였다. 나중에 하지는 프린스턴 신학대학원의 교수로 유명해졌다-역주). 그들이 수업료와 강의안의 대필 비용을 아주 넉넉히 지급해서 생활에 어려움이 없었다. 덕분에 젊은 시절 그의 기억 속에는 하나님의 말씀에 나오는 황금 같은 구절이 선명히 새겨졌다.

"너희 성도들아 여호와를 경외하라. 그를 경외하는 자에게는 부족함이 없도다"(시 34:9).

쓰임받는 그릇으로
새롭게 빚어지다

-
-
-

할레의 성숙한 제자들은 조지 뮬러에게 하나님의 인도하심을 위해 잠시 조용히 기다리면서 선교현장으로 가려는 절차를 더는 추진하지 말라고 조언했다. 하지만 뮬러는 그 문제를 떨쳐버리는 게 불가능하다고 생각했고, 그렇게 서두르다 보니 인간적인 방법으로 결정하는 잘못을 범하게 되었다. 그는 제비뽑기는 물론이고 복권을 맞추는 제비뽑기까지 의지했다. 달리 말하자면 그는 속으로 제비뽑기를 먼저 하고 나서 복권을 산 것이다. 복권을 맞추는 행운의 바퀴를 돌리면 하나님을 섬기는 선교현장을 고르는 엄숙한 문제를 결정하는 과정에서 인도받을 수 있다고 기대한 것이다. 복권이 당첨되면 가고 그렇지 않으면 집에서 머물 생각이었다. 약간의 금액이 당첨되자 그는 당연히 표적으로 받아들이고서 곧장 베를린 선교협회에 지원했다. 하지만 아버지의 동의가 없는 지원은 받아들여지 않았다.

이렇게 거룩한 손길이 인간의 생각을 배제했다. 하나님은 이렇게 중대한 순간에 함께 사역하려면 무엇보다 하나님을 의지하고 기다려야 한다는 것과 급하게 서두르면 시간을 낭비하는 것보다 더 나쁘다는 사실을 깨닫지 못할 정도로 사역에 적합하지 않은 뮬러를 선교현장에 들이지 않으셨다. 하나님은 모세를 노예가 된 이스라엘에게 보내기 전에 40년을 기다리게 했고, 다소의 바울을 여러 민족에게 사도로 보내기에 앞서 아라비아 광야에서 3년을 지내게 했으며, 자기 아들이 메시아로 등장하기 전까지 30년간 무명생활을 하게 하셨다. 이런 하나님에게 다른 종들을 서둘러 보내야 할 이유는 없었다. 하나님은 너무 서두르는 영혼들에게 이렇게 말씀하신다. "내 때는 아직 닥치지도 않았는데, 너희 때는 항상 준비되어 있구나."

이후로 조지 뮬러는 두 차례 더 제비뽑기에 의지했다. 한 번은 길을 잃었다가 갈림길에서, 그리고 나중에는 훨씬 더 중요한 문제 때문에 그랬지만 결과는 모두 같았다. 둘 다 효과가 없었다는 것을 알고부터는 운에 의지해서 하나님의 뜻을 구하는 방법을 완벽하게 포기했다. 뮬러는 이 경험을 통해 하나님의 새로운 방식을 한층 더 철저히 깨닫게 해준 두 가지 교훈을 익혔다. 첫째는 어떤 위기 상황에서도 안전한 지침은 하나님의 말씀에 근거한 기도를 믿는 것이라는 사실이었으며, 둘째는 앞길이 줄곧 불확실하면 계속해서 기다려야 한다는 뜻이라는 사실이었다.

우리는 이 교훈을 가볍게 여겨서는 안 된다. 너무 소중하기 때문이다. 육신은 결정이나 실행 모두가 지연되는 것을 조금도 참지 못한다. 그래서 육적인 선택은 한결같이 미숙하고 성급하고 육적인 방법은 모두 그릇되고 세상적이다. 이따금 하나님은 우리를 기도하게 하려고 일을 지연시키기도 하고, 우리의 생각을 억제하고 자기 의지를 하나님의 뜻에 복종시키도록 기도 응답을 미룰 때도 있다.

여러 해가 지난 뒤에 조지 뮬러는 삶을 돌아보면서 의심스러운 문제를 빨리 해결하려고 성급하게 제비뽑기를 의지한 것과 특히 선교현장에 대한 하나님의 부름이라는 문제에 그것이 적절하지 못했다는 사실을 알게 되었다. 게다가 당시에 추구하던 사역을 감당하기에 자신이 얼마나 부족했는지도 깨달았다. 오히려 그렇게 무지하고 배움이 필요한 사람이 어떻게 다른 이들을 가르칠 생각을 할 수 있었는지 자문해야 했다. 하나님의 자녀였지만 아직은 가장 기본적인 복음의 진리를 확실하게 진술하거나 설명할 수 없었다. 그래서 기도와 성경공부를 통해 일차적으로 거룩한 것에 대한 더 깊은 지식과 경험을 얻는 것이 필요했다.

그렇게 중요한 문제를 성급하게 해결하려 한 것 자체가 제대로 사역을 감당할 수 없고, 예수 그리스도의 좋은 군사로서 어려움을 참아낼 수 없다는 사실을 뜻했다. 인내하면서 기다리다 보면 늘 긴장되고 소진되는 듯한 느낌이 들게 된다. 그것은 선교하다가 결실이 늦어질 때 반드시 뒤따르는 시험이다. 애초부터 최초의 결정이 지연되거나 하나님이 직접 결정하신 방법과 시간에 자기 뜻을 알려주는 것을 기다리지 못하는 사람은, 수고한 농부가 소중한 결실을 기다리듯 선교현장에서 오랫동안 인내하지 못하거나 이방인을 상대로 사역할 때 직면하는 무수한 문제에 차분히 대응하지 못한다.

게다가 뮬러가 너무 확신한 나머지 제비뽑기를 따랐다면 그 선택은 일생일대의 실수가 되었을 것이다. 당시에 그는 동인도를 선교지로 염두에 두고 있었다. 하지만 이후의 모든 사건은 그를 위한 하나님의 선택이 전혀 다르다는 사실을 확실히 보여주었다. 반복된 그의 계획은 거듭 거절되었고 이후로도 아주 치밀하고 진지하게 노력했지만 문은 열리지 않아 그의 본래 의도는 무위로 돌아갔다. 제비뽑기 역시 선교에 대한 부름을 제대로 알려주지 못했다. 그것의 목적은 분명했다. 그가 어느 때 갈 것인지가 아니라 그 당시에 가야 할지 말아야 할지를 결정하는 것이었다.

조지 뮬러의 나머지 생애에 따르면 하나님의 계획은 전혀 달랐다. 하나님은 아직 계시할 준비가 되어 있지 않으셨고 그의 종은 그것을 깨우치거나 따를 준비가 되어 있지 않았다. 만일 누군가의 삶을 하나님이 계획하고 있다면 이 삶이 바로 그랬다. 하나님의 계획이 드러나서 확실하고 강력한 인도하심이 있었지만 방향은 달랐다. 하나님은 조지 뮬러를 위해서 인도보다 더 큰 사역지를 염두에 두셨고 이방인에게 복음의 메시지를 전하는 것보다 더 광범위했다. 그는 비두니아로 가려고 애쓸 필요가 없었다. 마게도냐에서의 사역이 기다리고 있었다.

조지 뮬러는 기도하면서 마음에 품고 있는 모든 문제를 하나님께 더욱 자주, 열심히, 자세하게 내려놓았다. 이 사내는 특별히 성도들에게 중보기도자의 모범이 되어야 했다. 그래서 하나님은 처음부터 그에게 아주 단순하면서도 아이처럼 의지하는 성품을 주셨다. 그가 어린 시절을 벗어나서 어른이 되려면 지식이나 능력에서 많은 것이 필요했다. 무지해서 실수를 저지르거나 연약함을 극복해야 한다는 것은 성숙하지 않았다는 뜻이기 때문이다.

하지만 믿음이나 사랑에는 계속해서 어린아이였다. 이에 대해 허드슨 테일러(J. Hudson Taylor)는 본성에 따르면 어린아이에서 성인으로 성장하는 게 정상적인 순서이지만 은총에는 계속해서 역순으로 이루어지는 게 진정한 발전이라는 사실을 일깨워주었다. 우리는 줄곧 어린아이가 되어야 할 뿐 아니라 어린아이 같은 마음을 잃어버려서는 안 된다. 제자의 가장 성숙한 모습은 완벽한 어린아이가 되는 것뿐이다. 조지 뮬러가 93세였을 때 하나님 아버지와의 모든 관계에 있어서 실제로, 진정으로, 완벽하게 어린아이를 닮아 있었다.

그렇게 섭리가 작용해서 인도에 가지 못한 뮬러는 하나님과 동역하는 데 필요한 거룩한 기술에 대한 지식이 충분하지 못했지만 집에서 사역을 확실하게 시작했다. 다른 이들에게 영혼의 행복을 알리고, 죄에 빠진 과거의 친구들에게 편지를 보내고, 소책자와 선교소식지를 돌렸다. 그런 노력은 격려를 받기도 했지만 그의 방법은 서툴고 엽기적일 때도 있었다. 들에서 어떤 부랑인에게 구원의 필요를 설명하면서 무관심을 어찌 해보려고 목소리를 높인 적도 있었다. 고함을 질러서 부랑인의 완고한 마음을 제압하려고 했던 것 같다.

1826년에는 처음으로 설교했다. 할레에서 상당한 거리에 사는 교사가 그 덕분에 주님께 돌아왔다. 그런데 이 교사는 뮬러에게 연로한 교구 목사를 도와달라고 부탁했다. 신학생이라서 자유롭게 설교할 수는 있었지만 부족한 지식이 발목을 잡았다. 그는 다른 사람들의 설교를 암기해서 청중에게 도움을 줄 수 있다고 생각하고서 요청을 받아들였다. 그러나 준비하는 게 쉽지 않았다. 설교를 암기하는 데 거의 한 주가 걸렸다. 그것을 전하는 것도 즐겁지 않았다. 하나님이 허락하신 메시지와 증거를 전하는 사람에게 수반되는 살아 있는 능력이 전혀 없었다.

다른 사람들의 설교를 이용하는 게 잘못이라는 것을 깨달을 수 있을 정도로 양심이 깨어 있지도 않았다. 하나님의 말씀이나 성령의 내적인 생명을 잘 모르는 사람에게 설교를 맡기는 게 하나님의 방식이 아니라는 사실을 알 수 있는 영적 통찰력도 없었다. 설교자들 가운데는 설교를 단순히 인간의 직업이 아니라 신적인 소명으로 간주하는 이들이 거의 없었다. 그러다 보니 다른 사람들의 설교를 전하는 것은 꼭두각시와 다를 바 없었다.

1826년 8월 27일 아침 8시에 지교회에서 암기한 설교를 겨우 끝냈고 3시간 뒤에는 교구교회에서 설교했다. 오후에 또다시 설교해 달라는 부탁을 받았지만 암기한 설교가 없어서 입을 다물거나 하나님을 의지할 수밖에 없었다. 그는 적어도 마태복음 5장 정도는 읽고 간단하게 설명할 수 있을 것 같았다. 팔복 가운데 첫 구절을 읽기 시작하자 자신에게 큰 도움이 되고 있다는 느낌이 들었다. 그의 입술은 물론, 성경까지 함께 열렸다. 자신감이 생겨났고 간단하게 설명해 나가는 오후 설교에, 아침에 기계적으로 설교할 때는 전혀 느끼지 못했던 평화와 능력이 뒤따랐다. 그뿐만 아니라 그는 사람들의 수준에 맞춰서 말했는데 대화식으로 진지하게 말하는 설교가 사람들의 관심을 사로잡았다.

할레로 돌아온 그는 "이것이 바로 진정한 설교의 방법"이라고 자신에게 말했다. 하지만 그런 단순한 방식의 강해설교는 교양을 갖춘 세련된 도시의 교인들과 잘 어울리지 않을지도 모른다는 생각마저 떨쳐버릴 수 없었다. 그는 아직 인간의 지혜에서 비롯된 매력적인 말이 그리스도의 십자가에 조금도 영향을 발휘하지 못하고, 글을 모르는 사람들이 알아듣는 아주 단순한 설교가 높은 교양을 갖춘 이들까지 이해시키지만 그 반대는 불가능하다는 것을 배워야 했다.

이후의 사역을 준비하는 데 아주 중요한 또 다른 단계가 여기에 있었다. 그는 평생 가장 단순하고 성경적인 설교자 가운데 한 사람으로 평가받았다. 강단에서의 이 첫 시험 덕분에 설교가 잦아졌고, 그리스도 안에 있는 단순한 그의 설교에 비례해서 사역의 즐거움과 수확이 늘어갔다. 위대한 설교자의 열정적인 설교는 인간의 지지를 끌어낼 수 있지만 하나님이 높이 사는 설교는 단순하게 말씀을 전하고 성도들에게 말씀을 소개하는 것이다. 당시 그의 설교는 하나님께 많은 결실을 돌리지 못했다. 하나님은 그가 추수하거나 씨를 뿌릴 준비가 되어 있지 않다는 것을 분명히 알고 계셨다. 아직도 준비하면서 기도가 너무 적고 설교의 열정이 너무 부족해서 그의 노력에 비해 소득은 부족했다.

이 무렵에 뮬러는 또 다른 단계를 밟았다. 아마 이것은 여태껏 그의 이름과 긴밀하게 결합한 사역과 정확하게 일치하는 가장 중요한 단계일 것이다. 뮬러는 프랑케가 세운 유명한 고아원에서 가난한 신학생을 대상으로 마련한 무료숙소를 대략 두 달 정도 이용했다(아우구스트 프랑케는 슈페너와 더불어 침체된 루터교회를 갱신하기 위한 경건운동을 주도했다. 프랑케는 할레 지역에 고아원과 기숙학교를 비롯한 다양한 학교들을 설립해서 독일 교육에도 큰 영향을 끼쳤다. 프랑케에 관해서는 이성덕, 「경건과 실천 : 독일 경건주의와 A. H. 프랑케 연구」(서울: CLC, 2009)를 볼 것-역주).

할레대학의 교수를 지내고서 백 년 전(1727년)에 세상을 떠난 이 경건한 인물은 전적으로 하나님을 의지해서 고아원을 설립할 수 있었다. 뮬러가 브리스톨에서 일평생 추구한 사역은 할레에 있는 프랑케의 고아원에서 암시를 받고 모범을 따른 것이었다. 이 젊은 학생이 묵었던 바로 그 건물이 실물교육이 되었다. 살아계신 하나님이 기도를 듣고 기도에

▲ 할레에 있는 프랑케의 고아원. 뮬러는 가난한 신학생을 대상으로 마련한 무료숙소에서 두 달 정도 지내면서 브리스톨에서 일평생 추구한 고아원 사역의 암시를 받고 모범을 따랐다.

대한 응답만으로도 고아들을 위한 건물을 건축할 수 있다는 가시적이고 진실하고 실질적인 증거였다. 그 교훈은 절대 사라지지 않았고, 덕분에 뮬러가 그런 거룩한 수고를 전승하게 되었다. 그는 자신의 사역이 프랑케가 보여준 기도에 대한 단순한 신뢰에 얼마나 신세를 졌는지 자주 거론했다. 7년 뒤에 그는 프랑케의 생애를 알게 되었고, 그 덕분에 그리스도를 따랐던 프랑케처럼 그의 뒤를 좇겠다는 생각이 더욱 강해졌다.

이 초창기에 조지 뮬러의 영적인 삶은 이상하리만치 기복이 심했다. 가령 루터교회의 신학생이었던 뮬러는 설교를 작성했고 죄를 짓지 않으려고 그리스도의 고난을 떠올릴 수 있게 방에 십자가를 걸어두었다. 하지만 그런 노력은 별다른 효과가 없었다. 그런 인위적인 도구를 의지하는 동안에 죄를 더 자주 짓는 것 같았기 때문이다.

당시 그는 가끔 하루에 14시간씩 글을 쓸 정도로 과로하다가 신경쇠약을 앓았고 그 때문에 여러 가지 유혹을 받게 되었다. 포도주와 맥주를 판매하는 상점에 들렀다가 자신의 성도답지 않은 행동 때문에 양심의 가책에 시달렸다. 그러다가 그는 심판보다 애정 어린 자비를 베푸시는 하나님께 전혀 감사하지 않았다는 사실을 깨달았다.

뮬러는 부유하고 교양 있는 귀족 출신의 어느 부인에게 돈을 빌려달라는 편지를 보냈다. 그러자 요구한 금액이 한 통의 편지와 함께 정확하게 도착했다. 그런데 그것은 그녀가 아니라 '특별한 섭리'를 따라서 그의 편지를 전달받은 다른 사람이 보낸 것이었다. 편지에는 "구세주 예수 그리스도를 섬기는 예배자"라고 서명되어 있었다. 요구받은 돈을 보내준 그 사람은 지혜로운 경고와 조언을 덧붙였다. 그 말은 조지 뮬러에게 꼭 필요해서 하나님이 익명의 사람을 인도하셨다는 것을 쉽게 알 수 있었다. 편지의 내용은 "모든 허영과 자만을 벗어날 수 있게 조심하고 기도할 것"과 "더욱더 겸손하고 신실하고 차분해지는 것을 일차적인 목적으로 삼고서 '주여, 주여'라고 말하면서 속으로는 그러지 않는 이들과 달라야 한다"고 강조했다. 그는 "기독교가 말이 아니라 능력에 있고, 그리고 우리 안에 생명이 있어야 한다"는 것을 함께 생각하게 되었다.

뮬러는 하나님이 익명의 손길을 통해 전달하신 메시지에 큰 감동을 받았다. 당시에 그는 더 나아가서 그것 덕분에 제자답지 않은 행동에 죄책감을 느꼈을 뿐 아니라 하늘의 아버지를 깊이 생각하게 되었다. 그는 혼자 산책하다가 울타리 뒤에서 무릎을 꿇고 하나님의 자비와 감사를 모르는 자신의 모습에 너무 집중하다가 쌓이는 눈에도 아랑곳하지 않고 반 시간 동안 찬양하고 기도하면서 자신을 내려놓았다.

하지만 인간의 마음이 너무 간사하다 보니 몇 주 뒤에는 본래의 모습으로 돌아가서 한동안 경솔하게 기도를 포기하고, 또 하루는 양심의 소리를 포도주 잔에 담아 삼키기도 했었다. 그러나 자비하신 아버지는 어리석고 죄에 빠진 자녀를 포기하지 않으셨다. 한때 말할 수 없이 타락했던 그가 이제는 몇 잔 술도 감당하기 어려웠다. 그런 즐거움에 대한 흥미가 사라지자 양심과 하나님 영의 작고 고요한 음성을 가로막던 힘까지 자취를 감추었다.

그렇게 기독교적으로 동요를 경험한 것은 거룩한 교제와 경건한 친구들 덕분이었다. 제자는 예외 없이 거룩한 삶의 도움을 받아야 한다. 이 젊은 그리스도인은 함께하는 동료 성도들의 영적인 도움이 절실했다. 방학 때 뮬러는 아버지의 집에서 어느 정도 거리에 있는 모라비아인의 거주지 그나다우에서 새로운 영적인 능력을 찾아냈다. 하지만 할레에서는 별다른 도움을 발견하지 못했다. 자주 교회에 갔지만 제대로 복음을 들을 수 없었다. 그 도시에는 목사들까지 포함해서 3만 명이 넘었다. 그런데도 그는 목사다운 목사를 전혀 만나지 못했다. 그래서 톨룩 박사 같은 설교자의 설교를 들을 수 있다면 그런 특권을 좇아서 상당한 거리도 마다하지 않고 걸어 다녔다.

모임은 바그너의 집에서 계속되었다. 그리고 주일 저녁에는 여섯 명 이상의 그리스도인 학생들이 함께 모였다. 이 두 개의 집회는 은총의 통로가 되었다. 1827년 부활절 때부터 뮬러는 두 번째 모임을 자신의 방에서 가졌다. 그가 할레에 머무는 동안 계속된 그 모임은 백 년 전에 웨슬리 형제와 조지 휘트필드가 위대한 사역을 위해 옥스퍼드대학의 링컨 칼리지에서 몇 명이 만든 '홀리 클럽'(Holy Club)과 어깨를 나란히 할 정도였다. 조지 뮬러가 할레를 떠날 때까지 그의 방에서 매주 진행된 모임의 참석자는 20명으로 늘어났다.

이 모임은 아주 단순하고 소박했다. 기도와 찬양과 말씀 읽기 이외에도 한두 명의 형제가 권면하거나 경건서적에서 발췌한 내용을 읽었다. 젊은 조지 뮬러는 여기서 자신의 마음을 다른 이들에게 기꺼이 열었고, 함께하는 이들의 조언과 기도 덕분에 여러 유혹에서 벗어날 수 있었다.

하지만 성경이 모든 지혜의 근원이자 능력이라는 한 가지 교훈은 여전히 익히지 못했다. 실제로 많은 제자가 하나님의 책보다는 신앙서적을 더 선호한다. 그는 적지 않은 그리스도인들이 대부분 쓸데없는 책들을 읽는 데 정신을 쏟는다는 사실을 알게 되었다. 프랑스와 독일의 소설들이 그런 책들이었지만 그는 아직도 하나님의 말씀을 날마다 체계적으로 읽는 습관은 갖지 못했다. 성경 이외의 책들을 철저히 배제하는 것은 나중에나 가능했다. 뮬러는 92세가 되었을 때 필자에게 일반 책보다 성경 말씀을 열 배씩 읽었다고 말했다. 그런데 1825년 11월에 기도에 힘쓰는 한 무리의 제자들을 만나기 전까지는 책 중의 책을 한 장도 읽은 기억이 없었다. 그리고 처음으로 새로운 삶을 살았던 4년 동안 살아 있는 하나님의 말씀보다는 영감을 받지 못한 사람들의 작품을 더 많이 읽었다.

뮬러는 성경의 진정한 맛을 느끼고 나자 자신이 어떻게 하나님의 말씀을 그렇게 외면했는지 이해할 수 없었다. 하나님이 직접 저자가 되어 거룩한 사람들에게 성경을 쓰도록 영감을 주고 가장 중요한 진리를 주려고 했다는 게 분명해 보였다. 하나님의 말씀에는 인간의 행복에 관한 모든 문제가 포함되어 있으므로 우리는 의무감과 즐거움이라는 이중적인 충동에 순응해서 본능에 따라, 또 습관적으로 성경을 읽어야 한다. 게다가 뮬러는 하나님의 말씀을 읽고 공부하면서 성경의 유일한 저자와 점점 더 친숙해지고 있다는 사실을 깨달았다. 그는 자신의 생애 마지막 20년 동안 해마다 네댓 차례씩 성경을 꼼꼼히 읽었고, 그 덕분에 하나님에 대한 지식이 급격히 늘어나는 것을 더 크게 느꼈다.

진정한 성도라면 이미 거론된 성경공부의 동기들을 그냥 지나칠 수 없다. 예술평론가 존 러스킨(John Ruskin)은 「왕의 보고」(Of the King's Treasuries)를 집필하면서 '상류사회에 들어가는 것'을 뜻하는 '출세'라는 일반적인 소망을 거론했다. 이 세상의 위대하고 높은 인물을 소개받는 데 장애물이 그렇게 많다면 그들에게 합류해서 인간 세상의 임금을 만나는 것은 얼마나 더 어려울까! 하지만 우리의 무지와 가난과 부족함과 무관하게 내키는 대로 만나고 대화할 수 있는 최상류층 사회, 즉 저자들의 사회가 활짝 열려 있다. 그리고 그들의 은밀한 방을 여는 열쇠는 바로 그들의 책이다.

러스킨의 글은 모두 아름다운 진실이다. 하지만 성도들 사이에서 말씀 덕분에 우주의 위대하신 저자에게 다가갈 수 있는 특권이 있다는 사실을 알고 있는 이들은 정말로 적다. 가난하든 부유하든, 지위가 높든 낮든, 지식이 있든 없든, 젊었든 늙었든 간에 모두 예외 없이 왕 중의 왕을 접견하는 방에 들어갈 수 있다. 하나님에 대한 가장 친숙한 지식은 한 가지 조건에 따라서 가능하다. 즉 우리는 기도하면서 습관적으로 성경을 자세히 읽고 깨달은 것을 순종으로 표현해야 한다. 이렇게 하나님의 법을 밤낮으로 묵상하고 이 완전한 자유의 법을 계속 읽는 사람에게는 특별한 언약이 주어지는데 그것을 신구약 성경에서 확인할 수 있다.

"그가 하는 모든 일이 다 형통하리로다"(시 1:3).
"어디로 가든지 형통하리니"(수 1:7).
"그 행하는 일에 복을 받으리라"(약 1:25).

조지 뮬러는 이런 기쁨과 성공의 근원을 발견하자마자 생수가 솟는 이 샘에서 습관적으로 마셨다. 말년에 그는 초반에 자신이 하나님의 지혜와 능력의 원천을 무시해서 그토록 오랫동안 영적으로 무지하고 무능력한 어린아이 상태를 벗어나지 못했다고 몹시 안타까워했다. 하나님에 대한 지식이 그렇게 오랫동안 성장하지 못하는 만큼 은혜의 성장 역시 동일하게 제한적일 수밖에 없었다. 그가 하나님과 가깝게 걷기 시작한 것은 영감을 받은 말씀 속에서 걸어가야 한다는 사실을 깨달을 때부터였다.

순종하는 영혼에게 그 말씀은 "내 발에 등이요 내 길에 빛"이 된다. 하나님과 긴밀하게 대화하고 싶은 사람은 성경에서 그런 교제의 지름길을 습관적으로 발견해야 한다. 하나님께 속한 사람들은 지혜롭고 강력하게 좋은 배경을 가진 이들이 아니라 하나님의 임재 안에 거하고 영감된 말씀으로 경건하게 교제하는 가난하고 약하고 멸시받는 이들일 때가 많았다. 왕의 보고(寶庫)뿐만 아니라 왕을 직접 자유롭게 만날 수 있는 열쇠의 사용법을 알고 있는 이들은 복이 있다.

영혼에 대한 열정은
거룩한 불길이다

1827년 8월이 되자 뮬러는 이전보다 선교사역에 관한 생각이 더 확실해졌다. 그는 영국대륙협회가 부쿠레슈티의 사역자를 구한다는 소식을 듣고 톨룩 박사에게 지원했다. 톨룩은 협회를 대신해서 적절한 후보자를 물색하고 있었다. 놀랍게도 조지 뮬러의 아버지가 허락해주었다. 부쿠레슈티는 1,600km가 넘는 거리였고 어느 곳보다 선교사를 필요로 했다. 잠시 집을 다녀온 그는 멀리 떨어진 선교지만 생각했다. 그리고 속으로 기도하면서 희생과 고생을 예상하고 준비했다. 하지만 하나님은 그를 위해서 또 다른 계획을 세우고 있었기 때문에 부쿠레슈티로는 갈 수 없었다.

같은 해 10월 할레를 방문한 헤르만 볼이 뮬러의 방에서 모인 작은 주말집회에서 건강 때문에 폴란드의 유대인 사역을 지속하기 어렵다고 말했다. 그 순간 조지 뮬러는 그곳으로 가고 싶은 강렬한 열망이 솟구쳤다. 그 사역은 이중적으로 매력적이었다. 하나님의 선택을 받았으면서도 잘못을 저지르는 사람들과 긴밀한 관계를 맺을 뿐 아니라 열심히 익힌 히브리어를 활용할 기회를 가질 수 있었다.

바로 이 무렵, 톨룩 박사를 방문했다가 놀랍게도 유대인을 상대로 사역하고 싶은 마음이 있는지 질문을 받았다. 당시 톨룩은 유대인 선교를 지원하는 런던선교협회의 대리인으로 활동하고 있었다. 이 질문은 이미 불붙은 열망을 자연스럽게 부채질했다. 얼마 지나지 않아 부쿠레슈티는 러시아와 튀르키예의 전쟁터가 되는 바람에 선교사 파견 계획은 당분간 없었던 일이 되었다. 하지만 문이 닫히자마자 또 다른 문이 열리는 것 같았다.

런던선교협회는 뮬러가 유대인 선교를 담당할 수 있다는 것을 알고서 6개월간 그 사역을 준비하는 선교지원자로 런던에서 지내도록 제안했다. 그는 일종의 수습기간을 갖는 게 피곤한 일이었지만 위원회와 지원자가 서로 가까워지고 협력할 기회가 될 수 있을 것 같아서 그 제안을 받아들였다.

그런데 간단하지 않은 장애물이 있었다. 프로시아의 남자는 일반적으로 3년을 군대에서 복무해야 했고, 대학입학 자격시험을 통과해도 적어도 1년은 복무해야 했다. 그러나 이렇게 짧은 기간도 복무하지 않은 조지 뮬러는 편법을 쓰지 않고서는 나라 밖으로 나가는 여권조차 얻을 수 없었다. 면제신청을 했지만 뜻을 이루지 못했다. 그 사이에 그는 병에 걸렸고 10주 뒤에는 병이 재발했다. 라이프치히에서 미국인 교수와 함께 오페라를 보러 갔다가 휴식시간에 아무 생각 없이 간단히 음식을 먹었다가 또다시 탈이 난 것이다. 위 혈관이 파열되어 할레로 돌아온 뒤로는 두 번 다시 극장을 찾지 않았다.

베를린에서 몇 주간 독일어를 가르쳐 달라는 요청을 받은 그는 프러시아의 수도에서 힘을 쓸 수 있는 사람을 통해 면제받을 수 있기를 기대하면서 떠났다. 하지만 그는 이곳에서도 소득이 없었다. 이제는 군 복무를 피할 방법이 없는 것처럼 보였고, 그래서 신체검사를 받았는데 뜻하지 않게 부적절하다는 판정을 받았다. 하나님의 섭리에 따라 사정이 충분히 고려되어서 또다시 면제를 받았고, 그 이후로 일평생 군 복무에서 완전히 면제되었다.

하나님의 목적을 지향하는 사건들은 신비롭게도 하나로 엮어졌다. 때가 닥쳤다. 주인이 말하자 그대로 이루어졌다. 모든 것이 한 가지 방향으로 움직였다. 종이 군 복무를 면제받아서 예수 그리스도의 좋은 군사로서 세상의 일에 얽매이지 않고 자신을 구원하신 분의 지시를 받아 어려움을 감당하도록 하기 위함이었다. 이것 이외에도 수도에서 머무는 것은 적지 않게 유익했다. 그는 한 주에 다섯 번씩 구빈원에서 설교했고 주일에는 교도소 재소자들과 대화를 나눴다.

1829년 2월, 뮬러는 런던으로 떠났다. 가는 길에 아버지가 은퇴해서 머무는 하이머스레벤에 들렀다가 3월 19일 영국의 수도에 도착했다. 이 생소한 신학대학원에서의 생활은 자유롭지 못했지만 양심에 어긋나지 않아서 그대로 따랐다. 그는 하루에 12시간씩 공부했고 히브리어와 사역이 예상되는 관련 분야에 집중적으로 관심을 두었다. 지적인 학문에 지나치게 몰두하는 데 따른 영혼의 침체라는 위험을 의식한 그는 히브리어 구약성경을 많이 암기하려고 노력하는 한편, 매일 처리해야 할 일과 관련된 것은 사소한 문제라도 하나님의 도움을 구하면서 기도하는 심정으로 해결해 나갔다.

그가 독일 사람들과 어울리면서 계속 독일어를 사용하다 보니 영어가 거의 늘지 않았고 나중에는 그것을 후회했다. 그래서 그는 외국인을 상대로 사역하려는 이들에게 외국어를 익히려면 그들과 어울릴 뿐 아니라 같은 나라 사람들과는 거리를 두라고 조언하곤 했다. 그렇게 하면 사역 대상자와 접촉할 수 있는 언어를 사용할 수밖에 없기 때문이었다.

이런 영국에서의 생활과 관련해서 사소해 보이는 한 가지 사건이 그에게는 잊을 수 없는 인상을 남겼다. 인생에서는 그냥 넘어갈 수 있는 게 하나도 없다는 또 다른 증거이기도 했다. 아주 작은 경첩 때문에 커다란 문이 열리고 닫히는 법이다. 아주 하찮은 게 우리의 역사와 일과 운명을 결정지을 때가 있다.

우연히 어떤 학생에게서 엑시터 출신의 그로브스(Groves)라는 치과 의사에 대해 듣게 되었다. 그는 하나님의 사역을 위해 한 해에 1,500파운드를 버는 직업을 포기한 채 아내와 자녀를 데리고 이란 선교사로 떠났다. 세상의 필요를 하나님께 전적으로 의지한 상태였다. 뮬러는 이렇게 자기를 부인하는 모습에 이상하게 이끌렸다. 그래서 그런 마음이 한동안 가시지 않았다. 실제로 그는 일기에 따로 그 일을 기록하고 고향에 있는 친구들에게도 편지로 알렸다. 그것은 또 다른 믿음의 교훈이 되었고, 그는 60년 이상을 확실하게 모범과 실례로 삼아서 그 믿음을 벗어나지 않았다.

1829년 5월 중순, 뮬러는 병을 앓았는데 회복할 수 없을 것 같은 생각이 들었다. 질병은 가끔 이상하게 자신의 실체를 깨닫게 하기도 한다. 그가 회심할 때 느꼈던 죄의식은 너무 피상적이고 깊이가 부족해서 전혀 기억이 나지 않을 정도였다. 하지만 하나님께 속한 성도들의 역사에서 종종 그렇듯이 처음에는 양심에 뿌리내리지 않고, 전혀 실감할 수 없던 죄책감이 하나님을 많이 알고 닮게 되자 그의 존재를 크게 흔들고 확고해졌다.

구원받은 영혼들의 이런 공통적인 경험은 간단히 설명할 수 있다. 사물에 대한 우리의 개념은 주로 두 가지 조건에 근거한다. 첫째는 진리와 의무에 대한 분명한 관점이다. 그리고 둘째는 측정과 비교의 기준이다. 우리가 하나님 안에서, 하나님을 위해서 살아갈수록 우리의 눈은 죄의 심각함과 결함을 볼 수 있는 능력을 갖추고서 악의 추악함을 확실하게 깨닫는다. 그리고 하나님의 완전한 거룩함을 분명히 파악하고, 그것을 거룩한 삶의 모범과 모형으로 삼게 된다.

아마추어 음악가나 화가는 정확히 분별할 수 있는 귀나 눈이나 취향을 훈련받지 않으면 자신의 불완전한 작품에 그릇되게 안주한다. 하지만 예술에 능숙해지고 식별할 수 있게 되면 자신이 과거에 완성한 작품의 결함이 눈에 들어온다. 음악 연주는 터무니없이 들리고 그림은 대충 완성한 것처럼 보인다. 그런데 그런 변화는 작품이 아니라 오직 그것의 제작자에게만 일어난다. 음악과 그림은 본디 그대로지만 사람이 더 낫게 만들 수 있는 능력을 소유하게 되면 비교의 기준은 더 높아지고 올바른 판단력 역시 확대된다.

엘리야처럼 하나님 앞에서 기다리고 자발적으로 순종하고 하나님의 형상과 능력을 갖춘 하나님의 자녀조차 낙심이라는 나무 밑으로 가서 자신을 무가치하고 쓸모없다고 생각하면서 고개를 떨어뜨린다. 경건해질수록 경건하지 않은 것에 대한 의식이 예민해져서 느낌으로는 하나님과 실제로 하나가 되었는지 전혀 헤아리지 못한다. 우리의 눈에는 최악으로 비치지만 하나님이 보시기에는 최고일 수 있고 또 그 반대일 수도 있다.

이슬람을 믿는 종이 인도의 한 시장에서 인류의 보편적인 타락을 주장하는 전도자에게 공개적으로 도전했다. 그는 적어도 한 여성은 절대적으로 어떤 잘못도 없이 무흠한데 그녀가 바로 기독교를 믿는 안주인이라고 주장했다. 전도자는 종에게 미진한 것을 확인하려고 그것이 안주인의 생각인지 아는 방법이 있는지 되묻다가 생각에 잠겼다. 안주인이 기도하면서 자신이 가장 쓸모없는 죄인이라고 고백하는 것을 자주 들었기 때문이었다.

본래 이야기로 다시 돌아가서 뮬러가 이렇게 병을 앓거나 갑자기 세상을 떠날 때까지도 말씀의 증거를 알지 못했더라면 이따금 심각한 죄의식에 시달렸을 것이다.

> "자기의 죄를 숨기는 자는 형통하지 못하나 죄를 자복하고 버리는 자는 불쌍히 여김을 받으리라"(잠 28:13).

그는 죄책감에서 눈을 돌려 속죄의 십자가와 자비의 자리를 바라보았다. 그곳에서 회개하는 죄인의 용서가 이루어졌다. 그러면 죄에 대한 슬픔이 용서의 즐거움으로 바뀌었다. 사랑하는 존재에게 받아들여지고 있다는 이런 확신 때문에 죽음의 공포를 떨쳐버리고 오히려 세상을 떠나 그리스도와 함께 있기를 갈망하게 되었다. 그런데 2주 뒤에 호전되었다는 진단을 받았고 여전히 하늘나라에서의 안식을 소원하면서도 순례의 땅에 더 오래 머물라는 하나님의 뜻에 순종했다. 그는 하나님을 위한 삶을 살면서 어떤 즐거움을 누리고 또 이 세상에서 천국 같은 시절을 얼마나 보내게 될지 거의 알지 못했다.

자리에 누워 지내는 동안 아무리 작은 문제라도 기도시간에 하나님 앞으로 가져가게 되었고 나중에는 확실한 습관으로 자리를 잡았다. 그는 의사를 인도해 달라고 하나님께 거듭 간구했다. 그리고 약을 먹을 때마다 하나님이 그것을 통해 건강하게 해주실 것과 하나님의 뜻을 인내하며 기다릴 수 있게 해달라고 기도했다. 건강이 좋아지자 테인머스로 요양을 떠났다. 그가 도착한 직후에 에벤에셀교회가 다시 문을 열었다. 뮬러가 헨리 크레익(Henry Craik)을 알게 된 것도 바로 여기였다. 그는 오랫동안 뮬러의 친구이자 동역자가 되었다.

영적으로나 육적으로 건강을 회복한 뮬러는 런던으로 돌아오는 길에 동료 학생들에게 6시부터 8시까지 기도와 성경공부를 하는 아침모임을 제안했다. 각자 하나님이 주시는 구절에 관한 생각을 소개해야 했다. 이런 영적훈련이 거룩한 일에 대한 갈망을 충족시키는 데 유용하다는 게 입증되었다. 뮬러는 저녁시간까지 계속해서 기도하고 난 뒤에도 한밤중에 마음이 맞는 일부 형제들과 교제를 하려 했고, 그 덕분에 새벽 한두 시까지 기도시간이 연장될 때도 있었다. 그리고 난 뒤에도 하나님 안에서 넘쳐흐르는 즐거움 때문에 잠자리가 더 늦어지기도 했다. 이처럼 위대한 교사의 지도를 받으면서 학생은, 영적인 역사의 초기 단계에 하나님의 말씀은 하나님의 모든 자녀에게 생명의 양식이고, 그리고 믿음의 기도는 생명의 호흡이라는 최고의 교훈을 익혔다.

뮬러는 런던에 돌아온 지 채 열흘이 되지 않아 다시 건강이 악화되었다. 하지만 그는 공부시간을 줄이고 즉시 사역을 시작해야 한다는 강력한 확신을 하게 되었다. 이 확신은 하나님이 허락하신 빛에 대한 기억과 이제는 하나님을 더욱 자유롭고 온전하게 섬겨야 할 것 같은 더욱 강력한 열정 때문에 확실해졌다. 그는 영혼을 위한 실질적인 사역이 영육간의 행복을 가능하게 한다는 확신을 하고서 런던선교협회에 신속하게 사역지를 정해달라고 요구했다. 그리고 협회가 더 자신 있게 파송할 수 있도록 경험이 풍부한 사람을 조언자나 동역자로 함께 보내달라고 부탁했다.

이런 요구에 대한 답변을 6주 동안 소득 없이 기다리고 나서, 그는 또 다시 강력한 확신을 하게 되었다. 사역지를 정하는 것을 놓고 동료를 기다리는 것은 성경적이지 않을뿐더러 잘못된 일이었다. 바울과 바나바는 안디옥교회가 어떤 조처를 하기도 전에 성령의 부름을 받고 파송되었다. 뮬러는 인간적인 권위를 기다리지 않고 자신의 사역을 즉시 시작하도록 성령의 부름을 받았다고 생각했다.

그렇다면 런던의 유대인을 섬기는 것은 어떨까? 평소에 확신하고 즉각적으로 행동하던 그는 개인적으로 지도를 받으려는 사람이 자신을 찾을 수 있게 이름과 주소가 적힌 소책자를 배포하기 시작했다. 모임 장소를 방문해서 정해진 시간에 50명 정도의 유대계 어린이들에게 성경을 읽어주고 주일학교에서 가르쳤다. 그는 정비공장에 있는 선박처럼 누워 있지 않고 사역에 뛰어들었다. 수모를 겪는 유대인을 위한 다른 사역자들처럼 그리 심하지 않은 시련과 박해를 피해 갈 수는 없었지만 그리스도의 이름을 위해서는 어떤 비난도 마다하지 않았다.

1829년 가을이 지나기 전에 뮬러는 선한 양심으로 런던선교협회와 일상적인 방식으로 계속해서 관계를 유지할 수 있는지에 대해 더 자주 고심했고, 그렇게 해서 12월 12일에 약간의 조건을 제외하고 나머지 모든 유대관계를 청산하기로 결정을 내렸다. 다음 해 초반에 뮬러는 하나님이 지시하는 것처럼 보이는 순간과 장소에서 사례비를 받지 않고 섬기는 것에 협회가 동의할 때만 동역할 수 있다는 게 확실해졌다. 그래서 그는 협회가 "선교사역에 관한 지침을 따르지 않는 이들을 고용하는 것을 부당하게 생각하고 있다"는 뜻을 담은 편지를 단호하면서도 친절하게 써서 보냈다.

협회와의 관계는 이렇게 단절되었다. 그는 자신이 하나님의 빛에 따라 움직이고, 그리고 협회를 전혀 비난하지는 않았지만 나중에도 이런 행동을 후회하거나 이 판단을 바꾸지 않았다. 하나님과 사람을 특별하게 섬긴 열매가 풍성했던 이 긴 생애를 돌아보면 주님이 한결같이 조지 뮬러를 일반적인 길에서 아주 가깝게 동행하는 길로 이끄셨다는 게 확실해질 것이다. 그리고 더 사소한 문제까지 하나님의 목적에 맞추었던 결정은 그 당시의 생각보다 더 지혜롭고 중요했다.

뮬러의 일기를 읽을 때마다 다른 이들처럼 약점이 많은 인물이라는 생각을 거듭하게 된다. 아주 즐거운 기간을 보내고 나서 맞이한 1829년의 크리스마스 아침에 자신이 절망의 구렁텅이에 빠져 전혀 기쁨을 느낄 수 없고 기도는 별다른 열매를 맺지 못했다는 사실을 깨달았다. 진흙탕에서 헛되이 몸부림을 치는 사내 같았다. 그럼에도 아침마다 갖는 모임에서 한 형제가 주님 앞에서 다시 녹을 때까지 기도를 계속하도록 요구했다. 하나님의 임재가 이상하게 멀어진 것 같을 때 모든 제자에게 필요한 지혜로운 조언이었다.

꾸준히 지속하는 기도는 기쁨이 느껴지지 않는다고 해서 절대 멈추면 안 된다. 사실 기쁨이 덜할수록 기도는 더 필요하다. 이유가 어떻든 간에 하나님과의 교제를 중단하는 것은 기도의 습관과 기도의 정신을 재개하고 회복하는 일을 더 어렵게 할 뿐이다. 반면에 계속해서 하나님을 섬기면서 지속하여 간구하면 얼마 지나지 않아 잃어버린 기쁨을 되찾게 된다. 따라서 밀실에서의 교제나 사역을 포기하거나 연기할 정도로 영적인 침체에 굴복할 때마다 사탄이 승리한다.

조지 뮬러는 지속적인 기도를 통해 이런 사탄의 덫을 재빨리 벗어나 크리스마스 당일 저녁, 궂은 날씨에도 식사초대를 받은 집에서 가정예배 시간에 말씀을 전했다. 그 자리에 있던 두 명의 하인이 하나님의 도움으로 죄를 깊이 회개하고 조언을 구했다.

여기서 우리는 이 삶의 여정에서 또 다른 이정표를 보게 된다. 조지 뮬러는 이제 1829년을 마지막으로 보내면서 하나님을 통해 전혀 생각하지 못한 길에 들어섰다. 처음에 그가 좁은 길을 발견하고 걸어가기 시작한 지 대략 4년에 불과했지만 여전히 그는 25세의 젊은이였다. 하지만 이미 거룩하고 행복하고 유익한 삶의 대단한 비결을 깨우쳐서 이후 사역의 전반적인 기초로 삼았다.

사실 이 4년을 돌아보면 중요하고 파란만장한 경험으로 가득했다. 비록 그가 그 모든 것으로부터 하나님의 신호를 발견하지는 못했지만 한결같이 장차 그의 사역을 예시했다. 오직 하나님의 말씀과 예배에 집중하는 성도들의 원초적인 집회에서 일어난 회심은 앞을 향해 전진하는 것 같은 그의 경력의 출발점이 되었다. 비난을 자초한 과거를 지닌 젊은 회심자가 몇 해 만에 절제에 대해 그렇게 수준 높은 교훈을 익혔다는 것을 생각해 볼 필요가 있다. 그는 소설 원고를 불태우고 사랑한 사람을 포기한 후 편안함과 부유함이라는 매력적인 미래를 외면했다. 다만 그는 하나님을 위한 자기부정을 수용하고 앞서 소개한 대로 자유롭게 증거하려고 사례비를 거절했다. 그리고 대중적인 취향에 부응하지 않고 단순하게 강해하는 방식을 선택했다.

계속해서 그가 하나님의 말씀을 어떻게 공급받았는지, 성경을 연구하고 은밀하게 기도하는 습관을 어떻게 길렀는지, 그가 세상의 필요는 물론이고 크고 작은 모든 문제를 감당하는 데 요구되는 것을 하나님께 어떻게 의지했는지, 그리고 얼마나 일찍 선교현장에 헌신했고, 그곳에 가려고 애썼는지 주목해야 한다. 아울러 하나님의 주권적인 사랑을 바라보아야 한다. 하나님은 그에게 어린아이와 같은 마음을 불어넣으셨고, 변화가 심한 감정보다 변함없는 자신의 언약을 의지하도록 가르치셨다. 그리고 하나님은 인내하면서 자신의 지시를 기다리고 인간의 권위나 지원을 기대하지 않도록 교훈하셨고, 특별한 방식으로 병역을 벗어나게 하셨으며, 멀리 떨어진 선교지로 가는 것을 불가사의하게 가로막아 당시 사람들과 미래 세대를 위한 특별한 선교를 위해 훈련하였다.

이상이 조지 뮬러의 삶에 얽힌 일화의 핵심 내용이다. 이것은 누가 보더라도 물레에 놓인 이 선택받은 그릇을 하나님의 손길이 틀을 잡아가면서 의도하신 특별한 사역에 정확히 일치하도록 모양을 만들고 있다는 사실을 알 수 있다.

위엄과 책임이라는
사역의 길로

●
●
●

회심하지 않은 조지 뮬러는 괜찮은 삶을 기대하고 인간적인 직업을 좇아서 성직후보자에 지원했다가 성직에 대한 하나님의 부름을 듣게 되었다. 그리고 일정한 곳은 아니지만 이따금 복음을 전하기도 했다.

1830년 초반에 뮬러는 테인머스에 설교하러 갔다가 공석으로 남게 될 목사직을 대신해 달라는 부탁을 받았다. 당시에 그는 자신이 한자리를 지키기보다는 일종의 순회 전도자로 부름을 받았다고 생각했다. 그는 이 무렵에 헨리 크레익을 위해 쉘던에서 설교하며 서로 가까이 지냈다. 친분이 깊어질수록 사랑도 깊어지고 서로 공감하게 되었다.

테인머스의 일부 사람들은 뮬러의 설교를 싫어했다. 그 가운데는 설교자들도 있었다. 하나님께 인정을 받았는데도 그랬다. 덕분에 그는 이런 반대의 이유를 살피면서 그것이 자신의 임무를 암시하는 게 아닌지 돌아보았다. 그는 사람들이 외적으로 세련된 설교를 바라는 것이 분명하며 표현이 매끄럽지 않고 영어를 유창하게 구사하지 못하는 외국인에게 매력을 느끼지 않는다고 생각했다. 하지만 그들이 싫어하는 더 큰 이유를 분명히 알고 있었다.

그는 지난여름에 자신이 그다지 영적이지 못하고 진리를 파악할 능력이 부족했을 때 좋아해 주던 이들이 이제는 반대하고 있는 것에 주목했다. 하나님이 자신을 통해 테인머스에서 일하려고 하는데 늘 그렇듯이 사탄이 훼방을 놓아 형제들이 진리를 반대하고 있다는 게 그가 내린 최종 결론이었다. 그리고 반대에도 다수의 사람이 뮬러가 그 교회의 목사가 되어야 한다는 기대를 자주 밝히는 바람에, 하나님의 증인으로서 공개적으로 거부되거나 또 다른 사역의 현장으로 하나님이 인도하시는 게 분명해질 때까지 머물기로 했다.

그는 이 목적을 알리는 동시에 자신이 사람에게 고용된 게 아니라 하나님의 종이라서 사례비를 지급하지 않아도 자신의 결정은 변함없고 세상의 필요를 하나님께 의지할 것이라고 솔직하게 밝혔다. 하지만 동시에 그는 사람들에게 영적인 일을 하는 이들에게 육신의 필요를 공급하는 것은 의무이며 특권이라는 것, 또한 자신은 선물이 아니라 그들의 주머니가 풍성해지는 것을 바라고 있다고 강조했다.

테인머스에서 다음과 같은 경험은 일반적이었다. 일부는 설교 내용을 믿었고 또 일부는 믿지 않았다. 일부는 교회를 떠났고 일부는 남았다. 그리고 일부는 인도와 양육을 받았지만 일부는 공개적으로 적대감을 표명하지 않으면서도 냉담한 무관심을 고수했다. 하지만 하나님은 옆에 서서 힘을 싣고 설교를 인정해주셨다. 게다가 여호와 이레는 두 명의 형제를 움직여서 부탁하지도 않은 종의 필요를 매일 공급하게 하셨다. 얼마 뒤에 여덟 명이 출석하는 작은 교회는 이 젊은 설교자를 만장일치로 담임목사로 청빙했다. 그는 한동안 그들과 함께 지내는 것에 동의하면서도 하나님이 인도하시는 곳으로 간다는 본래의 의도는 포기하지 않았다. 해마다 55파운드를 받았고 교인이 증가하자 금액도 약간 늘었다. 덕분에 할레대학의 학생은 처음으로 자신의 강단에서 목회하게 되었다.

1830년 4월에 설교 때문에 시드머스에서 지내다가 세 명의 자매가 '신자의 세례'를 놓고 대화하는 것을 듣게 되었다. 이것은 그의 인생에서 또 다른 중요한 단계가 되었지만 처음에는 대수롭지 않아 보였다. 그들은 자연스럽게 자신들이 대화하는 주제에 관해 뮬러의 의견을 물었다. 그는 어려서 세례를 받았으면 또다시 세례를 받을 필요가 없다고 대답했다. 이 문제를 놓고 기도하면서 하나님의 말씀을 연구한 적이 있는지 계속해서 질문을 받았지만 그는 그런 적이 없었다고 솔직하게 대답했다. 그러자 이 자매들 가운데 하나가 아주 솔직하고 성실한 자세로 즉시 이렇게 말했다. "그렇다면 그렇게 하기 전까지는 이 문제를 더는 거론하지 말아주세요."

조지 뮬러는 그런 답변 때문에 화를 내거나 거절할 인물이 아니었다. 그는 아주 정직하고 양심적이라서 주어진 문제에 관해 하나님의 말씀이 증거하는 내용을 검토하라는 어떤 도전도 무시하지 않았다. 게다가 바로 그 당시에 뮬러의 설교를 어떤 방향으로 정리해보면 강단에서의 모든 교훈과 기독교적인 실천은 하나의 위대한 시험, 즉 하나님의 말씀이라는 시금석을 거쳐야 한다는 것이었다. 정신적으로 이미 엘리야처럼 무너진 하나님의 제단을 보수하고, 철저하게 성경에서 말하는 예배와 봉사를 방해하는 모든 것을 폭로하고 책망하며, 가능하면 교리와 삶의 사도적인 소박함을 회복하는 게 그의 일차적인 목적이었다.

뮬러는 이 문제를 놓고 생각하고 기도하다가 성도의 삶에서 세례의 위치와 관계에 대한 성경의 교훈을 진지하게 검토하거나 그것을 알 수 있게 기도하지 않았다는 사실을 인정하지 않을 수 없었다. 그럼에도 그는 거듭 신자의 세례를 반대하다가 자신이 말씀의 교훈을 거스를 수도 있다는 사실을 알게 되었다. 그래서 최종적으로 만족스러운 성경적인 결론에 도달할 때까지 계속해서 그 주제를 공부하기로 했다. 그때부터 유아세례나 신자의 세례를 옹호할 때는 오직 성경만 근거로 삼았다.

그가 고수한 연구방식은 아주 단순하고 철저하고 효율적이라서 나중에도 언제나 활용되었다. 먼저 그는 말씀의 증거에 눈을 뜨고 마음이 밝아지도록 성령의 교훈을 하나님께 간구했다. 계속해서 신약성경을 처음부터 끝까지 체계적으로 검토했다. 가능하면 과거의 견해나 습관, 선입관이나 편견을 벗어나려고 절대적으로 노력했다. 인간의 전통, 일반적인 풍습, 교회의 허가, 또는 자신의 일관성에 대한 개인적인 자부심이라는 더 미묘한 장애물을 벗어날 수 있도록 기도하고 노력했다.

그는 아주 겸손해서 그릇된 교훈은 모두 철회하고 그릇된 입장을 포기하고, 다음과 같은 지혜로운 격언을 추종했다. "일관성을 유지하지 말고 그저 진실하라." 같은 문제들 직접 검토했다고 주장하는 다른 사람들의 주장이 어떻든 간에 그는 하나님의 말씀과 하나님의 영에 따르면 오직 신자만이 세례에 적합하고 침수만이 적절한 세례의 방법이라는 결론을 내리고 그렇게 믿었다.

그가 이런 결론을 내리는 데 결정적인 역할을 한 두 개의 성경 본문은 사도행전 8장 36~38절과 로마서 6장 3~5절이었다. 에티오피아 내시의 사례는 성도가 그리스도를 고백할 때만 세례가 적합하다는 확신을 강력하게 심어주었고, 로마서의 내용 역시 물에 잠기는 것만이 그리스도와 함께 죽고 함께 부활한 것을 제대로 표현할 수 있다는 그의 생각을 만족하게 했다. 다른 곳에서도 마찬가지였다. 그는 의견이 다른 형제를 비난할 생각이 없었다. 그래서 일기에 자신이 도달한 정직하고 불가피한 확신을 솔직하게 기록했다. 하지만 그는 하나님의 말씀과 자신의 양심에 너무 충실하다 보니 성경연구를 통해 조심스럽게 기도하면서 도달하게 된 결론을 철회할 수 없었다.

확신은 실천하게 했다. 그는 타협할 생각이 없었다. 그래서 곧장 세례를 받았다. 몇 해 뒤에 그는 자신의 행동을 돌아보면서 확고한 신념을 이렇게 기록했다.

"계시된 모든 진리 가운데 이보다 성경에 확실하게 계시된 것은 없다. 믿음으로 의로워지는 교리도 그렇다. 그 주제는 오직 성경을 최종적으로 의지하지 않으려고 하는 사람들 때문에 모호해진다."

예상과 달리 그가 세례를 받았다고 해서 하나님 안에 있는 진정한 친구 가운데 누구도 등을 돌리지 않았다. 이후로 거의 모든 친구가 스스로 세례를 받았다. 어떤 식으로든지 그가 약간의 금전적인 손실을 본 게 사실이지만 하나님은 이런 때에도 궁극적으로는 패배자로 남지 않게 하셨다. 어떤 희생이든지 풍성하게 보상을 받았기 때문이다. 이 세상과 관련된 것이라고 해도 마찬가지였다. 그는 자신이 모범을 보이자 다른 많은 사람이 세례의 문제를 새롭게 검토하고 그것을 따르게 되었다는 말을 덧붙이는 것으로 회고를 끝냈다.

이런 경험은 지금의 모든 종교적인 관행과 관습을 성경의 형식에 따라 검토할 필요가 있는 게 아닌지 솔직하게 묻게 한다. 우리 주님은 당시의 바리새인들에게 "너희의 전통으로 하나님의 말씀을 폐하는도다"(마 15:6)라고 강하게 비난하셨고, 한 가지 실례를 들고 나서 "또 이 같은 일을 많이 행하느니라"는 말씀을 덧붙이셨다(막 7:9-13). 교회중심주의의 부산물이고, 하나님의 말씀이 인정하지 않을 뿐 아니라 근거를 찾을 수 없는 교리나 관습이 너무 간단하게 용납된다.

초대교회의 교부이자 카르타고의 주교인 키프리아누스는 "아주 오래 되었다고 해서 권위를 가질 수 없고, 어쩌면 구시대의 오류일 수 있다"라고 경고했다. 모든 판단의 최종적인 기준이 "성경의 교훈은 무엇인가?"라면 오늘날의 예배와 교훈과 관행, 즉 제자의 행동과 하나님 교회의 운영이 근본부터 어떻게 개혁되어야 할까? 그리고 모든 진리의 개념과 생활방식을 이런 성경의 권위에 일차적으로 비추어보고 나서 확신하고 과감히 그 말씀대로 행동하면, 즉 대가를 계산하지 않고 하나님의 인정을 받은 우리 자신을 드러내는 법을 연구하면 우리 성도의 삶에서 대단한 혁명이 일어날 것이다. '자신의 전통을 지키려고 하나님의 계명을 거부하는' 제자들이 요즘이라고 존재하지 않을까?

뮬러가 세례에 대해 취한 이런 단계는 다른 많은 일의 전조에 불과했다. 하나님의 말씀은 성도의 발을 비추는 등불처럼 그의 길을 밝히고 있다는 게 그의 믿음이었다. 1830년 같은 여름에 뮬러는 계속해서 성경을 연구하다가 주님의 날에 매번 떡을 떼어야 한다는 직접적인 지시가 없더라도 그것이 바로 성경과 사도적인 관습이라고 확신하게 되었다(행 20:7). 아울러 하나님의 영은 하나님이 허락하신 은사에 따라 모든 성도를 통해 역사하시는 무한한 자유를 갖고 있다는 사실이 로마서 12장, 고린도전서 12장, 에베소서 4장 등에 자세히 소개되어 있다고 생각했다. 이 하나님의 종은 이런 결론을 즉시 실천하려 했고 덕분에 영적으로 더욱 풍성해졌다.

그 무렵 뮬러는 하나님의 말씀에 순종한다는 원칙을 동일하게 적용한다면 그리스도의 일꾼으로서 정기적으로 사례비를 받는 데 동의할 수 없다는 확신에 도달했다. 그는 후자의 입장을 따랐다. 그의 삶에 큰 영향을 미치고 평생 기초로 삼았던 근거는 다음과 같다.

- 정기적인 사례비는 고정된 금액이라서 자릿세나 별다른 수입이 없으면 제대로 지급할 수 없다. 이것은 야고보서 2장 1~6절에 기록된 하나님 영의 교훈과 분명히 어긋난다. 가난한 형제는 부자만큼 괜찮은 자리를 살 형편이 아니라서 회중이 사람들을 부당하게 차별하거나 계급의식을 조장할 수 있기 때문이다.
- 고정적인 자릿세는 자발적인 제자에게도 이따금 부담된다. 능력과 편의에 따라서 즐겁게 목회자를 돕는 데 이바지할 수 있는 사람에게 정해진 때에 정해진 금액을 지급하는 것은 압박이 될 수 있다. 상황은 가변적이라서 이전에 자발적이었던 사람도 과거처럼 돈을 내지 못할 수도 있고, 그래서 정해진 금액을 못 내면 고통스러운 당혹감과 굴욕감을 느끼게 된다.
- 전체적인 체계가 그리스도의 종을 속박하는 경향이 있다. 어쩌면

비난에 익숙하고 자칫하면 화를 내는 사람들이 대부분 사례비를 기부하고 있다는 생각이 들어도, 그들을 기쁘게 하려고 제대로 메시지를 전하지 않거나 어느 정도 수정하려는 유혹을 느끼지 않는다면 특별히 충실하고 담대해야 한다.

다른 사람들이 그런 이유를 어떻게 생각하든지 뮬러는 흡족해서 형제들에게 있는 그대로 곧장 알렸다. 그래서 그가 25세가 되는 1830년 초가을부터 하나님의 사람들을 섬기는 대가로 고정적인 사례비를 일절 받지 않겠다고 확고하게 입장을 정했다. 그런 견해에 대한 성경적인 근거를 차분하게 제시한 그는, 동일 선상에서 돈이 되었든 아니면 다른 것이 되었든 간에 목회자의 사역을 적절하게 인정하고 하나님의 제물로 바치는 자발적인 헌금을 하도록 주장했다.

얼마 뒤에 개인들이 직접 헌금을 할 때 많은 금액을 하는 일부는 자기만족에, 적게 하는 사람은 초라하게 생각하는 식으로 양쪽 모두 상처를 입을 수 있음을 알게 된 뮬러는 다른 조처를 했다. 예배당에 상자를 설치하고 자신의 손길로 특별한 일을 하고 싶은 사람은 누구나 능력껏 헌금하라는 글을 정면에 붙였다. 그런 행동은 악한 교만이나 그릇된 자괴감의 위험을 겪지 않고, 하나님이 만족해하실 것이라는 게 그의 생각이었다.

더 나아가서 그는 사람에게 전혀 도움을 구하지 않는 게 철저히 일관적이라고 생각했다. 하나님의 사역에 필수적인 여행 경비를 부담시키거나 간접적으로 도움을 구하는 식으로 자신의 필요를 알리지 말아야 한다는 것이다. 즉시, 언제나, 그리고 오직 주님만을 찾지 않고 사람의 도움을 구하는 이런 방법은 모두 육신을 의지하는 방식으로 간주했다. 그리고 그는 이렇게 덧붙였다. "하나님 앞에서 이런 결론을 내리기까지는 내가 받는 사례비를 포기하는 것보다 더 큰 은총이 필요했다."

이런 후속 과정은 확실하게, 그 순서대로 정확히 여기에 소개된다. 그렇게 해서 일생에 걸친 그의 사역과 증거가 궁극적으로 지향하는 목적에 직접 도달했기 때문이다. 그런 결정은 이 대단한 사내와 곧 그가 더욱 완벽히 참여하게 될 '아버지의 사업'을 연결하는 중요한 계기가 되었고, 그것은 기도를 듣는 하나님과 오직 그를 의지하는 절대적인 안전함을 알리는 세계적인 증거를 완성하는 데 절대적으로 필요했다.

1830년 10월 7일, 조지 뮬러는 배우자를 만나는 좋은 일을 겪고 하나님께 새롭게 인정을 받았다. 여러 해 전에 선교현장에 가려고 모든 것을 내려놓아서 뮬러에게 강한 인상을 남겼던 헌신적인 치과의사의 여동생 메리 그로브스(Mary Groves)는 이 하나님의 사람과 결혼했다. 그리고 40년 동안 그를 도왔다. 뮬러는 거의 이상적인 결합에 가까웠던 결혼에 대해서 하나님께 줄곧 감사했다. 누가 지켜본 것은 아니었지만 그녀의 영향력은 사적인 가정생활을 알지 못하는 이들이 아는 것보다 훨씬 광범위했다. 그녀는 특별했고 보석 이상으로 소중했다. 남편은 그녀를 확실히 신뢰했고 자식 같은 고아원의 대가족은 오늘까지도 여전히 그녀에게 감사하고 있다.

결혼생활을 하다 보면 불화를 겪을 때도 가끔 있다. 한때 거리가 멀어졌다가 더 크게 사랑하게 된다. 본래의 모습이 상대에게 동화되면서 진정한 결혼생활에 들어가기 때문이다. 그런데 뮬러 부부는 잠깐이라도 사이가 나빴던 적이 없었다. 처음부터 사랑이 자라났고 그 덕분에 서로에 대한 확신과 신뢰까지 커졌다. 처음에 이 둘을 하나로 엮어준 것은 자기 부인이라는 끈이었다. 그들은 누가복음 12장 33절을 문자대로 순종하려고 얼마 되지 않는 소유를 팔아 자선을 베풀어서 보화를 땅에 쌓지 않았다(마 6:19-34, 19:21). 그러고는 그리스도를 위해 자발적으로 택한 가난을 절대 후회하지 않았고 오히려 점점 더 기뻐했다.

얼마나 성실하게 지속적인 자기희생의 길을 갔는지는 대략 68년 뒤에 조지 뮬러가 가난하게 세상을 떠났다는 사실을 떠올리면 분명해진다. 법원에서 공증한 유언장에 기록된 그의 재산은 모두 160파운드에 불과했다. 게다가 매일 편안하게 지내는 데 필요한 것이나 사역에 요구되는 도구마저 그의 소유가 아니었다. 그가 남긴 돈 가운데 일부 역시 세상을 뜨기 직전에 받는 바람에 주님을 위해 사용되지 않고 그의 처분에 맡겨 놓은 것이었다. 입고 있는 옷을 비롯한 무엇 하나 자기 몫으로 간주하지 않았다. 그는 처음부터 끝까지 청지기였다.

1830년 세상의 모든 소유와 이렇게 최종적으로 작별한 이 신혼부부는 오직 주님만 바라보았다. 이후로 그들은 위대한 공급자에 대한 믿음과 위대한 약속자의 신실함을 날마다 남김없이 시험받아야 했다. 앞으로 소개할 내용을 여기서 공개하는 것은 부적절할 수 있지만 조지 뮬러는 60년 넘게 매일, 매 순간 하나님이 성실하시다는 것을 직접 보여주었다. 자녀를 돌보시는 하나님께 더없이 사소한 문세를 맡기는 사람이 얼마 되지 않는다면 그것은 그런 돌봄에 자신을 완벽히 맡긴 이들이 몇 안 되기 때문이다. 뮬러는 우리의 머리카락을 모두 세시고 참새까지 돌보신다는 사실을 감동적으로 상기시키는 하나님을 과감하게 신뢰했다.

사도 마태는 두 마리 참새가 한 앗사리온에 팔리는 과정을(마 10:29),

그리고 누가는 참새 다섯 마리가 두 앗사리온에 팔리는 것을 기록했다(눅 12:6). 그래서 두 앗사리온을 내면 참새 네 마리에 값싼 참새를 한 마리를 더 얹어준 것으로 보인다. 그런데 하나님은 값을 흥정할 수 없는 그런 참새까지 관심을 두신다. 하나님은 그것들 가운데 하나도 잊지 않으시고 땅에 떨어지는 것까지도 모두 간섭하신다. 이어서 확실한 약속이 등장한다. "두려워하지 말라. 너희는 많은 참새보다 귀하니라"(마 10:31).

조지 뮬러는 그것을 사실로 받아들였다. 이후로 그는 "기도를 들으시는 주여"라고 고백하는 순간에 하나님께 얼마나 다가갈 수 있는지 알게 되었다. 과거에는 그것을 전혀 몰랐고, 또 일부만이 알고 있었다. 하나님은 자신을 신뢰하는 자녀가 넘어지는 것은 물론이고, 흔들리는 것까지 막아주실 수 있다. 이후로 두 세대에 해당하는 긴 생애 동안 뒤로 물러나는 일이 없었기 때문이다.

1830년 굳게 붙든 소중한 언약을 끝까지 단단하게 붙잡았다(히 6:18, 10:23). 그리고 하나님의 신실하심은 가장 길고 험한 시험 속에서도 안전하게 닻을 내릴 수 있는 장소라는 것이 증명되었다. 희망을 주고 확실하고 변함없으며 장막 안으로 인도하는 닻 덕분에 하나님을 안전하게 의지할 수 있었다. 뮬러는 구체적인 기도에 응답을 받은 게 5만 번이라고 말했다. 그리고 확실하게 제시할 수 있는 하나님의 응답은 무수히 많아서 날마다 어디든지 존재하지만 눈으로는 확인할 수 없는 존재, 즉 생명과 능력을 주는 공기와 같았다.

1831년 8월 9일, 뮬러의 부인은 사산아를 출산하고 6주간 심하게 앓았다. 그녀의 남편은 한편으로 자기 생각이 너무 차갑고 육신적이라서 기도를 제때 하지 못했고 형식적이었다고 후회했다. 그러고는 하나님을 위한 열심 뒤에는 말할 수 없이 현실적인 계산이 자리 잡고 있다고 생각했다. 그는 특히 분만의 고통을 더 심각하게 생각하지 않은 것 때문에 자신을 책망했다. 게다가 부모가 되는 것을 축복으로 달가워하지 않고 하나님의 사역에 새로운 부담과 장애로 받아들였다는 사실까지 깨달았다.

이 하나님의 사람이 일기에 솔직하게 심정을 털어놓으면 독자들은 "얼굴이 물에 비치듯이 인간의 생각은 인간에게 드러난다"라고 생각할 것이다. 하나님의 얼마나 많은 종이 부모의 역할이라는 신성한 특권을 외면하는지 알 수 없다. 아내와 자녀는 기도의 응답으로 하나님이 허락하신 더없이 소중한 선물이다. 그들은 장애물이 아니다. 하나님의 종이 관여하는 사역을 위해 누구보다 유용한 도움을 줄 수 있다. 그들은 많은 값진 교훈을 제공하고 성품을 훨씬 더 조화롭고 섬김이 가능하게 해준다. 그리고 거룩하고 유익한 결합이 어떻게 유지되고, 또 무엇보다 거룩한 세대를 수없이 반복하는 과정을 염두에 두면 신성한 결혼과 그 열매를 경시하고 멸시하는 마음이 얼마나 악한지 알 수 있다.

그러므로 우리는 다음의 약속을 잊어서는 안 된다.

"진실로 다시 너희에게 이르노니 너희 중의 두 사람이 땅에서 합심하여 무엇이든지 구하면 하늘에 계신 내 아버지께서 그들을 위하여 이루게 하시리라"(마 18:19).

'합심'은 헬라어로 '조화시키다'(symphonize)라는 뜻이고 지휘에 따라서 가락을 맞추고 음을 내는 화음을 가리킨다. 하나님 안에서 결합한 부부가 이렇게 습관적으로 합심해서 기도하는 것이 얼마나 복된 모습인지 생각해 보아야 한다. 성령께서 남편과 아내에게 "생명의 은혜를 함께 이어받을 자로" 하나가 되라고 지시하시면서 "이는 너희 기도가 막히지 아니하게 하려 함이라"(벧전 3:7)고 덧붙이신 것도 이 때문이 아닐까?

하나님은 조지 뮬러를 영원히 축복하시려고 이 극심한 교훈을 사용하셨다. 그가 이기심과 세상의 욕심이라는 미묘한 권력에 얼마나 마음을 쏟고 있는지, 그리고 결혼생활과 부모의 거룩한 책임을 가르치는 데 이 징계가 얼마나 필요했는지 보여주셨다. 이후로 그는 하나님의 판단을 받지 않도록 스스로 판단했다.

"우리가 우리를 살폈으면 판단을 받지 아니하려니와"(고전 11:31).

부인이 중병 같은 어려움을 겪으면서 비용이 많이 필요했다. 부주의하거나 경솔해서가 아니라 원칙 때문에 준비할 수 없었다. 뮬러는 돈을 모으는 것은 하나님을 전적으로 신뢰하는 게 아니라고 생각했다. 그럴 때 하나님은 필요를 채워달라는 기도에 응답하시지 않고 모아둔 돈을 사용하게 하신다. 이런 위급한 상황에서의 경험은 그의 믿음을 지지했다. 예상하지 못한 모든 것은 물론이고, 환자에게 필요한 음식과 음료까지 공급되었다. 그리고 두 명의 간호사는 6주간의 간호비용을 일절 받지 않았다. 하나님은 이런 힘겨운 순간을 대비해서 어떤 식으로든지 준비할 수 있는 것 그 이상을 베푸셨다.

뮬러 부부가 이 시기에 실천한 미래를 맡기는 원리는 하나님의 도움이 필요하다. 둘은 평생 함께 사역하면서 줄곧 그 원리를 따랐다. 그들은 경험을 통해 신뢰하는 삶은 예상하지 못한 필요를 대비해서 보화를 쌓아

두는 것을 용납하지 않는다는 확신이 더 강해졌다. 하나님께는 예상하지 못하거나 도움을 베풀 수 없는 위급한 순간이 없기 때문이다. 우리는 하나님께 일용할 양식처럼 특별한 순간에 필요한 것을 절대적으로 신뢰할 수 있다.

이와 비슷하고, 뮬러의 생활습관과 깊은 관계가 있는 또 다른 법칙이 있다. 그것은 개인적인 목적이든 아니면 하나님의 사역을 위해서든 간에 결코 빚을 지지 않는 것이었다. 이 교훈은 성경에 단 한 번 등장한다.

"피차 사랑의 빚 외에는 아무에게든지 아무 빚도 지지 말라. 남을 사랑하는 자는 율법을 다 이루었느니라"(롬 13:8).

뮬러 부부는 값을 치를 수 없으면 물건을 사지 않고 차라리 굶기로 했다. 그래서 둘은 얼마나 사야 할지, 어느 정도나 다른 이들을 위해서 남기고 베풀어야 할지 늘 알고 있었다.

뮬러의 개인적인 십계명에는 일찍부터 정해놓은 법칙이 한 가지 더 있다. 그는 손에 들어온 돈은 잠시라도 자신이 아니라 특별한 목적에 사용하도록 이미 계획되고 책정된 것으로 간주했다. 그래서 생활이 어려울 때도 다른 지출이나 목적을 위해 돈을 따로 떼어두지 않았다. 궁핍할 때가 너무 많아 그런 기금이 유일하고 손쉬운 출구로 보일 때도 있었지만 그렇게 하는 것은 그에게 아주 생소했다. 지혜롭게 채택한 이 원리는 충실하게 지켜졌다. 아무리 다급해도 특별한 사역이나 특정 용도에 할당된 것은 손에 들고 있어도 사용할 수 없었다.

하나님을 신뢰한나는 것은 돈을 잘못 사용하지 않도록 하나님이 정확하게 상황을 판단하고 있다는 것을 의미한다. 긴급한 상황에서 믿음과 양심이 모라자면 나중에 채워질 것을 기대하면서 다른 목적에 기금을 사용하는 더할 수 없이 심각하고 치명적인 실수를 하게 된다. 유명 대학의 총장이 자신이 운영하는 기관을 파산하게 만들고 자신은 그보다 더 심각하게 도덕적으로 타락했는데, 그것은 한 가지 실수 때문이었다. 특정 목적에 쓴 예산을 경상비에 사용해서 일반의 신뢰를 잃어버린 데 따른 결과였다. 이처럼 믿음의 삶은 그에 못지않게 양심적인 삶이 되어야 한다. 하나님에 대한 믿음과 신뢰, 그리고 인간에 대한 진실과 성실은 뮬러의 인생에서 나란히 균형을 유지했다.

> 계시된 모든 진리 가운데
> 이보다 성경에 확실하게 계시된 것은 없다.
> 믿음으로 의로워지는 교리도 그렇다.
> 그 주제는 오직 성경을 최종적으로 의지하지 않으려고
> 하는 사람들 때문에 모호해진다.

S·E·C·T·I·O·N·2

우리를 다루시는
하나님의 손길

하나님은 부름받은 사람을
어떻게 인도하실까

조지 뮬러가 하나님이 다루시는 방식에 대해 기록으로 남긴 것들 가운데 특히 몇 개의 대목은 거의 영감을 받아서 집필한 것처럼 보인다. 오직 한 인간의 삶 속에 드러난 하나님의 인도하심을 소개하고 있기 때문이다. 그것은 뮬러 자신의 노력이나 계획, 고난이나 섬김이 아니라 하나님이 그를 다루시고 그를 통해 일하신 것에 집중한다.

    덕분에 우리는 사도행전에서 눈에 띄는 내용을 떠올리게 된다. 20개의 구절 가운데 열다섯 번이나 하나님이 모든 사건을 주도하셨다고 과감하게 제시한다(피어슨은 여기서 인용하고 있는 성경 범위를 구체적으로 밝히지 않는다. 전체적인 내용을 고려하면 이방인의 문제를 다룬 예루살렘공회가 소개된 사도행전 15장 2-21절이 적합하다-역주).

    사도 바울과 바나바는 안디옥교회, 나중에는 예루살렘교회에서 자신들이 주님을 위해 한 게 아니라 주님이 자신들과 함께하셨다는 것과 주님이 이방인에게 믿음의 문을 열어주신 과정을 거듭해서 밝혔다. 하나님이 그들을 통해서 일으키신 이적과 기사 역시 함께 소개되었다. 그리고 같은 관점에서 베드로는 공회 앞에서 하나님이 자신에게 입을 열게 하신 과정과 그에 따라 이방인들이 복음을 듣고 믿게 되었다고 강조한다. 아울러 하나님이 성령을 허락하시고 유대인과 이방인들을 차별하지 않고 믿음으로 마음을 정결하게 하고, 모든 생각을 아는 하나님이 어떻게 그들에게 증거하게 하셨는지 설명한다.

이어서 야고보 역시 같은 입장에서 하나님이 자기 이름을 위하여 사람들을 취하려고 이방인을 방문하신 방식을 거론한다. 그러고는 문제를 전체적으로 적절하게 요약한 두 개의 성경 구절을 인용한다.

"하나님이 함께 행하신 모든 일과…"(행 14:27).
"즉 예로부터 이것을 알게 하시는 주의 말씀이라 함과 같으니라"
(행 15:18).

이렇게 반복되는 어법의 의미를 오해해서는 안 된다. 하나님은 여기서 동작의 주체나 행위자로, 그리고 바울과 베드로처럼 누구보다 탁월한 사도들은 단지 도구로 소개된다. 인간의 부족함과 무익함, 하나님의 넉넉함과 전능함을 강조하고 반복하는 교훈이 담겨 있는 하나님의 말씀은 20개의 구절이 전부는 아니다. 하나님은 인간을 통해서 인간에게 역사하셨다. 하나님은 베드로를 대변인으로 선택하셔서 닫힌 문을 열고 여러 나라를 방문하고 죄인을 성도로 변화시키고 자기 이름을 위하여 사람들을 취하며 마음을 정결하게 하고 증거하게 하셨다. 하나님은 처음부터 염두에 둔 계획과 지식을 근거로 이 모든 놀라운 일을 가능하게 하셨다. 우리는 사도행전이 아니라 사도들을 통한 하나님의 행전을 읽는다. 그렇다면 일기의 이름을 「조지 뮬러를 인도하신 주님에 대한 일화」로 정한 이 책에도 그런 내용이 있었을까?

이 일화 또는 일기를 전체적으로 읽기는 어렵다. 분주한 사람들까지 읽을 수 있게 일부러 압축한 이 책은 그 일화를 자세히 다룰 수 없다. 본디 그것은 3천 쪽이 넘고 1백만 개에 가까운 단어가 담겨 있다. 아주 자세하게 설명된 내용을 읽을 수 있는 비율은 그리 높지 않고, 그런다고 해도 세심하고 여유롭게 읽지 않으면 안 된다. 하지만 이 책이 의도하는 전기는 목적상 더 간단하고 다른 구조로 되어 있다.

일기는 대부분 사역의 연례보고를 압축하거나 그것에 의해 보완되었고 수많은 세부사항을 불가피하게 포함한 채 해마다 상당 부분을 반복한다. 새로운 보고서는 과거에 한 번도 접하지 못했던 사람들에게도 전해질 수 있었기 때문이다. 그런 일화 가운데 핵심이 되는 내용을 제시하고, 전체 인생 역정과 이 탁월한 일기에서 접하는 전망을 높은 정상에서 바라보듯이 확인하는 게 이 책처럼 간단한 전기의 바람과 계획이다.

그렇게 하면 경치를 살피는 사람이 산꼭대기에서 서로 다른 방향을 내려다보며 지형 전체에 대해 신속하고 인상적이고 대조적이고 포괄적인 전망을 확보하듯이, 독자는 믿음과 거룩한 삶에 새롭고 발전적인 걸음을 내딛도록 격려하는 이 경건한 인물의 성품과 이력의 특징을 곧장 파악할 수 있을 것이다. 여기에는 일기가 전하는 몇 가지 내용이 포함되었고 나머지는 얼마 되지 않는다. 그것들 대부분은 중요한 내용을 전체적으로 검토하고 파악하는 데 충분할뿐더러 일부 대표적인 사례까지 제시한다.

이 일화를 전반에 걸쳐 살펴볼 때 몇 가지 대표적인 특징을 조심스럽게 주목할 필요가 있다. 우리는 여기서 일곱 개의 특별한 경험에 대한 기록과 내용을 소개한다.

하나. 잦고, 이따금 지속하였던 재정적인 어려움에 대한 경험.

개인적인 필요와 수많은 고아의 필요, 그리고 성경지식연구원의 다양한 사역을 위해 보유하고 있는 돈이 1파운드, 또는 1페니까지 줄어들 때가 잦았고, 전혀 없을 때도 있었다. 그래서 뮬러는 하나님이 직접 모든 것을 공급하시기를 기다리면서 줄곧 의지해야 했다. 사역하는 동안 몇 년은 아니더라도 몇 개월씩 계속해서 매달, 매주, 매일, 그리고 매 순간 필요한 것만 공급되었다. 믿음은 이렇게 생생하게 부단히 훈련되었다.

둘. 하나님 아버지의 변함없는 성실함에 대한 경험.

어려움은 길고 힘들었지만 한 차례도 도움을 받지 못한 적은 없었다. 간단한 식사라도 반드시 공급되었고, 하나님의 공급하심으로 필요한 것과 위기를 해결할 수 있었다. 뮬러는 이 책의 저자인 나에게 직접 이렇게 말했다. "60년 동안 한 차례 더 식사할 수 있을 만큼의 돈이나 음식이 없었던 때는 한 번이나 다섯 번, 또는 5백 번이 아니라 숱하게 많았습니다. 그런데 하나님은 한 번도 저를 실망시키지 않으셨습니다. 우리나 고아들은 식사를 못하거나 필요한 것을 누리지 못할 때가 전혀 없었습니다." 1838년부터 1844년까지 특히 연속적으로 어려움을 겪었다. 그런데 실제로 절박한 상황이 닥치면 막판까지 갈 때도 있었지만 늘 도움을 받았다.

셋. 사역에 공헌하는 이들의 마음과 생각과 양심에 끼친 하나님의 영향에 대한 경험.

이렇게 수천 쪽이 넘는 내용을 천천히 읽으면서 세계 곳곳에서 나름의 방식으로 인간 행위의 원천과 접촉하고, 현재의 어려움을 해결하는 수준과 정확한 시기를 조절하는 하나님의 손길을 확인할 수 있다면 풍성한 보답을 받게 된다. 뮬러를 한 번도 만난 적이 없었던 사람들, 즉 그 당시에 그의 다급한 상황을 전혀 모르는 남성과 여성, 그리고 노인과 어린 아이를 통해 말 그대로 땅끝에서 위기의 순간에 필요한 금액과 도움을 적절한 방법으로 제공받았다. 뮬러가 무릎을 꿇고 기도하자 우연으로 간주할 수 없을 만큼 정확하게 응답되었다. 하나님이 기도에 응답하신다는 사실을 믿지 않을 수 없었다.

넷. 오직 눈에 보이지 않는 하나님을 습관적으로 의지한 경험.

사역의 역사와 진행을 공개하고 보고받을 권리를 가진 다수의 기부자에게 청지기의 역할을 알리려고 해마다 보고서를 발행했다. 그들에게 직접 도움을 요청하지는 않았다. 언젠가 너무 어려울 때 뮬러는 관례적인 연례보고서를 보류하려고 생각하게 되었다. 일각에서 사역 보고를 앞으로 처리할 사역에 대한 도움을 요청히는 것으로 해석해서 위대한 공급자의 영광을 훼손하지 않도록 하기 위함이었다(가령, 2권 102쪽에는 1846-1848년의 보고서가 있지만 1847년에는 보고서가 발행되지 않았다는 기록이 나온다. 그리고 5월 25일에 해당하는 113쪽에는 이런 표현이 등장한다. "건물 유지비용을 충당할 수 없음." 그리고 5월 28일과 30일에는 이런 표현들이 나온다. "지금 우리의 가난" "우리가 몹시 힘겨운 순간" "어려운 시기." 바로 이런 이유로 라이트(뮬러의 사위-역주)는 뮬러가 1847년의 보고서를 출판하지 않았다고 생각한다). 살아 있는 하나님만이 이 기관들의 보호자셨고 지금도 그렇다. 누구보다 지혜롭고 부유하며 누구보다 존귀하고 영향력이 있는 인물도 의존의 대상으로 간주하지 않았다.

다섯. 양심적으로 헌금을 받고 집행한 경험.

하나님의 청지기 역할을 담당하는 모든 이에게 필요한 모범은 이렇다. 헌금을 받는 데 있어서 그 타당성이나 방법이 문제가 있으면 그것이 완전히 해소될 때까지 아무리 사정이 다급해도 거절했다. 기부자가 합법적인 부채를 청산하지 못했으면 그 돈은 당연히 다른 사람의 몫이었다. 헌금을 하나님을 위해 자유롭게 쓸 수 없게 제약을 받아서 곤란할 때, 뮬러의 노후나 기관의 미래를 준비하는 게 기부의 목적일 때, 억지로 마지못해서, 또는 자기의 영광을 위해서 기부했다는 어떤 증거나 의심이 들 때는 즉시 거절하고 돌려주었다. 많은 금액은 하나님의 인도하심을 받고 있다는 게 드러나는 순간까지 더 많이 기도하고 숙고하도록 강조했다.

여섯. 몹시 어렵다는 사실을 바깥에 부주의하게 드러내지 않도록 극도로 조심한 경험.

기관에서 봉사하는 이들은 공통의 수고는 물론이고 공통의 기도와 자기 부인에 도움이 되도록 아주 긴밀하게 교제하고 사역의 상태를 제대로 파악했다. 그런 지식이 없었다면 봉사하고 기도하고 지혜롭게 헌신하지 못했을 것이다. 하지만 이 동료는 더할 수 없는 위기의 순간에도 사역에 필요한 것을 전혀 알리지 않도록 엄숙하게 반복해서 요구를 받았다. 어려운 이들의 부르짖음을 듣는 하나님은 늘 의지할 수 있는 유일한 대상이었다. 상황이 매우 급할수록 하나님보다 인간의 도움을 기대하지 않도록 더 큰 경고가 주어졌다.

일곱. 위대한 일들을 간구하고 신뢰하는 담대한 믿음이 성장했던 경험.

믿음을 실천하자 열정이 생겨나서 1파운드나 1페니를 구할 때처럼 자신 있게 100파운드나 1,000파운드, 또는 10,000파운드를 간구하는 게 쉽고 자연스러운 일이 되었다. 훈련 덕분에 하나님에 대한 확신이 커지고 하나님이 성실하시다는 사실이 입증되면서, 사역 초반에 20명의 고아를 위해 매년 250파운드씩 사랑의 하나님께 간구했듯이 해마다 적어도 2만 5천 파운드의 비용이 소요되는 2천 명의 어린이를 보살피는 일을 하나님께 의지하더라도 더는 모험이 아니었다. 우리는 믿음을 활용할 때만 그것을 실제로 잃어버리지 않는다. 그리고 믿음을 사용하면 반대로 하나님의 강력한 활동을 가로막는 불신을 잃게 된다.

수많은 사례를 요약한 이상의 내용은 뮬러가 하나님의 동역자로서 오랫동안 겪은 경험을 참을성 있게 빠뜨리지 않고 자세히 기록한 것을 일일이 반복해서 검토한 데 따른 결과이다. 그는 자신을 하늘의 주인을 대신하는 존재일 뿐 아니라 인간의 헌금을 위탁받은 존재로 간주했기 때문에 누가 보더라도 정직하게 물질을 관리하려고 노력했다. 그는 대중이 확인할 수 있도록 보고서를 출판하거나 자세한 내용을 소개하지 않아도 여전히 하나님께 성실한 청지기였지만, 그렇게 하지 않음으로써 인간에게도 마찬가지로 성실한 위탁자가 되려고 했다.

그 당시에는 자선사업 때문에 다양한 곳에서 상당한 금액을 받으면서도 신탁 관리업무를 전혀 소개하지 않는 때가 잦았다. 당사자들이 아무리 정직해도 그것은 지혜롭지 않은 행동일 뿐 아니라 그것 때문에 다른 사람들이 무책임한 행동으로 조직적인 불의를 감추는 결과를 낳았다. 뮬러의 전체적인 경력은 이런 잘못과 무관했다. 큰 신뢰를 얻은 그의 사역은 이 점에서 가장 확실한 검토를 거쳤기 때문이다.

뮬러의 일기에서 배울 수 있는 교훈을 간략히 검토해 보면 요즘처럼 회의적인 시대에 의심 많은 불신자를 놀라게 하기에 충분하다. 실제로 축복을 가져다주는 기도의 능력을 의심하거나 하나님에 대한 믿음을 미신으로 오해하는 이들에게는 언급된 사실이 도무지 믿어지지 않거나 걸림돌이 될 수도 있다.

하지만 어떤 독자든지 그런 사실이 여전히 의심스럽고, 또 현혹하는 방식으로 구성되거나 가상의 후광 덕분이라는 생각이 들면 조지 뮬러가 하나님의 인도하심을 받아서 인쇄된 형식으로 세상에 내놓은 아주 자세한 기록을 직접 검토할 수 있다. 그 기록은 조금도 변경되지 않았고, 편향된 사람에게 과감하게 거듭 도전하고, 모든 내용을 아주 엄격하게 검토하고, 가능하면 낱낱이 어떤 식으로든지 그릇되거나 과장하거나 호도하는지 확인을 거쳤다. 열정이 배제된 일화는 차분하고 수치상으로 정확해서 독자는 누구라도 조지 뮬러가 거의 기계적으로 정확한 기록을 남겼다고 생각하지 않을 수 없고, 절대적으로 솔직한 진실이 담겨 있다고 확신할 수 있다.

"의인은 그의 믿음으로 말미암아 살리라"(합 2:4)는 하박국의 메시지 같은 경고의 말씀은 강력하고 분명해서 슬쩍 보기만 해도 내용을 알 수 있다. 그 누구도 조지 뮬러를 평범한 성도보다 우월하거나 타락할 수 있는 모든 영혼이 노출된 시험이나 약점과 무관하게 놀라운 재능을 가진 사람으로 간주하면 안 된다. 우리는 그가 부단히 사탄의 공격을 받았고 그가 다른 사람들과 마찬가지로 죄와 불신을 자주 고백하였으며, 또 이따금 자신이 하나님을 떠난 것을 진정으로 슬퍼했다는 사실을 알고 있다.

실제로 그는 자신이 본래부터 악하고 성도로서 무능력하다고 생각할 때가 잦았다. 그를 은혜의 보좌와 자비하고 전능하신 아버지께 이끈 것은 이런 가난한 영혼과 죄에 대한 애통함, 전적인 무가치함의 인식과 하나님에 대한 의존이 아니었을까? 그는 아주 약했기 때문에 하나님의 강한 팔을 의지했다. 하나님의 능력은 약한 데서 드러날 뿐 아니라 온전하게 할 수 있다(고전 12:1-10).

그 누구도 그런 기도의 능력을 발휘하거나 믿음의 삶을 살 수 없다고 생각하고, 일반적인 치명적 약점에서 예외가 되지 않는 이들은 하나님의 선함과 의식적인 죄와 죄책의 어두운 그림자에 대한 기록이 가득한 이 책을 읽고서 도움을 받을 수 있다. 뮬러는 풍성한 자비와 간섭에도 불신과 불순종의 유혹에 시달렸고, 그것들의 능력에 휘둘리는 자신을 안타까워했다.

언젠가는 주일 저녁 식탁에 차려진 차갑게 식은 양고기 때문에 속으로 불평하기도 했다. 우리는 우리 자신의 모습과 비슷할 뿐 아니라 다른 사람들 이상으로 악의 영향에 굴복하고, 그래서 특별한 능력이 필요했던 인물과 교감하는 내용을 읽고 있다는 생각을 하게 된다. 그는 하나님을 전적으로 의존하는 길을 새롭게 닦은 적이 거의 없었다.

어느 때는 '이런 식으로 주님을 신뢰하는 것은 소용이 없다'라고 생각할 정도로 "너무 죄악에 물들어서 이미 너무 멀리 나간 것은 아닌지 두렵다"는 고백을 하기도 했다. 사실 이 시험은 얼마 지나지 않아 극복되었고 사탄은 밀려났다. 하지만 이따금 비슷한 불화살이 그에게 쏟아져서 믿음의 방패로 막아야 했다. 그는 인생의 마지막 순간까지도 자신을 신뢰하거나 한순간도 하나님을 느슨하게 붙잡거나 하나님의 말씀과 기도를 무시할 수 없었다. 그렇게 하지 않으면 당연히 죄를 지었을 것이다. 조지 뮬러가 홀로 감당하기에는 죄의 '옛사람'이 언제나 너무 강했다. 하지만 그가 '신뢰하는 삶'을 살면 살수록 자신을 그만큼 덜 의지하게 되었다.

뮬러의 일기를 한 쪽 씩 넘길 때마다 더 확실해지는 또 다른 사실은 특별하고 대단한 일은 물론, 평범하고 사소한 일까지 일차적으로 하나님의 조언을 구하거나 기도를 신뢰하면서 하나님의 인도하심을 구하지 않으면 전혀 움직이지 않았다는 사실이다. 무슨 일을 시작하든지 간에 하나님의 뜻을 깨닫고 그 뜻이 분명해질 때까지 기다리는 게 그가 간직한 일생의 좌우명이었다. 그럴 때만 자신의 영혼이 축복을 받거나 그가 주도하는 사업이 번창할 수 있기 때문이었다. 커다란 위기의 순간에는 비교적 하나님의 도움을 담대하게 구하는 대다수의 제자가 너무 사소해서 하나님의 관심을 끌거나 간섭을 요구할 수 없을 것 같은 문제들은 담대하게 제시하지 못한다. 하나님은 우리의 머리카락을 일일이 세고 한 가닥도 그냥 빠지게 하지 않으신다.

게다가 일기를 보면 그는 자신이 섬기는 하나님의 선하신 이름이 비난을 받는 일이 없도록 부단히 노력했다. 그는 하나님을 냉정한 주인으로 보이게 할 수 없었다. 1831년 7월 초에 뮬러 부부가 거의 굶어 죽어가고 있고 생필품이 부족해서 어떤 병을 앓고 있다는 그릇된 소문이 나돌았다. 그래서 그는 동전 한 푼이 없고 식탁에 올릴 빵이 없을 때도 잦았지만 영양을 공급하는 양식이 끊어진 적이 한 번도 없었다는 사실을 굳이 기록으로 남겼다. 이런 증언은 가끔 반복되었고, 그가 하늘 아버지께 갈 때까지 지속되었다. 그래서 거의 70년 이상에 달하는 믿음의 세월 동안 줄곧 그랬다고 인정하게 된다.

바로 이 시기에 처음 밝혔고, 선교여행을 하면서 여기저기서 비슷한 방식으로 반복했던 같은 내용의 증언은 말과 행동이 일치하는 하나님의 성실하심에 관한 것이다. 그것은 이사야 55장 11절의 적극적이고 확실한 약속과도 일치한다.

"내 입에서 나가는 말도 이와 같이 헛되이 내게로 되돌아오지 아니하고 나의 기뻐하는 뜻을 이루며 내가 보낸 일에 형통함이니라"(사 55:11).

이것은 인간의 말이 아니라 지혜롭고 신실하신 하나님의 말씀을 언급한 것이라는 사실에 주목할 필요가 있다. 그래서 우리는 우리의 메시지가 인간적인 노력과 권위와 무관하게 우리를 통해 전달되는 하나님의 메시지라면 그때는 실패처럼 보여도 반드시 하나님의 기쁨과 거룩한 사명이 성취된다고 예상하고 주장할 수 있다.

뮬러는 자신의 설교를 거론하면서 모든 곳은 아니지만 하나님의 말씀을 전했던 거의 모든 곳에서 주님이 자신의 메시지를 인정해주셨다고 증언한다. 큰 교회든지 아니면 작은 방이든지 관계가 없었다. 그런데 야외에서 예배할 때는 풍성한 축복이 따르지 않는다는 것을 목격했다. 그는 어떤 장교가 찾아와서 비웃었던 단 한 차례의 사건을 통해 그렇게 확신했다. 뮬러는 자신의 야외집회 사역이 실제로 결실을 보는 것을 하나님이 바라시지 않거나, 아니면 기도가 부족했기 때문이라고 생각했다. 하지만 그는 그런 설교 방식이 자신의 사역에 적합하지 않다고 결론을 내렸다. 하나님이 인정하시는 축복을 누리지 못했기 때문이다.

일기에는 그가 겪은 육신의 연약함과 무능함이 아주 빈번하게 등장한다. 육신의 질병을 상대로 한 싸움은 거의 평생 지속되었고, 그의 이야기에 새로운 교훈을 추가했다. 믿음의 능력은 당연히 육신의 연약함을 물리쳤다. 우리는 그가 질병 때문에 고통을 겪었고, 어느 때는 너무 심각해서 몸을 움직이지 못할 정도였다는 내용을 종종 접했다.

가령 1832년 초에 그는 위의 혈관이 파열되는 바람에 다량의 출혈이 있었다. 다음 날은 주일이라서 네 번의 설교를 해야 했다. 그는 움직일 수 없어서 다른 사람에게 설교를 한 차례 맡겼다. 한 시간을 기도하고 난 뒤에 그는 믿음을 의지해 자리에서 일어나 옷을 입고 교회로 갔다. 너무 쇠약해서 짧은 거리를 가기도 쉽지 않았지만 도움을 받아 평상시처럼 설교했다. 예배를 마친 뒤에 친구 의사가 평생을 치료받아야 할 상처를 입을 수도 있는 행동이었다고 걱정했다. 그러자 그는 주님이 믿음을 주시지 않았다면 주제넘은 짓으로 간주했을 것이라고 대답했다. 그는 오후와 저녁까지 모두 설교했지만 그럴 때마다 더 건강해졌고 나중에 어떤 부작용도 없었다.

뮬러의 전기와 이와 같은 경험의 기록을 읽으면서 누구나 그의 행동이 지혜롭다고 생각하지는 않을 것이다. 일부는 호감이 가고, 또 일부는 비난할 수도 있다. 그는 일기에서 이 부분을 소개하면서 어느 독자든지 믿음 없이 자신처럼 문제를 처리해서는 안 된다고 신중히 경고한다. 하지만 하나님으로부터 감당할 수 있는 믿음을 받았다고 확신하게 되면 그 믿음이 능력을 발휘해서 영광을 누리게 된다. 뮬러 스스로 그런 행동을 줄곧 추구하지 않은 것은 늘 같은 믿음을 소유하지 못했기 때문이다. 그래서 그는 일기에 믿음의 선물과 믿음의 은총을 유용하게 구분해 놓았는데, 이것을 조심스럽게 살펴볼 필요가 있다.

그는 환자가 낫기까지 계속해서 기도하면서 건강의 축복을 무조건 간구했지만 나중에는 자신이 할 수 없는 일이라는 사실을 알게 되었다. 그런 때에 기도가 대부분 응답되었지만 그렇지 않을 때도 있었다. 1829년 초에 오랫동안 앓던 육신의 질병이 치유되었고 이후로 재발하지 않았다. 하지만 이 하나님의 사람은 나중에도 병을 앓았지만 같은 방식으로 치유되지 않아서 한 차례 이상 비싼 비용을 치르고 노련한 의사에게 수술을 받아야 했다.

이런 믿음의 사람도 질병을 치유할 믿음이 부족했다고 말하는 사람도 분명히 있을 것이다. 하지만 우리는 직접 그의 말을 들어야 한다. 믿음의 선물과 은총에 대한 의견은 특히 그렇다. 믿음의 선물은 언제나 드러나는 게 아니지만 은총은 반드시 그래야 한다. 믿음의 은총은 의시해야 할 분명한 하나님의 말씀을 가지고 있고, 그런 상황에서 믿음이 없거나 연약한 것은 죄를 뜻하기 때문이다. 한 쪽은 우리를 인도하는 분명한 명령이나 약속이 없지만 다른 쪽에는 있다. 그는 이따금 하나님으로부터 믿음의 선물 같은 것을 즐겨 허락받아서 무조건 간구하고 응답을 확신할 때가 있다고 덧붙인다.

우리는 상당한 분량의 일기를 전반적인 특징을 중심으로 살펴보았기 때문에 여기서 논의를 끝낼 수도 있다. 하지만 직접 그 내용을 자세히 검토하고 싶은 독자에게는 천천히 읽는 게 은총의 수단이 될 수 있음을 다시 밝혀둔다. 한 번에 약간의 분량을 읽고 성찰하면서 자신을 돌아보면 독자의 불신과 불성실함이 의식적으로 대비되면서 적잖게 부끄러울 수도 있지만 믿음에는 큰 자극이 될 수 있다.

이 사내는 특별히 하나님과 함께, 하나님 안에서 생활했다. 그리고 선과 악을 구분하는 데 오감을 사용했다. 그의 양심은 점점 예민해져서 아주 정확하게 판단하게 되었다. 덕분에 일반의 눈을 벗어난 오류를 파악할 뿐만 아니라 성품은 아니라도 사역에 피해를 주거나 파괴할 수 있는 위험을 내다볼 수 있었다. 그래서 지금껏 뮬러의 일기를 대신하려고 이 책을 집필하는 저자로서 나는 그것을 한 번도 읽지 않은 다수의 사람이 자신을 위해 직접 살펴보도록 권하고 싶다. 하나님과 매일 가깝게 걷는 길이 분명하게 드러나게 되고, 그러면 신중한 자세와 행동과 동기까지 점차 하나님의 저울에 놓여서 주목받고 평가를 거치게 된다.

연례보고에 곁들여서 뮬러의 일기를 모두 자세하게 읽고 얻은 인상을 한마디로 요약하면 '하나님에 대한 확신'이라고 할 수 있다. 조지 뮬러는 세대를 초월해서 하나님이 잘못하시거나 성실하시지 않다는 사실을 증명한 진실한 성도는 지금껏 하나도 없었고, "우리는 미쁨이 없을지라도 주는 항상 미쁘시니 자기를 부인하실 수 없으시리라"(딤후 2:13)는 말씀을 항상 신뢰할 수 있다고 완벽하게 확신했다.

하나님은 말씀하셨을 뿐 아니라 맹세까지 하셨다. 하나님의 말씀은 맹세로 확증된다. 하나님은 그보다 더 크게 맹세하실 수 없기 때문이다. 그리고 이 모든 것 때문에 우리는 커다란 위안을 받을 수 있다. 우리는 과감히 하나님의 약속을 굳게 붙잡을 수 있다. 불신앙은 하나님을 거짓말쟁이로 간주하게 하지만 더 나쁜 것은 '위증자'로 만드는 일이다. 말씀은 물론이고 맹세까지 잘못된 것으로 몰아버리기 때문이다. 조지 뮬러는 믿었고, 믿었기 때문에 기도했다. 그리고 기도했기에 기대했고, 기대했기에 응답받았다. 믿는 사람은 복되다. 하나님이 말씀하신 일들이 이루어질 것이기 때문이다.

하나님이 인도하신
뜻밖에 새로운 세계

이제 우리는 앞에 펼쳐진 길이 평탄해지기 시작하는 새로운 갈림길에 도착했다. 하나님의 인도하심을 받는 종에게 미래와 영원한 핵심 사역이 분명히 제시되는 곳도 바로 이 지점이다.

1832년 3월, 친구 헨리 크레익이 4주 동안 브리스톨에서의 사역을 위해 쉘던을 떠났다. 비록 그때까지 브리스톨에서 동역자가 되고 영구적으로 거주하면서 삶의 중심지로 삼게 될 것이라고는 전혀 생각하지 못했지만, 하나님이 크레익을 위해 조금 더 지속적인 사역의 영역을 준비하셨다는 강력한 인상을 받았다. 하나님은 눈먼 사람을 알지 못하는 방법으로 또다시 인도하셨다.

하지만 하나님이 자신을 테인머스에 묶어놓지 않으셨다는 사실과 사역지를 분명히 알 수는 없지만 그곳에서의 사역이 끝나가고 있다는 확신이 커졌다. 그리고 이리저리 돌아다니면서 성도들이 하나님을 충분히 신뢰하도록 돌보고 그의 신실함을 더 크게 느끼도록 노력하면서 하나님의 말씀을 더 철저히 살펴보고 싶다는 생각을 하게 되었다. 순회사역에 관한 관심은 테인머스 이외 지역에서 설교하는 것이 훨씬 더 즐겁고 능력이 있었을 뿐 아니라 더 많은 청중이 모였다는 사실 때문에 힘을 얻게 되었다.

4월 13일, 크레익에게서 편지가 도착했다. 브리스톨에서의 사역에 뮬러의 참여를 요청하는 내용이었다. 그 때문에 그는 깊은 인상을 받고서 그것이 하나님의 부르심인지 아닌지, 그리고 자신의 능력에 더 적합한 곳이 있는지를 기도하면서 생각하기 시작했다. 다음 주일에 그는 주님의 재림을 설교하면서 하나님의 사자가 더 광범위하게 곳곳에서 증거하게 하시는 이 복된 소망의 영향력을 거론했다. 그리고 형제들에게 자신은 하나님이 다른 곳으로 인도하시면 언제든지 자유롭게 따르기 위해 그들과 계속해서 함께 지낼 수 없다는 사실을 다시 한번 설명했다.

4월 20일, 뮬러는 브리스톨로 출발했다. 여행하는 동안 그는 한마디도 할 수 없었다. 그리스도에 대해서 자유롭게 말하거나 소책자를 나눠 줄 수 있는 여유가 없었고 그 덕분에 생각에 집중하게 되었다. 소위 '하나님의 사역'이 묵상과 교제를 그 대신에 실천하게 했다는 것을 깨달았다. 그는 영적인 생명에 호흡과 양식을 공급하시는 하나님과의 '조용한 시간'을 간과했었다. 하나님의 말씀에 대한 경건한 묵상과 기도를 습관적으로 실천하지 않으면 그것을 대신할 것이 전혀 없다는 교훈은 무엇보다 중요하다. 하지만 그것을 익히는 게 쉬운 일은 아니다.

예를 들면 우리는 하나님의 말씀을 전하거나 어려운 영혼들을 방문하느라 경황이 없으면 그리스도인 형제들과의 대화나 사역이 은밀한 곳에서 하나님과 함께하지 못하는 것을 보충할 수 있다고 생각하기 쉽다. 우리는 잠시 개인 기도를 하고는 서둘러서 봉사하러 나간다. 우리를 과도하게 붙잡고 있는 이들에게 어쩌면 하나님이나 말씀과의 절실한 교제가 무엇보다 훌륭한 증거가 될 수 있는데도 판단을 잘못해서 몰입하지 못하고 소중한 시간을 교제의 즐거움에 바치고 있는 것이다. 하나님을 기다리면서 능력을 새롭게 하는 데 필요한 시간을 갖지 않고 하나님은 봉사의 질보다 양에 더 관심을 두기나 한 것처럼 서둘러서 이리저리 모임을 쫓아다닌다.

여기서 뮬러는 정신없이 돌아가는 세상에 사는 바쁜 사람이 겪는 가장 큰 위험을 발견하는 은혜를 받았다. 그는 다른 이들을 먹이기 위해서는 우리가 먹어야 한다는 것을 깨달았다. 그리고 함께 어울려서 기도하고 찬양해도 골방에서만 누릴 수 있는 양식은 공급받지 못한다는 사실도 알게 되었다. 문을 닫고 창문을 연 채로 하나님과 홀로 만나는 것이 중요하다. 이미 앞에서 진정한 형통을 누릴 수 있는 하나님의 방법이 성경에 세 차례 등장한다고 거론한 바 있다.

하나님은 여호수아에게 이렇게 말씀하셨다.

"이 율법책을 네 입에서 떠나지 말게 하며 주야로 그것을 묵상하여 그 안에 기록된 대로 다 지켜 행하라. 그리하면 네 길이 평탄하게 될 것이며 네가 형통하리라"(수 1:8).

5백 년 뒤에 영감받은 시편 기자는 그 약속을 똑같이 반복한다. 성령은 거기서 여호와의 율법을 즐거워하여 밤낮으로 묵상하는 사람에 대해 이렇게 말씀하셨다.

"그는 시냇가에 심은 나무가 철을 따라 열매를 맺으며 그 잎사귀가 마르지 아니함 같으니 그가 하는 모든 일이 다 형통하리로다"(시 1:3).

여기서 하나님의 복된 책을 묵상하는 경건한 사람은 끊임없이 물이 공급되는 물가에 심어진 사시사철 푸른 나무로 비유된다. 그의 열매는 끝없이 맺히고 잎사귀는 마르지 않는다. 푸른빛도 가시는 법이 없다. 무엇을 하든지 형통하게 된다. 천 년이 더 지나서 신약성경이 완성되기 전에 성령은 복된 증언을 한 번 더 말씀하셨다. "자유롭게 하는 온전한 율법을 들여다보고 있는 자(즉 말씀이라는 거울을 통해서 받은 은혜를 잊지 않도록 자신이 본 것을 계속해서 묵상하는 자)는 듣고 잊어버리는 자가 아니요 실천하는 자니 이 사람은 그 행하는 일에 복을 받으리라"(약 1:25)(괄호 안은 저자 아더 피어슨이 추가한 주석이다-역주).

우리는 이처럼 진정한 형통과 순수한 축복의 비결을 소개하는 삼중적인 증거를 지니고 있다. 율법의 책, 생명의 강, 자신을 비추는 거울인 성경을 경건하게 묵상하고 성찰하는 것은 하나님의 뜻과 하나님의 생명, 하나님의 변화시키는 능력을 전달하는 데 적합하다. 어떤 이유로든지 하나님의 말씀을 기도히면서 읽는 것을 게을리하는 성도는 치명적인 실수를 범하는 것이다. 하나님의 말씀을 읽고, 그렇게 함으로써 자신을 살피며 기도하고 거룩한 삶을 사는 것은 은총과 경건함 속에서 성장하게 하는 위대한 비결이다.

하나님을 위한 사역자는 반드시 하나님과 함께하는 사역자가 되어야 한다. 설교를 비롯한 모든 형태의 증거와 봉사에 참여하면서 사람들을 상대할 능력과 주도력이 필요하다면 기도를 통해 하나님을 상대할 능력과 주도력을 받아야 한다. 어떤 대가를 치르더라도 우리의 사역에 필요한 무엇보다 중요한 준비, 즉 우리 영혼의 준비를 해야 한다는 사실을 명심해야 한다. 그리고 이것을 위해서 우리는 진정으로 하나님을 만나고 하나님의 뜻과 자신에 대한 계시를 이해할 수 있도록 하나님의 말씀과 영을 혼자서 마주하는 시간을 가져야 한다.

조지 뮬러가 살았던 삶과 그가 감당한 사역의 비결을 알려고 노력한다면 이것이 바로 모든 비밀에 관한 열쇠이다. 그 열쇠를 가진 성도는 누구나 자신의 사역에서 은총과 능력이 풍성하게 성장하는 문을 열 수 있다. 하나님의 말씀은 하나님의 생각을 표현하고 마음과 뜻을 계시하신다. 인생의 가장 큰 목적은 하나님을 알고 그를 알리는 것이다. 하나님이 그런 지식을 전달하려고 선택하신 그 방법을 무시하면 어떻게 이것이 가능할 수 있겠는가? 살아 있는 말씀인 예수님조차 기록된 말씀을 소중하게 대하셨다. 예수님에 대한 우리의 지식은 그의 성품과 영광을 반영하는 성경에 대한 지식에 의존한다. 예수님은 의의 태양이 되어 하늘에서 빛을 발하신다.

1832년 4월 22일, 조지 뮬러가 기드온교회의 강단에 섰다. 그 사실과 날짜는 인생의 아주 중대한 전환점이라서 신중히 다루어야 한다. 이후로 거의 66년간 브리스톨은 그의 이름과 떼려야 뗄 수 없는 관계가 되었다. 그 주일에 뮬러는 하나님이 자신을 통해 그 도시에서 무슨 일을 하려고 하시는지, 그곳을 중심으로 그의 영향력이 어떻게 퍼져 나갈지, 그리고 그가 세상을 떠나고 난 뒤에도 계속되어야 할 사역으로 어떻게 증거를 계속해야 할지, 거룩한 감사와 찬양으로 그의 마음이 어떻게 부풀어 오를지 예상할 수 있었을까? 오히려 그는 거대하고 압도적인 기회를 마주하고선 겸손히 움츠러들었다.

이 첫째 주일 오후에 그가 브리스톨의 피데이교회에서 했던 설교에 하나님이 강력히 역사하셨다. 그 설교 때문에 회심한 사람들 가운데는 악명 높은 술꾼도 있었다. 그리고 해가 지기 전에 크레익의 저녁 설교를 들으면서 뮬러는 어떤 목적 때문에 하나님이 자신을 불렀고, 적어도 한동안 그곳에서 사역해야 한다는 사실을 분명히 확신하게 되었다. 하지만 뮬러와 크레익 모두 확실히 결정된 장소는 아니라고 생각했다. 그런 판단은 개인적으로 긴급한 압박에 눌려서 지나치게 어긋날 수도 있기에 각자의 이전 사역지로 돌아가서 위로부터 임할 것이라고 하나님이 약속하신 지혜를 조용히 기다리기로 했다. 그들은 5월 초하루에 데번셔를 떠났다. 하지만 어떤 형제가 베데스다교회를 그들이 함께 사역하도록 임대할 생각을 하게 되었고, 그렇게 해서 공적예배를 위한 두 번째 대형건물을 확보할 수 있었다.

그런 축복은 브리스톨에서 9일 동안 함께 증언한 데 따른 것이라서 그들은 하나님이 그곳으로 함께 불렀다고 확신하게 되었다. 하나님은 그들의 모든 활동을 인정하셨고, 4월 29일 기드온교회의 마지막 예배에는 너무나 많은 사람이 모여서 어쩔 수 없이 상당수의 사람은 돌아갈 수밖에 없었다.

뮬러는 겸손을 실천할 기회를 발견했다. 그는 형제의 재능이 자신보다 더 낫다는 것을 알게 되었다. 하지만 크레익은 그가 동료의 역할을 하면서 브리스톨에서 함께 지내려고 했기 때문에 하나님의 은총에 의지해서 덜 알려지더라도 겸손히 받아들였다. 그리고 하나보다 둘이 낫다는 생각과 서로 상대에게 부족한 것을 채워줄 수 있다는 게 위로가 되었다. 그렇게 해서 둘은 죄인과 성도 모두에게 큰 도움과 축복이 되었다는 사실을 결과로 입증했다.

뮬러는 하나님의 은총 덕분에 그보다 더 높아졌지만 우리는 이렇게 말해야 한다. 즉 그는 더 낮아졌고 "서로 우애하고 존경하기를 서로 먼저 하며" 시기하지 않고 기뻐했다. 그리고 세례 요한처럼 생각했을 것이다.

"만일 하늘에서 주신 바 아니면 사람이 아무것도 받을 수 없느니라" (요 3:27).

그런 겸손한 생각은 이 세상에서도 보상받을 때가 많았다. 크레익이 브리스톨에 강한 인상을 남긴 것처럼 뮬러의 영향력은 훨씬 더 깊고 넓었다.

헨리 크레익이 1866년에 세상을 떠나자 뮬러의 사역은 더 오래 영향력을 발휘했다. 그리고 전 세계에 걸친 아주 광범위한 선교여행을 통해 그의 증거는 훨씬 더 멀리 전해졌다. 무명으로 있는 것을 개의치 않고 낮은 자리로 내려간 겸손한 마음의 이 사내에게 하나님은 더 높은 자리, 그리고 더 영향력 있는 보좌를 내주셨다.

몇 주 지나지 않아서 하나님의 뜻이 새로운 사역지 때처럼 이 둘에게 너무나 분명하게 드러나서 5월 23일 뮬러는 테인머스를 떠나 브리스톨로 갔고 그다음 날에는 크레익이 뒤따랐다. 기드온교회 교인들의 모임에

▲ 브리스톨의 베데스다교회. 뮬러와 크레익은 성령의 초자연적 힘에 이끌려 이곳에 오게 되었고 이곳을 중심으로 하나님이 예비하신 본격적인 사역을 시작하게 되었다.

서 그들은 다음처럼 자신들의 의사를 밝히고 동의를 얻었다. 자신들은 회중과 어떤 의무적인 관계도 맺지 않으면서 하나님의 뜻에 따른 방식과 시기에 맞춰서 설교하고, 어떤 규칙에도 얽매이지 않으며, 교회의 자릿세를 폐지하고, 데번셔에서처럼 모든 물질적인 필요를 하나님을 의지하면서 자신들이 섬기는 이들의 자발적인 헌금으로 해결한다는 내용이었다.

한 달이 지나지 않아서 베네스다교회는 빚을 지지 않고도 1년을 보장받게 되었다. 그렇게 해서 기드온에서처럼 7월 6일, 그곳에서 예배가 시작되었다. 출발부터 성령이 이 두 형제의 동역을 인정하신 것이었다. 베데스다에서 처음으로 예배를 드리고, 열흘 뒤에 구도자들을 위해 마련한 저녁모임에 너무 많은 사람이 몰려서 개인들을 상대하는 데 4시간 이상이 걸렸고, 그래서 그들을 격려하기 위해 비슷한 모임을 자주 가졌다.

1832년 8월 13일은 기억에 남을 만한 날이었다. 그날 저녁에 베데스다교회에서는 뮬러와 크레익, 그리고 한 형제와 네 명의 자매, 그렇게 겨우 일곱이 한자리에 모여 '어떤 규칙이 아니라 하나님이 말씀으로 조명할 때만 행동하기를 바라면서' 교제를 나눴다.

이것은 뮬러의 일기에 아주 짧고 간단하게 기록되어 있지만 상당히 중대한 의미를 지니고 있었다. 일기는 신약성경 이외에는 어떤 지침도 없이 순수한 사도적인 교회를 세우는 거룩한 사역에 그가 나서게 된 과정을 소개하고 있다. 실제로 그 덕분에 우리는 뮬러가 인생의 세 번째 국면에 접어들게 되었다는 사실을 알 수 있다. 이로써 그는 하나님이 따로 남겨두신 사역을 본격적으로 시작하게 되었다. 이후의 절차는 신속하게 진행되었다. 하나님이 일꾼과 재료를 마련하자 필생의 사역이 완성될 때까지 조용하면서도 신속하게 구조물이 완성되어갔다.

이 시기에 콜레라가 브리스톨에 걷잡을 수 없이 퍼졌다. 이 끔찍한 '하나님의 재앙'은 7월 중순에 처음 등장해서 3개월간 지속되었다. 기도 집회가 자주 열리고 한동안은 매일 열려서 이 고통이 사라지기를 간구했다. 죽음이 만연했고 장례를 알리는 종소리가 끊이지 않았다. 그렇게 침통함이 어두운 장막처럼 지역 전체를 뒤덮었다. 물론 환자와 죽어가는 사람, 고통에 시달리는 사람을 자주 찾아가야 했지만, 뮬러와 크레익이 돌보는 하나님의 자녀들 가운데 이 병으로 단 한 사람만이 목숨을 잃었다는 사실은 대단한 일이었다.

▲ 베데스다교회 내부. 1832년 8월 13일 뮬러와 크레익은 이곳에서 한 형제와 네 명의 자매와 함께 어떤 규칙이 아니라 주님의 말씀으로 조명할 때만 행동하기를 바라면서 교제를 나눴다.

이 치명적인 전염병 때문에 우울하고 슬픈 순간에 뮬러 부부 사이에서 딸이 태어났다. 1832년 9월 17일의 일이었다. 달콤한 향기가 머문다는 뜻의 루디아(Lydia)라는 이름의 아기는 나중에 하나님의 훌륭한 성도로 성장해서 제임스 라이트의 사랑스러운 아내가 되었다. 당시에는 갓 태어난 아기가 사무엘처럼 섭리 가운데 하나님의 예언자로 세움을 받게 될지, 아니면 주님이 마음을 열어 유럽 최초의 기독교 교회의 중심으로 불렸던 성경 인물 루디아처럼 특별한 사역을 하게 될지 제대로 알지 못했다.

뮬러의 꾸밈없는 겸손과 의도하지 않은 은혜를 동반한 유순함은 구도자 집회에서 하나님이 확신과 회심을 위해 동료의 설교를 훨씬 더 자주 활용하신다는 게 밝혀질 때부터 새삼 빛을 발했다. 이런 깨달음 덕분에 자신을 돌아보게 되면서 그는 이런 사실 배후에 세 가지 이유가 자리 잡고 있다는 결론을 내렸다. 첫째, 크레익은 자신보다 더 영적이다. 둘째, 그는 회심하게 하는 능력을 위해 자신보다 더 간절히 기도한다. 셋째, 그는 공적인 사역에서 구원받지 못한 사람들과 더 많이 접촉한다.

그는 자신의 부족함을 깨닫고 무익하게 자책하지 않았다. 그는 회심하지 않은 이들을 위해서 더 자주 간구했다. 그리고 그들은 더 자주 만나서 대화하며 말씀을 전했다. 이때 이후로 뮬러의 설교는 다른 형제들처럼 하나님께 인정을 받았다. 우리의 사역이 지닌 결함에는 이유가 있기 마련이고 그것이 은혜의 보좌에서 완벽히 해결된다는 것은 반드시 익혀야 할 교훈이다. 우리는 어려울 때마다 담대히 다가가서 그곳에서 은총과 도움을 누릴 수 있다.

뮬러가 더 자주 기도하는 데 만족하지 않고 무관심한 영혼들을 일깨우는 설교를 더 부지런히 준비했다는 것은 이미 앞에서 소개했다. 자연계는 물론이고 초자연계에도 인과율이 존재한다. 하나님의 영도 질서와 방법을 통해 역사하신다. 그는 통로를 정해놓고서 축복을 부어주신다. 영적인 세계에서 우연이란 없다. 성령의 바람은 임의로 불지만 그때도 바람의 길은 존재한다. 확신과 회심에 적합한 유형의 설교가 있는가 하면 그렇지 않은 것도 있다.

진리를 제대로 활용하는 것에도 구별과 선택의 여지가 있다. 하나님의 말씀이라는 무기는 다양하고, 모두 쓰임새가 다르다. 하나님이 특별한 사역이나 싸움을 위해 어떤 도구나 방법을 준비하셨는지 알려고 노력하는 일꾼이나 군사는 복이 있다. 우리는 진정한 일꾼이 될 수 있게 하나님의 말씀이나 영과의 지속적인 교제를 위해 노력해야 한다.

"진리의 말씀을 옳게 분별하며 부끄러울 것이 없는 일꾼으로 인정된 자로 자신을 하나님 앞에 드리기를" 힘써야 한다(딤후 2:15).

사도 바울이 디모데에게 두 번째로 보낸 편지에 등장하는 표현("진리의 말씀을 옳게 분별하며")은 아주 특별하다. 그것을 라틴어로 옮기면 '곧게 길을 내다'(recte viam secare)가 된다. 여기에는 하나님의 진정한 일꾼은 특정 지점까지 직선 도로를 건설하는 토목기사와 비슷하다는 뜻이 담겨 있다. 듣는 사람의 마음과 양심이 목적 지점이고, 설교자의 목적은 듣는 사람의 필요에 가장 직접적이고 효과적으로 도달하도록 하나님의 말씀을 활용하는 것이다.

설교자는 우회하거나 뒤로 물러나거나 기만하거나 옆길로 새는 주장을 조금이라도 하면 안 된다. 오히려 하나님의 도움을 받아서 듣는 이들의 확신과 결단에 가장 짧고 곧고 빠른 길을 찾는 데 힘써야 한다. 게다가 도로를 건설하는 사람이 일을 시작하기에 앞서 지역을 살펴보고 설계를 한다면 일차적으로 청중의 필요나 그들과 제대로 접촉하는 가장 좋은 방법을, 그리고 그들의 요구에 따라서 하나님의 말씀과 복음의 메시지를 전달하는 최고의 방법을 찾아야 한다.

1833년 초에 바그다드 지역의 선교사들로부터 편지가 도착했다. 조지 뮬러와 크레익에게 멀리 떨어진 지역에서의 사역에 합류해 달라는 요청과 함께 2백 파운드의 여행 경비가 들어 있었다. 그렇지만 하나님의 뜻을 위해 2주 동안 기도하고 나서 가지 않기로 분명히 결정했고 이 선택을 절대 후회하지 않았다. 그것을 여기에 기록하는 것은 전기에 충실하고 새로운 사역에 관한 부름을 평가하고 결정한 방식을 소개하기 위함이다.

우리는 이제 뮬러가 필생의 사역을 시작하는 다음 단계에 도달했다. 1832년 2월, 뮬러는 할레에서 최초로 고아원을 시작했던 프랑케의 전기를 읽게 되었다. 하나님이 프랑케의 삶과 사역을 활용해서 뮬러에게 비슷한 사역을 하게 했을 뿐 아니라 자선사업의 방법까지 그에게 영향을 끼쳤기 때문에 프랑케의 삶을 잠시 살펴보는 게 도움이 될 수 있다.

아우구스트 프랑케는 뮬러와 같은 나라 출신이었다. 1696년 무렵, 프랑케는 프러시아의 할레에서 빈민가 고아들을 위해 그 당시 세계에서 가장 커다란 사업에 착수했다. 그는 하나님을 신뢰했고, 그가 신뢰한 하나님은 실망하게 하지 않고 풍성한 도움을 주셨다.

건물보다는 거대한 거리를 닮은 시설이 건축되었다. 그곳에 수용된 대략 2천 명의 고아들에게는 잠자리와 음식, 옷과 교육이 제공되었다. 1727년까지 거의 30년 동안 프랑케가 모든 일에 직접 관여했다. 하나님은 그 일을 기뻐해서 종을 더 귀한 곳으로 불렀고, 그래서 프랑케가 세상을 떠난 뒤에는 사위가 책임을 맡았다. 2백 년이 지났지만 이 고아원 건물들은 여전히 존재할 뿐 아니라 소중한 목적을 계속해서 수행하고 있다(프랑케가 할레시 중심지에 건축한 프랑케재단 건물은 1991년 가을에 개보수에 착수해서 1995년 10월에 공사가 마무리되어 현재 일반인에게 공개되고 있다-역주).

이런 사실들을 살펴보고 할레에서 프랑케가 이룬 업적을, 애슐리 다운에서 기도에 응답하시는 하나님에 대한 조지 뮬러의 기념비를 비교만 해도 후자의 주요 사역이 대부분 전자와 상당히 비슷했다는 사실을 알

▲ 할레시 중심에 있는 프랑케의 기념상. 1696년 프랑케는 오직 하나님만을 의지해서 빈민가 고아들을 위한 고아원 사업을 시작했다. 훗날 프랑케는 뮬러의 롤모델이 되었다.

수 있다.

뮬러는 프랑케가 세상을 떠난 지 1백 년 이상이 조금 지났을 때 고아원 사역을 시작했다. 마침내 2천 명 이상의 고아에게 해마다 먹을 것과 입을 옷과 잠자리를 제공했다. 60년 이상 직접 사역에 관여했는데, 이것은 프랑케가 직접 사역한 기간보다 더 길었다. 그리고 세상을 떠날 때는 프랑케처럼 사위를 후계자로 삼아 사역을 맡겼다. 프랑케처럼 전적으로 하나님만 의지해서 시작한 브리스톨 고아원의 설립자가 처음부터 끝까지 하나님을 의지했다는 사실은 덧붙일 필요가 없다.

하나님은 특정한 사역을 담당할 일꾼을 준비시킬 때는 어떤 감동적인 전기를 활용하거나, 아니면 그런 사역자로서 진정한 성공을 위해 좇아야 할 정신을 보여주는 생존 인물과 접촉하게 해서 패배의 길에서 직접 마련한 특별한 길로 종종 인도하신다. 프랑케의 삶과 사역에 대한 묵상은 자연히 폭넓게 쓰임받고 싶어 하는 이 사내로 하여금 주변의 가난한 부랑아들을 더 많이 생각하게 하고, 하나님을 통해 공급할 수 있는 어떤 방법을 계획할 수 없는지 간구하게 했다.

28세를 앞두고 있던 1833년 6월 12일, 내적 불길이 어떤 계획에 따라 출구를 찾아내기 시작했는데, 그것은 나중에 고아원 사역을 위한 첫 걸음이 되었다. 뮬러는 매일 오전 8시 무렵에 거리로 나가 가난한 어린이들을 모아놓고 약간의 빵을 아침으로 제공하고 한 시간 반 정도 성경 읽는 법을 가르치거나 읽어주었다. 그리고 나중에는 어른과 빈민 노인들에게도 동일하게 사역했다. 한 번에 30~40명에게 먹을 것을 제공하기 시작했다. 숫자가 늘어나면 하나님의 공급도 함께 늘어날 것이라 확신했다. 자기 생각을 크레익에게 털어놓은 그는 150명의 어린이를 수용할 수 있는 장소를 소개받았다. 한 해에 10실링을 지급하면 되는 곳이었다. 게다가 교육을 자발적으로 담당하겠다는 나이 든 형제도 만났다.

하지만 생각지도 못한 장애가 이 계획의 수행을 가로막았다. 사역은 뮬러와 크레익을 이미 압박하고 있었다. 음식을 구하는 사람의 숫자가 급격히 불어나고 게으른 사람들이 길거리에서 떼를 지어 몰려다니는 것에 대한 이웃들의 불평이 문제가 되었다. 이 방법을 포기하게 된 것도 이런 이유가 일부 작용했다. 하지만 중심이 되는 생각과 목적은 절대 잊지 않았다. 하나님은 뮬러의 마음 밭에 한 개의 씨앗을 심으셨다. 그것이 고아원과 성경지식연구원으로 성장해서 현재 풍성한 가지와 광범위한 결실을 보고 있다.

그는 알 수 없는 길과 겪어보지 못한 상황이 앞에 펼쳐지면 이따금 하나님이 다루시던 방식을 뒤돌아보면서 격려를 받았다. 1833년이 저물어가던 이 무렵, 그는 전적으로 하나님께 물질의 공급을 의지하기 시작한 이후로 4년 동안 전혀 어려움을 겪지 않았다고 일기에 기록했다. 첫해에는 130파운드, 둘째 해에는 151파운드, 셋째 해에는 195파운드, 그리고 마지막 해에는 267파운드를 받았다. 이 모두가 자발적인 헌금이었고 누구에게도 동전 한 푼을 구한 적이 없었다. 그는 주님만 바라보았지만 공급은 물론이고 해마다 공급량이 늘어났다.

그는 연말이 될 때마다 거의 남은 게 없어도 예상하지 못한 경로나 아주 멀리 떨어진 지역, 그리고 만난 적이 없는 사람들에게서 많은 금액이 들어오는 것을 알게 되었다. 언제든지 양의 많고 적음에 따라서 공급이 이루어진다는 사실에도 주목하게 되었다. 그는 도와달라는 요청이 많을 때 위대한 공급자는 그에 부응해서 도움을 베풀 수 있다는 것을 다른 사람들에게 도움이 되도록 조심스럽게 기록으로 남겼다.

그가 이렇게 사역 초기에 발견한 하나님의 일 처리 방식은 이후의 모든 삶 속에서 두드러지게 확대되었다. 그리고 이 첫 4년간 익힌 교훈 덕분에 같은 하나님의 학교에서 같은 선생님에게 배우는 다른 사람들을 가르칠 준비를 하게 되었다.

이처럼 하나님은 자신의 종이 전혀 알지 못하는 방법으로 인생에서 무엇보다 폭넓고 무엇보다 지속적인 사역의 현장과 분야로 안내하셨다. 하나님은 직접 선택한 그릇을 빚어서 만드셨다. 이제 우리는 진흙으로 빚은 그릇이 전 세계적으로 유용한 목적을 위해 어떻게 사용되었는지, 그리고 그 탁월한 능력이 사람이 아니라 하나님께 얼마나 확실하게 속한 것이었는지 확인할 수 있다.

하나님이 직접 브리스톨에
심으신 나무

1834년 2월 20일, 조지 뮬러는 하나님의 인도하심에 따라 나중에 '국내 및 해외를 위한 성경지식연구원'으로 알려진 위대한 기관으로 발전한 씨앗을 뿌리게 되었다. 그의 인생의 다른 모든 계기처럼 이것은 많은 기도와 말씀 묵상과 자신에 대한 성찰, 그리고 하나님의 마음을 알기 위해 인내하며 기다린 데 따른 결과였다.

여기서 성경지식연구원을 설립하게 된 이유와 그것에 근거한 원리를 간단히 설명하는 게 도움이 될 것 같다. 뮬러와 크레익이 성경과 소책자를 배부하려는 선교의 목적과 기독교 학교의 확대를 위해 이미 설립된 기존의 협회들을 결집하기보다 새로운 사역을 시작하게 되었던 동기가 따로 있었다. 그들은 개인의 삶과 교회의 운영을 철저히 성경의 방식에 맞추려고 노력하다가 하나님의 축복을 온전히 누리려면 하나님을 위한 모든 사역이 그의 뜻과 정확하게 일치하는 쪽으로 수행되어야 한다고 생각하게 되었다. 기존의 협회들이 결정적으로 성경과 어긋난 것은 아니었지만 성경을 넘어선 것처럼 보였기 때문에 그들은 접촉하지 않기로 했다.

예를 들어 둘은 그런 조직들이 제시하는 목표, 즉 이 세대 안에 세상을 회심시키는 것은 하나님의 말씀과 무관하다고 생각했다. 성경은 어느 곳에서든지 지금은 교회 안으로 세상을 불러 모으는 게 아니라 교회를 세상으로 이끌어내는 시대라고 묘사한다. 그래서 세상의 회심을 목적으로 삼는 것은 성경과 무관할 뿐 아니라 그런 결과를 확보하지 못해서 하나님의 종들을 기만하고 실망하게 하고 용기를 잃게 만든다.

아울러 이런 기존의 협회들이 세상과 그릇된 관계를 형성하고 있다는 게 뮬러와 크레익의 평가였다. 협회들은 세상으로부터 구별되기보다는 한몸을 이루고 있었다. 일정한 금액을 지급하는 사람은 누구든지 회원이나 감독이 될 수 있었고, 문제에 대해 발언하거나 투표하거나 일정한 지위를 차지할 수도 있었다. 기금을 마련하려고 비성경적인 방법들이 일반적으로 동원되었다. 회심하지 않은 사람들에게 도움을 청하거나 오직 돈을 목적으로 기부를 요구하면서 기부자의 성격이나 돈을 모은 방식은 문제 삼지 않았다. 세상 사람들에게 후원을 구하고, 대중 집회에서 도움을 청하고, 부채를 지는 방식의 이런저런 운영방법은 너무 비성경적이고 비영적이라서 이 새로운 기관의 설립자들은 선한 양심으로 그것들을 인정할 수 없었다. 따라서 그들은 자신들의 사역을 철저히 성경 원리에 근거함으로써 복된 결과를 많이 얻을 수 있기를 기대했다.

일차적으로 그들은 하나님의 사역이 그의 말씀 안에 있는 경계와 한계 안에서 무엇보다 가장 성공적으로 수행될 수 있고, 또 그렇게 함으로써 담대하게 기도하고 사역할 수 있다고 굳게 믿었다. 그들은 사역 자체가 살아계신 하나님에 대한 증거와 성도들에 대한 증언이 될 수 있기를 기대했다. 이미 활용되는 동의할 수 없는 방법들에 대해서 주의를 환기시키고 하나님이 인정하신 원리와 실제를 충실하게 따르는 진정한 종들을 격려하는 것으로 가능하다고 생각했다.

3월 5일에 열린 정기집회에서 그와 같은 기관의 설립 취지에 대한 공식적인 선언과 함께 그 목적과 원칙이 다음과 같이 소개되었다.

1. 모든 성도들의 의무와 특권은 그리스도의 대의와 사역을 돕는 일이다.
2. 세상의 후원을 구하거나 의지하거나 바라지 않는다.
3. 기관의 업무를 처리하거나 수행하는 데 있어서 불신자에게 금전적인 후원이나 도움을 구하지 않는다.
4. 하나님의 사역에서 어떤 이유로든지 부채를 지는 것은 용납하지 않는다.
5. 성공의 기준은 숫자나 재정적으로 판단하지 않는다.
6. 진리에 대한 타협이나 하나님에 대한 증거를 훼손하는 어떤 기준도 배격한다.

이렇게 해서 하나님의 말씀이 상담자로 받아들여졌고, 모든 것이 다 기도에 대한 하나님의 응답으로 이루어졌다.

성경지식연구원의 목적 역시 발표되었다.

1. 오직 성도들에 의해 철저히 성경 원리에 따라서 가르치고 실행하는 주간학교나 주일학교, 성인학교를 설립하거나 지원한다.
2. 전체든 부분이든 성경을 최대한 광범위한 지역에 보급한다.
3. 어느 곳에 있든지 성경을 기초로 사역하고 하나님께만 도움을 구하는 선교사역과 선교사를 지원한다.

이런 사역을 거론된 규모와 시기에 맞춰서 완수하려면 믿음의 행동이 두 배나 필요했다. 이미 추진 중인 사역에 시간과 능력을 모두 동원해야 했을 뿐 아니라 바로 이 당시에는 뮬러가 일기에 "우리에게는 1실링밖에 남지 않았다"라고 기록할 정도였기 때문이다. 앞서 나가거나 눈을 돌리거나 빈 지갑을 의지하지 않고 풍성하고 자비하신 하나님의 충만하고 마르지 않는 보화를 전적으로 의지한 게 분명했다.

그런 심각한 가난 속에서도 인색하지 않게 물질이 사용되는 게 하나님의 분명한 목적이었다. 종들이 가장 가난하고 연약할 때 사역이 시작되고, 하나님이 직접 오른손으로 심은 것으로 증명될 정도로 크게 성장하며, 전체 역사 속에서 하나님의 말씀이 성취되는 것은 만물의 근원이며 창조주이신 하나님께 기쁨이었다.

"나 여호와는 포도원지기가 됨이여 때때로 물을 주며 밤낮으로 간수하여 아무든지 이를 해치지 못하게 하리로다"(사 27:3).

그런 새로운 조직을 필요로 하고, 또 설립자들이 사소한 문제까지 성경의 교훈을 따르도록 주장하게 된 사연이 무엇이든 간에, 적어도 다음의 내용만큼은 분명하다. 반세기 이상 최초의 기초 위에 계속 서 있었고, 조직의 성장과 유용함이 설립자들의 가장 열정적인 꿈을 능가했으며, 처음에 공언했던 원칙들을 줄곧 포기하지 않았다는 것이다. 살아계신 하나님을 유일한 후원자로 삼고 전적으로 기도에 매달렸던 그 조직은 크게 확장되었고 전 세계적인 사역은 확실한 인정과 축복을 받았다.

3월 19일에는 아들이 태어났다. 뮬러 부부에게는 커다란 기쁨이었다. 많은 기도를 하고 나서 아기의 이름을 일라이저(Elijah)라고 정했다. "나의 하나님은 여호와"라는 뜻을 가진 그 이름은 조지 뮬러의 좌우명이기도 했다. 이때까지 뮬러와 크레익의 가족은 한 지붕 아래서 살았지만 그 이후로 떨어져 사는 것을 선호하게 되었다.

1834년 말에 뮬러는 언제나 그렇듯이 하나님의 인도하심을 떠올리면서 도움에 감사했다. 하나님의 손길 덕분에 그는 몇 개의 영역으로 구성된 사역을 시작할 수 있었다. 그는 오직 주님의 빛과 도움에 의지해서 이 '미약한 성경연구원'의 초석을 놓았다. 설립된 지 불과 7개월이 지난 10월에 그 조직은 자리를 잡기 시작했다. 주일학교에 120명의 어린이가 출석했고 성인학급은 40명이 참석했다. 4일간 수업하는 학교에는 209명의 소년과 소녀가 등록했고, 482권의 신구약 성경과 520권의 신약성경이 배포되었으며, 선교사역을 지원하는 데 57파운드가 사용되었다. 이 7개월간 하나님은 기도에 대한 응답으로 167파운드를 보내주셨고 사역 그 자체를 크게 축복하셨다. 업무를 담당한 형제와 자매 역시 기도에 응답하시는 하나님이 간절한 믿음의 간구에 대한 직접적인 응답으로 보내주셨다.

한편으로는 뮬러의 마음과 생각에 또 다른 목적이 더 크게 드러났다.

부모를 잃은 어린이들에게 어떤 영구적인 도움을 제공하겠다는 생각이었다. 학교에 다니던 한 고아 소년이 구빈원에 들어왔다. 이 아이는 가난이 너무 심하다 보니 더는 학교에 다닐 수가 없었다. 이 작은 사건 때문에 뮬러는 고아들을 생각하면서 기도하게 되었다. 이런 부류의 가난한 어린이들의 물질과 영적인 필요를 채울 수 있는 게 무엇일까? 하나님은 뮬러가 의식하지 못하는 사이에 그의 영혼에 씨를 심고 살피면서 물을 주고 계셨다. 고아사역에 대한 분명한 개념이 내부에 뿌리를 내리고 다른 새싹처럼 솟아나서 자라고 있었지만, 그는 방법을 몰랐다. 아직은 한 개의 이파리에 불과해도 때가 되면 이삭이 맺히고 완전히 여물어서 풍성히 추수하게 될 것이다.

그사이에 교회는 성장하고 있었다. 2년 반 동안 2백 명의 성도가 늘어서 모두 258명이 되었다. 그런데 사역이 확대되었다고 해서 교회생활이 무시되거나 의무 가운데 무엇 하나 어긋남이 없었다는 것은 이 역사의 단연 두드러진 점이다.

이제 우리는 흥미와 중요성이 배가 되는 순간에 도달했다. 그것은 도착과 출발점이었다. 하나님이 선택하신 종의 모든 주요 사역이 모두 형태를 갖추고 출발한 것은 아니라고 해도 상당한 것으로 간주할 수 있다. 뮬러가 서른 살이 되었을 때 하나님과 하나님의 선한 일이 세상에 제대로 알려지기 시작했다. 교회와 세상을 상대로 완벽한 선교와 사역을 하게 만든 예비 단계와 과정을 거치면서 그는 예수님의 겸손한 제자가 될 수 있었다. 하지만 그의 실질적인 경력은 60년 이상 하나님과 동역하는 도구를 자청한 한 사람을 통해서 하나님이 할 수 있는 일의 증거와 사례를 한꺼번에 보여준 다양한 단체들의 운영과 함께 시작되었다.

조지 뮬러의 경우에 자신은 아무것도 아니고 하나님만을 전부로 생각하면서 하나님만을 바라보고 의지한 것 이외에는 죽는 날까지 특별할 게 전혀 없었다. 그는 언제나 모든 것을 주인의 뜻과 손에 따라 움직이는 수동적인 도구가 되려고 했다.

이런 도착과 출발점은 동시에 전망의 순간이기도 했다. 여기서 잠시 하나님이 자신의 종을 부르시면서 합당한 사역을 위해 준비시키는 여러 연속적인 단계와 과정을 되돌아볼 수 있다. 이 순간을 기점으로 지난 10년을 살펴보면 조지 뮬러의 배후에 있는 하나님의 계획에 대한 논쟁이나 의심 그 이상을 볼 수 있고, 사역에 필요한 그릇을 선택하고 만들고 사용하시는 하나님을 경외하게 된다.

다소 중복되기는 하지만 거룩한 토기장이가 자신의 목적을 위해 그릇을 빚는 과정, 즉 조지 뮬러를 자신의 사역을 위해 교육하고 준비시킨 과정 가운데 대표적인 단계를 살펴보는 게 좋을 것 같다.

1. 회심. 어느 것으로도 예상하지 못한 방식으로, 전혀 예상하지 못한 순간에 하나님은 그를 그릇된 길에서 예수 그리스도의 구원하는 지식으로 인도하셨다.
2. 선교 정신. 성령이 부채질하고 주변 상황을 연료로 삼아서 그의 내부에서 타오른 불길은 이타적인 봉사정신을 불어넣고 하나님이 바라시는 곳은 어디든지 가서 무슨 일이든지 하게 하셨다.
3. 자기 포기. 그는 언제든지 그리스도를 위해서 우상화되는 세상의 유혹을 포기할 수 있었다. 그것은 하늘에 있는 주인에 대한 철저한 순종과 변함없는 충성에 장애가 되었기 때문이다.

4. 하나님께 조언 구하기. 그는 그리스도인의 삶을 시작할 때부터 크고 작은 문제에 대해서 행동에 착수하기 이전부터 말씀과 성령으로 하나님의 뜻을 확인하고 무엇이든지 간에 인도하심을 받으려고 힘썼다.
5. 겸손하고 어린아이 같은 성품. 아버지는 자녀를 자신에게 인도해서 믿음으로 간구하고 자신 있게 신뢰하는 단순한 마음과 아버지의 조언과 인도에 복종하는 자식의 마음을 주셨다.
6. 설교하는 방식. 역시 하나님의 가르침을 통해서 그는 일찍부터 말씀을 설교하는 방법을 익혔다. 하나님의 영을 전적으로 의지하고 성경을 원문으로 연구하며 말재주보다는 그것들을 자세히 설명하는 방식이었다.
7. 인간과의 단절. 돈을 빌리고 빚을 지거나 정해진 사례비를 포함해서 물질적인 도움 때문에 인간을 의지하거나 호소하는 일을 서서히 완벽하게 포기했다. 그는 늘 공급자가 되시는 하나님만을 바라보았다.
8. 말씀 안에서의 만족. 성경에 대한 지식이 늘어나면서 하나님의 책에 대한 사랑이 커졌다. 그래서 거룩한 해석자가 설명하고 조명해 주시는 하나님의 말씀에 비해 종교 서적을 비롯한 모든 책에 대한 흥미가 사라졌다.
9. 철저한 성경연구. 하나님 진리의 보고를 그렇게까지 체계적으로 접근한 젊은이는 거의 없었다. 그는 성경을 거듭해서 읽었고 묵상을 통해 그 교훈을 마음에 새기고 실천했다.
10. 인간의 통제로부터의 자유. 그는 하나님을 절대적으로 의존하려

고 사람들로부터 독립해야 할 필요를 느꼈다. 그래서 설교하고 가르치고, 하나님을 뒤따르고 섬기는 데 방해되는 모든 속박으로부터 과감히 벗어났다.

11. **기회의 활용.** 그는 영혼의 소중함을 깨닫고서 대중교통에서까지 구원의 문제를 가지고 다른 사람들과 대화하는 습관을 길렀다. 증거, 소책자, 겸손의 실천을 통해 만나는 사람들을 그리스도께 인도하려고 노력했다.

12. **시민의 의무를 벗어남.** 이것은 전적으로 섭리에 의한 일이었다. 하나님은 생소한 방법으로 그를 병역의무로부터 자유롭게 하셨다. 덕분에 그는 이 세상의 복잡한 문제에서 벗어나 하나님의 병사로서 거룩한 부름을 뒤따를 수 있는 자유를 누리게 되었다.

13. **사역의 동역자들.** 하나님은 가장 탁월한 두 명의 동역자를 예비하셨다. 한 사람은 같은 생각을 하는 크레익이었고 또 한 사람은 하나님의 특별한 선물인 그의 아내였다. 둘은 사역과 책임의 짐을 분담하는 데 큰 도움이 되었다.

14. **주님의 재림에 대한 견해.** 그는 놀라운 진리를 계시하신 하나님께 감사했다. 자신의 경건과 유용함에 아주 강력한 영향을 미치는 것으로 간주했다. 그리고 그것에 비추어서 이 세대 복음의 목적은 세상을 회심시키는 게 아니라 그리스도의 신부인 교회를 세상 밖으로 불러내는 것이라고 분명하게 생각했다.

15. **메시지를 하나님께 구하기.** 그는 언제든지 때에 맞는 말씀을 하나님께 구했다. 그것을 다루는 방식과 전달할 때의 열정은 그다음이었다. 그리고 성령의 역사와 더불어서 경건한 소박함과 진지함

으로 청중에게 다가가는 것을 목적으로 삼았다.

16. **말씀의 권위에 대한 순종.** 관습이 아무리 오래되고, 전통이 아무리 대중적이라도 거룩한 말씀에 비추어보았다. 의견이나 관례는 모두 성경의 테스트를 거쳤고, 그러고 나서 결과와 상관없이 하나님이 허락하신 새로운 조명 속에서 걸어갔다.

17. **교회생활의 형식.** 그는 처음 목회사역을 시작하면서 영혼의 목자와 감독을 따라서 다른 이들을 인도하려고 노력했다. 그는 성도들에게 무엇을 하든지 말씀 안에서 분명히 확인할 수 있는 신약성경의 모형을 따르면서 기존의 모든 잘못을 개혁하도록 요구했다.

18. **자발적인 헌금의 강조.** 그는 과감히 고정적인 사례비를 포기하는 동시에 하나님의 모든 사역이 성도들의 자발적인 헌금으로 유지되어야 한다는 것과 교회의 자릿세가 계급의식을 조장한다고 가르쳤다.

19. **세상의 모든 소유의 포기.** 그와 아내는 문자 그대로 지닌 모든 것을 팔아서 구제하고 난 후 미래의 필요, 질병, 노후, 또는 어떤 경제적인 어려움이든 간에 그것에 대비해서 전혀 돈을 비축하지 않고 하루하루를 살았다.

20. **은밀한 기도의 습관.** 그는 하나님과의 교제가 무엇보다 중요하다고 배웠기 때문에 그것을 가장 고귀한 의무이자 특권으로 간주했다. 그는 모든 영적인 삶을 공급하시는 하나님과의 교제나 말씀에 대한 묵상이 없거나 부족할 때 달리 공급받을 곳이 없다고 생각했다.

21. **빈틈없는 증거.** 그는 교인을 돌보면서 제대로 발언하고 봉사할

수 있는 자유를 방해할 가능성이 있는 모든 것을 멀리하려고 노력했다. 그는 하나님에 대한 충성이나 인간에 대한 성실함을 타협하게 할 수 있는 말과 행동을 조심했다.

22. **사역의 조직.** 하나님은 거룩한 활동을 구성하는 몇 개의 영역을 포괄하는 계획을 구축하도록 인도하셨다. 하나님의 말씀에 대한 지식을 모든 곳에 확대하고, 전 세계의 복음화와 젊은이에 대한 기독교 교육을 촉진하고, 새롭게 출범한 성경연구원을 세상의 후원과 방법에 의지하려고 하는 생각에서 철저히 독립시키는 것이었다.

23. **고아에 관한 관심.** 사랑이 가득한 그의 마음은 만연한 가난과 불행에 이끌렸지만 부모를 모두 잃은 어려운 어린이들에게 특히 관심을 두었다. 그래서 할레의 프랑케 사역과 비슷한 사역을 브리스톨에서 시작하게 되었다.

24. 이 모든 준비단계 이외에도 그는 고향 프러시아와 영국의 런던, 테인머스, 그리고 브리스톨에서 하나님의 인도하심을 받았다. 덕분에 크게 사용되려고 만들어진 선택받은 그 그릇은 동일한 거룩한 손길을 통해 살아계신 하나님을 증거하는 특별한 사역의 장소로 안내되었다.

합리적인 관찰자라면 하나님의 이런 훈련과정과 준비절차를 살펴보고, 그 기간이 10년이 안 될 만큼 정말 짧은 순간이었다는 사실을 기억하며, 봉사의 삶에 필요한 이런 교육이 마무리되는 여러 단계를 검토하면서 당연히 경이감과 경외감을 느낄 것이다. 이후로 이 하나님의 종의 경력 가운데 두드러진 점은 사역에 적합하게 준비되는 훈련과정에 이미 확연히 드러나 있었다.

우리는 위대한 토기장이가 물레에 앉은 채 굳은 진흙을 부드럽게 만들고서 자기 뜻대로 다루는 장면을 생생하게 목격했다. 진흙이 솜씨 좋게 서서히 그릇의 모양을 갖추면 단단해질 때까지 가마에서 연단을 거치고 나서, 하나님의 말씀과 성령이라는 놀라운 보화를 가득 채우는 그릇이 된다. 마침내 하나님은 다른 이들에게 탁월한 능력을 전달하는 특별한 용도로 사용할 곳에 그것을 내려놓는다.

이렇게 주권적으로 역사하시는 손길을 깨닫지 못한다면 하나님이 조지 뮬러의 생애를 빌어서 우리에게 교훈하시는 내용 가운데 일정 부분을 놓치게 된다. 뮬러는 자신이 질그릇에 불과하다는 것과 하나님이 직접 택하셔서 담당해야 할 일을 맡기셨다는 사실을 알고 있었다. 그래서 이런 확신 때문에 그는 맡은 사역을 즐거워하면서도 겸손해졌고 나이를 먹으면서 더욱 겸손해졌다. 그는 자신의 부족함을 절실히 느꼈다. 사람들의 시선이 주인으로부터 종에게로 옮겨오는 게 슬퍼서 자신이 아니라 하나님만을 바라보도록 변함없이 노력했다.

"이는 만물이 주에게서 나오고 주로 말미암고 주에게로 돌아감이라. 그에게 영광이 세세에 있을지어다. 아멘"(롬 11:36).

뮬러의 생애에는 간단히 지나칠 수 있는 몇 가지 중요한 일화가 있다. 다수의 사람에게는 평범하지 않을 수 있지만 뮬러에게는 특별하지 않았고, 그래서 성도들이 각별하게 교훈으로 삼을 정도로 다른 것들보다 크게 강조되지 않았다.

가령 1835년 초에 뮬러는 특별한 사정으로 독일을 방문했다. 그로브스를 돕기 위함이었다. 선교사를 모집하러 동인도에서 온 그로브스는 독일 형제들에게 인도에서 필요한 것을 제시하고 구원받지 못한 수많은 이를 위해서 호소하려고 독일어를 구사하는 그에게 도움을 요청했다.

여권 때문에 런던의 이민국을 방문한 뮬러는 알지 못해서 법을 어겼다는 것을 알게 되었다. 외국인은 누구나 6개월에 한 차례씩 거주 자격을 갱신해야 했고, 어길 때는 50파운드의 벌금이나 금고형을 받았다. 그는 관리에게 의무 불이행을 알리고서 알지 못해 그랬다고 양해를 구했다. 그리고 나서 모든 결과를 하나님께 맡기자 하나님은 관리가 의무 불이행을 문제 삼지 않게 하셨다. 여권을 발급받는 데 장애가 되는 또 다른 문제가 기도에 대한 응답으로 역시 해결되었고 그 덕분에 출발부터 하나님께 사역을 허락받은 사실에 크게 감격했다.

뮬러는 거의 두 달간 국외에 체류했다. 그 기간에 그는 파리, 스트라스부르, 바젤, 튜빙엔, 비템베르크, 샤프하우젠, 산더스레벤, 아셰르스레벤, 하이머스레벤, 할버슈타트, 그리고 함부르크를 방문했다. 할레에서는 헤어진 지 7년이 된 톨룩 박사를 방문해서 따뜻한 환대를 받았고 그의 집에 묵게 되었다. 톨룩에게서 과거에 함께 공부한 학생들에 대한 기쁜 소식을 전해 들었다. 그들은 불경건한 길에서 주님께 돌아서거나 기독교 신앙과 경건에 힘쓰고 있었다. 또한 뮬러는 프랑게의 고아원을 방문해서 하나님이 마음속에 은혜의 사역을 시작하게 하신 바로 그 방에서 하룻밤을 보냈고 그 시절에 함께 기도하던 성도들의 작은 모임에 몇 차례 참석했다.

그는 어디에서든지 주님을 성실하게 증거했다. 아버지의 집에서는 아버지와 형에게 간접적으로 증거할 수 있는 기회를 잡았다. 그는 아버지의 영혼을 구원하는 문제에 직접 접근하는 것은 분노를 살 뿐이라는 사실을 깨달았다. 그래서 그는 전도하려고 하는 사람에게 충격을 주는 방법은 피하는 게 좋다고 생각했다. 회심하지 않은 아버지의 친구가 이 무렵에 그를 찾아왔다. 그는 아버지와 형이 함께 있는 데서 아주 솔직하고 충분하게 진리를 전했는데, 결과는 아주 효과적이었다.

그러자 그는 일평생 그의 집에서 복음을 전하고 친척에 대한 사랑과 하나님 안에서의 기쁨과 그리스도 안에서의 만족, 그리고 자신이 주님 안에서 발견한 믿음을 통해 이전의 세속적인 쾌락과 죄악 된 생활에 대한 철저한 무관심을 보여줄 수 있도록 기도하고 싶은 마음이 간절해졌다. 이것이 어떤 말보다 훨씬 더 큰 영향력이 있다는 것을 확신했기 때문이다. 우리의 행위는 말보다 언제나 더 효과적이다. 결과는 더할 수 없이 좋았다. 하나님은 아들이 아버지의 집에 머물도록 도와주셨고 영국으로 떠나기 직전에 아버지는 이렇게 말씀하셨다. "아들아, 하나님이 너의 행동을 본받도록 도와주셔서 네가 했던 말대로 살 수 있었으면 좋겠구나."

1835년 6월 22일에 뮬러의 장인 그로브스가 세상을 떠났다. 뮬러의 두 자녀 역시 중병을 앓고 있었는데, 나흘 뒤에 어린 일라이저가 숨을 거뒀다. 뮬러 부부는 마음을 가다듬고 사별을 준비하며 하나님의 도움을 받았다. 그들은 사랑하는 아들이 회복되도록 기도했지만 응답받지 못했다. 할아버지와 손자는 그렇게 해서 한 무덤에 묻혔다. 이후로 뮬러 부부에게는 아들이 없었고 루디아가 유일한 자식이었다.

다음 달 중순 무렵 뮬러는 심장에 이상이 와서 전혀 사역을 할 수 없었다. 휴식과 변화가 필요했다. 하나님은 사람들의 마음을 움직여서 그의 필요를 세심하게 보살피셨고 그와 그의 아내가 와이트섬에서 휴식할 수 있게 인도하셨다. 아울러 요양에 필요한 돈까지 마련해주셨다. 특별히 하나님과 새롭게 교제를 나누면서 맞이한 서른 번째 생일이 되자 병을 앓은 이후 처음으로 자신의 회복을 위해 기도하고 싶은 마음이 일었다. 그리고 10월 중순에는 기력을 회복하고 브리스톨로 돌아왔다.

그 직후인 같은 달 15일에는 존 뉴턴의 생애를 읽고서 하나님이 자신을 다루시는 방식을 그와 똑같이 전하고 싶다는 생각을 하게 되었다. 우리의 삶에는 사소한 일은 있을 수 없다. 사소해 보이는 게 위대한 결과를 낳는 방법이 될 수도 있기 때문이다. 이것은 조지 뮬러가 책을 읽고서 전환점을 맞이한 두 번째 순간이었다. 프랑케의 삶은 그의 마음을 움직여서 고아원 사역을 하게 하였고 뉴턴의 삶은 하나님이 다루시는 방식을 기록하게 했다. 하나님의 인도하심 덕분에 우연이라고 불리는 것이 사도행전의 속편처럼 간주되는 뮬러의 일기에 포함되었고 앞으로도 아주 폭넓게 읽히고 하나님이 크게 사용하실 것이다.

은혜의 사람으로 성장하는
하나님의 기도 나무

·
·
·

1835년 11월 20일, 뮬러는 어느 자매의 집에서 차를 마시다가 프랑케의 전기를 또다시 접했다. 그는 비슷한 사역을 오랫동안 염두에 두고 있었다. 프랑케와 같은 규모로 동일한 사역을 답습하려는 것은 아니었지만 비슷하게 하나님의 인도하심을 느끼고 있었다. 이런 인상은 확신으로 자라났고 확신은 순식간에 그에 상응하는 행동을 함으로써 무르익은 결단으로 꽃을 피웠다. 그는 하나님만 의지하고 담대하게 앞으로 나아갔다. 그 무렵 기존의 다른 사역들을 위한 기도의 응답으로 10파운드를 더 받았는데 마치 하나님이 모든 필요를 기꺼이 채워주실 준비가 되어 있다는 증거처럼 보였다.

어쩌면 뮬러가 소명으로 생각한 사역을 시작하면서 사용한, 줄곧 신중하고 자신을 돌아보고 기도에 힘쓰던 방법보다 더 본받을 만한 것이 없을지도 모른다. 이 새로운 형태의 봉사, 즉 당시에 그가 생각하지도 못한 미래의 성장을 시도할 때는 더욱 그랬다. 날마다 기도하면서 하나님의 임재 가운데 영광을 돌릴 수 있는 순수한 알곡을 이기적이고 육적인 동기라는 껍질과 분리하고 세속적인 자기추구나 칭찬에 대한 욕망을 제거하며 모든 생각을 주님께 전적으로 집중하려고 했다.

그는 하나님의 참된 종에게 합당하지 않은 은밀하고 모호한 충동이 없는지 자신의 마음을 부단히 성찰했다. 그리고 영적인 생각을 하는 형제가 통찰력을 갖는 데 도움이 된다고 생각해서 크레익에게 계획을 자주 털어놓았다. 뮬러는 하나님이 크레익을 활용하셔서 자신의 무익한 생각을 드러내거나 사업에 성경적인 목적을 부여해 달라고 기도했다. 하나님을 기쁘게 하는 것을 목적으로 삼은 그는 자신의 마음을 알려고 했고 자신의 진정한 모습을 파악하고 실수를 벗어날 수 있는 깨우침은 무엇이든지 환영했다.

크레익은 뮬러에게 결정적인 도움을 주었다. 계속된 기도 덕분에 하나님의 인도하심을 받을 것 같은 기대감이 현실로 바뀌었다. 1835년 12월 2일에는 그다음 주에 있을 정기집회를 알리는 광고의 인쇄물을 처음으로 주문했다. 형제들에게 고아원의 설립을 제안하며 하나님의 뜻을 놓고 일제히 기도하는 모임이었다. 사흘 뒤 뮬러는 시편을 읽다가 다음의 말씀 때문에 큰 충격을 받았다.

"네 입을 크게 열라. 내가 채우리라"(시 81:10).

그 순간부터 이 구절은 그의 놀라운 삶의 좌우명이 되었고 이 약속은 모든 사역을 추진하는 데 능력이 되었다. 그때까지 그는 돈이나 도움을 베푸는 이들을 위해서 기도하지 않았다. 하지만 이제는 이 말씀을 확신하고 새로운 계획에 적용하게 되었다. 그는 즉시 토지와 1천 파운드의 돈, 그리고 어린아이들을 돌볼 수 있는 사람들을 보내달라고 담대하게 간구했다(뮬러의 고아원 설립과 관련된 보다 자세한 내용은 「조지 뮬러의 기도」(서울: 브니엘, 2018)를 볼 것-역주). 이틀 뒤에 사역을 위해서 처음으로 1실링이 들어왔고, 또 이틀이 지나지 않아서 커다란 옷장이 가구로는 처음으로 기부되었다.

12월 9일에 기억에 남을 만한 정기집회가 개최되었다. 그 사이에 사탄은 뮬러에게 불화살을 정신없이 쏘아댔고, 덕분에 그는 영적으로 상당히 가라앉았다. 자신에게 적잖이 수치스럽고 하나님께는 폐가 되는 일이 없도록 뒤로 물러서지 않는 조처를 했다. 그것이 실책이었고 하늘로부터 실질적인 도움을 주지 않았다면 어찌 되었을까!

하지만 하나님은 그가 입을 열자마자 도움을 주셨다. 그는 영원한 팔을 의지했고 그 사역을 하나님의 것으로 확신했다. 그는 신중하게 참석자들의 일시적인 감정에 호소하는 것을 철저히 피했고 이 첫 단계가 모두 조용히 진행되기를 기대하며 헌금을 걷지 않았다. 그리고 결정하기에 앞서 모든 문제를 조심스럽게 기도하면서 검토했다. 흥분된 감정이나 열정을 자극하면 시야가 좁아지고 하나님의 뜻을 분명히 파악하지 못할 수 있었다. 집회 후에 자발적으로 10실링의 헌금이 들어왔고 한 자매가 그 일에 자원했다.

다음 날 아침에 새로운 고아원 사역에 관한 의견이 담긴 글을 출판했고 1836년 1월 16일에는 내용을 보충해서 또다시 출판했다. 결정적인 순간마다 뮬러는 자신의 견해와 행동을 설명할 수 있는 특권을 누렸다. 그리고 이제 그가 시작하려는 사역은 그의 생애 전체와 긴밀하게 연결되어 있기에 여기서 자세히 거론할 필요가 있을 것 같다. 고아원 설립에 대해서 그는 다음 세 가지를 대표적인 이유로 꼽았다.

1. 하나님은 자신을 의지하는 일이 헛되지 않다는 것을 입증하는 방법을 제공함으로써 영광을 받으실 수 있다.
2. 부모가 없는 어린이들의 영적인 축복이 강화될 수 있다.
3. 그들에게 현실적인 도움을 줄 수 있다.

뮬러는 목회하면서 하나님 자녀들의 믿음을 강건하게 하는 게 무엇보다 절실하다는 사실을 자주 떠올렸다. 그리고 그는 하늘 아버지께서 늘 신실하신 약속자이자 공급자이시며 자신을 신뢰하는 모든 이에게 살아 있는 하나님이라는 사실을 직접 입증하고 싶었고, 그들이 나이가 들더라도 하나님을 의지하면 저버리시지 않는다는 사실을 보여주는 어떤 가시적인 증거를 갈망했다. 프랑케의 믿음의 사역 덕분에 위대한 축복이 주어졌다는 것을 기억하는 그는 하나님의 말씀을 있는 그대로 받아들이고 의지하면서 그리스도의 교회를 섬겨야 한다고 생각했다.

만일 가난한 그가 하나님에게만 간구해서 고아원을 운영할 방법을 확보한다면 하나님은 여전히 신실하시고, 여전히 기도에 응답하신다는 사실이 입증될 수 있었다. 고아원 사역은 성경지식연구원의 일부이지만 분명히 그 목적 때문에 기부된 재정만 활용해야 했다. 그래서 고아원은 하나님이 재정과 돕는 손길을 허락하시는 범위에서 운영될 수 있었다.

고아원은 부모를 모두 잃은 7세부터 12세까지의 어린이들만 받아들일 계획이었지만 나중에는 더 어린 고아들까지 받아들였다. 소년들에게는 직업, 소녀들에게는 봉사를 가르치고, 전체적으로는 생업에 필요한 일반 교육까지 할 생각이었다.

그렇게 해서 사업이 시작되자 얼마 지나지 않아 도움을 베푸시는 하나님의 능력과 의지가 나타나기 시작했고 이후로도 계속되었다. 그리고 이때부터 뮬러의 일기는 인간의 믿음과 간구와 하나님의 신실하심과 간섭을 오랫동안 기록했다. 이제는 그 사역의 성장을 보여주는 새로운 발전 단계들, 그리고 이따금 하나님의 놀라운 해법이 요구되고 응답받는 문제와 곤혹스러운 위기와 더불어서 새로운 어려움에 어떻게 직면했는지 기록하는 일만 남았다.

일차적으로 필요한 것은 능력 있고 적절한 조력자들이었는데, 그것은 오직 하나님만 공급하실 수 있었다. 뮬러는 계획을 제대로 수행하려면 고아들과 그들을 위한 사역에 처음부터 관심을 둔 뜻이 맞는 사람들을 만나야 한다고 생각했다. 만일 아간 한 사람이 이스라엘의 모든 진영을 혼란에 빠뜨리고 아나니아와 삽비라가 그리스도의 교회 전체를 그렇게 만들 수 있었다면 믿음이 없고 이기적인 한 사람은 조력자가 아니라 사역 자체와 동료 사역자들을 방해할 수도 있었다. 그래서 일을 급히 서두르지 않았다. 이후로 끈기 있게 하나님을 의지하면서 이 사역에 동참하는 종들을 하나님이 직접 선택하셔서 같은 계획과 같은 생각을 하게 하실 때까지 기다렸다.

하나님은 뮬러가 요구하기도 전에 응답하셨다. 12월 10일에 한 형제와 자매가 자발적으로 헌신했다. 그들이 성령에 따라서 감동하였다는 게 그들이 보낸 편지 내용에 드러나 있었다.

"당신이 생각하는 자격이 있는지 모르지만 우리는 예정된 고아원 사역에 자원합니다. 아울러 하나님이 우리에게 주신 가구 일체를 그 사역을 위해 내놓습니다. 그리고 사례비는 일절 받지 않겠습니다. 우리가 사역하는 게 하나님의 뜻이라면 그분이 모든 것을 채워주실 것이라고 믿기 때문입니다."

"주의 권능의 날에 주의 백성이 거룩한 옷을 입고 즐거이" 헌신한다는 말씀(시 110:3)을 입증하듯이 비슷한 사례가 잇따랐다. 자신의 종에게 뜻을 품고 일하게 한 하나님은 짐을 나누도록 조력자들을 보내주셨고 오늘까지도 영광스러운 풍성함으로 모든 필요를 채워주셨다. 그 사역이 급속히 확장되었음에도 능력 있고 밝고 헌신적인 조력자가 모자랐던 때가 없었다.

그 사역을 후원한 헌금을 일일이 살펴보면 상당히 흥미로운 교훈을 발견할 수 있다. 하지만 여기서는 최초의 기부자들 가운데 1백 파운드라는 엄청난 금액을 기부한 바느질하는 가난한 여인을 주목할 필요가 있다. 그녀는 보기 드물게 자기를 부정하고 온 힘을 다해 이것을 특별히 거룩한 제물이자 하나님 은총의 증거로 만들었다. 하나님이 병약한 재봉사를 선택하셔서 이 위대한 사역의 토대를 놓는 데 도구로 사용하신 데는 특별한 의미가 있었다. 자기 뜻대로 모든 일을 이끄시는 하나님은 이 세상의 부유하고 권세 있고 귀한 것들은 내버려 두시고 가난하고 약하고 비천하고 경시받는 것들을 선택하셨다. 자신 앞에서 어떤 육체도 영광을 누리지 못하게 하기 위함이었다.

고아원 사역에는 주택이 필요했고, 그래서 그것을 위해 간절히 기도했다. 그리고 가장 형편이 어려운 여자고아들을 위한 고아원을 1836년 4월 1일에 개원하기로 했다. 뮬러가 1년간 임대해서 3월 25일까지 거주하던 윌슨 가 6번지의 건물이 기도와 찬양을 위해 4월 21일에 공식적으로 개방되었다. 어려운 지원자를 수용하기 시작한다는 소식이 일반인에게 알려졌고, 5월 18일에는 얼마 지나지 않아서 남녀 유아들을 위한 두 번째 고아원이 개원된다는 발표가 있었다.

이제 우리는 뮬러가 일찍 경험했던 한 가지 사실에 특별히 주목하려고 한다. 그는 계획한 고아원 사역과 주택과 조력자들에 관한 계획을 아주 자세히 하나님께 내려놓고 건물과 가구, 임대비용과 다른 경비 등을 간구했지만 하나님께 고아들을 보내달라는 기도를 한 적이 없었다고 고백했다. 이것은 설명이 쉽지 않아 보인다. 하지만 사실 그는 지원자가 넘칠 것으로 생각했었다. 그러나 지원자 신청을 받는 2월 3일에 한 명도 지원하지 않았을 때 그가 느꼈을 놀라움과 서운함은 충분히 상상할 수 있다. 덕분에 그는 하나님 앞에서 크게 겸손해졌다. 그날 저녁 내내 그는 고개를 떨어뜨린 채 자신의 의도를 돌아보았고, 하나님이 자신의 마음을 살피고 속내를 보여달라고 기도했다. 이렇게 해서 자세를 낮추게 된 그는 하나님이 영광을 받으실 수 있다면 자신의 모든 계획이 헛수고가 되어도 좋다고 말할 수 있게 되었다.

다음 날 처음으로 지원자를 접수했고 4월 11일에는 고아들이 등록하기 시작했다. 그리고 5월 18일까지 고아원에 26명이 수용되었고 이후로 매일 그 이상의 인원을 예상할 정도였다. 7세 이하의 어린아이들이 서너 차례 접수하자 여유가 있을 때는 처음에 나이를 제한한 것을 고수하지 말자는 쪽으로 의견이 모였다. 하지만 새로운 단계를 밟을 때마다 육신의 능력이나 인간의 지혜가 아니라 성령의 능력과 지혜로 처리할 수 있도록 조심하면서 기도했다. 우리는 사역 전체가 위험에 처하지 않도록 올바르게 시작하고, 또 제대로 기초를 놓아야 할 때조차 모두의 공력이 거치게 될 불의 시험에서 타버릴 나무와 풀과 짚을 부주의하게 사용할 수 있다는 성령의 엄중한 경고를 너무 자주 잊곤 한다.

소녀들을 위한 최초의 고아원은 제1고아원과 같은 거리에 적당한 부지를 확보하고 기도에 대한 응답으로 적절한 보모를 고용해서 두 번째 고아원을 시작할 길이 열린 뒤에야 가까스로 개원할 수 있었다. 제1고아원을 개원하고 7개월 정도가 지난 11월 28일에 제2고아원이 문을 열었다. 제1고아원의 나이가 많고 능력 있는 소녀들이 제2고아원의 가사를 도왔다. 이것은 일부는 일손을 돕고 또 일부는 다른 사람들을 섬기는 데 익숙해짐으로써 이따금 낮고 천하게 치부되는 일을 제대로 존중하도록 하기 위함이었다. 1837년까지 고아원마다 30명의 고아가 있었다.

이 고아원 사역의 설립자는 처음에 하나님께 1천 파운드를 요청하고 나서 일이 다 된 것처럼 간주한 채 그 큰돈을 손에 쥔 것처럼 자주 감사했다고 한다(막 11:24, 요일 5:13-14). 이렇게 약속이 성취된 것처럼 생각하는 습관은 그가 믿음으로 승리하고 수고의 큰 대가를 거둔 것과 상당 부분 관계가 있다. 「일화」의 첫 번째 부분이 막 출판되려고 할 때 그는 「일화」가 모습을 드러내기 전에 전체 금액이 실제로 확보되어서 누구의 도움을 받지 않아도 된다면 자신이 섬기는 하나님이 큰 영광을 받으시게 될 것으로 생각하게 되었다. 그래서 그는 기도에 새롭게 헌신했다.

그리고 6월 15일에 살아계신 하나님께만 간구했는데도 금액이 모두 채워졌다. 평소 수학적으로 정확한 그의 기록에 따르면 18개월 10일 동안 하루도 거르지 않고 기도한 것이었다.

「일화」의 이 부분을 끝내면서 그는 7세 이상의 고아 소년들을 약 40명 정도 수용할 수 있는 제3고아원을 세우려는 사업 확장의 의도를 암시했다. 어려움이 없지는 않았지만 늘 그렇듯이 기도의 능력 앞에서 자취를 감췄다. 성경지식연구원의 전체 사역이 형태를 갖추는 동안에 1천 명 이상의 학생이 다니는 4일제 학교가 설립되었고 하나님의 말씀은 4천 부 이상 배부되었다.

조지 뮬러는 늘 조심스럽게 따져보고 나서 확신을 좇았다. 따라서 바람직한 습관 덕분에 그의 도덕의식은 선과 악을 한층 더 분명히 구별했다. 이런 성실함은 「일화」의 초판에 얽힌 사연에서 확인할 수 있다. 처음에 출판사로부터 5백 권이 도착했을 때 그는 불안감 때문에 그것들을 배부하는 것을 망설였다. 그는 기도하는 마음으로 글을 쓰기 시작해서 끝맺을 때까지 같은 자세를 유지했고 일일이 교정을 볼 때도 마찬가지였다. 하나님의 신실하심을 기록해서 하나님의 영광이 드러나도록 의도적으로 강조했다. 그럼에도 그는 이렇게 출판된 「일화」 때문에 사람들의 시선이 위대한 거장으로부터 도구로 쏠릴지 모른다는 점을 전체적으로 다시 문제 삼았다. 보고서들이 담긴 상자를 여는 순간에 그는 팸플릿들이 유통되는 것을 막고 싶은 강력한 충동을 느꼈다. 하지만 처음으로 책을 나눠주고 그것을 되돌리는 게 불가능해지자 거리낌이 사라졌다.

나중에 그는 의심과 불안이 사탄의 시험이라는 사실을 깨달았다. 이후로는 하나님의 뜻을 실천한 「일화」의 나머지 부분을 글로 쓰고 인쇄해

▲ 브리스톨에 있는 임대한 최초의 고아원 건물. 뮬러는 가난한 자신이 전적으로 하나님만 의존해서 고아원을 운영함으로써 하나님은 여전히 신실하시고 여전히 기도에 응답하신다는 사실을 입증할 목적으로 고아원 사역을 시작했다.

서 배부하는 것에 관해 조금도 의심하지 않았다. 그 책을 통해 수많은 이에게 놀라운 축복이 임할 것을 하나님이 보증하셨다는 게 아주 확실하다 보니 의문의 여지가 없었다. 죄인을 회개시키고 성도를 일깨우는 데 그 일기만큼 널리 읽히고 특별하게 사용된 게 없었다. 그것에 대한 증거는 이후로 자주 볼 수 있었다.

뮬러는 1837년, 그의 나이 32세가 되던 해에 사역에 필요한 은총과 경건과 능력을 갖추려면 두 가지가 필수적이라는 사실을 점차 확신하게 되었다. 첫째는 공적인 사역을 확실히 희생하더라도 하나님과의 은밀한 교제에 더 많은 시간을 할애해야 한다는 것, 둘째는 하나님의 양 떼, 즉 4백 명에 육박하는 전체 인원을 영적으로 감독할 수 있는 충분한 시설을 갖춰야 한다는 것이었다.

이 확신 가운데 첫 번째 것은 모든 성도의 핵심적인 생활과 관련된 사실을 강조한다. 조지 뮬러는 너무 분주하다 보니 마땅히 해야 할 만큼 기도하지 못했다는 것을 알게 되었다. 그는 자신의 행동을 계속해서 내적으로 성찰했고 덕분에 평안과 능력을 상실할 위험이 존재할뿐더러 가장 거룩한 영역의 활동조차 너무 집착하다 보면 하나님 말씀의 거룩한 묵상과 뜨거운 간구를 가로막게 된다는 사실을 알게 되었다.

하나님은 엘리야에게 "가서 너를 숨기라"고 말씀하시고 나서 "가서 너를 보이라"고 말씀하셨다. 홀로 하나님과 있기 위해 자신을 숨기지 않으면 사람들 사이에서 활동하려고 공개적인 장소에 모습을 드러낼 수 없다. 나중에 뮬러는 하나님과 적당한 시간을 보내기에는 너무 할 일이 많은 형제에게 한 시간을 기도로 준비하고 네 시간을 일하는 게 기도하지 않고 다섯 시간을 일하는 것보다 더 낫다고 말하곤 했다.

우리 주님과 사람들을 위한 사역은 하나님의 축복의 이슬, 곧 성령의 이슬에 젖어들 때 더 쉽게 받아들여지고 적절해진다. 하나님을 기다리면서 재충전에 필요한 휴식시간을 갖지 않고 일을 계속하게 되면 양적으로는 얻을지 몰라도 질적으로는 잃게 된다. 어쩌면 존 웨슬리(John Wesley) 이후로 조지 뮬러만큼 장수하면서 많은 일을 해낸 인물도 없을 것이다. 하지만 기도실을 그렇게 자주 찾고 그렇게 오랫동안 머문 사람도 얼마 되지 않는다. 실제로 어떤 관점에서 볼 때 그의 삶은 사람들을 상대로 한 단순한 행동이나 일보다는 간구와 중보기도에 더 많이 집중했다고 할 수 있다.

동시에 그는 일이나 기도에 집중하느라 영혼을 돌보는 일을 무시하면 안 된다고 생각했다. 성도와 구도자들은 모두 목회자의 돌봄이 필요했다. 뮬러 본인과 크레익은 여러 곳에 흩어져 사는 성도들을 찾아볼 수 있는 시간이 부족했다. 게다가 특별히 가르치고 거두어야 할 새로운 성도가 해마다 대략 50명씩 늘어났다. 회중을 둘로 나누면서부터는 모임의 횟수가 거의 두 배가 되었다. 그리고 곳곳에서 밀려드는 방문객의 방해, 서신 왕래의 부담, 그리고 전반적인 하나님의 사역 관리에 너무 많은 시간을 쏟은 나머지 두 명의 목사로는 교회의 요구에 부응할 수 없었다. 10월에 양쪽 교인들이 함께 모인 자리에서 이런 문제를 교인들에게 솔직히 공개했고 다른 조력자를 확보하고 모임의 횟수를 줄이기 위해 두 교회를 통합해야 한다는 점을 소상히 밝혔다.

1837년 10월, 소년들을 위한 제3고아원 건물이 확보되었다. 그런데 인근 주민들이 건물을 고아원 용도로 사용하는 것을 강력히 반대하자 온순한 성격의 뮬러는 즉시 부지에 대한 모든 권리를 철회했다. 그것은 성경의 교훈을 염두에 둔 것이었다.

"할 수 있거든 너희로서는 모든 사람과 더불어 화목하라"(롬 12:18).

그는 하나님이 마련해주실 것으로 확신했고, 그런 그의 믿음은 다른 고아원 건물 두 채가 있는 같은 거리의 건물을 곧장 확보하는 것으로 보상받았다.

허약한 육신이 또다시 뮬러의 믿음과 인내를 시험했다. 그는 8주 동안 강단에 서지 못했다. 과거에도 그를 괴롭혔던 원인 모를 신경계통의 질환 때문에 정확한 판단을 내릴 수 없게 되자 휴식을 취해야 했다. 그래서 자신이 감당할 수 없는 일을 하나님께 맡긴 채 11월에 바스와 웨스턴 수퍼메어로 떠났다.

그는 한 가지 일에 주목하고 기록으로 남겼다. 신경계통의 질환을 앓는 도중에도 기도와 성경 읽기는 어느 때보다 잘되었다. 그는 이렇게 결론을 내렸다. 육신에 지나치게 관심을 두다 보면 영혼에 대한 과도한 관심을 피하는 게 쉽지 않다. 따라서 육신을 경시하는 편이 훨씬 더 안전하다. 그렇게 하면 영적인 건강을 강화하고 하나님의 사역에 전적으로 관심을 집중할 수 있다. 일각에서는 이런 측면에서 그가 광신적인 극단에 빠졌다고 간주할 수도 있지만 그것이 점점 더 그의 삶의 기준이 되어갔다는 데는 의문의 여지가 없다. 그는 억지로 불안을 떨쳐내려고 노력했다. 그리고 모든 근심 가운데서도 가장 미묘하고 유혹적인 형태의 근심을 조심했다.

뮬러는 육신의 건강을 실제로 무시한 적이 없었다. 차분하고 건전한 습관을 지니고 있었지만 자신의 몸을 아꼈다면 주님의 뜻과 사역을 그렇게 완벽히 감당하지 못했을 것이다. 하나님의 성도들 가운데는 육신의 연약함과 고통이 지나치게 커서 육신을 돌보고 활기를 유지하고 안락하게 생활하는 데 전적으로 집중하는 이가 적지 않다. 영국 찬송가의 아버지로 알려진 와츠(Watts) 박사라면 이런 삶을 '비참하게 죽어가는 수준'이라고 평가했을지도 모른다.

1838년에 접어들 때도 뮬러는 여전히 머리의 신경계통에 문제가 있었다. 어느 때보다 증세가 나빠서 기분이 예민해지거나 보통 때와는 달리 악한 감정에 빠져드는 시험을 겪기도 했었다. 그는 다른 이들처럼 본디 진노의 자식이고 하나님의 전신갑주를 입을 때 사탄의 간계에 맞설 수 있다는 점을 자주 떠올렸다. 하나님의 집은 성도의 안식처이고 하나님의 전신갑주는 그의 갑옷이다. 은총은 악한 성향을 단번에 제거하거나 극복할 수 없지만 근절되지 않을 때는 성령의 놀라운 역사를 가져온다.

사도 베드로는 주님께 시선이 고정되어 있는 한 물 위를 걸을 수 있다고 생각했다. 가라앉을 가능성은 언제나 존재했지만 물에 빠지지 않도록 하나님과 거룩하게 걷는 것은 계속해서 예수님을 바라보지 않는 한 익힐 수도, 실천할 수도 없는 거룩한 기술이다. 믿음의 시선으로 주님을 계속해서 바라보는 한 물에 빠지는 것을 피할 수 있다. 하나님의 사람은 그런 위협을 느꼈고, 이런 시험이 심해지자 주님의 이름에 누가 되지 않도록 시리지게 해달라고 기도하면서 하나님께 비난이 돌아가느니 차라리 죽게 해달라고 간구했다.

뮬러의 일기는 성별된 수고와 그것의 확장에 얽힌 외적인 삶에 대한 기록일 뿐 아니라 내적인 삶과 성장을 보여주는 거울이다. 그 일기는 다양하고 녹록하지 않은 장애물에도 오직 은총을 통해 성장할 수 있다는 사실을 깨닫도록 모든 성도를 격려한다. 우리는 하나님 안에서 습관적인 성실함이나 즐거움과 더불어 냉담하고 낙심되는 순간을 겪는다. 이 사내가 순종과 감사를 익히는 신중한 임무에 적응하는 모습을 지켜보는 것은 거룩한 삶을 사는 데 유익한 교훈이 될 수 있다. 그것은 지식과 능력이 향상하는 순종의 배양을 통해, 그리고 감사와 사랑이 성장하는 감사하는 자세의 배양을 통해서 가능했다.

그의 일기에서 나란히 등장하는 세 가지 내용은 이 문제에 관해 적절한 사례와 가장 건전한 교훈을 제공한다. 첫째 내용은 주일 아침에 어린 소녀들이 깨끗하고 따뜻한 옷차림으로 예배당으로 가는 길에 창문을 지나치는 모습을 지켜보면서 그가 고아들을 보살피는 도구로 사용되는 특권을 허락하신 하나님께 크게 감사하는 것을 기록하고 있다. 둘째 내용은 하나님의 도우심 덕분에 더는 소포 안에 편지를 넣어서 보내지 않기로 한 것을 기록하고 있다. 이는 그것이 영국의 우편법에 어긋날뿐더러 주 예수의 제자로서 하나님에 대한 충성과 상충하지 않는 한 모든 인간의 법을 따르고 싶었기 때문이다. 셋째 내용은 전적으로 동정하는 대제사장 덕분에 바로 이 사내가 은혜의 보좌를 부단히 의지한 채 악에 이끌리는 성향과 맞서 싸우는 것을 보여준다. 그는 이렇게 기록했다.

"오늘 아침에 나는 사랑하는 아내에게 짜증을 내서 주님의 영광을 크게 가렸다. 그리고 나는 그 일이 있고 난 직후에 하나님 앞에 무릎을 꿇고서 그런 아내를 주신 것에 감사했다."

이와 같은 세 가지 내용을 종합하면 개별적으로는 불가능한 교훈을 파악할 수 있다. 여기에는 하나님의 자비에 대한 감사, 의심스러운 행동을 즉각적으로 그만두는 의식적인 결단, 일관되지 못한 가정생활에 대한 고백이 있다. 이 모두 전형적인 경험이며 우리에게 은혜로운 성장의 방법을 제시한다. 하나님의 자비를 인정하고 감사를 잊지 않는 사람, 악하거나 의심스러운 행동을 즉시 그만두는 사람, 비교적 작은 것이라도 곧장 고백하고 단념하는 사람은 분명히 예수님처럼 성장할 수 있다.

우리가 영적인 것을 분별하려면 반드시 영적인 감각을 활용하는 게 중요하다. 하나님의 선하심을 분명히 파악하는 시선이 있지만 감사할 것을 제대로 찾지 못하는 둔한 눈이 있다. 예민한 양심이 있지만 점차 악을 의식하지 못하는 도덕의식이 있다. 그리고 즉각적으로 고백하게 하고 모든 새로운 갈등에 필요한 능력을 강화하는 성령의 책망에 대한 순종이 있다. 뮬러는 자신의 본성이 하나님의 감동에 점점 더 개방적이 되도록 한 생활습관을 길렀고 덕분에 하나님에 대한 의식 역시 더 예민해지고 변함없어졌다.

이런 영적인 훈련의 중요한 결과 가운데 하나는 하나님께 점점 더 집중하고 하나님의 영광을 소중히 간직하게 된 것이었다. 거룩한 것을 더 확실히 파악하고 그것이 무엇보다 중요하다는 사실을 의식하면서부터 그는 사람들에게 전달하는 데 전력을 다했으며 덕분에 하나님은 영광을 받으셨다.

본디 우리는 하나님을 영화롭게 할 수 없다. 더할 수 없이 완전한 존재이기 때문이다. 하지만 우리는 사람들로 하여금 하나님이 얼마나 영광스러운지 깨닫도록 도움을 줄 수는 있다. 그렇게 함으로써 그리스도의 일에 참여시키고, 그것을 사람들에게 보여주시는 하나님의 영과의 거룩한 동역에 들어서게 되고, 그러면 그리스도께서는 영화롭게 된다.

뮬러는 하나님을 영화롭게 하는 그런 교제를 실천했다. 이런 거룩한 열망에 비춰서 책임감의 무게가 점차 커지던 1837년을 살펴보면 겸손한 내용이 등장한다. 그는 다음의 간단한 기도를 통해 거룩한 주님께 자신의 속내를 털어놓았다.

"주여, 당신의 종은 가난합니다. 하지만 당신을 신뢰하고 사람들 앞에서 당신을 자랑했습니다. 그러니 저를 당황하지 않게 하소서. '이 모두 영광에 불과하니 아무것도 아니다' 라고 말하지 않게 하소서."

이것은 이스라엘을 위한 모세의 중보기도, 만군의 여호와를 크게 높인 엘리야, 그리고 우리를 놀라게 할 정도로 담대하게 기도했던 예레미야를 떠올리게 한다(렘 14:21. 민 14:13-19, 왕상 19:10 참조). "주의 이름을 위하여 우리를 미워하지 마옵소서. 주의 영광의 보좌를 욕되게 마옵소서"(렘 14:21). 1837년 말에 사역의 발전 과정을 돌아보면서 그는 다음과 같은 사실과 숫자를 기록했다.

"이제 81명의 아이와 그들을 담당하는 8명의 조력자가 지내는 고아원을 3개 개원했다. 주일학교에는 320명, 주간학교에는 350명이 출석했다. 그리고 하나님은 물질적인 필요를 위해 307파운드 이상을 공급하셨다."

바로 이런 관점에서 1837년 7월까지 브리스톨에서 5년 이상 사역한 것을 잠시 살펴볼 수 있겠다. 그 자신과 크레익 사이에는 애초부터 조화가 존재했다. 그들은 진리에 대한 견해, 진리에 대한 증거, 그리고 성령이 감독으로 삼은 성도들에게 영향을 끼치는 모든 문제에 관한 판단에 있어서 완벽하게 서로 일치했다. 둘의 협력 목회 덕분에 하나님의 자녀들은 이단과 분열을 경험하지 않았다. 그리고 뮬러와 그의 진정한 동역자는 겸손하게 이 모든 축복을 영혼의 위대한 목자이자 감독에게 돌렸다. 당시까지 170명 이상이 회심하고 교회에 등록해서 전체 교인이 370명에 달했고, 그래서 거의 같은 규모로 베데스다교회와 기드온교회로 분리되었다. 이런 전체 역사를 하나님은 웃음과 축복으로 밝게 비춰주셨다.

오직 약속하신 말씀에
의지한 기도만이

•
•
•

1838년 초반에 뮬러는 자신의 삶에 두드러진 영향을 끼친 프랑케와 존 뉴턴의 전기에 이어 세 번째로 조지 휘트필드의 전기를 읽기 시작했다. 고아들의 친구에 관한 전기는 뮬러의 사역에 일차적인 동기가 되었다. 회심한 죄인에 대한 전기 덕분에 「일화」를 집필하게 되었고, 그리고 이제 위대한 전도자의 전기는 뮬러의 전반적인 성격을 형성하고, 설교와 더불어서 영혼을 위한 광범위한 사역에 새롭게 능력을 부여한 하나님의 축복이 되었다.

이 세 권의 자서전은 하나님의 책을 제외하고 다른 어떤 책보다 조지 뮬러의 내적 및 외적인 삶에 더 많은 영향을 끼쳤을 것이다. 그뿐만 아니라 그것들은 지혜롭게 하나님과 협력해서 놀라운 축복을 누릴 수 있게 했다. 프랑케의 모범은 기도를 신뢰하고 하나님을 전적으로 의지하도록 격려했다. 은총에 대한 뉴턴의 증거는 동일한 주권적인 사랑과 뮬러 자신의 사례에서 확인한 자비를 증명하게 했다. 휘트필드의 경험은 말씀을 더 성실하고 진지하게 설교하고 기름 붓는 성령의 능력을 더 크게 확신하도록 영감을 주었다.

뮬러에게 특별히 강력한 인상을 남긴 것은 휘트필드의 전도사역을 유례없는 성공으로 이끌었던 두 가지 원인이었는데 그것을 통해 직접 영향을 받았다. 두 가지 원인은 다름 아닌 평범하지 않은 기도의 자세와 무릎을 꿇고 성경을 읽는 습관이었다.

지난 세기의 위대한 전도자였던 휘트필드는 사역을 통해 첫 번째 교훈, 즉 자신이 전적으로 무가치하고 무력하다는 점을 깨달았다. 그는 성령이 통찰력과 열정을 허락하시지 않는 한 스스로 말씀을 이해할 수 없을 뿐 아니라 삶 속에 실천하거나 능력 있게 다른 사람들에게 적용할 수 없다고 생각했다. 덕분에 성공할 수 있었다. 그는 성령으로 충만했다. 이것이 바로 그가 감당한 사역의 질과 양을 설명할 수 있는 유일한 열쇠이다.

1736년 글로스터에서 처음으로 설교했던 조지 휘트필드는 1770년에 세상을 떠났다. 당시 나이 56세였다. 34년을 쉬지 않고 꾸준히 사역했다. 그는 당시의 느린 교통수단에 의지해서 미국을 1,290km 이상 여행하면서 75일간 175회 설교했다. 건강이 악화하자 그는 설교를 줄였다. 하지만 주중에는 하루 1회, 주일에는 3회씩 설교했다. 그의 설교는 상당히 탁월해서 보스턴 코먼 공원에서는 3만 명의 청중이 넋을 잃게 하였고 킹스우드에서는 새까만 얼굴의 광부들이 눈물짓게 만들었다.

조지 뮬러의 영혼이 소유한 열정은 하나님과 사람을 설복하는 비결을 완벽히 파악하는 것이었다. 조지 휘트필드의 삶 덕분에 그는 하나님만이 내적으로 영혼 구원에 대한 거룩한 열심을 품게 하고 자비를 공유해서 잃어버린 이들을 위한 간절한 열망을 갖게 하여 거룩한 사역에 필요한 자격을 갖추게 한다는 진리를 깨달았다. 그리고 이제 그는 직접 무릎을 꿇고 하나님의 말씀을 읽기 시작했는데, 이것이 바로 섬김의 삶을 가능하게 한 또 다른 비결이었다. 그는 시편 한 편이나 성경 한 장을 묵상하고 기도하면서 놀라운 축복을 자주 경험했다.

여기서 우리는 그렇게 기도하면서 성경을 읽고 기도하는 자세로 성경을 살피는 게 어떤 유익이 있는지 묻게 된다. 우리가 직접 시도해 보았기 때문에 그것의 가치를 겸손히 추가할 수 있다.

일차적으로 이런 습관은 거룩한 말씀을 이해하려면 영적인 교훈이 필요하다는 사실을 상기시키고 일깨워준다. 그래서 하나님의 말씀을 읽는 사람이 거기에 담긴 신비에 대한 통찰을 얻기 위해 성경을 새롭게 경외하고 의지하지 않으면 하나님과 그의 열린 책을 경배할 수 없다. 예배의 자세는 당연히 차분한 마음가짐과 진지함을 강조하고 경솔한 행동을 배제한다. 기도하면서 성경을 가볍게, 또는 불경하게 대하면 두 배나 부정하게 행동하는 것이다.

게다가 그런 습관은 자연스럽게 자신을 살피고 말씀에 등장하는 사례나 모범과 실제 생활을 비교하도록 만든다. 이런 교훈은 삶을 가르침에 비춰서 바라보게 하고 명령은 행동을 살피도록 도전한다. 말로 하든 그렇지 않든 간에 반드시 이렇게 기도하게 될 것이다.

"하나님이여 나를 살피사 내 마음을 아시며 나를 시험하사 내 뜻을 아옵소서. 내게 무슨 악한 행위가 있나 보시고 나를 영원한 길로 인도

하소서"(시 139:23-24).

겸손히 읽는 하나님의 말씀은 그렇게 해서 삶 속에서 드러나고 성품은 하나님의 형상을 닮게 될 것이다.

"우리가 다 수건을 벗은 얼굴로 거울을 보는 것같이 주의 영광을 보매 그와 같은 형상으로 변화하여 영광에서 영광에 이르니 곧 주의 영으로 말미암음이니라"(고후 3:18).

하지만 가장 큰 유익은 어쩌면 성경이 기도의 표현방식이 되는 바로 그 내용을 제시할 수 있다는 것이다.

"우리는 마땅히 기도할 바를 알지 못하나"(롬 8:26).

우리는 기도의 내용이나 방법을 알지 못한다. 그런데 바로 여기에 성령이 직접 영감을 허락하신 말씀이 있다. 만일 기도가 성령의 교훈을 모형으로 삼고 있다면 어떻게 그릇된 방향으로 흐를 수 있을까? 여기에 하나님이 허락하신 성례와 연속기도, 즉 거룩한 기도 책이 있다. 우리는 거기에 담긴 성령으로 영감받은 모든 기도는 물론이고 하나님이 약속과 교훈과 경고와 권면까지 얻을 수 있다. 그리고 이것을 묵상하면 우리의 기도는 그 틀을 따르게 된다. 우리는 "그의 뜻대로 무엇을 구하면 들으심이라"(요일 5:14)는 말씀대로 확신하고 교훈과 약속, 경고와 권면을 간구로 바꾼다. 하나님의 말씀을 기도로 바꾸고 있기 때문이다.

뮬러는 실제로 그것을 경험했다. 히브리서 13장 8절("예수 그리스도는 어제나 오늘이나 영원토록 동일하시니라")을 묵상하고 그 내용으로 기도하다가 예수님이 이미 자신의 사랑과 능력 안에서 모든 것을 공급하신 것처럼 동일한 사랑과 능력 안에서 계속 공급하실 것을 확신한 채 하나님께 간구했다. 그렇게 해서 약속이 기도로 바뀌었을 뿐 아니라 예언, 즉 축복의 확신으로 바뀌어서 즉시 그에게 기쁨의 강이 흘러넘쳤다.

말씀을 펴놓고 무릎을 꿇고 기도하는 습관은 말로 표현하기 어려운 이점을 지니고 있다. 하나님께 접근하는 거룩한 통로를 제공한다. 영감으로 기록된 성경은 하나님의 뜻에 대한 지식을 전달하는 성령의 도구가 된다. 한편으로는 하나님을, 다른 한편으로는 인간을 생각하면 하나님의 말씀은 하나님의 마음과 생각을 인간에게 전달하는 방식이다. 그래서 하나님의 말씀은 우리에게 접근하는 하나님의 통로, 그 목적 때문에 마련된 통로, 그리고 말할 수 없이 거룩한 통로가 된다. 따라서 성도가 하나님의 말씀을 기도의 정신과 표현방식을 결정하는 지침으로 삼으면 거룩한 계시의 과정과 하나님이 접근하시는 통로를 하나님께 접근하는 통로로 전환해서 활용할 수 있다.

이렇게 하나님의 말씀을 활용하는데 어떻게 영적인 삶을 돕고 성장시키는 데 실패할 수 있을까? 어떤 접근 매체와 통로가 기도하는 영혼의 내부에 성령을 가르치는 만족스러운 구조와 언어를 동시에 확보할 수 있을까? 일차적으로 해야 할 일이 기도하는 게 아니라 듣는 것이라면 이것은 분명히 하나님에게 말하는 법을 알 수 있게 하나님의 말씀을 듣는 것이다.

이 하나님의 사람이 모습을 갖추고, 하나님의 이름으로 기도하도록 격려하며, 하나님 안에서 기뻐하고, 그분을 따를 수 있게 해준 것은 일시적인 감정이나 충동이 아니라 이런 삶의 습관이었다(시 63:4,8,11 참조). 그런 기도, 즉 그 자체가 하나님의 말씀으로 조명되는 기도에 비춰보면 그의 아픈 고통조차 빛났다. 그리고 그의 영혼이 하나님의 뜻 안에서 매우 기뻐하다 보니 하나님이 자신의 질병을 통해 의도하신 축복을 전달할 때까지 질병이 사라지지 않았으면 좋겠다고 진심으로 말하는 수준에까지 도달하게 되었다. 그리고 그가 하나님의 뜻에 완전히 순종하게 되자 얼마 지나지 않아 건강을 회복할 수 있다는 사실을 본능에 따라 느낄 수 있었다.

나중에 그는 잠언 3장 5절부터 12절을 읽다가 다음의 말씀 때문에 충격을 받았다. "꾸지람을 싫어하지 말라." 그는 "여호와의 징계를 경히 여기지 말라"는 말씀을 인정하면서도 가끔은 꾸지람을 싫어했다는 사실을 깨달았다. 그래서 꾸지람을 무시하거나 싫어하지 않도록 완벽하게 목적을 이룰 때까지 희망을 접거나 싫증을 내지 않고 인내하면서 감당하게 해달라고 기도했다.

약속을 기도로 바꾸는 습관의 사례는 많았다. 예를 들어 뮬러는 시편 65편 2절의 앞부분인 "기도를 들으시는 주여"를 오랫동안 묵상하고 나서 어떤 분명한 기도 내용을 즉시 간구하고 기록으로 남겼다. 이렇게 특정한 간구를 영구적으로 참고할 수 있게 기록함으로써 기도습관은 놀라운 영향을 빚았다. 기도를 기록으로 남기게 되면 간구에 필요한 실제적이고 정확한 형식을 확보하고 그렇게 하나님께 요구한 것을 마음과 기억에 남기며 응답받은 내용을 자연스레 기록하게 된다. 따라서 우리는 경험을 통해 하나님이 일일이 기도를 들어주시는 분이라는 증거를 확보할 수 있고 그렇게 되면 불신은 비난받고 끈질긴 기도는 격려를 받게 된다.

이 무렵 뮬러는 하나님의 말씀과 뜻에 따라 예수님의 이름으로 간구하면 하나님이 귀를 기울이시고 기도를 들어주신다고 확신하고서 여덟 개의 특별한 기도 내용을 기록으로 남겼다. 그는 이렇게 기록했다.

"나는 하나님이 들어주셨다고 믿는다. 나는 하나님이 내 기도를 들으셨다는 사실을 그분이 직접 정한 순간에 알려주신다고 믿는다. 그래서 하나님이 응답하실 때 그분의 이름이 영광을 받을 수 있도록 오늘, 1838년 1월 14일에 나의 기도 내용을 기록으로 남긴다."

생각이 깊은 독자는 이 모든 것을 통해 믿음이 약한 사람이 하나님에 대한 신뢰를 양육 받음으로써 강력한 믿음을 갖게 되었다는 점에 주목해야 한다. 뮬러는 자각하고 있는 연약함을 지탱하기 위해 기도에 응답하겠다는 하나님의 약속을 지팡이로 활용했다. 실패를 모르는 하나님의 말씀을 크게 의지한 것이다. 그는 이렇게 지팡이를 손에 쥔 날과 하나님께 맡기려고 하는 짐에 대한 간구를 기록해서 신뢰의 실천이 더욱더 분명하고 확실해질 수 있었다. 하나님이 그런 신뢰를 외면하실 수 있었을까? 뮬러는 무릎을 꿇고 경건하게 다음의 구절을 읽는 순간 영혼 전체가 처음으로 커다란 감동을 휩싸였다.

"하나님은 고아의 아버지시며"(시 68:5).

그는 이것을 여호와의 이름 가운데 하나로 간주했다. 시편 9편 10절에 기록된 것처럼 여호와는 사람들에게 자기를 신뢰하도록 계시하기 때문이다. "여호와여 주의 이름을 아는 자는 주를 의지하오리니 이는 주를 찾는 자들을 버리지 아니하심이니이다." 또한 시편 68편 5절의 말씀은 평생 간직한 구절 가운데 하나가 되었고 고아들을 위한 모든 사역의 초석이 되었다. 이에 대하여 그는 이렇게 기록했다.

"하나님의 도움 덕분에 이 구절은 궁핍할 때 고아들을 위해 그분 앞에서 주장할 수 있다. 그분은 고아들의 아버지이시다. 그래서 그들을 돕겠다고 맹세하신 것이다. 그러니 나는 가난한 고아들이 공급받을 수 있도록 그들의 필요를 상기시켜 드리기만 하면 된다."

이것은 하나님 말씀의 언약을 기도는 물론이고 삶과 행위와 섬김으로 전환하는 것이다. 뮬러가 '고아의 아버지'가 하나님이 선택하신 이름이라는 사실을 깨달은 것은 놀라운 축복의 순간이었다. 그런 하나님에 대한 믿음 없이 그런 짐을 감당하는 것은 전혀 불가능했을 것이다. 평안을 유지하는 비결이나 수많은 어린이를 먹이고 입히는 힘겨운 일을 어떻게 감당하는지 이해하지 못하는 손님이나 외부인에게 그는 한결같이 대답했다.

"하나님의 은총 덕분에 이것은 전혀 걱정거리가 되지 않습니다. 나는 이 어린이들을 여러 해 전에 주님께 맡겼습니다. 모든 사역은 그분의 것입니다. 그리고 무엇이 부족하든지 간에 지금 나는 하나님의 은총에 힘입어서 무거운 짐을 하늘 아버지께 맡길 수 있습니다."

하나님이 직접 선택하고 선언하신 이 특별한 이름이 뮬러의 특수한 필요에 적합한 특별한 계시가 되었던 사례는 수없이 많았다. 그 이름을 자연스럽게 추론하면 강력하게 기도할 수 있는 근거가 되고 불신은 무엇이든지 책망을 받는다. 따라서 고아를 위한 사역을 시작할 때부터 그는 하나님의 말씀을 강력한 확신의 토대로 삼아 전능하신 아버지를 신뢰함으로써 도움을 받을 수 있었다. 그리고 사역의 걱정거리가 점점 무거워지자 감당할 수 없는 짐을 자신이 태어나기 전부터 고아의 아버지였던 하나님께 맡겼다.

이 무렵에 우리는 뮬러가 내적으로 계속 갈등했다는 또 다른 흔적을 접하게 된다. 그는 간절한 기도와 영혼의 열정이 부족해서 이따금 평안과 능력을 빼앗기는 것 같다는 생각을 지울 수 없었다. 그리고 대부분의 성도가 그런 것처럼 모순된 영적인 삶을 그의 경험에서 확인할 수 있었다. 그는 "영혼의 열정이 전적으로 하나님의 선물"이라는 사실을 알고 있었지만 "그것을 잃어버린 것을 내 탓으로 돌려야 한다"라는 말을 덧붙였다.

대부분의 사람처럼 거룩한 주권을 운명 그 자체로 간주하지도 않았다. 그는 하나님이 선물을 주권적으로 허락하시는 것을 인정하면서도 인간은 그것을 자유롭게 받아들이거나 거부할 수 있어야 한다고 생각했다. 드러난 모순을 화해시키려 하지 않고 그 신비를 인정한 것이다. 게다가 그는 하나님이 마음의 제단에 새로운 불길을 일으키는 데 사용했던 필립의 휘트필드 전기를 사탄이 성경을 체계적으로 연구하지 못하도록 유혹하는 데 활용했다고 고백했다.

따라서 모든 단계마다 조지 뮬러의 삶 그 자체가 동료 성도들에게 격려와 훈계가 될 수 있다. 브리스톨을 떠나 있던 1838년 2월, 그곳의 성도들에게 애정 어린 편지를 보냈다. 거기에는 인간적인 면모가 드러나 있다. 그는 하나님의 자비, 특히 그분의 친절과 오래 참음과 성실, 그리고 고통을 통해 얻은 교훈에 크게 감사했다. 편지는 고난의 잔에는 커다란 기쁨이 함께 들어가 있고 우리가 한동안 특권을 잃어버리기 전까지는 진정한 가치를 누리지 못한다는 사실을 분명히 설명했다.

특히 그는 다른 사람들과 함께 성경을 읽고 대화하고 기도하는 게 짐이 될 때조차 은밀한 기도가 늘 위안을 가져다준다는 사실을 언급했다. 아버지와의 대화는 언제든지 원기를 회복하고 축복을 누리는 데 필수적인 원천이었다. 허드슨 테일러는 이렇게 말했다. "훼방꾼 사탄이 우리 주변에 담을 쌓을 수 있을지는 모르지만 우리가 올려다보지 못하게 지붕으로 가릴 수는 없다." 뮬러 역시 어려움을 겪는 여러 성도에게 설교할 수 없을 때도 기도로써 주님의 싸움을 도울 수 있다는 소중한 교훈을 이미 제공한 바 있었다.

건강과 선교의 목적으로 잠시 독일을 방문하고 일상적인 업무를 22주 동안 내려놓으니 머리가 한결 맑아졌다. 하지만 정신적인 건강 때문에 매일 3시간 정도밖에는 일하지 못했다. 독일에서는 아버지와 형을 다시 만나서 구원에 관해 대화를 나누었다. 그가 했던 말이 아버지께는 분명한 축복이 되었다. 아버지는 적어도 한 가지가 부족하다는 점을 깨달은 듯했다. 지상에서 또다시 만날 가능성이 거의 없었기 때문에 아버지와의 작별은 더 고통스러웠다. 그가 독일을 방문한 지 3개월 정도 흐른 뒤에 방문한 결실이 나타났다. 12명의 형제와 3명의 자매가 동인도 제도로 출발했다.

1838년 6월 13일, 뮬러의 부인이 아이를 사산했다. 부부는 또다시 낙심했다. 2주 동안 부인은 생명이 위급했다. 하지만 한 번 더 기도가 응답되어 위기를 넘길 수 있었다. 한 달 뒤에는 고아원 사역 때문에 또 다른 믿음의 위기가 닥쳤다. 12개월 전에 수중에 780파운드가 있었다. 그런데 이제는 금액이 39분의 1에 해당하는 20파운드로 줄었다. 뮬러 부부와 크레익, 그리고 소년을 위한 고아원에서 근무하는 한 형제만 재정 부족 상황을 알 수 있었다. 그들은 힘을 모아서 기도했다. 그런데 뮬러가 한 해 전에 자금이 더 많았을 때보다 자신의 믿음이 더 강해졌다고 증거하고 있는 것에 조심스럽게 주목해야 한다. 이 믿음은 단순한 환상이 아니었다. 거의 후원이 끊기고 당장 30파운드가 필요했지만 7명의 어린이가 더 들어올 예정이었고, 5명을 더 수용할 준비를 하고 있다고 알려야 했기 때문이다.

시련의 순간이 찾아왔지만 벗어날 수 없었다. 두 달이 지나지 않아서 자금의 후원이 제대로 이루어지지 않아 날마다 매 순간 주님께 도움을 받아야 할 정도가 되었다. 하나님은 도움을 구하는 기도에 "내 때가 아직 이르지 않았다"라고 말씀하시는 것 같았다. 당장 많은 재정이 필요했지만 수중에는 1파운드가 전부였다. 하루는 4파운드 이상이 들어오자 뮬러는 이렇게 생각했다. '앞일을 생각해서 3파운드를 남겨두면 어떨까?' 그런데 이런 말씀이 즉시 떠올랐다. "한 날의 괴로움은 그날로 족하니라"(마 6:34). 그는 지체하지 않고 하나님께 자신을 맡기고서 체불된 임금을 모두 지급하고 자신은 한 푼도 받지 않았다.

당시 크레익은 창세기 12장의 아브라함을 주제로 설교하면서 두 가지 사실을 강조했다. 첫째, 그가 믿음대로 행동하고 하나님의 뜻 안에서 살아갈 때 모든 일이 순조로웠다. 둘째, 그가 주님을 불신하고 순종하지 않을 때 모두 실패로 끝나고 말았다. 뮬러는 이 설교를 듣고 의식적으로 자신에게 적용했다. 두 개의 가장 실제적인 결론을 이끌어내서 기회가 있을 때마다 실천했다. "첫째, 위기를 벗어나려고 샛길이나 직접 선택한 길로 가지 않는다. 둘째, 하나님께 영광을 돌리고 신뢰함으로써 그분의 이름을 영화롭게 하는 것만큼 하나님의 영광을 가리는 위험에 처할 수 있다."

하나님은 이런 복된 교훈을 일러주시고 나서 그가 얼마나 잘 지키는지를 시험하셨다. 고아원 사역이 재정적으로 몹시 어려웠을 때도 다른 용도로 사용할 수 있는 약 220파운드의 금액이 은행에 있었다. 적어도 당시에 그 돈으로 긴급한 문제를 해결할 수도 있었다. 그렇게 하고 싶은 유혹이 매우 컸다. 기부자들을 알고 있었고 그들이 고아들을 여유 있게 후원한다는 사실도 알고 있었기 때문이다. 어려움을 알리기만 하면 자신들이 기부한 돈을 최선의 용도로 사용하도록 기꺼이 동의해주었을 것이다.

그러나 조지 뮬러는 그렇게 하지 않았다. 그는 즉시 이것이 하나님의 도움을 기다리지 않고 나름대로 어려움을 벗어날 방도를 찾는 것이라고 생각했다. 게다가 그렇게 하다 보면 자신의 방법을 의지하는 버릇이 생겨날 수 있고 또 다른 시험을 겪을 때 비슷한 과정을 거쳐서 믿음이 성장하지 못할 수도 있었다. 여기서 굵은 글씨체를 사용한 것은 이 믿음의 사내가 통과한 시험 가운데 한 가지를 강조하기 위함이다. 그리고 우리는 그가 자신의 한 가지 위대한 삶의 목적을 어떻게 한결같이 고수했는지도 알 수 있다. 그의 목적은 모두에게 성실한 하나님의 약속을 전적으로 의지하는 것을, 그분의 성실함을 직접 깨닫고 다른 사람들에게 입증하는 유일한 방법으로 제시하는 것이었다.

이렇게 힘겨운 시기에 하나님의 약속의 말씀에 모든 것을 걸기로 한 이 사내는 불확실하고 의심스러운 방법과 도구를 포기하고, 하나님께 간구하는 쪽으로 돌아섰고, 덕분에 모두의 모범이 되었다. 그렇게 해서 그런 기도 방식은 그의 특징이 될 수 있었다. 그는 논증을 활용해서 기도했고, 그래서 이 시기에 하나님이 마땅히 도움을 허락해야 할 이유를 11개로 정리했다. 이런 거룩한 논증의 방법, 즉 변호사가 판사 앞에서 변론하듯이 하나님을 마주하고 우리의 사례를 변호하는 방법은 거의 사라졌을 뿐 아니라 대부분이 거의 유치한 수준으로 간주한다. 하지만 성경에서는 자주 제시되고 활용된다.

소돔을 위한 아브라함의 기도가 최초의 위대한 모범이다. 이 방법을 탁월하게 구사한 모세는 여러 차례 위기를 만날 때마다 장군이 수하를 이끌듯이 논증을 수집해서 사람들을 대신해 뛰어난 솜씨로 간구했다. 엘리야는 갈멜산에서 이런 특별한 기도의 능력을 결정적으로 보여주었다. 하나님을 위한 아주 대단히 거룩한 열망이었다. 그 예를 모두 기록할 수 있다면 노아, 욥, 사무엘, 다윗, 다니엘, 예레미야, 바울, 야고보처럼 같은 방법으로 하나님께 간구한 이들을 거론할 수 있을 것이다.

물론 하나님을 설득할 필요는 없다. 하나님의 개입을 신뢰하는 영혼의 주장, 그분의 말씀과 맹세로 확증하고, 그것에 근거한 요구보다 더 확실한 논증은 없다. 그럼에도 하나님은 질문을 받고 논증의 상대가 되신다. 그것이 바로 그분이 축복하시는 방식이다. 하나님은 자신 앞에 우리의 명분과 직접 약속한 말씀을 제시하는 것을 좋아하신다.

예수님이 가나안 여인의 끈질긴 논증을 어떻게 평가했는지 살펴보자. 그녀는 끈질기면서도 재치 있게 주님의 반대를 근거로 바꾸어놓았다.

예수님은 이렇게 말씀하셨다.

"자녀의 떡을 취하여 개들에게 던짐이 마땅하지 아니하니라"(마 15:26).

그러자 여인은 대답했다.

"주여 옳소이다마는 개들도 제 주인의 상에서 떨어지는 부스러기를 먹나이다"(마 15:27).

정말 탁월한 논증이다. 예수님의 의도가 담긴 말씀을 이용해서 그분이 요구를 들어줄 수 없는 확실한 근거를 자신의 요구를 들어주어야 할 근거로 바꾸어놓은 것이다.

예수님은 말씀하셨다.

"여자여 네 믿음이 크도다. 네 소원대로 되리라"(마 15:28).

루터의 해석처럼 그렇게 해서 "그녀의 목에 묶인 끈이 완전히 풀어졌다." 이 사례는 하나님의 말씀에서 독특한 위치를 차지한다. 이처럼 기도에 논증을 활용하면 품위 있게 기도할 수 있다.

그런데 아주 비슷한 사례가 한 가지 더 있다. 가버나움의 백부장의 경우이다. 그는 주님이 직접 가서 종을 낫게 하겠다고 약속하자 그렇게까지 할 필요가 없다고 말했다. 말씀만으로도 충분하다고 생각했기 때문이다. 그런데 여기서 논증의 근거에 주목할 필요가 있다. 백부장이 지휘관으로서 권위를 행사하고 윗사람의 권위를 따른다면, 즉 가 더 높은 권위지의 말에 복종하는 동시에 수하를 복종하게 하였다면 위대한 치유자가 자리를 지킬 때 그 뜻에 순종한 치유의 능력이 어느 정도일지 굳이 거론할 필요가 있을까?

우리 주님은 그에게도 동일하게 말씀하셨다.

"내가 진실로 너희에게 이르노니 이스라엘 중 아무에게서도 이만한 믿음을 보지 못하였노라"(마 8:10).

우리는 하나님이 아니라 우리 자신을 설득하기 위해 하나님께 논증해야 한다. 하나님을 상대로 그분의 말씀과 맹세와 성품 때문에 개입하기로 약속하셨다는 사실을 입증하는 것은 우리가 요구하고 주장할 수 있는 권리를 그분이 허락하셨고, 또 그분은 자신을 부정할 수 없어서 기도에 응답하신다는 사실을 우리 자신의 믿음에 증명하는 것이다.

하나님 앞에서 논증할 수 있는 권리를 생각이 깊은 독자에게 소개하는 아주 아름다운 성령의 접촉이 두 가지가 있다. 다음은 미가서 7장 20절의 말씀이다. "주께서 옛적에 우리 조상들에게 맹세하신 대로 야곱에게 성실을 베푸시며 아브라함에게 인애를 더하시리이다." 사고의 진행 과정에 주목해야 한다. 아브라함에게 주어진 인애가 야곱에게도 실제로 허락되었다. 하나님에게는 언약한 축복을 확대할 어떤 의무도 없으셨다. 따라서 순수한 인애의 대상은 아브라함이었다. 하지만 스스로 결속을 자청한 야곱은 아브라함에게 인애였던 것을 성실하게 요구할 수 있었다.

요한일서 1장 9절도 마찬가지다.

"만일 우리가 우리 죄를 자백하면 그는 미쁘시고 의로우사 우리 죄를 사하시며 우리를 모든 불의에서 깨끗하게 하실 것이요"(요일 1:9).

있는 그대로 말하자면 용서와 깨끗해지는 것은 본디 성실함과 공의의 문제가 아니라 자비와 은혜의 문제이다. 하지만 하나님이 "죄를 자복하고 버리는" 회개하는 사람을 용서하겠다고 직접 약속하신 이후로는 본디 은혜와 자비였던 것이 성실함과 공의가 되었다. 하나님은 약속을 지키기 위해서 자신과 피조물에게 그래야 할 의무가 있고 자비로운 보증 때문에 생겨난 합법적인 기대를 성취해야 하기 때문이다.

그래서 우리는 논증하는 기도는 물론이고 살아계신 하나님이 직접 양보한 사례들을 확보하고 있다. 호소의 근거가 되는 하나님의 말씀을 소유할 때 우리는 그분의 자비는 물론, 진실함과 성실과 공의를 근거로 약속의 성취를 주장할 수 있다. 그 덕분에 우리는 은혜의 보좌 앞에서 담대히 호소할 수 있다. 하나님은 약속하신 것을 성실하게 지키시고 그분의 공의는 아들이 이미 감당하셨기 때문에 죄인에게 대가를 요구하시지 않는다.

지금 우리가 살펴보고 있는 전기의 주인공보다 거룩한 논증으로 하나님께 간구한 사람은 당시에 전혀 없었을 것이다. 그는 하나님께 사라진 간구의 방법을 부활시키고 복구하도록 선택된 소수의 사람 가운데 하나였다. 따라서 모든 믿음의 사람이 복된 교훈을 익힌다면 하나님의 교회에는 믿음의 르네상스 시대가 당연히 임할 것이다.

조지 뮬러는 하나님이 개입하실 수 있는 근거를 쌓아 올렸다. 그는 약속들, 하나님이 자신에 관해 권위 있게 선언하신 것들, 하나님이 진정한 모습과 뜻을 표현하고 계시하려고 선택하신 이름과 호칭들, 성도들에게 담대하게 기도하고 간구할 권리를 허락하신 명령과 권면을 수집했다. 그뿐만이 아니라 효과적인 기도의 사례들 덕분에 상화되고 예증된 이 모든 것을 확인한 그는 이런 논증들을 기억했다가 커다란 곤경에 처할 때마다 끄집어내서 기도에 귀 기울이시는 하나님 앞에 펼쳐놓았다. 이 겸손한 하나님의 사내를 좇아 은밀한 곳으로 가서 주님의 이름과 말씀이 빛을 잃지 않게 직접 개입하도록 근거를 제시하듯이 이렇게 기도로 논증하면서 영혼을 쏟아내는 소리를 듣는 것은 눈시울이 뜨거워질 만큼 아름다운 일이다.

그들은 하나님의 고아들이었다. 이는 그분이 스스로 고아의 아버지라고 선언하셨기 때문이 아니었을까? 그것은 하나님의 일이었다. 이는 그분이 자신의 종에게 그렇게 지시하셨기 때문이 아니었을까? 그렇다면 그 종은 전혀 무가치한 도구에 불과한 게 아니었을까? 저절로 막대기가 일어서고, 저절로 망치가 못을 박고, 저절로 칼이 찌를 수 있을까? 그리고 이것이 하나님의 일이라면 그분은 자기 일에 관심을 두지 않을 수 있을까? 모두 그분의 영광을 위해 신중히 계획되고 수행된 게 아닐까?

그분이 자신 스스로 영광을 가리려고 하실까? 직접 서원하고 확증하고 약속하고 맹세하신 하나님이 제아무리 사소한 것이라도 영광을 가리도록 용납하실까? 반신반의하는 교회와 불신하는 세상은 살아계신 하나님이 변함없이 확신하고 일어나서 의심하고 냉소하는 이들에게 어떻게 논증하는지 주시하지 않을까? 하나님은 성도들의 입에 자신의 성실함에 대한 새로운 증거를 허락하시고 꼬투리를 잡는 혀를 침묵시키고 망설이는 성도를 부끄럽게 만들 논증을 더 자주 공급하시지 않을까?

겸손한 마음을 가진 브리스톨의 성자는 60년 이상 이런 방식으로 기도했고 그 기도는 응답되었다. 진정한 성도는 누구나 어려움에 부닥칠 때마다 마찬가지로 자비를 누리고 은총을 찾으러 담대하게 은혜의 보좌로 나아갈 수 있다. 다음과 같이 진정으로 노래할 수 있는 사람이 몇이나 될까?

언제 어디서나 하나님이
기도에 응답하실 것을 내가 믿으니
염려와 감당할 수 없는 짐을
기도를 들으시는 하나님께 내려놓겠네.
나의 영혼은 절대 절망하지 않으리니
그분의 명령대로
은밀한 곳에서 간구하면
그곳에서 분명히 기도가 응답되겠네.

S·E·C·T·I·O·N·3

슬픔의 짙은 그늘 너머
빛이 비추고

믿음의 시련,
그러나 믿음의 조력자들

우리는 이미 기도모임이 어떻게 확대되었는지 살펴보았다. 처음에 고아원 사역의 설립자에게는 하나님만이 유일한 동역자였다. 오직 그분에게만 사역에 필요한 내용을 털어놓았다. 나중에 아내와 크레익, 그리고 한두 명의 조력자를 포함한 아주 소수만이 재정과 필요한 물품의 정도를 알 수 있었다. 더 세월이 흐른 1838년 가을에 그는 자신의 확신을 하나님의 사업에 동참하는 이들에게 제대로 공개하는 게 옳다는 생각을 하게 되었다. 함께 수고하는 이들은 기도 역시 함께해야 하고 간구하고 있는 내용을 알고 있어야 한다. 그렇지 않으면 어떻게 믿음의 사역과 응답에 제대로 참여할 수 있겠는가?

게다가 어떻게 기도에 대한 응답을 통해 하나님의 임재와 능력에 대한 증거를 제대로 느끼고, 그런 응답이 불어넣는 주님의 기쁨을 알고, 그런 응답이 보여주는 구원을 위해 하나님을 찬양할 수 있겠는가? 그들이 하나님께 더할 나위 없는 영광을 돌리려면 심각한 어려움과 극단적인 궁핍함을 그분이 해결하셨다는 사실을 알아야 하고, 그런 뒤에야 그분의 이름에 영광과 찬양을 돌리는 게 가능해진다.

따라서 뮬러는 함께 사역하는 형제와 자매들을 모두 불러서 하나도 남김없이 상황을 있는 그대로 설명했다. 자신들이 처한 어려움을 알리는 동시에 용기를 갖도록 격려하고 도움이 멀지 않았다는 확신을 불어넣었다. 그런 뒤에 그들과 함께 기존의 작은 기도모임과 힘을 모아서 여호와 이레의 하나님께 도움을 구했다.

이런 조치는 관계된 모든 사람에게 상당한 의미가 있었다. 이후로 기도에 힘쓰는 상당한 숫자의 성도가 밤낮없이 하나님께 중보기도를 하는 모임에 합류했다. 뮬러는 사역을 위협하는 어려움을 일절 숨기지 않으면서 몇 가지 원칙을 정해놓고 하나님의 사역을 수행하는 데 필요한 불변의 규칙으로 삼았다. 가령 아무리 극한 상황에 부닥쳐도 지급할 수 있는 돈이 없을 때는 일절 구매할 수 없었다. 그렇지만 어린이들에게는 반드시 필요한 것을 공급해야 한다는 원칙도 역시 정해졌다. 실제로는 굶주리고 헐벗은 어린이들을 그럴듯한 곳에 수용하기보다는 사역을 포기하고 보내는 게 더 낫기 때문이었다.

게다가 도움을 요구하는 것으로 받아들여지지 않도록 당장 부족한 것을 외부인에게 알릴 수 없었다. 살아계신 하나님께 호소하는 게 유일한 수단이었다. 조력자들은 브리스톨에 설립된 시설의 일차 목적은 하나님의 성실하심과 그분의 언약을 전적으로 의지하는 게 무엇보다 안전하다는 사실을 입증하는 데 있다고 기회가 있을 때마다 되새겼다. 그래서 그들은 하나님에 대한 열정으로 인간의 도움에 의지하려는 마음을 일절 포기했다. 아울러 그들은 불신과 불순종이 기도의 능력이나 일상의 기도에 필요한 단결을 위협하지 않도록 매일, 매 순간 하나님과 교제하는 삶을 살려고 노력했다. 불협화음은 하나 된 기도의 아름다운 화음을 깨뜨리고 하나님과의 기도를 계속하지 못하게 막을 수 있다.

이렇게 정보를 얻고 교육을 받은 헌신적인 동역자들은 고아원 사역의 설립자와 함께 위기에 슬기롭게 대처했다. 재정이 바닥을 드러낼 때도 인간을 의지하거나 빚을 질 수는 없지만, 그럼에도 부족하지 않도록 보이지 않는 하나님을 기다리는 것을 유일한 수단이자 자원으로 삼아야 했다. 따라서 그들은 이런 어려움과 계속되는 위기를 겪을 때마다 오직 하나님만 의지했다. 고아들은 당면한 어려움을 조금도 알지 못했다. 과정은 알 수 없어도 그들의 필요는 늘 충족되었다. 밀가루 통이 비어도 한 움큼은 늘 있었고 기름 그릇이 비어도 한 움큼의 밀가루를 반죽할 수 있는 몇 방울의 기름은 항상 남아 있었다. 브리스톨의 고아원은 기아와 가뭄을 한 번도 겪지 않았다. 공급이 더디고 하루에 한 차례씩 이루어지기도 했지만 급박해서 기다리는 게 불가능할 때는 어떤 식으로든지 가까스로 필요에 부응할 정도라도 어김없이 채워졌다.

「일화」의 이 대목을 마무리하면서 1840년 8월에 이 기도모임이 주간학교에서 일하는 형제와 자매들까지 받아들여 확대되었다는 것을 덧붙일 필요가 있다. 장차 닥칠 수 있는 위기를 외부인에게 알리면 안 된다는 원칙이 그들에게도 역시 적용되었다.

여러 조력자에게 문제의 해결방법을 알리자 모든 면에서 더 큰 축복이 임했고, 특히 조력자들 자신에게도 그랬다. 그들의 간절하고 신뢰하는 끈질긴 기도가 그렇게 계속되었고, 그들의 믿음과 간구와 자기 부인 덕분에 사역의 진전이 얼마나 가능했는지는 오직 하나님만 알고 계실 뿐이다. 그들이 함께 경험하는 절박한 일에 대한 지식은 인간의 역사에서 찾아볼 수 없는 영웅적인 희생의 행위를 가능하게 한 헌신적인 정신을 낳게 했고, 그런 행위는 감춰진 것이 모두 드러나는 날에 우주 전체가 하나님의 일기를 읽을 때 비로소 알게 될 것이다. 뮬러가 세상을 떠난 뒤에 기부금의 전체 금액이 밝혀졌다. 하지만 이 거룩한 기도모임에 참여한 동역자들의 드러나지 않은 선물은 확인할 길이 없다.

그런데 우리는 뮬러가 책임을 지고 있었지만 자기를 부정하는 유일한 기부자가 아니었다는 사실을 알고 있다. 그의 진정한 동역자들 역시 얼마 되지는 않아도 직접 헌금해서 위기를 헤쳐나갈 때가 잦았다. 말할 수 없이 궁핍하면서도 아주 기꺼이 헌금함으로써 당면한 어려움을 해결하는 데 하나님의 도구로 사용되었다. 그들이 바친 돈은 과부의 동전 두 개처럼 생활비 전체일 때도 있었다. 그리고 그들은 마지막 동전 한 닢은 물론이고 장신구, 보석, 오랫동안 소중히 간직한 가보까지 예수님의 발에 부은 값비싼 향료처럼 자발적인 제물로 하나님의 제단에 올려놓았다.

그들은 하나님의 집에 고기를 마련하고 그분의 어린 자녀들에게 빵을 비롯한 필요한 것이 부족하지 않도록 지닌 모든 것과 지닐 수 없는 것까지 남김없이 바쳤다. 진정한 의미에서 이 사역은 뮬러만의 일이 아니라 집 없는 고아들을 위해 하나님이 마련하신 계획을 추진하도록 눈물과 기도, 관심과 수고, 자기부정과 희생을 바친 동역자들의 일이기도 했다. 이 모든 조력자가 기도를 통해 새로운 능력과 확신과 축복을 발견한 것 역시 그렇게 나눔으로써 가능했다. 그들 가운데 한 사람이 말했듯이 "지니고 있는 것을 주지 않으면서 바르게 기도하는 것"은 거의 불가능했다. 이렇게 뮬러의 확신을 받아들인 조력자들은 뮬러와 사역에 더욱 능동적으로 공감하게 되었고 점차 같은 심정으로 참여하게 되었다. 이것에 대한 몇 가지 사례는 그의 일기에서 확인할 수 있다.

고아원을 방문한 한 신사와 몇 명의 부인이 많은 어린이가 돌봄을 받는 사실을 보게 되었다. 부인 가운데 한 사람이 고아원 보모에게 말했다.

"이 기관을 운영하는 데 적잖은 비용이 들어갈 거예요."

그러자 신사가 덧붙였다.

"재정은 충분합니까?"

대답하는 목소리는 크지 않았다.

"우리 재정은 전혀 열 수 없는 금고 안에 있습니다."

대답을 들은 부인이 눈물을 흘렸고 신사는 주머니에서 5파운드를 꺼내 기부했다. 이 기부는 아주 완벽히 시의적절했다. 당시 수중에는 동전 한 닢이 없었다.

자신을 위해 일절 구하지 않으면서 주님에게만 공급을 의지하고 궁핍할 때는 소유한 물건이나 돈을 기꺼이 바친 이런 동료 사역자들 덕분에 뮬러의 마음은 하나님에 대한 찬양으로 가득했고, 아론과 훌이 모세의 두 손을 해질 때까지 받쳐주었듯이 그의 손을 지탱해주었다. 그가 책임을 지는 동안 그의 믿음과 용기를 주로 후원한 사람이 바로 이들이었다. 그들은 매일 기도하면서 함께 만났고 커다란 믿음의 시련을 겪으면서도 하나님 사역의 비밀을 충실히 지켰다. 그리고 승리의 순간이 다가오자 그들은 연례보고서를 통해 구원을 알리고 모든 사람이 하나님의 사랑과 성실함을 깨닫고서 영광을 돌리도록 그분을 자랑하는 일을 의무이자 특권으로 간주했다.

이따금 사역을 관리하는 것과 관련해서 기독교적인 봉사의 전체 영역에 광범위하게 영향을 끼치는 다양한 문제가 제기되었다. 그 해답은 하나님 사역의 윤리학이자 경제학이라고 부를 수 있는 것에 해당한다. 그 가운데 일부를 잠시 살펴보면 이렇다.

하나님이 하루를 보살피기 때문에 그들은 하루하루 살아갈 수 있었다. 지급해야 할 것을 쌓아두는 것은 불가능했다. 빵과 우유처럼 매주 일상적으로 공급되는 것도 마찬가지였다. 그래서 1838년 9월 중순부터는 구매하는 모든 물품을 그때마다 값을 치르기로 했다.

그리고 임대료는 정해진 금액을 정해진 시기에 지급하게 되었다. 이런 지출은 예측할 수 있었고, 따라서 임대료는 기간의 여유가 있어도 매일, 또는 매주 지급해야 하는 것으로 간주했다. 빚을 지지 않는다는 원칙 때문에 곧장 지급하지는 않아도 임대료에 해당하는 금액을 매일, 또는 적어도 매주 따로 모았다. 이 원칙은 이후로도 줄곧 지켜졌고, 이런 이유로 그렇게 비축한 돈은 그 목적에만 해당해서 다른 일에는 전혀 사용할 수 없었다.

그런 성실함과 일관성에도 믿음과 인내의 시험은 계속되었다. 들어오는 금액은 부족해서 매일의 필요를 근근이 맞출 수 있을 정도였다. 가끔은 전망이 극히 어둡고 앞날이 더없이 험할 때도 있었다. 하지만 실제로 필요한 게 공급되지 않은 적은 없었다. 그래서 간구의 불길을 향기롭게 하는 감사의 향, 기도와 더불어 찬양이 줄곧 계속되었다. 하나님이 개입하시는 능력과 사랑은 분명했고 또 실제로 의심할 수 없게 강력한 인상을 남겼다. 더할 수 없이 어려운 순간에도 필요한 형식과 분량만큼 자주 도움을 주셨기 때문이다. 양식이 완전히 바닥을 드러내기 전에 많은 사람이 늘 먹고 입을 수 있도록 새롭게 공급되거나 구매할 수 있는 돈이 한군데로 모였다.

정해진 원리에 따라 생활하는 것은 지속적이면서 실제로 실행하는 믿음 없이는 불가능했다. 가령 1838년을 마감하는 달에는 하나님이 자신만을 의지하는지를 의도적으로 가혹하게 시험하는 것처럼 보였다. 고아원 사역은 계속해서 어려움을 겪었다. 세 개의 고아원에서 일하는 보모들의 수중에는 동전 한 닢 없었다. 하지만 그런 사실은 일절 새어나가지 않았다. 외부인들은 말할 수 없는 어려움에 대한 어느 정도의 암시는 몰라도 돕겠다는 생각으로 문의하는 이들조차 전혀 알 수 없었다.

어느 날 밤에 한 형제가 다음에 장부를 정리하면 잔액이 얼마나 되는지, 그리고 이전에 대차대조표를 완성했을 때처럼 어느 정도나 고아들에게 도움이 될지 조심스럽게 물었다. 뮬러는 조용하면서도 단호하게 대답했다.

"주님이 기뻐하실 만큼이겠지요!"

이것은 고의로 무례히 대답한 게 아니었다. 더 말하게 되면 조물주로부터 돌아서서 인간에게 조금이라도 간접적으로 도움을 요청할 수도 있었다. 그리고 모든 사람에게 살아 있는 하나님만 의지하는 게 안전하다는 사실을 입증하려는 단 하나의 위대한 목적을 잃지 않도록 어떤 한정이든지 조심스레 피해 갔다. 뮬러는 성경지식연구원의 전체 사역에 종종 닥친 극심한 어려움을 토로하면서 독자들에게 이런 곤란 때문에 한 차례도 놀라지 않았고 재정적인 문제로 낙심하기보다는 정반대였다고 간곡히 설명한다.

그는 기도를 들어주시는 하나님을 제대로 알리려면 커다란 위기는 당연하다고 간주했다. 인간의 도움을 구하거나 바라보는 동안에는 하나님의 강력한 손길이 분명히 드러나지 않는다. 살아 있는 하나님께로 완벽하게 돌아서려면 다른 모든 것을 멀리해야 한다. 구원은 위험이 심각한 만큼 두드러지고, 하나님 없이 우리가 절대적인 절망에 직면할 때 가장 큰 의미가 있다. 따라서 전체 사역을 시작하게 한 정확한 목적은 그렇게 극심한 어려움과 그것에 대한 하나님의 개입을 경험함으로써 도달할 수 있다.

고아원 사역의 내부 역사를 거의 알지 못하는 일부 사람들은 구술로 작성된 공적인 진술, 그리고 펜으로 작성한 활자화된 연례보고서를 통해서 도움을 호소했다고 가정한 채 정기적인 후원을 아주 당연하게 간주해 왔다. 불신은 하나님의 모든 사역이 아무리 대단하더라도 '자연법칙'으로 해석하려 하고, 하나님의 능력이 실제로 초자연적인 능력을 발휘하는 것을 전혀 인정하려 하지 않는 육적인 생각은 '기도의 기적'을 모두 그런 방식으로 끈질기게 해명하려 한다.

인도적이고 동정하는 마음을 가진 사람들은 하나님이 날마다 이 모든 고아에게 공급하신 놀라운 방식은 물론, 성경지식연구원의 다양한 사역 때문에 상당히 큰 감동을 받은 게 분명했다. 그리고 믿음을 가진 영혼들은 그렇게 진행되는 사역에 애정과 진심어린 동정을 느끼고 돕는 사람이 되었다. 하나님이 그런 결과를 염두에 두시고 연례보고서를 활용하셨다는 것은 잘 알려진 사실이다. 하지만 이런 연례보고서가 도움을 호소하려는 의도로 발행되지 않았고 시의적절하게 도움을 받으려고 그것을 의지하지 않았다는 점도 여전히 사실이다. 연례보고서가 아무리 자주 발행되고 널리 읽히고 큰 영향력을 행사했더라도 모든 필요를 정기적으로 풍성히 공급받은 것은 또 다른 방법으로 설명할 필요가 있다.

공개적인 모임이 있거나 인쇄된 보고서가 배부되고 나서 불과 며칠 만에 재정이 바닥까지 떨어질 때가 종종 있었다. 뮬러와 조력자들은 간접적인 호소를 일절 피하려고 특히 노력했고 자신들이 그런 통로를 기부의 수단으로 간주하지 않도록 하나님께 자주, 그리고 분명히 간구했다. 하나님이 그들을 다루시는 방식이 여러 가지 이유로 알려지게 되었는데 그런 공개의 주요 목적은 언제나 하나님의 성실하심을 알리기 위함이었다.

뮬러는 이 위대한 목적을 늘 앞세웠다. 하나님이 자신의 약속에 충실하시다는 사실과 새로운 필요에 부응하신다는 기록과 보고를 통해 하나님의 종들이 각성하여 활기를 되찾고 살아계신 하나님에 대한 믿음이 자극되기를 기대하고 기도했다. 누구나 이런 보고서를 읽기만 하면 인간의 도움을 청하는 호소나 고아에 대한 연민과 동정과 측은한 마음을 자극하려는 어떤 시도도 딱히 없다는 점을 알 수 있다. 모든 보고서의 의도는 독자들이 하나님을 전적으로 의지하고, 주님이 선하시다는 사실을 맛보고 깨닫도록 이끌고, 그분을 신뢰하는 모든 이가 얼마나 큰 축복을 누리고 있는지 직접 발견하게 하는 것이다. 이런 일차적인 목적에 비추어 볼 때만이 믿음의 삶에 대한 이런 기록들을 지혜롭게 제대로 읽어낼 수 있다.

1839년 가을에 또다시 건강이 악화된 뮬러는 한동안 어쩔 수 없이 일에서 손을 떼고 트로브리지와 엑스터, 테인머스와 플리머스로 떠났다. 하나님은 고난의 학교에서 가장 잘 가르칠 수 있는 소중한 교훈을 그를 위해 준비해 놓고 계셨다.

플리머스에서 뮬러는 경건한 교제를 목적으로 일찍 일어나고 싶다는 충동을 새롭게 느꼈다. 할레 시절에는 공부를 잘하려는 열심 때문에 일찍 일어났다. 나중에 머리의 질병과 신경쇠약 덕분에 필요 이상으로 잠을 자게 되자 그는 늦게 일어나더라도 나약한 힘을 모두 사용하기에는 하루가 아주 길다는 사실을 깨달았다. 그래서 4시에 일어나지 않고 6시나 7시까지 잠을 잘 때가 잦았다. 그리고 저녁 식사를 하고 난 뒤에는 15분씩 잠을 잤다. 하지만 이제는 영적 활기를 잃어가고 새로운 식이요법 때문에 영적 건강이 약화되는 느낌을 받았다. 일의 압박을 받다 보니 말씀을 제대로 읽지 못했고 은밀한 기도에 필요한 여유를 빼앗기고 있었다.

플리머스에서 머무는 동안 숙소 주인이었던 한 형제에게 성도의 삶에는 우연이란 없다는 '우연 발언'을 듣고 상당한 감동을 받았다. 사내는 레위기의 희생제물을 거론하면서 동물의 가장 좋은 부위와 기름을 제외한 나머지는 절대 제단에 올릴 수 없었듯이 예배와 교제를 위해 하루에 가장 좋은 때와 능력을 특별히 주님께 바쳐야 한다고 말했다. 조지 뮬러는 이것을 놓고 자주 묵상했다. 그리고 육체의 건강이 위협을 받더라도 가장 좋은 시간을 더는 침대에서 보내지 않겠다고 결심했다.

이후로는 7시간 이상 잠을 자지 않았고 저녁 식사 뒤에 잠깐 자는 것도 포기했다. 이렇게 다시 일찍 일어나자 하나님과의 대화와 기도와 묵상을 길게 할 수 있는 시간을 확보하게 되었고 아침 식사와 그 이후에 불가피하게 뒤따르는 일 때문에 훼방받지 않았다. 그는 건강이 악화되지 않고 좋아진 것을 깨달았고 이전에 늦게 일어난 것을 신경쇠약의 원인으로 확신했다. 그리고 영적인 삶에 대해서는 다른 사람들이 잠든 동안에도 하나님을 의지해서 아주 새로운 생명력과 활기를 축적했고 나중에도 계속해서 그것을 생활습관으로 삼았다.

1839년 11월, 또다시 상당한 어려움이 찾아오고 기부가 줄었지만 뮬러는 줄곧 평정을 유지했다. 그는 이렇게 말했다.

"나는 손에 있는 작은 게 아니라 충만한 하나님을 바라보고 있다."

그가 고수한 규칙은 위로부터의 도움을 담대히 호소할 수 있게 자신을 완전히 비우는 것이었다. 불필요한 것은 시장에 남김없이 내다 팔았다. 하지만 하나님의 사역에 유용한 것은 불필요하게 간주하지 않았고 하늘 아버지께서 필요하다고 생각하시는 이상 팔 수 있는 권리가 없다고 생각했다.

동료 사역자 가운데 한 사람이 임대 보증금으로 귀한 시계를 제공해서 잠시 활용했다. 하지만 이 계획은 성경적이라고 생각되지 않았다. 그 시계가 주님을 위한 사역에 필요하고 유용한 물건에 포함될 수 있었기 때문이다. 그리고 그런 방법을 완전히 포기해 버리면 구원이 주님께 속했다는 게 더 확실해질 수 있었다. 그렇게 해서 유일하게 돕는 손길에 대한 진정한 신뢰와 전폭적인 의지를 위협하는 것은 모두 차례차례 배제했다.

재정이 최악으로 치닫는 것처럼 보일 때도 뮬러는 하나님이 잊지 않고 날마다 '형편에 맞는 먹거리'를 허락하실 것이라는 매일의 증거로 위안을 삼았다. 그는 이따금 자신에게 이렇게 말하곤 했다.

"세상이 '인간의 필요는 하나님의 기회'라는 말을 격언으로 삼고 있다면 극심한 곤란을 하나님이 사랑과 능력을 보여주시기에 적합한 순간으로 간주하는, 위기에 처한 하나님의 사랑하는 자녀들은 어떻겠는가?"

1840년 2월, 뮬러는 5주 동안 독일 선교를 위해 대륙을 방문했다가 또다시 건강이 악화되었다. 하이머스레벤에서 아버지가 독감 때문에 쇠약해졌다는 사실을 알게 되었고, 자신이 거의 20년 전에 하나님이나 사람과 화해할 수 없는 죄인의 신세로 세월을 보낸 두 개의 방에서 기도하며 하나님의 말씀을 읽고 주님을 고백하면서 대부분 시간을 보냈다. 나중에 볼펜비텔에서는 1821년에 돈을 갚지 않고 도망쳤던 여관을 찾아갔다. 아버지와 또다시 작별할 때는 마지막 인사가 될 것 같아서 몹시 가슴이 아팠다. 이제는 말할 수 없을 정도로 다정하게 애정을 표현하는 아버지가 주 예수 안에서 평안을 누리고 외적이고 형식적인 신앙이나 기도서와 성경을 의무적으로 읽기보다는 그리스도께 내적으로 순종할 수 있기를 간절히 기대했다. 이것은 마지막 대화에서 입증되었다. 아버지는 같은 해 3월 30일에 세상을 떠났다.

　이 독일 여행의 일차 목적은 더 많은 선교사를 동인도제도로 파송하는 것이었다. 뮬러는 산더스레벤에서 친구 슈탈슈미트(Stahlschmidt)를 만났고, 경찰을 피해 은밀히 모이는 몇 명의 그리스도인과 접촉했다. 늘 종교의 자유를 누리는 사람들은 명목상 기독교 국가에서 예배의 자유를 억압하는 그런 편협함을 이해하기 어렵다. 11년 전에 슈탈슈미트의 하인이 이곳에 도착했을 때는 주인을 제외하고는 진정한 그리스도인을 한 사람도 만날 수 없었다. 첫 모임은 말 그대로 두세 명이 모였고 규모가 조금 더 커지자 슈탈슈미트의 하인 크롤은 당국에 불려가서 초대교회 사도들처럼 주님의 이름으로 말하는 것을 금지당했다. 그렇지만 예수님의 제자들처럼 사람들이 아니라 하나님께 순종해야 한다고 생각하는 믿음의 무리는 경찰이 현장을 단속하는 게 몹시 불안하고 정부의 벌금이 아주

과했지만 모임을 계속 가졌다. 그들의 모임은 아주 은밀해서 정해진 장소나 일정한 시간이 따로 없었다.

조지 뮬러는 이렇게 박해를 받는 성도들을 의자가 하나밖에 없는 허름한 어느 방직공의 방에서 함께 만났다. 25명에서 30명 정도의 사람들이 그곳에 참석해서 방의 절반을 차지하고 있는 방직기 위에 앉거나 일어서 있었다. 할버슈타트에서는 진정한 회심의 증거를 제시할 수 있는 성직자가 전혀 없는 7개의 개신교 대형 교회와 역시 모임을 금지당한 몇 명의 순수한 그리스도인을 만날 수 있었다.

독일에서 몇 주를 보내고 브리스톨에 돌아온 지 며칠 뒤에 사역 때문에 상당한 재정적 압박을 받고 있을 때 이전에 종종 돈을 기부하던 어느 형제의 편지를 받게 되었다.

"현재 당신이 돌보고 있는 고아원에 필요한 게 있습니까? 당신은 하나님 이외에는 누구에게도 사역을 위해 도움을 청하지 않는다는 사실을 알고 있습니다. 하지만 질문에 대답하는 것은 다른 문제이고 문제가 없을 것 같습니다. 내게는 당신이 섬기는 일에 대한 재정 상황을 파악해야 할 이유가 있습니다. 당신에게는 필요하지 않을 수 있지만 주님의 다른 사역이나 주님의 일꾼들은 도움이 필요할 수 있습니다. 그러니 당신이 현재 필요하거나 필요할 것으로 생각하는 금액을 흔쾌히 알려주십시오."

대부분의 사람, 즉 믿음의 사역과 기도에 힘쓰는 이들이라도 그런 편지 때문에 적어도 마음이 흔들렸을 것이다. 그런데 뮬러는 달랐다. 그가 볼 때 상대방에게 사역에 필요한 정확한 금액을 알리는 것은 두 가지의 심각한 문제와 관계가 있었다. 첫째, 그것은 자신의 시선을 하나님으로부터 사람에게 돌릴 수 있었다. 둘째, 그것은 성도들의 마음이 하나님에 대한 절대 의존으로부터 멀어지게 할 수 있었다.

이 하나님의 사람은 한 가지 위대한 실험에 모든 것을 걸었다. 그는 어떤 위기를 겪더라도 오직 하나님을 의지하는 기도만이 필요하다는 사실을 입증하려고 노력했다. 하나님이 위로와 도움의 수단으로 활용하시는 사람들이 알지 못하는 위기에서도 상황은 다르지 않았다. 그 당시 수중에는 수백 명 고아의 필요를 채울 수 있는 돈이 고작 27펜스밖에 없었다. 그럼에도 이런 답장을 보냈다.

"당신의 사랑에 감사하고 돈을 요구하는 것과 질문에 대답하는 것 사이에는 차이가 있다는 것에 동의하지만, 나의 처지에서는 우리의 재정 상태를 자유롭게 말씀드릴 수 없다고 생각합니다. 내가 담당하는 사역의 일차 목적은 믿음이 약한 이들에게 오직 하나님과 실제로 교제하는 모습을 보여주는 것이기 때문입니다."

그러면서도 그는 편지를 발송하자마자 평소 자신의 역할이 그랬듯이 살아계신 하나님께 나아갔다.

"주님, 당신은 제가 당신을 위해 이 형제에게 우리의 필요를 알리지 않았다는 것을 알고 계십니다. 그러니 주님, 우리의 필요를 당신에게 사실대로 말한다는 것을 새롭게 알게 하시고 이 형제에게 우리를 도울 수 있게 하여주옵소서."

하나님은 편지로 질문했던 이 형제를 움직이셔서 1백 파운드를 보내주는 것으로 응답하셨는데 당시 수중에는 동전 한 닢도 없었다. 이처럼 오랫동안 실천한 믿음의 확신은 점점 더 보상을 받았고 경험을 통해 힘을 얻었다. 1845년 7월, 뮬러는 어려움이 아주 심했던 시기를 이렇게 회상했다.

"대략 7년간 우리의 재정이 너무 고갈되다 보니 사흘 동안 고아들의 필요에 응하기도 쉽지 않았다. 하지만 영적으로는 1838년 9월 18일에 단 한 번 시험을 받았을 뿐이었다. 주님이 처음으로 기도를 외면하시는 것 같았다. 그렇지만 그 당시에 주님이 도움을 허락하자 믿음을 시험한 것일 뿐 그분이 사역을 포기했기 때문이 아니라는 사실을 깨닫게 되었다. 이후로 우리는 많은 어려움을 겪어도 주님을 불신하지 않았을 뿐 아니라 더할 수 없는 가난 속에서도 낙심하지 않고 기운과 용기를 냈다."

하나님의 기도학교에서
익힌 새로운 교훈들

•
•
•

조지 뮬러가 응답받은 기도의 경험은 계속해서 쌓여갔다. 덕분에 그는 다른 사람들에게 그런 경험이 사색이나 이론, 또는 교리적인 신조의 문제가 아니라 길고 다양하고 성공적인 개별적 실험이라고 말할 수 있게 되었다. 인내하면서 조심스럽게, 그러면서도 효과적인 간구의 조건을 다른 사람들에게 각인시키려고 할 때가 많았다. 이따금 그가 용기 있게 아 이처럼 하나님을 신뢰하는 모습을 이해하지 못하는 사람을 만날 때도 있었다. 그리고 "만일 하나님이 돕지 않는다면 저 사내는 어쩔 셈일까?"라고 궁금해하는 불신자의 드러나지 않은 불안을 가끔 접하기도 했다.

그런 모든 질문에 대해서 늘 이런 대답이 준비되어 있었다. 하나님은 그런 실수를 인정하지 않기 때문에 그것은 불가능한 일에 해당한다. 하지만 인간에게도 반드시 갖춰야 할 조건은 있다. 즉 간구하는 영혼은 온전한 정신과 태도로 하나님께 나아가야 한다는 것이다. 그는 하나님께 나아가는 올바른 자세에 대한 지침이 필요한 독자들을 위해 이 문제에 관한 아주 분명한 성경의 교훈을 제시했다. 그가 응답받는 기도의 다섯 가지 조건이라고 한 것은 다음과 같다.

1. 축복을 간구할 수 있는 유일한 기반인 예수 그리스도의 공로와 묵상에 대한 전폭적인 의지(요 14:13-14, 15:16).
2. 알고 있는 모든 죄와의 결별. 우리가 죄악에 관심을 두면 주님은 우리의 기도를 듣지 않으신다. 죄를 용납하는 것이 될 수 있기 때문이다(시 66:18).
3. 하나님의 맹세로 확인된 하나님의 언약 말씀에 대한 믿음. 그분을 믿지 않으면 거짓말쟁이와 위증자로 만드는 것이다(히 6:13-20, 11:6).
4. 하나님의 뜻에 따라 구하는 것. 동기가 순수해야 한다. 자신의 정욕에 쓰려고 하나님의 선물을 구하면 안 된다(약 4:3, 요일 5:14).
5. 끈질긴 간구. 농부가 끈기 있게 추수를 기다리듯 하나님을 기다리고, 또 기다려야 한다(약 5:7, 눅 18:1-10).

이런 원리들을 따르기로 확실하고 견고하게 결심하는 것이 무엇보다 중요하나. 첫째 원리는 위대한 대제사장과의 하나 됨을 모든 기도의 바탕으로 삼는 것이다. 둘째 원리는 죄를 포기하는 기도의 조건을 설명한다. 셋째 원리는 하나님은 존재하고 부지런히 찾으면 상을 받는다는 믿음으로 하나님께 영광을 돌려야 할 필요를 일깨운다. 넷째 원리는 우리의 유익과 하나님께 영광이 되는 것을 구하도록 돕는 하나님을 이해하도록 소개한다. 마지막 원리는 기도로써 하나님을 붙잡을 때는 하나님이 축복의 팔을 뻗을 때까지 계속해서 붙잡도록 가르친다.

이런 조건이 마련되지 않았는데도 하나님이 기도에 응답하시는 것은 하나님 자신에게도 명예가 되지 않을 뿐 아니라 간구하는 사람에게도 손해가 될 수 있다. 자신의 이름이나 자신의 의로움, 이기적이고 불순종하는 마음으로 하나님께 나오도록 격려하는 것은 계속 죄를 짓도록 보증하는 게 될 수 있다. 불신자의 기도에 응답하시는 것은 하나님의 진실함과 성실함을 계속 의심하고 불신하게 함으로써 약속의 말씀과 확증의 맹세를 두 배로 모독하는 게 될 수 있다. 실제로 효과적인 기도의 조건 가운데는 사물의 본성 자체와 다른 것은 하나도 존재하지 않는다. 이 조건은 억압하려는 의도를 갖고서 마음대로 제한하는 것은 아니다. 그것은 하나님의 성품과 인간의 유익을 위해서 필수적이다.

하나님의 기도학교에서 익힌 모든 교훈은 이런 문제에 관한 뮬러의 생각과 확신을 더욱 철저하고 강력하게 만들었다. 그는 기도와 거룩함의 필수적인 관계를 깨닫고서 청중과 독자에게 그것을 이해시키려고 줄곧 노력했다. 그리고 설득이 목적일 때는 반복하는 게 가장 효과적이라는 것을 기억하고서 그런 진리가 다른 이의 마음과 생각에 뿌리내릴 수 있게 거듭해서 강조했다.

아벨의 시대부터 오늘날에 이르기까지 그런 중요한 교훈을 배우지 못한 성도는 한 사람도 없었다. 축복을 가져온 모든 기도는 '하나님의 성령의 내적인 자극'이라는 동일한 성공법칙의 지배를 받았다. 따라서 성령의 교훈을 무시하고 불순종하거나 내적인 운동을 방해하면 바로 그만큼 기도는 형식적이 되거나 완전히 버림받게 된다. 의식적으로 범하는 죄나 알면서 간과하는 의무는 간구를 하나님에 대한 모욕으로 만들어버린다.

게다가 모든 기도는 하나님께 다가서는 근거와 도구인 주 예수 그리스도와 실제로 일치하고 의존하는 수준만큼만 효과를 거둘 수 있다. 또 모든 기도는 믿음으로 바칠 때만 효과를 발휘한다. 그리고 그런 기도에 대한 응답은 오직 믿음에 기초할 때만 인정을 받고 받아들여진다. 즉 우리는 축복을 기대하고 우리 자신이 아니라 하나님의 방법과 시간과 형태에 따라서 응답받을 준비가 된 믿음을 유지해야 한다.

그렇게 기도하는 온전한 믿음은 기도에 대한 응답 때문에 놀라지 않는다. 1840년 11월, 어느 자매가 아주 적절한 순간에 고아들을 위해 10파운드를 헌금하자 뮬러는 무엇과도 바꿀 수 없는 하나님 안에서의 감격스러운 즐거움을 기록으로 남겼다. 하지만 그는 흥분하거나 전혀 놀라지 않았다. 그는 은총 덕분에 하나님의 구원을 전적으로 의지했기 때문이다. 도움이 너무 지연되다 보니 고아원 가운데 한 곳에서는 먹을 빵이 없었고 모든 고아원마다 우유를 살 돈이 전혀 없었다. 이 돈이 들어온 것은 우유배달원이 도착하기 불과 몇 분 전의 일이었다.

아무리 기도를 충성스럽게 하고 믿음이 충만해도 어떤 방법을 사용하든지 조심스럽고 성실하다는 것을 뜻하지는 않는다. 뮬러의 삶은 여기서 또다시 다른 성도들에게 모범이 된다. 가령 외국을 여행하거나 아니면 여행 도중에 다른 형제들을 도울 때마다 교통수단과 잃어버리기 쉬운 짐을 지켜달라고 하나님께 끊임없이 간구했다. 하지만 그는 타고 가는 배가 항해에 적합한지 아닌지, 또 자신과 다른 이들의 안전한 여행에 필요한 상태를 모두 일일이 직접 확인했다.

한번은 독일 출신 형제와 자매들이 외국으로 출발하게 되었다. 마부가 작은 짐을 싣는 것을 지켜보니 여행 가방 몇 개를 짐칸 뒤쪽으로 급히 밀어 넣는 게 그의 눈에 띄었다. 그는 짐의 개수를 정확히 파악하고는 모두 17개라고 기록해 두었다. 대개 그렇듯이 몹시 번잡한 부두에 도착하면 정직하지 않은 마부는 일행의 짐 가운데 일부를 가로챌 생각을 한다. 그렇지만 이 하나님의 사람은 기도했을 뿐 아니라 눈을 떼지 않았다. 절대적으로 하나님을 신뢰하는 그는 마부가 올바르게 행동하는지 끝까지 지켜보았다. 짐을 모두 내려놓은 것처럼 행동하던 그가 어쩔 수 없이 짐칸 뒤쪽을 열자 놀랍게도 그곳에 대여섯 개의 짐이 숨겨져 있었다.

뮬러는 이때의 상황을 「일화」에서 이렇게 말했다. "그와 같은 상황은 더할 수 없이 작은 문제들까지 기도의 제목으로 삼아야 한다는 사실을 가르쳐준다. 가령 짐칸에서 짐을 모두 안전하게 내리는 것까지도 말이다." 우리는 그런 상황을 통해 기도는 물론이고 정직하지 못한 마부가 다른 사람들의 짐을 훔치지 못하도록 제대로 살펴야 한다는 중요한 교훈을 덧붙여야 하지 않을까?

사람들을 살피던 이 기도의 사람은 누구보다 하나님을 주시했다. 그는 사소한 일까지도 하나님의 변함없는 공급을 주시했고 하나님의 인도하심과 돌봄을 주목했다. 그런 뒤에는 하나님의 이름에 감사하는 입술의 열매가 언제나 뒤따랐다. 여기에 또 다른 비밀이 드러나 있다. 즉 기도와 감사는 하나님의 종으로서 언제나 함께 가고 서로 돕는다는 사실이다.

"쉬지 말고 기도하라. 범사에 감사하라. 이것이 그리스도 예수 안에서 너희를 향하신 하나님의 뜻이니라"(살전 5:17-18).

이 두 가지 개념은 나란히 존재하기 때문에 어느 한쪽을 간과하면 다른 것까지 무시하고 있다는 점을 알게 될 것이다. 그렇게 많이, 그렇게 제대로 기도한 이 사내는 계속해서 하나님께 찬양의 제사를 바쳤다. 가령 1840년 9월 21일의 일화에는 아주 단순하고 어린아이 같고 모든 면에서 독특하고 특별한 내용이 등장한다.

"주님은 우리를 지속해서 돌보고 있다는 사실을 보여주시려고 새로운 조력자들을 보내주신다. 주님을 신뢰하는 이들은 절대 당황하지 않는다. 한동안 도움을 베푼 사람들이 예수님 안에서 잠들 수 있다. 주님을 섬기는 일에 냉담해지는 이들이 있다. 돕고 싶지만 불가능한 이들이 있다. 다른 방식으로 도움을 제공하는 게 하나님의 뜻이라고 생각하기도 한다. 하지만 하나님, 살아계신 하나님만 의지하는 우리는 죽음이나 재물의 결핍, 또는 사랑의 결핍이나 다른 사역의 요구 때문에 실망하거나 버림받았다고 생각하지 않는다. 세상에서 오직 하나님과 함께 서는 것에 만족해야 하고 올바르게 걸어가는 한 무엇도 우리를 해롭게 하지 않는다는 사실을 알게 된 것은 정말 대단한 일이다."

이렇게 하나님을 위해 오랫동안 청지기 생활을 하면서 전달받은 선물 가운데 일부는 따로 소개할 필요가 있다. 1839년에 들어온 기부금은 사연이 각별했다. 기부금의 전달과정은 뮬러에게 깊은 인상을 남겼다. 뮬러가 연례보고서를 어느 형제에게 건네자 그는 내용을 읽고서 큰 감동을 받고 기도하게 되었다. 이 형제는 역시 주님을 따르는 여동생이 비싼 금목걸이와 한 쌍의 금팔찌, 그리고 아주 아름다운 반지와 같은 온갖 장신구와 보석을 소유하고 있다는 사실을 알고 있었다. 그는 그런 것들이 전혀 무가치하다는 것을 깨닫고서 고아사역을 위해 모두 하나님의 제단에 바치게 해달라고 간구했다.

이 기도는 내용 그대로 응답되었다. 그녀가 소유한 보석을 헌금한 것은 사역이 몹시 어려울 때라서 뮬러는 하나님 안에서 진심으로 감사했다. 이 장신구들을 팔아서 한 주 전체의 비용을 감당한 것은 물론이고 동역자들의 봉급까지 해결할 수 있었다. 그런데 뮬러는 다이아몬드 반지를 처분하기에 앞서 그것으로 유리창에 하나님의 귀한 이름이자 호칭인 '여호와 이레'를 새겨 넣었다. 이후로 몹시 어려울 때마다 다이아몬드로 지워지지 않게 기록한 두 개의 낱말을 바라보면서 "여호와께서 공급하신다"는 사실을 떠올리고 감사했다.

하나님의 약속 안에 있는 변함없는 활기와 영감을 발견한 믿음의 사람은 적은 무리가 아니었을 것이다. 옛날 성도들은 하나님의 말씀을 손목과 문설주, 그리고 문에 기록하라는 명령을 받았다. 손을 사용하고 드나들고 개인이나 가정생활을 하면서 영원히 성실하신 여호와를 계속 떠올리게 하기 위함이었다. 유리창에 하나님의 이 특별한 이름을 새겨 넣은 뮬러는 햇빛이 방을 비출 때마다 주님의 약속을 기억했을 것이다. 그는 1840년의 경험을 이렇게 요약했다.

1. 믿음의 시험이 늘었음에도 고아들에게는 부족한 게 전혀 없다.
2. 기대했던 것이나 사역에 대해서는 낙심이 아니라 오히려 정반대가 사실이다. 그런 시험들은 곤란한 순간에 주님이 조력자였다는

점을 증명하는 데 필요했다.
3. 그런 생활방식은 주님을 더 가까이하게 만들었다. 날마다 필요를 살피는 사람에게 주님은 적절한 시기에 도움을 주시기 때문이다.
4. 그렇게 하나님의 도움을 지속해서 즉각적으로 의지하면 영적 삶과 즐거움에 어울리지 않는 세상의 것들에 마음을 빼앗기지 않게 한다. 오히려 주님과 그분의 말씀을 상대로 습관적으로 교제하도록 자극한다.
5. 하나님의 다른 자녀들도 비슷한 사역으로 부름받은 것은 아니지만 같은 믿음으로 부름받아서 하나님의 뜻에 따라 살고 도움을 구하면 비슷한 응답을 얻을 수 있다.
6. 하나님과의 전적인 교제와 하나님의 간섭을 경험하기를 기대하면서 빚을 지는 것은 비성경적이고 고백과 포기가 필요한 죄이다.

게다가 성경지식연구원의 사역에 또 다른 목적, 즉 기독교 서적과 소책자의 보급을 포함하게 된 것도 바로 1840년의 일이었다. 이런 자선활동이 지속되고 확장됨에 따라서 필요한 게 더 늘었지만 위대한 공급자의 손은 더 많이 공급해주셨다. 조지 뮬러처럼 기도에 헌신하는 사람은 하나님의 개입을 조금도 의심하지 않는다. 수요와 공급, 간구와 응답의 순간과 시기가 아주 정확하고 잦다 보니 하나님의 도움을 의심할 수 없기 때문이다.

언어의 윤리에는 여러 교훈이 담겨 있다. 가령 '시적 응보'라는 말은 범죄에 상응하는 처벌이 가해지는 심판을 가리킨다. 시구가 각운과 운율을 맞춰서 작품을 완성하는 솜씨를 보여주듯이 범죄와 응보 사이에는 조화가 이루어질 때가 종종 있다. 아도니 베섹이 포로가 된 70명 왕의 엄지손가락과 엄지발가락을 잘랐다가 똑같이 잘린 것이나 모르드개를 죽이려고 망대를 세운 하만이 그 망대에 달려서 죽은 게 거기에 해당한다. 시편 9편 16절에는 이렇게 기록되어 있다.

"여호와께서 자기를 알게 하사 심판을 행하셨음이여 악인은 자기가 손으로 행한 일에 스스로 얽혔도다"(시 9:16).

악을 행하는 자들에 대한 심판이 그들이 저지르는 악행의 성격과 그대로 일치한다는 것은 주님이 직접 복수하시고 있음을 보여주는 영감으로 기록된 말씀의 의미이다. 심판은 어떤 손이 작용한다는 것을 보여준다. 하나님의 특별한 응보적인 심판, 그리고 다른 이들을 상대로 올가미와 함정을 설치하는 사람들을 그분이 어떻게 거기에 빠지게 하는지 지켜보는 사람은 그런 '시적 응보'의 배후에 어떤 지적인 심판자가 존재한다는 사실을 의심하지 않을 것이다.

그래서 기도와 응답 사이의 시적인 조화는 간구하는 영혼에게 특별히 귀를 기울이는 존재에 대한 어떤 의심도 침묵하게 만든다. 그런 기도 응답이 한 차례뿐이라면 우연으로 간주할 수도 있겠다. 하지만 인간이 하나님의 이름을 부르기 시작한 이래 인간의 요청과 하나님의 응답 사이에는 반복되는 확실한, 그리고 놀라운 일치가 존재해서 그와 같은 추론은 절대적으로 안전할뿐더러 논리적인 근거가 아주 풍부하고 개별 사례가 많다 보니 오류는 있을 수 없다. 우연의 이론이 발붙일 수 없을 정도로 일치는 많고 정확하다. 따라서 우리는 기도를 듣고 응답하시는 하나님 안에서 만족스럽고 합리적인 설명을 찾아야 한다는 결론을 내릴 수밖에 없다.

뮬러만이 이런 기도와 응답, 그리고 사역과 후원이라는 모든 문제에 하나님이 존재했다고 확신한 인물은 아니었다. 받는 사람은 물론이고 후원자 역시 하나님의 인도하심을 의식했다. 가장 적당한 순간에 도움을 제공한 이들은 헌금하게 된 사연을 뮬러에게 소개할 때가 많았다. 가령 특별한 도움이 필요하다는 사실을 누구에게도 듣지 않았는데도 하나님께 기도하는 중에 도움이 필요한 위급한 상황이라고 느끼기도 했었다.

가령 1841년 6월에는 다음의 내용과 함께 50파운드가 전달되었다. "여러 날 동안 이 돈을 보내는 게 쉽지는 않았지만 걱정하지 않습니다. 그 돈이 필요하지 않았을 게 분명했기 때문입니다." 뮬러는 "이 마지막 문장은 주목할 만하다"라고 말한다.

"우리의 재정이 처음으로 바닥난 지 이제 거의 3년이 흘렀다. 내 기억으로는 그때 이후로 오직 이 시기에만 50파운드의 기부금이 필요하지 않았다고 솔직히 말할 수 있다. 1838년 7월 초부터 지금까지 그 기부금이 들어왔을 때만큼 넉넉한 순간은 없었다. 당시는 고아원의 기금과 다른 기금이 2백에서 3백 파운드였기 때문이다. 그 형제의 발언은 우리가 아주 몹시 어려웠을 때 그가 상당한 금액을 동일하게 기부했던, 네 차례에 걸친 이전의 기부만큼이나 정말 주목할 만하다. 그는 그렇게 부족했다는 것도 인쇄된 내용을 통해서 알 수 있었다."

응답되는 기도는 대부분 변함없는 순종에 따라서 결정된다.

"무엇이든지 구하는 바를 그에게서 받나니 이는 우리가 그의 계명을 지키고 그 앞에서 기뻐하시는 것을 행함이라"(요일 3:22).

새로운 빛을 주실 때마다 새롭게 행동으로 옮기지 않는 한 하나님과 밀접한 관계를 유지하는 것은 불가능하다. 여기에 조지 뮬러의 삶을 가능하게 한 또 다른 비결이 있다. 전혀 대가를 따지지 않고 하나님의 인도하심을 완전히 뒤따랐다는 것이다.

1841년 7월, 크레익과 뮬러는 사역자들로부터 자발적인 헌금을 받는 기존의 방식이 부당하다는 인상을 받았다. 헌금은 이름과 사용처를 함께 적어서 상자에 넣게 되어 있었다. 그런데 그렇게 헌금을 하면 그들을 지나치게 남들보다 떠받드는 것처럼 보일 수도 있었다. 마치 그들이 중요한 직책을 담당하거나, 다른 사람들을 말씀과 교리를 전하는 사역자의 범주에서 배제하는 것처럼 비칠 수 있었다. 따라서 둘은 이런 헌금 방식을 중단하기로 했다.

그렇게 순종적인 모습은 일부에게 지나치게 세심하다는 느낌을 줄 수도 있었지만 그것에 대한 갈등이 없지는 않았다. 필요한 것에 대한 후원이 줄어들 위험이 있었기 때문이다. 따라서 부족한 것을 어떻게 메울 것인지에 대한 문제가 자연스럽게 등장했다. 뮬러는 확실한 의무감을 뒤따르는 것이 언제나 안전하다는 생각으로 얼마 지나지 않아서 그 문제를 홀가분하게 정리했다. 그는 그런 위기에 처할 때마다 "여호와를 의뢰하고 그의 마음을 굳게 정하였도다"(시 112:7)라고 고백할 수 있었다. 그렇게 단번에 결단하게 되자 아주 확실한 위협이 한순간도 평안한 마음을 흔들지 못했다. 어떤 식으로든지 주님께 공급받을 것이기 때문에 그가 해야 할 일은 그분을 섬기고 의지하고 나머지를 아버지께 맡기는 것이었다.

1841년 가을에는 하나님의 뜻에 따라 어느 때보다 믿음의 시험이 극심했다. 몇 개월 동안 비교적 여유 있게 후원이 계속되었다. 하지만 이제는 날마다 끼니마다 믿음의 눈을 들고 주님을 바라보았고 계속해서 기도했음에도 이따금 응답해주시지 않는 것 같을 때도 있었다. 그것은 하나님의 징조였기 때문에 이렇게 오랫동안 시련을 겪으면서도 뮬러와 동역자들은 전혀 확신을 포기하지 않았다. 그들은 견디면서 하나님 아버지의 자비를 흔들림 없이 의지했다.

언젠가는 어느 가난한 여인이 2펜스를 건네면서 이렇게 말했다. "얼마 되지 않지만 당신에게 드립니다." 이 동전 두 닢은 시기가 아주 적절해서 그 가운데 한 개를 급히 빵을 사는 데 필요한 비용으로 사용했다. 그리고 한번은 식사를 준비하는 데 8펜스가 필요했지만 수중에는 7펜스가 전부였다. 그런데 상자 하나를 열어보니 1페니가 있었다. 이처럼 하나님은 동전 한 닢까지 배려해주셨다.

같은 해인 1841년 12월에는 하늘나라의 공급자를 얼마나 제대로 의지하고 있는지 보여주려고 한동안 어떤 공적인 모임도 하지 않고 연례보고서도 출판하지 않기로 했다. 뮬러는 사역과 필요한 것에 대해서 글이나 말로 전혀 표현하지 않더라도 후원은 여전할 것이라고 확신했다. 그렇게 해서 실제로 1841년부터 1842년까지의 보고서가 4개월간 발간이 연기되었다. 빈곤이 극심해지고 필요한 것에 압박이 심해지자 또 다른 과감한 조처가 취해졌다. 바다에서 조난사고를 당하면 구명선과 연결된 밧줄을 끊는 것처럼 뮬러와 사역에 참여하는 모든 사람은 하나님의 약속과 섭리를 더욱 철저히 의지했다.

그와 같은 결정을 내리자 하나님이 용기 있는 확신을 곧장 보상했으리라는 것은 당연히 생각할 수 있다. 그런데 그분의 방법은 아주 신비해서 당시는 물론, 1841년 12월 12일부터 1842년 4월 12일 사이에 뮬러의 믿음은 아주 큰 시험을 받았다. 4개월간 하나님은 이렇게 말씀하시는 것 같았다. "이제는 네가 진정으로 나를 의지하고 바라보는지 지켜보겠다."

이 시험 기간에 뮬러는 태도를 바꿔서 공적인 모임을 개최하고 보고서를 발간했다. 일부를 제외하고는 결정에 대해서 누구도 몰랐고, 실제로 해마다 뮬러가 자신의 일기를 발간하는 「일화」를 기다리는 하나님의 자녀들은 지연되는 것 때문에 걱정하고 있었기 때문이다. 하지만 확실히 내려진 결론은 꾸준히 밀고 나가면 하나님의 영광을 위해 여호와 이레의 하나님이 자신의 성실함을 계시하신다는 것이었다.

이 4개월 가운데 1842년 3월 9일에는 전혀 도움을 받지 못해서 너무 어렵다 보니 사역을 계속할 수 없었다. 그런데 바로 그날 더블린의 한 형제로부터 10파운드가 도착했다. 이 선물 덕분에 주님의 손길이 분명히 드러났다. 우편물이 이미 당도했고 거기에는 어떤 편지도 없었지만 뮬러는 구원이 다가왔다는 확신을 강력하게 느꼈다. 그것을 입증하듯이 다른 곳에 배달되었던 편지가 다시 그에게 전달되었다. 같은 달에도 후원이 들어오지 않아서 한 차례 반 시간 정도 저녁 식사를 연기할 수밖에 없었다. 이렇게 식사가 늦어지는 일은 과거에는 거의 없었다. 수천 명을 매일 먹여야 했지만 그의 전체 사역에서 그런 일은 좀처럼 일어나지 않았다.

1843년 봄, 뮬러는 네 번째 고아원의 설립을 생각하게 되었다. 세 번째 고아원은 거의 반 년 전에 문을 열었다. 이것을 위해 그는 줄곧 양심적으로 신중하게 기도하면서 행동했다. 그에게는 사역을 확대해야 할 이유가 적지 않았지만 자신의 아내에게도 일절 말하지 않았다. 그는 일을 서두르고 미리 앞서 나가고 또 인간적인 판단으로 지나치게 편견에 사로잡히지 않도록 날마다 기도하면서 하나님을 기다리고, 오직 하나님의 지혜만 의지했다.

이미 확정되었고 또 적절하다고 간주하는 근본적인 생각을 방해하는 장애물이 등장했다. 하지만 뮬러는 조금도 '걱정하지' 않았다. 그는 이렇게 기도했다. "주님, 당신에게 다른 고아원이 필요하지 않다면 저도 마찬가지입니다." 어떤 문제든지 흔들림 없이 생각하고 새로운 장애를 만나도 줄곧 평온했다. 그는 이것을 자기 뜻이 아니라 하나님의 인도하심을 따르고 있음을 보여주는 증거라고 판단했는데 그것은 옳았다.

인간에 대한 간접적인 호소에 부당하게 의지하지 않는다는 사실을 입증하려고 공적인 모임과 연례보고서의 출판을 의도적으로 연기했기 때문에 하나님께 특별히 기도를 자주 했다. 공적인 모임이 개최된 1844년 7월 15일 이전까지 하나님의 종들에게 사역에 관해 정당하게 정보를 전달할 수 있는 수단을 한동안 활용하지 않았음에도, 믿음의 기도가 하늘로부터 응답받아서 필요한 모든 것을 아주 넉넉히 공급할 수 있었다. 회계연도를 5월에 마감했기 때문에 보고서를 공개한 지 2년이 지나도록 말이다.

조지 뮬러는 만군의 여호와를 갈망했다. 그의 바람은 이랬다 "사람들이 '더는 돈을 구할 수 없으니 이제 다시 보고서를 발간하는 것'이라고 말하게 해서는 절대 안 된다." 그래서 그는 전체 사역의 진행 과정에서 인간의 우호적이거나 비우호적인 판단에 관심을 두지 않고 자신의 주인과 함께 서려고 했다. 대중이 사정을 파악하기 전에 넉넉하게 공급이 되면 하나님이 크게 높임을 받고, 기도에 응답하시는 하나님으로 영광을 누리게 될 것이라고 크게 확신했다. 그렇게 되면 그와 동료들은 사람들의 도움을 구하는 것처럼 보이지 않고 교회와 세상에 하나님의 성실하심을 알리고 기쁘게 감사하면서 찬양할 수 있었다. 그의 간구는 그대로 이루어졌다. 돈과 함께 다른 것이 답지했고 회계를 마무리하는 전날까지 전체 사역의 잉여금이 20파운드를 넘길 정도였다.

온유함으로 구름기둥과 불기둥을 따라서

1843년 5월 말에 위기가 닥쳤다. 믿음으로 하나님 안에서 걸어갈 때 겪을 수 있는 새로운 사례였다. 그것은 모든 것에 대해, 또 모든 것을 위해 주님을 의지하면서 섬김을 훼방하는 모든 것을 제거하려고 습관적으로 기다리고 의지하는 즐거움과 의무를 새롭게 보여주었다.

대략 18개월 전에 비템베르크에서 온 어느 독일인 여성이 자신의 계획 때문에 뮐러에게 조언을 구했다. 하나님을 제대로 알지 못한다는 사실을 알게 된 뮐러는 그녀의 영적인 상태를 일러주면서 「일화」 가운데 전반부 두 권을 건넸다. 그 내용을 꼼꼼히 읽은 그녀는 하나님께로 완전히 돌아설 만큼 놀라운 축복을 누리게 되었고, 덕분에 「일화」를 독일어로 번역해서 다른 사람들에게도 똑같은 축복이 전달되는 통로로 만들 생각을 하게 되었다.

그녀가 부분적으로 완성한 이 번역 작업은 그리 완벽하지 못했다. 이런 전반적인 일 때문에 조지 뮬러는 하나님이 고국에서 다른 일을 하도록 독일 쪽으로 또다시 이끄시는 것 같은 인상을 받았다. 계속된 기도 덕분에 자신이 하나님의 신호를 제대로 파악했고 이제는 하나님의 때가 완전히 무르익었다는 사실을 강하게 확신하게 되었다. 그는 이런 결론에 도달하게 된 동기 가운데 일부를 이렇게 기록했다.

- 일차적으로 그는 양심을 따라 국가교회에서 떨어져 나와 신약성경의 원칙과 일치하는 환경에서 예배하러 모이고, 더 큰 헌신을 추구하는 믿음의 형제들을 격려하고 싶었다.
- 본인이 독일인이라 언어와 관습, 그리고 사고방식에 익숙해서 자신이 누구보다 고국에 더 큰 영향력을 행사하기에 적합하다고 생각했다.
- 그는 새로운 사명에 특별히 적합한 자기 삶의 경험에 대한 「일화」를 단순히 번역 형태가 아니라 독립적인 기록으로 출판할 생각을 하게 되었다.
- 실제로 그에게는 어느 때보다 폭넓게 문이 열렸는데 슈투트가르트는 특히 더했다. 적이 많았지만 그들은 영적인 전쟁 때문에 고통을 겪는 이들에게 그의 도움을 더욱 절실히 필요하게 만들었을 뿐이다.
- 그의 마음을 억누르는 짐이 분명히 있었는데 그것은 주님에게서 온 것이었다. 달리 설명할 수 없는 그 짐은 기도를 해도 줄어들지 않고 점점 강하게 느껴졌고, 그래서 고국 방문을 결심하자 집에

서 누리지 못했던 평온함이 찾아왔다.

뮬러는 실수를 피하려는 목적으로, 이와 상반된 문제 역시 관심을 두고 기록했다.

- 새로운 제4고아원이 문을 열게 될 예정이라서 반드시 그럴 필요는 없지만 그가 자리를 지키는 게 바람직했다.
- 그가 없는 동안에 동역자들에게는 경상비로 수백 파운드의 돈이 필요했다.
- 건강 문제 때문에 그와 아내의 여행비용이 따로 필요했다.
- 「일화」를 수천 권 출판하면서 가격을 높게 정하지 않으려면 기금이 필요했다.
- 새로운 고아원에 필요한 능력 있는 보모들을 아직 못 찾았다.

이렇게 다양한 문제들을 조심스럽게 검토하는 성실한 제자들이 지연되는 결정을 기다리지 못하고 실수를 범할 때가 많다. 너무 충동적이라서 자기 뜻대로 세운 계획이 틀어지거나 엄청난 재난이 빚어지기도 한다. 인생은 너무 소중해서 그런 실패의 위험을 감수할 수 없다. 우리는 깊은 의미가 담긴 약속의 말씀을 소유하고 있다.

"온유한 자를 정의로 지도하심이여 온유한 자에게 그의 도를 가르치시리로다"(시 25:9).

여기에서는 그런 인도와 교훈의 조건으로 온유를 거듭 강조한다. 온유는 하나님의 뜻을 실제로 중시하는 것이다. 이렇게 거룩한 마음의 습관이 존재하면 느낌이 강해서 어떤 외적인 징표를 확인하지 못해도 하나님의 뜻을 내적으로 파악하고 선택할 수 있다. 하나님은 눈으로 볼 수 있는 징표가 아니라 심판을 통해서 인도하신다. 하나님 앞에서 계획 중인 과정의 모든 측면을 솔직하게 고려하면서 기다리고 우선순위를 결정하려고 준비하는 것은 인도받기에 적합한 마음과 생각의 자세이다. 그리고 하나님은 저울을 만져서 자기 뜻대로 균형을 잡게 하신다. 하지만 우리는 절대 저울을 만지면 안 된다. 그렇지 않으면 그분이 우리를 위해서 개입하시는 것을 기대할 수 없다. 이 장을 시작하면서 설명한 것으로 돌아가면 온유한 영혼은 구름기둥과 불기둥의 움직임을 그저 겸손히 기다리면서 지켜볼 뿐이다.

이런 온유한 영혼을 가리키는 한 가지 분명한 징표는 어떤 계획 중인 과정을 가로막는 장애물을 전적으로 평안하게 대하는 것이다. 하나님의 뜻을 알고 행하는 것을 기다리고 바랄 때 장애물은 하나님의 개입에 필요한 기회를 줌으로써 갈등이 아니라 일종의 만족을 제공한다. 우리가 하나님의 구름기둥과 불기둥을 뒤따르면 홍해는 우리를 가로막지 못한다. 홍해는 물을 쌓아 올려서 우리가 마른 땅으로 바다를 건널 수 있는 벽이 되도록 할 수 있는 하나님의 능력을 보여주는 또 다른 무대가 될 것이다.

뮬러는 이렇게 보기 드문 교훈을 이미 익혔고, 그래서 이때 그는 이렇게 말했다. "나는 길을 가로막는 거대한 어려움에 은밀하게 만족했다. 그것들 때문에 낙심하지 않고 즐거움을 느꼈다. 나는 이 문제에 대해 오직 하나님의 뜻을 실천할 수 있기를 바랐기 때문이었다."

여기에 거룩한 섬김의 또 다른 비밀이 드러나 있다. 언제나 하나님을 떠받들고 하나님을 기쁨으로 삼는 사람에게는 수없이 많은 어렵고 곤란한 문제를 미리 해결하는 영혼의 습관이 어울린다.

지금 소개하는 사례는 하나님의 기쁨을 우선시하는 온유한 이에게 주어지는 축복을 보여준다. 그 당시에 대륙을 여행하는 게 주님의 뜻이었다면 어렵다고 해서 그가 낙심할 필요는 없었다. 어려움은 하나님께 속할 수 없기 때문이다. 그리고 그와 같은 어려움이 하나님께 속한 게 아니라면 그를 불안하게 할 수도 없었다. 기도에 대한 응답으로 모두 사라질 것이기 때문이다. 반면에 대륙을 방문하는 것이 하나님의 계획에 속한 게 아니라 자기 의지의 결과라면, 또 어떤 은밀하고 이기적이고 미묘한 동기가 주도하는 것이라면 하나님의 간섭이 걸림돌이 되어서 발걸음을 옮기지 못했을 것이다. 후자의 경우라면 앞길을 막는 어려움이 당연히 당혹스럽고 성가실 것이라는 게 뮬러의 판단이었다. 그는 바라보는 것조차 싫어서 직접 제거하고 싶었을 것이다. 어려움은 그를 위해 하나님이 개입하실 기회를 제공하기보다는 스스로 목적을 이루지 못하게 해서 조바심과 짜증을 유발할 수 있었다.

영적인 생각만이 그런 차이점을 찾아내고 거기에 담긴 지혜를 곧장 발견한다. 어떤 사정이든지 간에 믿음을 소유한 하나님의 자녀가 앞에 놓인 장애물 때문에 느끼는 조급함의 수준을 측정해 보면 하나님의 뜻에 얼마나 순종하는지 제대로 파악할 수 있다. 자기 의지가 자신을 얼마나 지배하느냐에 따라서 자신의 계획을 반대하거나 방해하는 것은 무엇이든지 불편하고 성가실 것이다. 그리고 고집을 앞세우는 그리스도인은 그 모든 장애물을 조용히 주님께 맡겨서 그분이 정한 방법과 시기에 하고 싶은 대로 처리하게 하지 않고, 오히려 조급히 육신의 기운을 의지해서 나름의 생각과 노력으로 그것들을 제거하려 하고, 그래서 지연되는 것을 견디지 못한다.

사탄이 방해할 때마다(살전 2:18) 장애물로 앞길을 가로막아도 우리는 낙심하지 않는다. 하나님은 인내와 믿음을 시험하실 때만 그 장애물이 우리를 지연시키거나 단념하게 할 것을 한동안 허락하실 뿐이다. 그리고 사악한 훼방꾼은 입김으로 모든 장애물을 쓸어버리는 거룩한 조력자를 마주하게 될 것이다.

뮬러는 이것을 깨닫고서 하나님의 안내와 도움을 기다렸다. 그렇지만 40일을 기다려도 장애물은 사라지지 않았고, 오히려 늘어나는 것처럼 보였다. 지출하는 돈이 수입보다 훨씬 더 많았다. 적당한 보모를 구하지 못했는데 이미 사역하고 있던 자매까지 그만두려고 해서 두 자리가 빌 수도 있었다. 하지만 그의 마음은 여전히 편하고 흔들리지 않았다. 하나님의 뜻을 따르기로 마음을 먹어서 믿음이 그의 목적을 지탱했을 뿐 아니라 장애물이 이미 사라진 것으로 간주하게 했고 덕분에 미리 감사할 수 있었다. 갈렙은 여호와를 온전히 따라서 높은 성벽과 철병거를 가진 거인 아낙 자손들을 두려워하지 않았다. 여호와는 믿음을 갖고 자신을 따르는 갈렙과 함께하면서 그를 강하게 만들어서 아낙 자손들을 몰아내고 강력한 근거지를 차지하게 했다.

이렇게 인내하며 기다리는 동안에 뮬러는 그리스도인 자매에게 이렇게 말했다. "내 영혼은 평안합니다. 아직은 주님의 때가 아닙니다. 하지만 때가 되면 이 모든 어려움을 바람에 날리는 지푸라기처럼 날아가게 할 것입니다." 15분 뒤에 생각하고 있는 목적에 사용하도록 7백 파운드가 헌금으로 들어왔다. 그래서 대륙 여행의 다섯 가지 장애물 가운데 세 가지가 한순간에 사라졌다. 자신과 부인의 여행비용, 이후 두 달간의 사역에 필요한 모든 재정, 그리고 독일어로 「일화」를 출판하는 데 들어갈 비용이 이제 마련된 것이다. 이때가 7월 12일이었다. 그리고 나머지 문제도 얼마 지나지 않아서 해결되었고 뮬러와 부인은 8월 9일에 독일로 떠났다.

여행하는 데 7개월이 걸렸다. 그래서 그들은 1844년 3월 6일에 브리스톨로 돌아왔다. 외국 여행을 하는 동안에는 일기를 남기지 않았다. 하지만 뮬러의 편지들을 자료로 활용할 수 있다. 뮬러는 로테르담, 바인하임, 쾰른, 마인츠, 슈투트가르트, 하이델베르크 등을 방문하고서 소책자를 배부하고 사람들과 대화했다. 하지만 그의 주된 사역은 국가교회의 그릇된 교훈과 관습과 예배형식을 비판하고 떨어져 나온 성도들의 작은 집회에서 말씀을 강해하는 것이었다.

슈투트가르트에 도착한 지 얼마 지나지 않아서 그는 당시까지 경험한 것 가운데 가장 강력한 시험을 겪었다. 그것의 내용을 일기에 기록하지는 않았지만 지금은 그가 독일로 떠날 수 있었던 7백 파운드의 헌금이 취소되었기 때문이라는 게 밝혀졌다. 그 당시에는 이 사실을 기록으로 남길 수 없었다. 당사자가 그것을 비난으로 받아들일 수도 있었기 때문이다. 이것이 그가 국외 체류기간에 겪은 유일한 시험은 아니었다. 실제로 이런 시험들 가운데 일부는 너무 많고 크고 다양하고 오래가는 바람에 그가 하나님으로부터 받은 모든 지혜와 은총, 그리고 경험의 학교에서 익힌 모든 교훈을 남김없이 동원해야 했다.

그러나 그는 마음의 평안을 잃지 않았을 뿐 아니라 이 모든 일에 하나님의 선하심이 드러나고 있다는 확신이 마음속 깊이 뿌리를 내리고 있어서 자신에게는 어떤 변화도 없을 것이라고 증거했다. 가장 커다란 시험은 가장 완벽한 축복이라는 열매를 맺고 때에 따라서는 감당할 수 없는 축복을 가져오기도 한다.

그 일이 일어난 바로 그때까지 방문을 지연시킨 하나님의 지혜를 깨달은 그는 크게 감동받고 놀라서 찬양했다. 더 일찍 갔다면 사역 중 겪을 어려움을 대처하는 데 필요한 경험을 제대로 하지 못했을 것이다. 암흑이 그의 길을 덮는 것처럼 보일 때도 믿음 덕분에 계속해서 빛을 기다리거나 아니면 적어도 암흑 속에서 인도를 기다리게 되었다. 그 덕분에 다음의 약속이 문자 그대로 성취되는 것을 경험했다.

"다닐 때에 네 걸음이 곤고하지 아니하겠고 달려갈 때에 실족하지 아니하리라"(잠 4:12).

슈투트가르트에 도착한 뮬러는 "성도에게 단번에 주신 믿음의 도를 위하여 힘써 싸우라"(유 1:3)는 유다서의 말씀처럼 행동할 필요가 있음을 깨달았다. 성도들 가운데도 신앙의 오류가 너무 깊게 뿌리박혀 있었다. 특히 전체적으로 균형 잡힌 믿음과 무관하게 세례의 중요성과 의미가 잘못 강조되고 있었다. 한 형제는 세례 없이는 중생이 있을 수 없고 세례를 받기 전에는 누구도 죄를 용서받을 수 없다고 교육받았다. 따라서 사도들도 오순절 이전에는 위로부터 태어나지 않았고 주님 역시 세례를 받기 전까지는 중생하지 않아서 나중에서야 율법을 벗어나게 되었다는 것이었다.

그 밖에도 황당한 개념은 상당히 많았다. 가령 세례는 옛사람이 실제로 물에 빠져 죽는 것이고, 하나님이 성도 안으로 들어가는 계약이며, 또 주님의 만찬에서 사용하는 빵과 포도주는 주님의 살과 피를 의미할 뿐 아니라 실제로도 똑같다는 식이었다. 정면으로 맞서 논박해야 했던 보다 심각하고 위험한 교리를 뮐러는 '끔찍한 오류'라고 불렀는데, 독일 지역의 성도들 사이에 거의 일반적으로 퍼져 있었다. 죄인들은 물론이고 '사탄들까지' 마지막에 '구원을 받게 된다'는 것이었다.

하나님의 말씀을 분명히 전하면서 이런 오류와 그 밖에 비슷한 것들을 조용하면서도 예의 바르게, 그러면서도 확고하고 용기 있게 대처했다. 그런 진리를 극렬하게 반대하는 이들이 그릇된 교훈으로 반박했고, 대개 그렇듯이 성실한 증거를 신랄하게 비난했다. 하지만 하나님은 종과 함께 서서 성실함과 평안을 잃지 않게 힘을 실어주셨다.

뮐러가 해결하려고 했던 아주 심각한 문제는 교회 안에 존재하는 하나님의 거룩한 영의 능력, 그리스도의 지체인 성도들의 협력하는 사역, 그리고 동일한 영이 자기 뜻대로 사역을 위해 나누어주시는 영적인 은사들과 관계가 있는 하나님의 말씀을 알지 못하는 것이었다. 이런 중요한 실제적인 문제들을 배우지 못한 데 따른 자연스러운 결과로써 성도들의 모임은 믿음 안에서 경건하게 세워주기보다는 도움이 되지 않는 대화하는 시간이 되었다.

그런 오류와 부족함에 대치하는 유일한 소망은 성실히 성경을 가르치는 것에 달려 있었고, 그래서 뮐러는 하나님의 말씀이 자유롭게 전해지고 영광을 받을 수 있도록 한동안 이런 모임의 유일한 교사를 자처했다. 나중에 형제들이 중요한 영적인 진리를 올바로 이해한 것처럼 보이자 늘 그랬듯이 겸손히 성령이 인도하시는 대로 자유롭게 가르칠 수 있는 동료 가운데 하나로 돌아갔다.

하지만 진리에 대한 더 크고 명확한 친숙함이나 그것의 능력에 대한 더 충분한 경험 때문에 자신에게 부과되는 어떤 의무나 책임을 회피하지는 않았다. 공적인 모임에서 말씀을 전해달라는 형제들의 요청을 받을 때는 성경과 하나님에 대한 증거를 더 자세히 교육하기 위해 즐겁게 수락했다. 성도들에게 성령의 놀라운 임재와 회중의 모든 행동을 주님의 거룩한 질서에 맡기는 의무와 책임을 강조했다. 그는 그런 교훈과 한결같이 모든 일을 성령이 주도하시도록 완전히 맡기는 형제들은 성령이 기뻐하시는 때와 주제를 말할 수 있고, 그리고 그들이 육적인 것이 아니라 영적인 것을 중시하고 바랄 때마다 그런 성령의 선택이 언제나 자신들의 그것과 일치한다는 사실을 보여주었다.

성도들의 모임을 성령이 주도하시고 공동의 이익을 위해서 모든 성도에게 나타나는 것에 대한 이런 견해는 성경의 교훈과 완벽히 일치한다(롬 12장, 고전 12장, 엡 4장 등). 그런 견해가 오늘날에도 교회에서 실제로 강조된다면 근본적인 변혁이 일어나고 사도의 신앙과 초대교회의 삶이 당연히 부흥할 것이다. 신앙을 고백하는 성도들 가운데서도 하나님 영의 인격과 직분, 역할에 대한 주제가 무엇보다 더 오해의 소지가 많고 이해하기 어렵다.

오래전에 존 오웬(John Owen)은 지금의 복음시대에 건전한 믿음에 대한 실제적인 시험은 성령에 대한 교회의 자세라고 말했다. 만일 그렇다면 이미 우리에게 닥친 것은 아니더라도 엄청난 배교가 멀지 않았다. 거룩한 경배와 순종에 대해서 성령이 주장하시는 모든 내용에 대한 낯부끄러운 무지와 무관심이 만연하고 있기 때문이다.

이 독일 방문과 관련해서 이상한 오해가 있었다. 뮬러가 영국 침례교인들로부터 위임받고서 독일의 침례교인들을 국가교회로 돌려보내려고 종교잡지를 출판한다는 것이었다. 물론 이런 소문은 아주 작은 근거도 없었지만, 그는 영국으로 돌아올 때까지는 그런 소식을 접할 기회가 없어서 귀국하기 직전까지 해명할 기회를 얻지 못했다. 하나님은 이런 그릇된 보고가 퍼져 나가도록 용납하시고 목적을 달성하는 데 활용하셨다. 뮬러가 정부 관리들의 간섭이나 제재를 받지 않았다는 것은 그의 선교에 대한 이런 그릇된 인상에서 부분적으로 비롯되었기 때문이다. 기성 교회에서 떨어져 나온 성도들에게 핵심적인 복음의 진리를 몇 개월 동안 공개적으로 가르쳤지만 별다른 제약을 받지 않았다. 독일에서의 그의 사역이 진리를 떠나서 헤매는 국가교회의 성도들을 바로잡는 것으로 간주되는 한 국가 관리들의 간섭은 당연히 있을 수 없었다.

하나님은 「일화」를 출판할 방법을 마련하는 것에서도 역시 자신의 종을 앞질러 나가셨다. 주님은 서적판매상에게 인도해서 2천 권은 저자가 보유하고 나머지를 판매하는 계약을 맺게 하셨다. 이 무렵 뮬러는 사역이 가져다주는 영적인 축복과 「일화」의 출판을 통한 가시적인 이익에 대한 기쁨과 위로를 각별하게 언급했다. 많은 성도가 위대한 공급자의 약속을 더 신뢰하게 되었고 불신자들은 주님이 다루시는 방식에 대한 소박한 이야기를 읽고 회심했다. 그리고 이런 소식은 「일화」가 여전히 보급되고 있는 모든 곳에서 전해졌다.

그때까지 보고서마다 조지 뮬러와 함께 등장하던 헨리 크레익이라는 이름은 1844년의 보고서를 끝으로 사라졌다. 그의 이름이 빠진 것은 감정의 균열이나 공감대가 줄었기 때문이 아니라 순전히 크레익의 확신에서 비롯되었다. 그는 성경지식연구원을 운영하는 하나님의 도구로 사용되는 명예는 전적으로 조지 뮬러의 몫이라고 생각했다.

그 뒤 찬양할 일이 아주 많았지만 믿음의 시련은 계속되었다. 1844년 9월 4일 새벽에는 수중에 동전 한 닢이 전부였지만 아침 식사를 해야 할 인원은 140명이었다. 하지만 돈과 기부가 바닥나는 것은 믿음의 시험이자 기도를 하게 만드는 동기의 한 가지 형식일 뿐이었다. 실제로 그는 그런 것들을 가장 가벼운 짐으로 간주했다. 근심을 온전한 평안으로 변화시키는 하나님을 더 크게 믿지 않을 수 없는 또 다른 걱정과 염려가 존재했기 때문이다. 생각이 깊은 사람이라면 이런 시련들이 무엇이었는지, 얼마나 많은 고아가 하루도 거르지 않고 음식과 의복은 물론이고 성품과 도덕을 교육받아야 했는지 곧장 알 수 있다. 적당한 집을 준비하고 건강을 세심히 살피고 질병에 대비하는 것도 마찬가지다. 그리고 모든 동역자는 채용하기에 앞서 성품을 조심스럽게 확인하고, 나중에는 전혀 쓸모없고 자격 없는 사람이 사역을 수행하는 데 자리를 차지하거나 지속하는 일이 없도록 주의 깊게 살펴야 했다.

일일이 거론하기에는 너무 많아서 온갖 문제를 위대한 조력자에게 날마다 맡겼다. 영원한 도움의 손길이 없었다면 해결되지 못했을 것이다. 그리고 뮬러는 자신의 글을 읽거나 메시지를 듣는 모두에게 하나님을 철저하게 신뢰할 필요가 있다는 사실을 심어주려고 부단히 노력했다. 사역에 필요한 것은 무엇이든지 채워졌고 한 차례도 늦은 적이 없었다. 아무리 가난하고 아무리 오랫동안 기도한 성도라고 해도 약속을 믿고 계속 사역을 감당해 나가면 하나님은 반드시 도움을 주신다.

기도의 응답이 늦어져도 목적이 있다. 하나님은 우리의 믿음과 끈질긴 자세를 시험하거나 우리를 다루시는 주님의 방식에 주목하는 다른 이들을 격려하기 위해 전혀 응답이 없어도 간구하게 하신다. 따라서 고아원의 설립자는 수중의 양과 무관하게 하나님의 은혜 덕분에 평안을 유지했고 일시적으로 부족한 것과 필요한 모든 것이 가장 좋은 방법과 시간에 분명히 해결될 것이라고 확신했다.

이 당시까지 고아원의 역사를 돌아보면 법칙처럼 성장을 거듭했다. 뮬러는 더 큰 사역에 마음이 한층 더 끌렸고 믿음의 능력에 대한 확신 역시 커졌다. 덕분에 그는 하나님을 위해 위대한 일을 시도했을 뿐 아니라 하나님께 더 큰일까지도 기대하게 되었다. 예수님이 나다나엘에게 했던 의미 있는 발언은 종종 더 큰 기대를 하게 만들었다.

"믿느냐. 이보다 더 큰일을 보리라"(요 1:50).

1846년에는 선교지의 어려움에 어느 때보다 아주 강력하게 마음이 이끌렸다. 이미 국내는 물론, 영국령 기아나를 비롯해서 국외 여러 곳의 형제들에게 도움을 제공하고 있었다. 하지만 뮬러는 선교지를 대규모로 후원하고 일꾼들을 지원하는 일에 하나님께 쓰임받고 싶은 생각이 간절했다. 그들은 주님이 직접 선택하신 도움이 필요한 종들이었다. 그는 하나님이 다양한 일을 시도하려는 생각을 허락하실 때마다 그 목적을 성취할 수 있는 도구까지 함께 주신다는 사실을 깨달았다. 그래서 이때 이후로 하나님이 허락하시는 한 대영제국 곳곳에서 하나님을 성실하게 전하고 사례비를 전혀 받지 않으면서 말씀과 교리로 섬기는 것으로 알려진 형제들을 돕기로 했다. 그가 마음속으로 정한 특별한 목표는 양심과 그리스도를 위해 수입과 세상의 이익을 포기한 이들에게 도움의 손길을 제공하는 것이었다.

어떤 식으로든지 그런 사역이 확대되기는 했지만 그렇다고 해서 재정이 넘쳐서 그렇게 한 것은 아니었다. 사역의 모든 영역이나 새롭게 부여받은 임무는 일일이 기도하면서 검토했다. 구름기둥과 불기둥이 움직이는 때와 장소와 속도만큼 앞으로 나아갔고 새로운 일은 돈이 풍부할 때보다는 부족한 때에 착수할 때가 잦았다.

뮬러가 독일을 방문하고 있다는 소식을 들은 일부 사람들은 상당히 많은 후원금을 손에 넣었을 것으로 추측했다. 그것은 사실과 다른 부당한 결론이었다. 경제적인 어려움이 너무 심하거나 오랫동안 기도하고 나서 주님이 확실하게 인도하시는 것처럼 보일 때는 추가적인 지출이나 새로운 책임을 외면하려고 하지 않았다. 그리고 하나님이 새로운 사역에 착수하도록 지시하면서도 기존 사역이 혼란을 겪지 않게 하는 과정을 지켜보는 것은 대단한 일이었다.

하나님의 구름기둥과 불기둥의 인도를 받고 싶어 하는 모든 사람이 지켜야 할 한 가지 위대한 법칙은 자기의 뜻이 아니라 하나님의 인도하심이 분명할 때 움직이는 것이다. 그 방향이 낯설고 그 길이 어렵게 보이더라도 하나님이 인도하시는 한 어떤 위험도 결코 존재할 수 없다. 새롭게 앞으로 나아갈 때마다 하나님의 새로운 권위가 필요하고 어제의 지침은 오늘을 사는 데 충분하지 않다.

사역 가운데 일부가 곤경에 처했다고 해서 그것이 또 다른 형태의 사역을 포기해야 하는 이유일 필요가 없다는 사실에 주목하는 것 역시 중요하다. 하나님의 사역은 전적으로 그분의 몫이다. 하나님이 통째로 나무를 심었다면 가지 하나를 잘라서 다른 가지를 살릴 필요가 없다. 몸 전체가 하나님의 소유이지만 한 지체가 약하다고 다른 지체를 잘라서 그것을 강하게 할 필요는 없다. 몸 전체의 능력은 각 부분을 의지하기 때문이다. 가지가 여럿인 우리의 사역은 각각 하나님 안에 있는 동일한 근원에서 생명과 활기를 얻어야 한다. 그러면서도 선한 사람은 주님의 명령에 따라 걷고 멈춘다는 것을 잊으면 안 된다. 만일 사역이 하나님의 것이라면 하나님이 주도하게 해야 한다. 그리고 사역을 확대하거나 축소할지는 그분의 지시를 따르면서 종에게 동일하게 만족을 가져다주는 문제로 삼게 해야 한다.

하나님의 섭리는
아주 복잡하게 움직인다

-
-
-

1845년 10월 이후로 하나님이 이 방향으로 인도하시고 있다는 게 분명해졌다. 윌슨 가의 주민들이 놀이시간에 어린이들이 소란을 피운다고 항의했다. 어린이들이 많아서 놀이터가 비좁았다. 배수가 제대로 되지 않았고 적절한 위생을 유지하기에는 임대주택의 상태가 좋지 않았다. 소년들이 작물을 가꾸고 야외활동을 할 수 있는 장소를 확보하는 것 역시 중요했다. 이상이 새로운 고아원 건물을 건축해야 할 이유였다. 그리고 목적에 맞는 건물을 세울 수 있는 적절한 부지를 발견하면 모든 관계자를 위한 가장 수준 높은 복지가 크게 향상될 것이라는 확신이 계속 더해 갔다.

조심스럽게 검토했던 건축에 대한 반대의견은 다양했다. 상당한 양의 자금이 필요하다. 설계하고 건축하는 데 적지 않은 시간과 노력이 소요된다. 그 모든 과정을 진행할 때마다 지혜와 감독이 요구된다. 그리고 세상에서 어떤 거처도 갖지 않고 만물의 마지막이 가까웠다고 믿는 하나님의 순례자들에게 그런 영구적인 구조물이 걸맞은지 의문스럽다.

그렇지만 계속해서 기도하자 긍정적인 내용이 모든 반대의견을 압도한다는 차분하면서도 안정적인 확신이 들게 되었다. 그 가운데 특별히 중요한 이유가 한 가지 있었다. 하나님이 이 목적을 위해 막대한 비용을 제공하신다면 위로부터의 도움을 간구하는 믿음의 기도가 갖는 능력을 다시 한번 보여줄 수 있었다.

넓은 부지를 사려면 처음부터 많은 돈이 필요했다. 그렇다고 해서 한없이 부유하신 하나님 아버지의 진정한 자녀가 어떻게 기가 죽을 수 있을까? 뮬러와 동역자들은 날마다 하나님의 인도하심을 구하면서 기도했고, 이렇게 하나님과의 접촉을 통해 하루도 거르지 않고 믿음이 성장하면서 도움이 가능할 것이라는 확신이 커졌다.

5주 동안 이 목적을 위해 동전 한 닢이 들어오지 않았지만 얼마 지나지 않아서 뮬러는 이미 그 건물이 눈앞에 세워진 것처럼 확신했다. 그러는 사이에 그는 자기의 뜻을 이루기 위한 어떤 숨겨진 동기나 이기적인 생각을 품지는 않았는지 자기 마음을 자세히 검토했다. 그렇지만 엄격한 검토를 통해 고아들의 유익을 향상하고, 그 사역을 목격한 하나님을 의지하는 모든 사람을 격려해서 하나님께 영광을 돌리는 것 이외에는 다른 이기적인 목적이 없다는 것을 확인하자 계속 그 일을 추진하는 게 하나님의 뜻이라고 판단했다.

같은 해 11월에는 어떤 믿음의 형제(그는 반스터플의 로버트 채프먼(Robert C. Chapman of Barnstaple, 1803-1902)이었다. 뮬러는 그를 '가장 오래된 친구'로 소중하게 생각했다)가 방문해서 큰 용기를 갖게 되었다. 그는 그 일을 계속하도록 권하면서 무엇을 하든지 건물에 대한 계획을 하나님께 알리고 모든 세부 내용이 하나님의 생각과 일치하도록 도움을 구하면서 위로부터의 슬기로움을 구할 필요가 있다는 점을 지혜롭게 제안했다(피터슨은 채프먼의 전기에서 그를 이렇게 평가한다. "채프먼은 뮬러의 가장 오래되고 가까운 벗이었다. 뮬러는 고아원을 운영하면서 중대한 국면을 맞이할 때는 한 차례 이상 그의 조언을 받았다"-역주).

이 새로운 고아원을 놓고 처음으로 기도한 지 36일이 지난 1845년 12월 10일에 뮬러는 이 목적을 위해서 1천 파운드를 기부받았는데, 1843년 3월 5일에 그 사역을 시작한 이후로 가장 많은 금액이었다. 하지만 그 선물이 동전 한 닢에 불과한 것처럼 평안한 마음을 유지했다. 하나님의 인도하심과 공급하심을 전적으로 신뢰하던 그는 그 금액이 다섯 배나 열 배에 달했더라도 놀라지 않았을 것이라고 기록했다.

사흘 뒤에 런던의 어느 건축가가 설계는 물론이고 건축의 감리를 담당하겠다고 자발적으로 알려왔다. 이것은 하나님의 승인과 확실히 돕겠다는 새로운 약속으로 간주하는 게 당연할 정도의 낯선 방식으로 이루어진 제안이었다. 뮬러의 처제가 런던을 방문해서 이미 이 건축가를 만난 바 있었다. 그가 「일화」를 통해 접했던 사역 그 이상을 알고 싶어 한다는 사실을 알게 된 그녀는 건축의 목적을 소개했다. 그녀가 간청하거나 기대하지 않았는데도 이런 제안이 스스럼없이 이루어졌다. 이 건축가는 그녀로부터 별다른 부탁을 받지 않았지만 고아원 사역에 대한 깊은 관심 때문에 직접 제안한 것이었다. 이렇게 40일 만에 기도에 대한 응답으로 1천 파운드가 들어왔고, 뮬러가 만난 적도 없고 알지도 못하는 경건한 사내가 건물 설계를 준비하고 신축하고 감리하는 데 봉사하게 되었다.

하나님이 종보다 앞서 움직이신 게 분명했다.

개인적으로는 돈 한 푼 없는 사람이 인간에게 호소하지 않고 하나님을 전적으로 의지해서 상당한 규모의 건물을 건축하려고 하는 것은 커다란 믿음의 모험이었다. 그런 일을 착수하는 데 따른 전체적인 위험, 그리고 그 이후로 기도에 응답하시는 하나님을 거론한 간증이 발휘한 모든 능력은 전체적인 책임의 실체를 파악하고 모든 상황을 적절히 고려할 때에 제대로 실감할 수 있었다.

일차적으로 브리스톨 인근의 토지를 약 7,400평에서 8,500평 정도를 사들여야 했다. 뮬러의 일반적인 활동권이 대부분 브리스톨 중심이었고, 고아와 동역자들을 일상적으로 만날 수 있는 곳이어야 했으며, 그리고 시내와 가까운 게 여러모로 합리적이었기 때문이다. 하지만 그런 장소를 사려면 2천에서 3천 파운드가 필요했다.

그러고는 3백 명의 고아와 보모들, 교사와 여러 동역자를 수용할 수 있는 건물을 건축하고 시설을 준비해야 했다. 건물과 시설을 아무리 간소하게 해도 전체 비용은 대지 매입비의 3~4배 정도였다. 계속해서 그런 고아원을 개원해서 유지하고 대규모의 고아들을 돌보는 데 해마다 4천에서 5천 파운드가 필요했다.

따라서 대지와 건축비에만 1만에서 2만 5천 파운드가 필요하고 매년 그것의 3분의 1 정도 추가 비용이 예상되었다. 그 당시 뮬러만큼 가난하고 정성직인 사고를 하는 사람이라면 그렇게 엄청난 사업을 전혀 생각하지 않았을 테고, 하물며 하나님께 믿음과 소망을 두지 않았더라면 그런 일에 착수하지 않았을 것이다. 뮬러는 바로 여기에 자신의 비결이 있다고 직접 고백한다.

그는 자기추구가 아니라 하나님의 뜻을 실천하고 있다는 확신 때문에 계속 앞으로 나아갔다. 콘스탄티누스(Constantinus)가 보스포러스 해협에 대규모 새로운 수도를 계획할 때 그의 대담함에 놀란 주변 사람들이 걱정을 늘어놓자 "나는 나를 인도하시는 그분을 따르고 있다"라는 말로 맞섰다. 조지 뮬러의 계획은 스스로 만들어낸 것이 아니었다. 자신을 인도하시는 분을 따라갔다. 그리고 그런 인도하심을 확신했기 때문에 그저 뒤따르면서 신뢰하고 기다릴 뿐이었다.

사업의 규모가 엄청난 만큼 하나님의 손길이 아주 분명히 드러나기를 기대했다. 그래서 그는 두드러지는 것은 무엇이나 피했다. 자신의 목적을 알리기 위해 편지를 보내지 않았다. 아주 가까운 소수에게만 알리되, 대화가 그 방향으로 진행될 때만 그렇게 했다. 그는 "너를 주목하여 훈계하리로다"(시 32:8)는 약속을 기억하고 하나님을 바라보면서 처리해야 할 일을 그분이 눈빛이나 손짓으로 햇빛처럼 분명히 알려주시지 않는 이상 한 걸음도 움직이지 않았다. 문제를 마주할 때 그가 할 일이라고는 믿음과 인내로 기도하면서 하나님을 기다리는 것뿐이었다.

그런 확신 덕분에 가깝고 멀리 있는 모두에게 신뢰하는 게 얼마나 복된 일인지 보여주기 위해서 하나님이 직접 브리스톨 인근에 고아원을 세울 것이라는 믿음이 한결 커졌다. 뮬러는 하나님이 직접 확실하게 움직이셔서 자신이 그분의 손에 들린 도구일 뿐이라는 게 드러날 수 있기를 바랐다. 매일 말씀을 묵상하면서 특별한 용도로 성경을 사용하도록 기록되거나 한 것처럼 아주 다양한 교훈과 시의적절한 격려를 발견했고 위로부터 메시지를 전달받았다.

가령 에스라서의 서두에서 하나님이 어떻게 자기 백성들을 약속의 땅으로 돌아오게 하고 성전을 재건축할 때 우상을 섬기는 국왕 고레스가 칙령을 내려서 목적을 수행하는 도구를 제공하게 했는지 확인했다. 게다가 그는 하나님이 사람들을 시켜서 포로의 귀환을 돕게 하는 과정을 살펴보고 나서, 동일한 이 하나님은 자신만의 방법으로 자녀들의 마음을 원하는 쪽으로 움직여서 필요한 자금과 인간의 도움을 공급하실 수 있고, 또 그렇게 하실 것이라고 자신에게 말했다.

그 일을 위한 최초의 기부금 자체에 교훈이 담겨 있었다. 12월 10일에 1천 파운드가 한꺼번에 들어왔고, 20일 뒤에는 50파운드, 그리고 다음 날에는 3파운드 6펜스, 같은 날 저녁에 1천 파운드가 또다시 전달되었다. 바로 뒤에는 팔아서 기금을 마련하도록 외국 종자가 가득한 작은 가방과 조가비로 만든 꽃 한 송이가 전해졌다. 아주 소박한 이 마지막 선물에는 인용된 약속이 함께 있었는데 뮬러에게는 어떤 금액보다 더 큰 격려가 되었다.

"큰 산아 네가 무엇이냐. 네가 스룹바벨 앞에서 평지가 되리라"
(슥 4:7).

아무리 금액이 크더라도 거기에 담긴 가치가 아니라 하나님의 사람들 마음속에, 그분의 종과 함께 더불어서 자비롭게 역사하시는 하나님의 보증으로 평가되었다. 그리고 그런 이유로 나중에 어느 가난한 고아가 바친 4펜스는 1천 파운드만큼이나 하나님을 진정으로 찬양하고 감격하게 하였다.

특별히 하나님께 자신을 앞서가도록 간구한 뮬러는 이제 적절한 부지를 찾기 시작했다. 별다른 소득 없이 4주 정도가 지난 것처럼 보였지만 얼마 지나지 않아서 주님이 땅을 허락하실 것 같은 강력한 인상을 받았다. 그래서 그는 1846년 1월 31일 토요일 저녁에 동역자들에게 속마음을 털어놓았다. 이틀이 지나지 않아서 애슐리 다운에 마음이 이끌렸다. 그는 그곳에서 아주 적합한 부지를 발견했다. 그 직후에 땅주인을 만나러 한 번은 집으로, 또 한 번은 사무실로 찾아갔다. 하지만 그때마다 만나지 못하고 메시지만 남겼다. 그는 자신이 찾던 사람을 만나지 못한 것조차 하나님의 손길이 있을 것으로 생각했다.

그래서 같은 날 두 번이나 만나지 못했지만 자기 뜻대로 행동하지 않고 인내하면서 다음 날까지 기다렸다. 땅주인을 만나자 그의 인내는 예상 밖의 보상을 가져다주었다. 주인은 고아원 건축을 위해서 땅을 팔라는 뮬러의 요구를 어떻게 받아들여야 할지 생각하느라 이틀을 뜬눈으로 보냈다고 고백했다. 그가 내린 결론은 본래 가격인 1에이커(약 1,200평)당 200파운드가 아니라 120파운드에 넘기는 것이었다.

거래는 신속히 진행되었다. 신실한 하나님의 종이 서두르지 않자 약 8,500평을 560파운드나 절약해서 살 수 있었다. 뮬러는 하나님이 자신을 앞서가도록 간구했다. 하나님은 생각하지 못한 방법으로 응답하셨다. 하나님은 먼저 땅주인에게 그 문제를 알리고 나서 자신의 종이자 청지기인 그에게 재산을 어떻게 팔아야 하는지 분명히 결정할 때까지 계속 깨어 있게 하셨다.

엿새 뒤에는 런던의 건축가에게서 건축 설계와 입면도, 단면도 및 설명서와 건축 과정의 감리에 대한 공식적인 제안이 도착했다. 그리고 일주일 뒤에 그가 브리스톨을 방문해서 부지를 확인하고 모든 면에서 의도와 잘 들어맞는다고 평가했다.

1846년 6월 4일까지 건축을 위해 직접 확보한 금액은 2,700파운드를 조금 넘겼는데 이것은 필요한 금액 일부에 지나지 않았다. 하지만 뮬러는 하나님이 정해놓은 순간에 필요한 비용이 모두 채워지리라는 것을 조금도 의심하지 않았다. 그는 건축할 길이 열리도록 212일 동안 하나님을 기다렸다. 그래서 그 목적을 위해 특별히, 혹은 자유롭게 사용할 수 있는 전체 금액이 확보될 때까지 계속해서 기다리기로 했다. 게다가 그는 이후로 다른 사람들도 짐을 분담해야 한다는 것과 이 재산을 하나님의 이름으로 수탁하고 관리할 수 있는 성령이 충만하고 슬기로운 열 명의 형제를 찾아서 정직한 보고를 받을 필요가 있다고 지혜롭게 결정했다.

그는 이제 이 사역이 확대되고 영구적으로 성경지식연구원이 설립되자 그것의 설립과 지원을 담당하는 그리스도인들에게 대리인 역할을 맡길 생각을 하게 되었다. 이와 같은 순간에 적지 않은 사람이 개인적인 자세와 관료화된 정신으로 공적 기부금을 관리하다가 심각한 실수를 저질렀다. 그들은 자신의 머리를 직책으로, 자신의 주머니를 공적인 자선기구의 금고로 삼았었다.

그리고 사탄이 다시 한번 방해했다. 새로운 고아원 부지를 발견하고 사들이고 값을 치르고 나자 눈에 보이지 않는 장애물이 신속한 진행을 가로막았다. 하지만 뮬러는 장애물조차 하나님의 통제 아래 있다는 사실을 알고 있어서 평정을 잃지 않았다. 만일 주님이 그 땅의 일부를 빼앗기도록 허락하신다면 그것은 더 좋은 것을 주시기 위함일 뿐이었다. 그래서 지연되는 과정을 통해 그의 믿음이 입증되고 그의 인내가 완성되었다.

7월 6일에는 이전에 한 차례 기부된 금액의 두 배에 달하는 2천 파운드가 들어왔다. 그리고 1847년 1월 25일에 또다시 기부금이 전달되어서 7월 5일 건축 작업이 개시되었다. 6개월 뒤, 그러니까 이 새로운 고아원을 위해서 하나님을 기다린 지 4백 일 뒤에 9천 파운드가 믿음의 기도에 대한 응답으로 들어왔다.

대형 창문 300개, 330명 정도의 고아를 위해 완벽한 시설을 갖춘 이 새로운 건물이 완성되어가자 11,000파운드를 확보했음에도 수천 파운드가 더 부족했다. 하지만 뮬러는 도움을 받되 그가 기대했던 것을 훨씬 뛰어넘을 정도로 도움을 받았다. 1848년 5월 26일까지 앞서 말했던 금액이 여전히 필요했다. 해결되지 않은 이 유일한 어려움을 처리하지 않으면 결과는 당연히 실패로 돌아갈 수 있었다. 그런데 필요한 모든 금액이 기대 이상으로 들어왔고 고아들을 보살필 동역자들까지 모두 확보되었다.

1849년 6월 18일, 사역을 시작한 지 12년 만에 고아들이 윌슨 가의 임대된 주택 네 채에서 애슐리 다운의 새로운 고아원으로 옮겨가기 시작했다. 새로운 지원자를 받기 5주 전부터 일부 가동을 시작해서 새롭게 세워진 시설과 관련된 모든 것이 일차적으로 완벽한 질서를 유지했다. 1850년 5월 26일까지 275명의 고아가 그 고아원에서 지냈고 전체 인원은 308명이었다.

부근의 다른 시설과 구분할 목적으로 '수용시설'(Asylum)이 아니라 '새로운 고아원'(The New Orphan House)이라는 이름을 선택했다. 그리고 시설의 건립과정에서 하나님의 도구에 불과했던 사람이 주목받는 일이 없도록 '뮬러의 고아원'이라는 이름으로 알려지지 않게 특별히 부탁했다. 뮬러는 그 사역을 인도하시고, 그것을 위한 믿음과 도구를 제공하시며 처음부터 끝까지 도움을 베푸신 하나님께 전적으로 돌려야 할 영광의 일부라도 자신의 차지가 되는 것을 죄로 간주했다. 자산은 뮬러가 선택한 11명의 수탁인 손에 맡기고 권리증은 법원에 등록했다. 방문자에게는 수요일 오후에만 고아원이 공개되었고 전체 건물을 돌아보는 데는 한 시간 반 정도가 걸렸다.

뮬러가 300명이 아니라 1천 명의 고아가 이 세상의 필요를 공급받고 영적인 교육을 받을 수 있는 특권을 누리게 하겠다는 생각을 하기 전까지는 애슐리 다운의 고아원에 고아가 그리 많지 않았다. 1851년 새해가 밝아오기 전까지 이런 갈망은 하나의 목적으로 여물어갔다. 그는 한결같이 조심하고 기도하면서 자기의 뜻을 따르는지, 아니면 하나님의 뜻을 따르는지 확인하려고 노력했다. 그리고 찬성하고 반대하는 이유를 올바로 평가하려고 경건한 판단의 저울을 다시 활용했다.

영적으로나 육적으로나 '기준을 넘어서려고' 하는 게 아닐까? 엄청난 서신의 왕래와 책임이 따르는 사역은 이미 충분할 만큼 규모가 크지 않을까? 300명의 고아를 위해 새롭게 고아원을 설립하는 데 1만 5천 파운드가 들어간다면 700명을 위한 고아원에는 3만 5천 파운드가 필요하지 않을까? 그리고 고아원이 건립되고 채워져도 항구적으로 요구되는 현실적인 필요가 공급되지 않거나 부지나 건축비를 즉시 지급하지 못한다면 어떻게 될까? 또 다른 700명의 고아에게 필요를 공급하는 데는 해마다 8천 파운드가 들어갈 것이다. 모든 반대에 대한 유일한 해답은 전내적으로 충분하신 하나님이었다. 뮬러는 하나님의 능력, 지혜, 그리고 부유함에 시선을 고정했기 때문에 자신의 연약함과 어리석음과 가난함을 잊어버렸다.

또 다른 반대의견이 남아 있었다. 1천 명의 고아들에게 거처를 제공하고 먹이는 일에 성공하더라도 그가 세상을 떠난 뒤에는 어찌 될 것인가? 대답은 인상적이었다. "나의 사업은 능력을 다해서 하나님의 뜻대로 내가 속한 세대를 섬기는 것이다. 그렇게 하면 주 예수의 재림이 늦어져도 다음 세대를 가장 잘 섬기게 되는 것이다." 그런 반대의견이 중요하다면 사역자보다 더 오래가는 어떤 사역을 반대하는 것 역시 중요할 수 있다.

그래서 뮬러는 프랑케가 할레에서 이제는 2백 년이 훨씬 넘은 가장 자비로운 사역을 시작할 때 동일하게 반대의견에 직면했던 것을 기억해 냈다. 그 사역은 1851년까지 여전히 세상에 존재했다. 프랑케가 30년간 운영하고 나서 세상을 떠나자 우리가 알고 있듯이 그의 사위가 책임자가 되었다. 1826년에 뮬러의 영혼을 뒤흔들어서 25년 뒤에 그 일을 하게 한 같은 나라 출신의 사내는 그가 계속해서 자신의 임무를 수행하고 영원하신 하나님께 미래를 맡기도록 힘이 되어주었다.

뮬러는 일을 확대하도록 특별하게 영향을 받은 몇 가지 이유를 이렇게 기록했다.

"방이 부족해서 많은 지원자를 수용할 수 없다. 이 가난한 어린이들이 가게 될 구빈원의 도덕적인 상황은 열악했다. 당연히 도움을 받아야 할 많은 고아가 궁핍한 처지에 놓여 있다. 하나님의 자비로운 인도하심과 그 사역 자체에 대한 경험이 있었다. 확장을 예상해도 마음이 흔들리지 않았다. 그리고 거처가 없는 많은 어린이가 영적인 축복을 누릴 수 있었다. 그런데 다른 모든 것을 압도하는 한 가지 이유가 있었다. 하나님을 전적으로 의지하면서 시도되고 성취되는 인간에 대한 봉사를 확대하면 기도를 들어주시는 하나님을 그만큼 더 강력히 증거할 수 있다."

여기에 소개된 이런 이유는 나중에 확장된 사역과 관련해서 반복할 필요는 없다. 그것들은 새롭게 발전하는 단계마다 이 하나님의 종에게 영향을 미쳤기 때문이다. 1851년 1월 4일에 또다시 3천 파운드가 들어왔는데, 당시까지 단일 기부로는 최고액이었다. 그 돈은 그가 마음대로 사용할 수 있어서 용기 있게 사역을 확대할 수 있었다.

뮬러는 또다시 자기 생각을 남에게 털어놓지 않았다. 1월 25일까지 그는 심지어 아내에게도 사역을 확장하려는 자신의 의지를 알리지 않았다. 어떤 실수든지 피하려면 일차적으로 하나님의 확실한 조명을 받되 그릇된 인간의 조언 때문에 방향을 잃어서는 안 된다고 생각했다. 성경지식연구원의 12번째 보고서가 발행되기 이전까지는 하나님의 도움으로 700명 이상의 곤란한 어린이들을 돌보겠다는 자신의 목적을 공개적으로 표명하지 않았다.

1851년 10월 2일까지 계획된 두 번째 고아원을 위해서 직접 들어온 돈은 1,100파운드에 불과했고, 5월 26일까지는 대략 총액이 3,500파운드였다. 하지만 조지 뮬러는 "이같이 오래 참아 약속을 받았느니라"(히 6:15)는 말씀을 기억했다. 그는 첫 번째 고아원에 필요한 모든 것을 받기 위해 2년 이상을 기다렸었다. 그러니 하나님의 뜻이라면 두 번째 고아원을 위한 수단을 확보하기 위해 기도하면서 더 오랜 시간을 기다릴 수 있었다.

그는 두 번째 고아원의 건축기금을 위해 19개월 이상을 기다리면서 거의 날마다 기도에 대한 응답을 받았는데, 1853년 1월 4일에는 "몇 명의 그리스도인들이 협력해서 마련한 8,100파운드가 전달될 예정"이라는 소식이 전해졌다. 예상했던 건축기금은 6천 파운드였다. 그는 하나님 안에서 무척 즐겁고 승리감에 들떴지만 놀라거나 흥분하지 않았다. 불과 2년 전에 3천 파운드라는 최고 금액을 기부금으로 받았을 때도 자신은 더 큰일을 기대하고 있다고 기록했었다. 그런데 지금 두세 배 정도의 기부금이 그의 손에 곧 들어올 예정이었다. 하지만 그에게 말할 수 없는 기쁨이 되었던 것은 금액이 아니라 하나님을 자랑한 게 헛일이 되지 않았다는 사실이었다.

그런데 대략 483명의 고아가 입원 허락을 기다리자 뮬러는 새로운 건물을 마련할 길이 열리도록 기도하고 싶은 마음이 간절해졌다. 야고보서 1장 4절을 통해 아주 깊은 인상을 받고 명령처럼 간직했다. "인내를 온전히 이루라. 이는 너희로 온전하고 구비하여 조금도 부족함이 없게 하려 함이라."

1853년 5월 26일, 건물 신축에 사용할 수 있는 총금액이 약 12,500파운드였고 고아원에 들어오려고 신청한 고아가 5백 명이 넘었다. 그렇지만 새로운 고아원이 부채의 위협 없이 문을 열려면 이 금액의 두 배가 필요했다.

1855년 1월 8일, 몇 명의 그리스도인 동료들이 5,700파운드를 하나님의 사역을 위해 뮬러에게 기부하고 그 가운데 3,400파운드를 건축기금으로 사용하도록 약정했다. 이제 고아원에 들어오려는 지원자들이 7, 8백 명에 달해서 또 다른 고아원 건물을 위한 장소를 확보하는 게 하나님의 뜻처럼 보였다. 그래서 몇 주 뒤에 뮬러는 첫 번째 고아원과 가까운 두 지역을 사려고 했다. 하지만 당시에 그곳을 살 수 없어서 주님이 다른 목적이 있거나, 하나님의 종이 결정한 것보다 더 좋은 땅을 주실 것이라고 믿는 게 유일한 믿음의 원천이었다.

계속해서 사색하고 기도하자 이미 소유한 부지의 기존 건물 양쪽에 하나가 아니라 두 개의 건물을 건축할 수 있겠다는 생각이 떠올랐다. 따라서 남쪽에 4백 명의 고아들을 수용할 수 있는 고아원을 건축하기로 했다. 건물을 건축하고 꾸미고 시설을 갖추는 데 필요한 돈은 은행에 있거나 얼마 지나지 않아서 확보될 예정이었다.

1856년 5월 26일까지 새로운 제2고아원을 위해 거의 3만 파운드가 수중에 있었다. 그래서 1857년 11월 12일에 4백 명의 고아들을 더 수용할 수 있는 고아원이 문을 열었지만 남은 돈이 대략 2,300파운드나 되었다. 건물을 제공하신 하나님은 광고하지 않았는데도 별다른 어려움 없이 동역자들을 보내주셨다.

새해가 시작되면서 뮬러는 세 번째 고아원을 세우는 데 필요한 충당금으로 6백 파운드를 따로 떼기 시작했고, 이 일을 마무리하는 과정 역시 그때까지 진행된 것과 동일했다. 두 개의 건물과 인접한 부지를 추가로 사들였다. 그리고 고아원의 지원자가 아주 많이 늘어나더라도 비용이 약간 더 추가될 뿐이라서 300명이 아니라 450명을 수용할 수 있는 건물을 세우기로 했다. 그런 사역을 확장할 때마다 전적으로 하나님을 의지하는 한 가난한 사내가 기도로써 얼마나 목표를 달성할 수 있는지 더욱 확실하게 보여주고, 그래서 하나님의 다른 자녀들도 하나님만 의지하면서 그분의 사역을 수행하고 어떤 상황과 처지에서든지 신뢰하고 인도받을 수 있다는 사실을 기뻐했다.

제3고아원은 1862년 3월 12일에 문을 열었고 경상비를 위해서 1만 파운드가 넘는 돈이 수중에 있었다. 그 당시에는 필요한 인력이 모두 확보되지는 않았지만 이렇게 지연된 것은 오히려 기도를 신뢰하게 하는 새로운 자극이 되었다. 그래서 하루 한 번이 아니라 세 번씩 적임자들을 보내달라고 하나님께 기도했다. 그 결과 시의적절하게 한 사람씩 확보되어서 어린이들을 받아들이는 일이 방해를 받거나 어려움을 겪지 않게 되었다.

이미 거론한 동일한 이유로 여전히 확장을 계속할 필요가 있었다. 새로운 지원자들의 숙박시설에 대한 요구가 증가했고, 과거에 경험한 하나님의 놀라운 방식 덕분에 더 큰일을 시도하고 기대하게 되었다. 뮬러의 지평에 제4, 제5고아원이 어렴풋이 모습을 드러내기 시작했다. 1862년 5월 26일까지 6,600파운드 이상을 고아원의 건축에 사용할 수 있었다. 1864년 11월에 이름이나 주소를 알리고 싶어 하지 않은 어느 기부자가 5천 파운드를 전달했다. 그래서 이때까지 필요한 5만 파운드 가운데 약 27,000파운드가 모였다.

필요한 금액 가운데 절반 이상을 확보했기 때문에 대지 매입이 안전하게 이루어지고 건물의 기초공사를 할 수 있었다. 뮬러는 이미 건축된 건물 세 채와 인접해 있으면서도 길 때문에 나뉜 부지를 여러 해 동안 관심을 두고 지켜보았다. 그는 대리인을 방문해서 그 땅이 2년간 임대되었다는 사실을 알게 되었다. 이 장애물은 새롭게 기도할 수 있는 동기가 되었지만 어려움이 점차 커지는 것처럼 보였다. 먼저 가격이 지나치게 높았다. 그리고 브리스톨 수도회사가 이 땅을 저수지 용도로 사용하려고 협의하고 있었다. 그럼에도 하나님이 잇따라 모든 장애물을 제거해주셔서 땅을 사서 1865년 3월에 수탁자들에게 넘겼다. 돈을 지급한 뒤에도 약 25,000파운드가 건축비로 남아 있었다. 비용과 건축의 어려움은 건

▲ 새로 지은 제3, 제4고아원 건물. 뮬러는 오직 믿음과 기도로 하나님의 영광을 위해서 제3, 제 4고아원을 새로 건축했다.

물 두 채를 동시에 건축해서 크게 줄였다. 그리고 하나님께 전체 공사를 신속히 마칠 수 있는 여러 가지 길을 보여달라고 간구했다.

1866년 5월, 뮬러는 34,000파운드를 가지고 제4고아원을 착공했고 이듬해 1월에는 제5고아원 역시 공사를 시작했다. 1867년 3월 말까지 5만 파운드가 후원되었지만 두 개의 건물에 필요한 시설을 사는 데는 6,000파운드가 더 부족했다. 1868년 2월 초까지 모두 58,000파운드가 기부되었다. 그래서 1868년 11월 5일에 제4고아원, 1870년 1월 6일에는 제5고아원이 문을 열었다. 그리고 일반적인 비용을 위해서 수천 파운드가 남아 있었다. 그렇게 해서 1870년 초반에 고아원 사역은 완벽한 모습을 갖추었고 애슐리 다운에 2천 명의 고아들과 필요한 모든 교사와 조력자를 위한 편의시설을 갖춘 다섯 개의 대형건물이 들어서게 되었다.

건축하는 데 여러 해가 걸렸지만 기도에 응답하시는 하나님이 이룩하신 위대한 기념비적인 사역에 얽힌 사실을 지금까지 한꺼번에 모아보았다. 건물을 짓기로 처음 결정했던 1845년과 세 번째 건물이 개원한 1862년 사이에는 17년의 간격이 있었다. 그리고 1870년에 제5고아원이 건축되기까지는 25년의 간격이 있었다. 그 사업은 계획과 목적이 한 가지였다. 그것은 새로운 단계에 들어설 때마다 브리스톨에서 사역을 시작할 때부터 조지 뮬러를 지배했던 강력한 능력을 지닌 동일한 삶의 원칙과 행동 원리를 더욱 폭넓게 적용한 것에 지나지 않는다는 사실을 보여주었다.

유일한 최고의 목적은 하나님의 영광이었다. 유일한 최후의 수단은 믿음의 기도였다. 유일하게 신뢰한 지혜는 영감으로 이루어진 말씀이었다. 그리고 유일하게 거룩한 교사는 성령이었다. 믿음과 기도로 옮긴 걸음이 바탕이 되어 또 다른 걸음을 걸을 수 있었다. 한 가지 믿음의 행위는 더 큰 위험이 당연히 더 큰 신뢰를 요구한다는 사실을 함축하는 또 다른 행위를 담대히 시도하게 하였다. 그렇지만 응답된 기도는 믿음의 보상이었고 새로운 모험을 시도할 때마다 진리와 하나님의 성실하심을 자신 있게 의지하는 것은 위험하지 않다는 사실이 변함없이 입증되었다.

뮬러의 고아원을 방문하면 몇 가지 대표적인 특징 가운데서도 일차적으로 그 규모에 놀라지 않을 수 없다. 고아원은 아주 넓어서 1,700개의 대형 창문과 2천 명이 넘는 고아들을 위한 편의시설을 갖추고 있었으며 석조로 건축되어서 아주 견고했다. 그리고 무척 소박했다. 안팎 모두 아름다움보다는 용도를 두드러지게 강조했다. 고아원을 건축하는 지배적인 규칙은 분명히 실용성이었다. 가구들도 마찬가지로 수수하고 실용적이었다. 그리고 장식은 전혀 없었다. 일부에게는 장식이 과도하게 부족한 것처럼 보였다. 그래서 뮬러는 이렇게 꾸밈없는 실용주의의 단조로움을 줄일 수 있는 어떤 미학적 특징과 고아들의 취향을 배양할 수 있는 특징을 도입하지 않았다는 비난을 받았다.

이 모든 비판에 대해서는 두세 가지로 적절하게 대답할 수 있다. 첫째, 뮬러는 모든 것을 하나의 위대한 목적, 곧 살아계신 하나님은 기도를 들어주시는 분이라는 사실을 증명하는 데 종속시켰다. 둘째, 그는 자신을 하나님의 재산을 맡은 청지기로 간주했고, 하나님의 사역을 검소하게 수행하는 데 불필요한 돈은 동전 한 닢이라도 밍실었다. 그는 건강에 해롭지 않은 한에서 모든 것을 아끼고 적절한 정신적인 훈련과 철저한 성경 및 영적인 교육은 다른 곳의 가난하고 궁핍한 이들에게 필요한 것을 제공하기 위해 유보할 필요가 있다고 생각했다.

그뿐만이 아니라 이 고아들이 소박한 건물에서 봉사하게 되고 검소하게 생활해야 하므로 그들을 고상한 취미에 탐닉하게 하는 환경은 대조적으로 자신들의 미래에 대해서 불만을 품게 한다고 생각했다. 그래서 그는 건강과 위안을 단순하게 강화하고 생활에 필요한 것들이 공급될 때 만족하도록 교육하는 방법을 고안했다.

하지만 그가 고아원을 정교한 건축물과 그 밖에 훌륭한 예술품으로 멋스럽게 장식했다면 이보다 훨씬 더 신랄한 비난을 받았으리라는 것은 조금만 생각해도 알 수 있다. 고아들을 위해서 전적으로 자기를 부인했던 가난한 이들의 헌금으로 장식을 사거나 확보하는 데 사용했다면, 그리고 수많은 기부자 덕분에 세워진 초라한 건물들을 장식하는 데 소비했다면 그런 헌금은 불가능했을 것이다. 수많은 사람의 헌금이 과부의 동전처럼 그 자체는 양이 아주 적어도 능력은 상대적으로 컸다는 사실을 기억한다면, 기부자들이 필요한 것을 절약해서 모은 헌금으로 그들이 자신을 위해 살 수도 없고 사지도 않았을 것을 고아들을 위해 사는 게 얼마나 어울리지 않는 일인지 알게 될 것이다.

그렇지만 곳곳마다 청결하고 단정하고 체계적이고 질서가 있었고 고아원에서는 언제나 정직한 노동이 제대로 존중받았다. 건물 인근의 넓은 땅은 채소밭으로 따로 꾸며 놓아서 고아들이 건강에 좋은 운동을 하는 동시에 매일의 양식을 공급하는 일에 참여함으로써 부분적으로는 자활을 익히는 장소가 되었다.

이 고아원 전체가 체계적으로 배열되어 있어서 세심한 배려를 확인할 수 있었다. 어린이마다 번호가 매겨진 정사각형의 칸막이 옷장을 주었고 여섯 명의 고아들에게 각각의 영역을 지정해서 책임을 맡겼다. 소

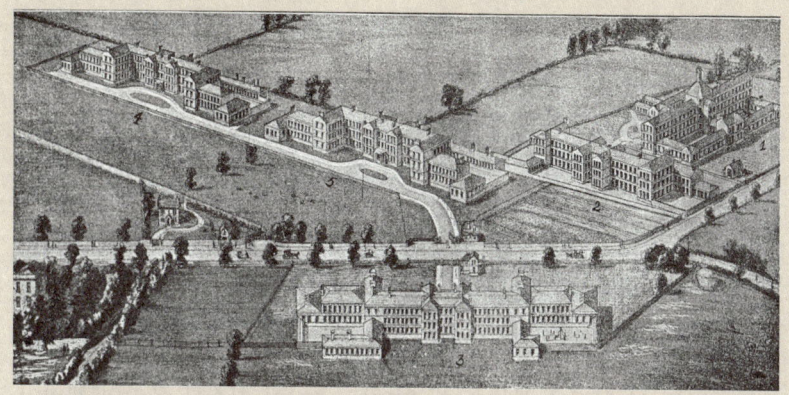

▲ 브리스톨의 애슐리 다운에 세워진 다섯 개의 새로운 고아원 건물. 뮬러의 유일한 최고 목적은 하나님의 영광이었다. 그리고 유일한 최후의 수단은 믿음의 기도였으며 유일하게 신뢰할 지혜는 영감으로 이뤄진 말씀이었고 유일하게 거룩한 교사는 성령이었다. 뮬러는 오직 믿음과 기도를 바탕으로 애슐리 다운에 이 다섯 개의 새로운 고아원을 세웠다.

년들에게는 옷 세 벌, 소녀들에게는 다섯 벌의 드레스가 주어졌다. 소녀들은 스스로 옷을 만들고 수선하도록 교육을 받았다. 유아실에서는 유아들이 책과 장난감을 가지고 놀았고 세심히 보살핌을 받았다. 고아들이 평균 거주하는 기간은 대략 10년이었지만 일부는 그곳에서 17년을 지내기도 했다.

일상생활은 규칙적이었고 시계처럼 아주 정확히 진행되었다. 어린이들은 6시에 일어나서 7시부터 아침 식사가 시작되는 8시까지 소녀들은 뜨개질하고 소년들은 책을 읽어야 했다. 그리고 식사를 마치고 30분 뒤에는 간단한 아침 예배가 있고 계속해서 10시에 수업이 시작되었다. 운동장에서 30분 동안 놀이를 하고 나서 1시에 점심을 먹고 4시까지 수업이 다시 진행되었다. 계속해서 1시간 반 동안 놀이와 야외활동을 하면 30분간의 예배, 그리고 6시에 저녁 식사가 준비되었다. 그리고 나서 잠자리에 들 때까지 소녀들은 바느질하고 소년들은 수업을 받았다. 나이가 어리면 8시, 나이가 많으면 9시에 잠을 잤다. 식사는 빵, 오트밀, 우유, 수프, 고기, 쌀, 채소 등으로 구성되었으며 소박하지만 풍성하고 영양이 풍부했다.

모두가 궁극적인 한 가지 목적에 초점을 맞추고 있었다. 그것을 뮬러의 표현대로 옮기면 이렇다. "우리는 이것을 목적으로 삼고 있다. 만일 고아들 가운데 누구든지 세상적으로나 영적으로 잘못되어서 사회에 필요한 구성원이 되지 못하는 일이 있어도 그것이 최소한 우리의 책임이 되면 안 된다." 방문자가 그 기관의 전반적인 체계를 아주 세밀히 살펴보면 고아들이 세상을 살아가는 데 육적으로나 영적으로 적합하지 않고, 복된 영생을 대비하지 않고 있더라도 이 일을 지도하는 사람들의 잘못이 아니라는 사실에 만족하게 될 것이다.

하늘 은혜의 제복을 입은
주님의 두 하인

하늘 은혜의 제복을 입은 주님의 두 하인은 조지 뮬러를 평생 하루도 빠짐없이 확실히 뒤따랐다. 애슐리 다운의 다섯 개 고아원을 건축한 일화가 대단했던 것만큼이나 그 밖에 여러 사건과 경험 역시 하나님의 선하심과 인자하심을 입증했고, 그래서 그분이 자비로써 응답하신 내용을 어설프게라도 기록하려고 한다면 이 책으로는 불가능할 것이다. 고아원에 얽힌 이야기를 전체적으로 살펴보고 나서 이 고아원들을 처음으로 계획하게 된 해를 다시 검토하고 뮬러의 개인 및 가정생활을 다른 방법으로 살펴보려고 한다.

뮬러는 하나님의 선하심과 인자하심을 즐겨 뒤따랐고 덕분에 선함과 인자함이 자신을 뒤따르고 있다는 증거를 아주 자주 목격했다. 서로 무관한 경험들 가운데 몇 가지 대표적인 사례를 소개하면 다음과 같다.

하나님의 따뜻한 보살핌은 그의 사랑하는 딸 루디아에게 나타났다. 1843년이 되자 아내의 수고를 덜어주고 딸에게 도움이 되도록 루디아가 집보다는 다른 곳에서 교육을 받는 게 더 낫다는 확신이 들었다. 그래서 기도에 대한 응답으로 조지 뮬러는 하나님의 인도하심을 받아서 그리스도인 자매를 만났다. 그녀는 모든 성도에게 자기 뜻대로 은사를 허락하신 성령께 특별한 은사를 받았다. 루디아의 교육을 책임질 수 있는 여성으로 하나님의 인정을 받은 것처럼 보였다. 뮬러는 그런 훈련을 기대하고 비용을 지급하고 싶어서 계좌를 확인한 후 첫 번째 사례비를 지급했지만 보냈던 금액 그대로 익명으로 다시 돌아왔다. 딸이 6년을 그녀와 함께 지내는 동안 뮬러는 더는 수업료를 청구받지 않았다. 하나님은 이처럼 뮬러의 유일한 자녀의 숙식과 교육을 제공하셨고, 부모에게는 어떤 비용도 치르지 않게 하셨을 뿐 아니라 진정한 '주님의 양육과 훈계'를 받게 해서 큰 만족을 허락하셨다. 1846년 4월에 루디아는 이 학교에서 믿음의 평강을 발견하고 주 예수 그리스도 안에서 아름다운 삶을 시작해서 이후로 44년간 그분의 모습을 탁월하게 드러냈다.

상당수의 그리스도인 부모들이 지적인 재능만 있고 영적인 것과는 전혀 무관한 이들에게 자녀교육을 맡기는 치명적인 실수를 범해 왔다. 그들은 담당하고 있는 어린 학생들을 비종교적이거나 불신의 삶으로 인도하지 않으면 기껏해야 단순한 지성주의와 세속적인 야망을 경력으로 삼도록 잘못 이끌었다. 경건하지는 않아도 영원한 삶을 위한 인격이 형성되는 결정적인 시기의 감수성이 예민한 자녀를 바르게 교육하는 데 필수적인 영적 경건과 거룩함의 향기가 없는 학교 분위기는 경건한 가정의 영향력이 전혀 힘을 쓰지 못하게 만든다.

1845년 7월 19일부터 10월 11일까지 3개월간 뮬러 부부가 독일에서 머무는 동안 하나님의 선하심과 인자하심이 확실히 뒤따랐다. 하나님은 슈투트가르트로 직접 인도하셨다. 그 지역의 형제들은 심각한 오류에 빠져서 도움의 손길이 또다시 필요했다. 대륙으로 출발하기 2개월 전에 잠시 그곳을 다녀올 필요성을 강력하게 느낀 뮬러는 5월 3일에 방법을 찾으려고 기도를 시작했는데 15분이 지나지 않아서 5백 파운드가 들어왔다. 기부자는 그 돈을 계획 중인 여행을 준비하고 진행하는 데 필요한 경비로 사용하라고 구체적으로 지정했다.

   해외에서도 선하심과 인자하심이 줄곧 뒤따랐다. 당시 슈투트가르트는 도시 전체가 몹시 붐볐지만 하나님은 생각하지 못했던 방식으로 숙소를 제공하셨다. 어느 은퇴한 부유한 외과의사가 한 번도 남에게 빌려준 적이 없는 아파트를 내놓았다. 뮬러의 모든 수고에는 축복이 뒤따랐다. 그곳에 머물면서 매주 여덟 차례 모임을 가졌다. 그리고 독일어로 11종의 소책자를 출판해서 22만 권 이상, 「일화」를 거의 4천 권을 적절히 배포하면서도 경찰의 간섭을 피할 수 있었다.

   이 해외여행 경험 가운데 한 가지를 따로 언급할 필요가 있다. 다른 사람의 견해를 받아들이고 상황을 즐겁게 적응하는 것에 대해서 교훈을 제공한다. 섭리 덕분에 처음에 약 150명의 국가교회 성도들 모임에서 설교하게 되었다. 그의 시선으로는 회중의 성격이 성경 방식과 전적으로 일치하시 않았고, 그래서 그는 회중에게 진혀 부응하지 못했다. 하지만 그런 기회는 진리를 위해 증거하고, 사랑을 위해 본질적인 것에 대한 그리스도인의 일치를 보여줄 수 있었기 때문에 이 열린 문으로 들어가지 않을 수 없었다.

뮬러를 제대로 알지 못해도 그의 강력한 확신과 그것에 대해 타협하지 않는 충성심을 알고 있던 사람들은 그가 사소한 오류조차 거의 감당하지 못할 것이고, 그것에 발목을 잡힌 이들은 융통성 없는 엄격한 모습을 취할 것으로 생각했다. 하지만 더 잘 아는 사람들은 그가 그리스도 예수 안에 있는 믿음과 사랑과 더불어서 건전한 말씀을 굳게 붙들고 있는 것을 알고 있었다. 몇 사람이라도 구원하려고 여러 사람에게 여러 모습이 될 준비를 했던 바울처럼 그의 성품과 행동 모두에 있어서 사랑보다 아름답게 빛난 것은 전혀 없었다.

그는 이렇게 생각했다. '다른 이들을 사로잡으려고 그들을 치켜세우려는 사람은 머리를 숙여야 한다. 형제를 도우려면 사소한 문제들을 본질적이고 근본적인 것처럼 고집하지 않고 감내해야 한다.' 따라서 그는 불필요하게 강압적이지 않고 다정하게 화목을 추구하는 쪽으로 방향을 잡았다. 그리고 진리와 의무에 대한 의견을 아주 긍정적으로 엄격히 고수하면서도 편협한 자세를 취하지 않고 관용을 보여준 것은, 주님이 그렇게 이끌고 상황이 요청하면 자신의 진지한 확신이나 순수한 증거를 약화시키지 않으면서도 의심스러운 습관을 잠시 수용할 수 있다는 너그러움을 확실히 보여준 것이다.

하나님의 선하심과 인자하심은 그분께 원칙과 무관한 일이 더 많이 벌어질 때마다 그런 요청을 처리하는 방법을 기꺼이 허락했다는 사실에서 확인할 수 있다. 이런 일은 고아원 사역뿐 아니라 성경지식연구원의 역사에서도 자주 등장한다. 여러 해 동안 이 사역의 다양한 분야들이 급속히 성장했다. 그런데 일부 분야에서는 사역을 확장하는 게 아니라 축소하는 게 하나님의 기쁨이 될 때도 있었지만 그럴 때도 선하심이 지배적이었다. 다른 형제들이 그런 주님의 사역을 담당하도록 인도를 받았기 때문이라는 게 나중에 밝혀졌다. 뮬러는 그런 모든 발전 과정에서 하나님이 영광을 받으시는 것이 자신의 유일한 사역인 것처럼 진정으로 기뻐했다.

선교지에서 활동하는 형제들을 후원하는 일에 점점 더 마음이 이끌렸다. 다른 사람들을 도우려는 바람을 성취하는 방법이 너무 많아져서 1846년에는 주님이 다루시는 방식을 돌아보다가 자신이 과거보다 7배 정도를 더 쏟아부을 수 있다는 사실을 알게 되었다. 여기에 덧붙이자면 19년이 흐른 1865년에는 후원하려는 사역자들에게 보낼 적절한 금액을 결정하다가 명단이 122명이나 된다는 사실을 새삼 깨닫게 되었다. 진정으로 하나님의 선하심과 인자하심 덕분이었다. 그것은 사역의 한 가지에 불과했지만 결실은 대단했다. 선교사들에게 보내려면 466파운드가 필요했지만 92파운드가 여전히 부족했다. 뮬러는 부족한 분량을 주님께 간구했다. 그날 저녁에 5파운드가 들어왔고, 다음 날 아침이 되자 100파운드가 더 들어왔다. 그리고 '생일 기념'으로 50파운드가 더 들어와서 자신이 간구한 것보다 63파운드를 더 받게 되었다.

선하심과 인자하심은 사역에 따른 무거운 짐을 감당하는 뮬러를 강력하게 뒷받침해주었다. 주님의 마차에 그와 그의 짐이 함께 실렸다. 그의 대가족에 질병이 닥쳤지만, 고아원을 떠나는 고아들을 위해 적당한 가정과 일거리를 찾아야 했지만, 들어오는 고아들을 위해 적절한 돌봄과 훈련이 있어야 했지만, 부단히 위기가 발생하고 필요한 것이 끊임없이 생겨났지만, 커다란 문제 때문에 매일 기도하고 관심을 둬야 했지만, 변함없이 성실하고 주의를 기울여야 했지만 자비하신 주인은 날마다 그의 평온을 잃어버리지 않게 하셨다. 하나님이 그의 짐을 감당하셨기 때문이다.

1846년부터 1847년에 걸친 겨울은 기근이 심했다. 하나님의 선하심과 인자하심이 효력을 다한 것이었을까? 일부는 입 밖에 내지 않으면서 호기심을 갖고 지켜보았다. 그들은 뮬러와 고아들이 어떻게 될지 궁금해 했다. 이전처럼 공급할 때에는 어떤 말도 할 수 없었다. 하지만 뮬러는 이렇게 대부분에서 부족한 상황을 겪으면서 줄곧 이렇게 말했다. "우리에게는 부족한 게 전혀 없다. 하나님이 우리를 돕기 때문이다." 너무 어두워서 길이 보이지 않으면 믿음이 안내했다. 실제로 길이 어두우면 어두울수록 전혀 알지 못하는 길을 인도하는 손길이 더 강하게 느껴졌다. 그들은 사역 초기부터 그랬던 것처럼 수월하게 그 겨울을 지날 수 있었다.

사역하면서 믿음과 기도를 모두 포기한 적이 없었다는 것은 하나님의 '하인들'이 조지 뮬러를 뒤따랐고, 또 어떤 어려움이나 낙심, 어떤 성공이나 승리도 그 사역이 기초로 삼고 있는 숭고한 근본적인 원칙이나 그것이 근거했던 목적과 한순간도 떨어진 적이 없었다는 표지가 아니었을까?

1834년에 브리스톨에서 시작된 그 거룩한 사업이 이때까지 줄곧 본질이 변질되지 않았다는 사실은 하나님께 놀라운 영광이 된다. 그 사역이 성장하는 만큼 부족함 역시 그들이 윌슨 가에 처음으로 고아원을 개원했을 때보다 2배, 3배, 4배, 그리고 결국에는 70배까지 증가했음에도 불구하고 바탕은 전혀 변화가 없었다. 후원이나 지원 때문에 인간을 의지하거나 정기적인 수입이나 고정적인 기부를 전혀 기대하지 않았다. 이 모든 세월 동안 하나님은 처음처럼 유일한 후원자이자 의지할 대상이었다. 성경지식연구원은 재정적인 어려움이라는 암초를 만나서 좌초하거나 여호와의 언약이라는 안전한 정박지를 떠나서 표류한 적이 한 차례도 없었다.

조지 뮬러가 늘 성실했을 뿐 아니라 감사하게 된 것은 하나님의 선하심과 인자하심 때문이 아니었을까? 그는 풍성한 기쁨과 찬양의 의무와 특권만큼 믿음과 기도의 필요를 줄곧 느꼈다. 일각에서는 인간은 기도 응답을 경험한 뒤에는 하나님의 한결같은 개입 때문에 선함을 느끼지 못하게 되면서 경험에 따른 감동이 점차 줄어든다고 생각할 수도 있다. 하지만 그런 일은 없었다. 심각하게 부족했던 1853년 6월에는 주님이 한 번에 3백 파운드를 보내주시는 바람에 하나님 안에서 말할 수 없을 기쁨을 맛보았다. 그는 오랫동안 방을 오르내렸고 마음과 눈에는 기쁨이 넘쳤고 입에는 웃음과 노래가 가득했다. 그는 자신이 섬기는 신실하신 하나님께 새롭게 헌신했다. 하나님의 축복은 늘 새롭고 신선했다. 응답된 기도들은 신선한 매력을 잃지 않았다. 하나님의 정원에서 시간마다 뽑아온 꽃들처럼 아름다움이나 하늘나라의 향기를 잃거나 시들지 않았다.

빠르고 풍성하게 응답되는 것처럼 보이는 때든지, 아니면 하늘이 막힌 것처럼 보이고 인내하면서 오랫동안 기다려야 할 때든지 간에 뮬러가 기도와 인내를 잃지 않은 것은 정말 놀라운 하나님의 선하심과 인자하심 덕분이었다. 계속해서 기도할 수밖에 없는 일이 날마다 일어났다. 실제로 뮬러가 입증하듯이 과거와 그 당시 간의 차이는 사역이 성장하는 만큼 어려움도 커졌다는 것이다. 하지만 그는 예상한 일이라고 기록했다. 하나님이 자신의 이름을 영화롭게 하고 믿는 이의 유익을 목적으로 그것을 감당할 믿음을 허락하시며, 그리고 이런 시험 덕분에 신뢰가 승리의 비결이라는 사실을 알게 되었기 때문이다.

하나님의 선하심과 인자하심은 이 하나님의 종을 인도했을 뿐 아니라 보호했다. 하나님의 하인들은 보호용 방패로 언제든지 지켜주셨다. 드러나지 않은 수많은 위험 가운데 일부가 어쩌다 알려지기도 했지만 대개는 지나간 다음의 일이었다. 가령 1847년 케즈윅에서 사역할 당시에 집에서 함께 지내던 사내가 정신착란을 일으켜서 총으로 자살했다. 나중에 밝혀진 바로는 사내는 뮬러가 자기를 죽이려 한다고 생각했기에 만약 사내가 발작을 일으킬 때 만났더라면 총으로 뮬러를 쏠 수도 있었다.

이 하나님의 사람은 깊은 고통의 바다를 통과할 때도 있었지만 하나님의 선하심과 인자하심이 여전히 그 뒤를 따르면서 일으켜 세워주었다. 1852년 가을, 사랑하는 손위 처남 그로브스가 중병에 걸려 동인도제도에서 귀국했다. 그리고 이듬해 5월 하나님을 성실하게 전하던 그는 뮬러의 집에서 영면했다. 뮬러는 1829년에 사역을 시작하면서 그에게 상당한 신세를 졌다. 선교회의 가시적인 후원이나 관계를 구축하지 않은 그로브스가 한 해 1,500파운드 정도의 높은 수입을 포기하고 멀리 떨어진 바그다드로 아내와 자녀들과 함께 떠나는 것을 보고서 믿음의 자극과 도움을 받았다. 두 사내의 유대는 아주 깊고 다정해서 처남을 잃은 슬픔은 무척이나 컸다.

이듬해 7월에 뮬러 부부는 훨씬 더 강력한 시험을 만났다. 1832년에 태어나서 1846년에 중생한 외동딸 루디아는 당시 스무 살이었고, 세상 무엇과도 바꿀 수 없을 정도로 사랑스러웠다. 그녀는 6월 말에 병에 걸렸는데 2주 뒤에 악성 장티푸스로 발전해서 사경을 헤맸다. 부부는 자칫 아이를 잃을 수도 있었다. 하지만 믿음은 승리했고 기도는 응답되었다. 그들이 사랑하는 딸 루디아는 죽음을 벗어나서 이후로 오랫동안 장래의 남편뿐 아니라 그보다 넓은 영향권에 속한 다른 이들에게 말할 수 없을 만큼 축복이 되었다.

뮬러는 이 시험 덕분에 하나님의 선하심과 인자하심에 대한 특별한 증거를 확인했다. 그는 눈앞에서 딸을 잃을 수도 있었지만 하나님 아버지의 뜻을 전적으로 기뻐하고 묵묵히 따르자 모든 일이 합력해서 선을 이룬다는 확신이 흔들리지 않은 것에 감사하고 기록으로 남겼다. 그는 이런 평안의 경험을 21년 전, 즉 1831년 8월에 비슷한 시험을 겪을 당시에 평안을 잃고 불평하던 경험과 비교했다. 자석에 쇳가루가 달라붙듯이 감사의 마음은 슬픔과 고통이라는 검은 먼지 속에서 자비를 찾아내서 밖으로 끄집어냈다.

뮬러가 집필한 「일화」의 두 번째 책은 높은 지위에 있는 모든 사람을 기적을 행하는 이들로 간주하는 경솔한 가정이나 주장을 공개적으로 부인하는 내용으로 끝을 맺는다. 그는 성경의 약속에 근거해서 믿음과 기도에 대한 분명한 말씀 위에 세워진 사역을 이상하고 광신적으로 간주하는 데 따른 아쉬움을 기록했다.

그 사역의 성공을 평범한 방식으로 설명하는 것은 그리 심각하게 불신적이지는 않아도 정말 터무니없고 우스운 일이다. 믿음의 실천이나 하나님의 성실함에 대한 경험을 거의, 혹은 전혀 알지 못하는 이들은 하나님의 영광을 완전히 가리는 방식으로 그 사역을 설명했다. 일가에서는 이렇게 말했다. "뮬러는 외국인이다. 그의 방법은 아주 새로워서 관심을 끌고 있다." 다른 이들은 "연례보고서 덕분에 돈을 끌어모았다"라고 말하거나, 그가 "드러나지 않은 재산을 보유하고 있다"라고 여겼다.

그는 조용히 다음과 같이 대답했다. 외국인이라는 신분은 확신이 아니라 불쾌감을 가져왔을 것이다. 새로움이라는 것은 20년 이상이 지나면 거의 쓸모가 없을 것이다. 연례보고서를 발행한 다른 기관들은 늘 결핍과 부채를 해결하지 못했다. 하지만 그가 소유한 것으로 추정된 은밀한 재산은 반대자들의 생각 그 이상이라고 인정할 필요가 있다고 생각했다. 그는 변함없이 성실한 하나님 덕분에 고갈되지 않는 재산을 소유했다.

1856년에 그는 이미 22년간 113,000파운드 이상의 금액을 거기서 꺼냈다고 인정했다. 연례보고서의 경우에는 평생 단 한 차례 부족한 사정을 공개적으로 알렸을 뿐이라는 것에 주목해야 한다. 공개적으로 알린 것은 하나님의 이름으로 더 많은 고아를 돌보기 위해서 고아를 모집한다는 내용이었다. 그는 수입이 아니라 지출을 늘릴 생각이었다. 어려운 이들을 위한 후원 요청이 아니라 지출을 확대하려는 목적 때문이었다.

불신의 세계가 궁리하는 식의 근원을 의지하는 것과는 무척 거리가 멀었다. 그가 자신의 믿음과 하나님의 능력을 의지할 기회를 얻게 된 것은 그런 모든 통로가 막혀 있을 때였다. 가시적인 보화는 너무 작아서 아무것도 아닌 것처럼 줄어들었지만 비가시적인 보화는 하나님의 영광스러운 재물이라서 무제한으로 가져다 쓸 수 있었다. 그는 이것만을 의지했고 절대 마르지 않는 공급의 강을 소유하고 있다고 생각했다.

뮬러가 볼 때 고아원 사역은 다양한 매력을 지녔고, 그것들 덕분에 더 완벽히 몰입할 수 있게 되었다. 그가 중시한 소망은 고아들에게 영적인 건강을 책임지는 도구가 되는 것이었지만, 하나님이 고아원을 육신의 행복을 증진하는 데 어떻게 활용했는지 지켜보는 즐거움을 누렸다. 허약하고 잔병치레하는 어린이들이 완전히 달라졌기 때문이다. 대개의 어린이가 엄청난 피해를 준 폐결핵 덕분에 고아가 되었다는 사실을 염두에 둘 필요가 있다. 어린이들은 질병과 성격이 비슷한 불화라는 독에 감염되고 적절한 음식이나 의료혜택을 누리지 못한 채 여위고 주린 상태로 고아원에 인계될 때가 많았다.

가령 1855년 봄에는 한가족이었던 다섯 살부터 아홉 살까지 네 명의 어린이가 고아원에 들어왔다. 어린이들은 모두 정상적인 양육과 영양을 제대로 공급받지 못해서 비참한 상태였다. 어쨌든 그들을 받아들이는 문제는 간단하지 않았다. 그럴 때는 고아원이 병원으로 바뀌어서 성격과 다른 돌봄에 시간을 뺏길 수 있었다. 하지만 그들을 받지 않는 것은 거의 비인간적이거나 아니면 분명히 비인도적일 수 있었다. 그래서 하나님을 의지한 채 그들을 받아들여 부모의 사랑으로 돌보았다. 몇 주 뒤에 어린이들의 건강이 눈에 띄게 좋아졌는데 상태가 심각한 네 명의 어린이들에게 하나님의 축복이 함께하는 것처럼 보였다.

그런데 질병과 나약함보다는 고아들의 도덕적 및 영적인 상태에 따른 시험이 훨씬 더 큰 문제였다. 교정될 수 없다고 판단되면 나머지 어린이들마저 타락하지 않도록 내보냈다. 고아원은 병원이나 감화원과는 성격이 달랐다. 1849년에 여덟 살이 되지 않은 한 소년이 상습적인 거짓말과 도둑질 때문에 고아원을 떠나게 되었다. 두 차례나 다른 어린이들의 물건을 훔치고 범죄를 자랑으로 삼았다. 5년 이상 그 어린이는 개인 기도와 권면의 대상이 되었고 감화를 위해서 온갖 방법을 사용했다. 그래도 내보내지 않을 수 없게 되자 그 일이 효력을 발휘하고 나머지 아이들에게 경고가 되는 이중적인 축복이 되도록 모두의 앞에서 진지하게 기도하고 고아원에서 내보냈다. 문제가 많은 어린이를 내보낸 뒤에도 사랑의 마음으로 계속해서 기도했다.

1857년 11월 말에는 제1고아원의 난방장치에 심각한 누수가 있어서 곧장 수리해야 했다. 그런데 보일러들이 벽돌로 둘러싸여 있고 새것이 필요해서 시간이 걸려야 했다. 마무리될 때까지 아주 어리고 나약한 어린이들을 포함한 전체 3백 명의 고아들을 어떻게 보온할 수 있을까? 임시로 가스난로를 설치해도 탁한 공기를 빼내려면 굴뚝이 필요했다. 그리고 추위를 막으려고 수백 파운드를 들여도 수리할 동안에는 난방할 방법이 전혀 없었다. 뮬러는 또다시 살아계신 하나님을 의지한 채 수리하기로 생각을 굳혔다. 난방을 끄기 하루 정도 전에 차가운 북풍이 몰아쳤다. 작업을 더는 늦출 수 없었지만 때 이른 추위에 수백 명의 어린이가 위험할 수 있었다. 그는 하나님께 담대히 기도했다. "주님, 이들은 주님의 고아들입니다. 이 북풍을 남풍으로 바꿔주시고, 일꾼들에게 빨리 일을 마무리하고 싶은 마음을 갖게 하소서."

실제로 수리를 시작하기 전날 저녁에도 찬바람은 여전했다. 하지만 당일이 되자 남풍이 불었고 날씨가 아주 포근해서 불을 지필 필요가 없었다. 그뿐만 아니라 수리가 늦어지지 않는지를 확인하러 공사감독과 함께 지하실에 들어간 뮬러는 인부들이 대화하는 내용을 들었다.

"오늘 밤에 늦게까지 일해도 내일 일찍 나올 거야."

그러자 인부가 다른 대답을 했다.

"차라리 밤샘 작업을 하는 게 낫겠어."

그렇게 해서 대략 30시간이 지나지 않아 보일러의 물을 다시 덥힐 수 있었다. 그리고 보일러가 제대로 가동될 때까지 훈훈한 남풍이 계속 불었다. 그런 특별한 시련과 어려움 탓에 선하심과 인자하심이 하나님의 겸손한 종을 뒤따르고 있다는 게 더욱 확실해졌다.

새롭게 긴급한 사태가 찾아올 때마다 새롭게 기도하고 새로운 믿음을 갖게 되었다. 1862년에 서너 명의 소년이 실습생활을 할 준비를 해야 했지만 바람대로 신청할 곳을 찾지 못해서 기도를 의지해야 했다. 광고하면 사례금을 목적으로 실습생을 찾는 기술자가 몰려들 수도 있었기 때문이다. 하지만 18명의 소년 모두 사업을 정상적으로 운영하고, 그들을 가족처럼 대하는 그리스도인 기술자들과 적절하게 연결되었다.

비슷한 시기에 3m 깊이로 파묻은 배수관 가운데 하나가 막혔다. 구멍을 세 곳이나 파서 살펴보아도 헛수고로 돌아가자 네 번째 구멍을 팔 때는 인부들이 막힌 곳을 정확히 찾아낼 수 있게 해달라고 기도했다. 기도는 그대로 응답되었다.

기도에 대한 응답으로 확실하게 도움을 받은 세 가지 사례가 1864년 5월 26일부터 1865년의 같은 날짜까지 구체적으로 기록되었다. 그것들은 일부라도 언급하고 넘어갈 필요가 있을 것 같다.

첫째, 1864년 여름에는 큰 가뭄이 닥쳐서 세 곳의 고아원에서 빗물을 받아두는 물탱크 15개가 완전히 비고, 9개의 우물은 물론이고 이전에는 한 번도 마른 적이 없는 샘이 거의 바닥을 드러냈다. 매일 7천에서 1만 리터의 물이 필요했기 때문에 하루도 거르지 않고 하나님께 비를 구하는 기도를 해야 했다. 하늘로부터 공급이 끊기자 하나님은 다음과 같이 부족함을 채워주셨다. 근처에 사는 어떤 농부가 큰 우물에서 부족한 양의 절반을 공급했고 나머지 절반은 애슐리 다운의 반쯤 마른 우물에서 얻었다. 그리고 농부가 더는 물을 나눌 수 없게 되자 다른 농부가 밭을 가로질러 흐르는 개울에서 필요한 물을 제공했고 그 덕분에 비가 내려서 물탱크와 우물을 채울 때까지 풍족하게 물을 사용할 수 있었다(대략 20년 뒤에는 브리스톨 수도회사가 수도관을 설치해서 영구적으로 부단히 물 공급이 이루어졌다).

둘째, 3년간 성홍열과 발진티푸스와 천연두가 브리스톨과 인근 지역에 유행해서 고아들을 위협했을 때 비와 건강을 허락하신 하나님께 또다시 간절히 기도했다. 규모가 가장 작은 고아원에 천연두가 발생하기도 했지만 전체 기간에 성홍열과 발진티푸스는 한 차례도 일어나지 않았다. 기도는 여전히 유일한 의지 수단이었다. 언젠가는 15명이 앓을 때까지 다른 고아원들로 번져나갔다. 하지만 감사하게도 사례는 대수롭지 않았고, 그래서 전염병이 더는 번지지 않도록 간구했다. 이후로는 누구도 질병에 걸리지 않았다. 그리고 9개월 뒤에는 전염병이 완전히 자취를 감췄다. 전염병으로 목숨을 잃은 어린이는 한 명도 없었고, 교사 한 명이 앓았지만 아주 가벼웠다. 세월이 흘러서 1872년에 1,200명까지 수용했던 이 고아원에 나중에 그런 전염병이 창궐했다면 결과는 아주 참혹했을 것이다.

셋째, 1865년 1월 엄청난 폭풍이 브리스톨과 인근 지역을 강타했다. 고아원마다 지붕이 큰 피해를 봐서 최소한 스무 곳에 구멍이 뚫리고 대형 유리창들이 깨졌다. 그날은 토요일이라서 월요일이 될 때까지는 유리를 달거나 지붕을 수리하는 인부들을 부를 수가 없었다. 그래서 바람과 날씨를 주관하시는 하나님께 그동안 노출된 시설을 보호해 달라고 간구했다. 수리가 거의 끝나던 수요일 낮까지 바람이 잦아들고 비가 멎었다. 그런데 폭우가 내리는 바람에 지붕이 빗겨지면서 큰 피해를 보게 되었지만 기도의 응답으로 비가 멈추고 작업이 재개되었다. 그리고 마지막 구멍을 수리할 때까지 전혀 피해를 보지 않았다. 구멍이 남쪽으로 났지만 비는 북쪽에서 몰려왔기 때문이다.

뮬러는 이런 상황들을 하나님이 살아계신다는 증거이자 부단히 가깝게 자신을 뒤따른 선하심과 인자하심에 대한 증거 가운데 일부라고 기록한다. 이듬해인 1865년부터 1866년에 걸쳐 성홍열이 고아원에서 발생했다. 39명이 그 병에 걸렸지만 모두 완치되었다. 백일해 역시 브리스톨에서 유행했을 뿐 아니라 치명적이었지만 세 곳의 고아원에서는 17명이 그 병을 앓았을 뿐이었고 심각한 사례는 선천적으로 폐가 약한 어린 소녀뿐이었다. 그렇지만 이 해에 하나님의 영이 전 해에 소년들에게 그랬던 것처럼 소녀들 사이에서 크게 역사하셔서 1백 명 이상의 소녀들이 간절히 구원을 갈망했다. 이렇게 환란 속에서도 그리스도 안에서는 위로가 풍성했다. 뮬러 부부와 동역자들은 이런 성령의 역사가 깊어지고 넓어지도록 하나님께 간구했다.

한 해의 회계연도가 마감될 무렵인 1866년 5월에 17세의 고아 소녀 에마 번(Emma Bunn)이 결핵에 걸렸다. 14년간 뮬러의 보호를 받았음에도 소녀는 이렇게 위험한 질병을 여전히 대수롭지 않게 생각했다. 그래서 죽음의 고비를 맞게 되었는데 상태는 절망적이었다. 소녀를 위해 줄곧 기도했고 그것이 하나님을 기쁘게 해서 그리스도를 구세주로 영접하게 되었다. 갑자기 건강에 관한 과거의 무관심이 큰 관심으로, 이전의 완악한 양심이 죄의 고백으로, 그리고 이전의 무관심과 냉랭함이 말로 다할 수 없는 주님 안에서의 기쁨으로 바뀌었다. 그것은 영적인 기적이었다. 이 소녀는 갑자기 변화해서 하나님을 증거하고 과거의 죄를 깊이 자백하며 다른 사람들에게 진심으로 관심을 보였다. 소녀의 경솔하고 부주의한 상태는 워낙 잘 알려져서 회심과 죽기 전에 남긴 유언은 당시 고아들에게 하나님께 영광을 돌리는 주님의 도구가 되었다. 고아원 한 곳에서만 350명이 믿음을 통해 평안을 찾게 되었다.

　이런 사건들에 관심을 두고 지켜보는 사람들은 거기에 감추어진 표면 바로 밑에 놓인 교훈을 읽을 수 있어야 한다. 기도는 굳은 마음까지도 깨뜨릴 수 있다. 성경의 진리와 경건한 교훈이 저장된 기억은 하나님의 은혜가 마음을 누그러뜨리고 혀를 부드럽게 하기만 하면 은혜를 통한 개인의 성장과 다른 이들을 폭넓게 섬기는 일의 근원이 된다는 게 입증될 것이다. 우리는 모두 어린이들을 교육하는 데 너무 무관심하고 어린 회심자들을 잘 신뢰하지 않는다. 뮬러는 어린이들이 9세나 10세의 나이에 회심해서 처음의 확신을 끝까지 지속하는 것을 보면서 하나님의 은총의 승리를 한층 절감하게 되었다.

　넓은 들에서 거둔 한 줌의 곡식들처럼 모인 이런 사실과 경험들은 뿌려진 씨앗과 거둔 수확의 성격을 한꺼번에 보여준다. 1866년에 또다시 콜레라가 발생했을 때도 특별한 기도에 대한 응답으로 고아원에서는 단 한 차례도 발병 사실이 없었다. 그리고 같은 해 가을에 성홍열과 홍역이 발생해서 8명이 성홍열을 앓고, 262명이 홍역을 앓았지만 목숨을 잃거나 병 때문에 약해진 어린이가 전혀 없었다. 1866년 5월부터 1867년 5월까지 돌보던 1,300명 이상의 어린이들 가운데 1%에 훨씬 못 미치는 11명만이 세상을 떠났다.

　어쨌든 극심하고 전파력이 강한 질병들이 고아원에 퍼졌다는 사실이 드러난 것은 하나님의 성실하심을 판단하는 이들에게는 생소할 수도 있겠지만 그런 시험에 따른 보상은 적지 않았다. 그것들 때문에 어린이들의 마음이 하나님께로 돌아설 때가 잦았고 고아원의 동역자들 역시 더욱 호의적이고 다정한 마음을 갖게 되었다. 그리고 하나님께 속한 이들은

▲ 뮬러의 서재. 뮬러는 이곳에서 오직과 말씀에 의존해서 기도했다. 그 결과 하나님을 제외하고는 그 누구에게도 일절 도움을 구하지 않고 죽기 전까지 10,024명의 고아를 양육했다.

실제적이고 체계적으로 도움을 베풀어야 한다고 생각하게 되었다. 하나님은 재난처럼 보이는 일들을 자신의 사역을 알리는 도구로 활용하셨다. 고아원에 대해서 듣고 싶어 하지 않았던 이들이나 듣고서도 별다른 감흥을 느끼지 않은 이들도 수많은 어린이가 치명적이고 위험한 전염병에 노출된 사실에 깊은 관심을 두게 되었다.

뮬러는 31년이 흐른 1865년에 하나님을 위해 감당했던 사역을 돌아보면서 그동안 1834년 3월 5일에 정했던 사역의 기본 원칙들을 확고하게 유지할 수 있었던 것에 감사하면서 기록을 남겼다. 그는 단 한 차례도 빚지지 않았다. 그는 살아계신 하나님을 유일한 후원자로 삼았다. 그리고 사역에 필요한 적극적인 동역자들을 구하면서 신자와 불신자를 확실히 구분했다.

모든 사역에 대한 그의 담대한 목적은 처음부터 인간을 의지하지 않고 믿음과 기도로 가능한 일을 제시함으로써 하나님께 영광을 돌리는 것이었다. 그는 한결같이 이렇게 증거했다. "여기까지 주님이 우리를 도우셨다." 약 5년 정도 거의 날마다 쉴 새 없이 믿음의 시험을 받았지만 그 덕분에 하나님의 성실하심 역시 끝없이 입증되었다. 사역은 급속히 성장해서 엄청난 규모가 되었다. 하지만 성장하는 데 요구되고 필요한 것을 돕는 하나님의 손길 역시 그것과 같은 속도를 유지했다.

1866년 1월, 36년간 뮬러의 소중한 벗이자 1832년 이래 그의 동역자였던 헨리 크레익이 7개월간 병상에 있다가 영원히 잠들었다. 이 두 형제는 데번셔에서 처음으로 알게 되었고 함께 사역하고 시험을 받으면서 사람들 사이에서 흔히 접할 수 없는 우정으로까지 발전하게 되었다. 둘은 거의 동갑이었는데 크레익은 60세를 조금 넘기고 세상을 떠났다. 뮬러가 영원한 팔을 의지하지 않았다면 상실감이 너무 커서 감당하기가 쉽지 않았을 것이다. 그리고 어떤 측면에서 어쩔 수 없는 이런 사별마저도 하나님의 사랑을 보여주는 또 다른 증거로 간주되었다. 앞이 잘 보이지 않고 그 길이 황량하고 위험해도 하나님의 선하심과 인자하심은 여전히 아주 가깝게 그의 뒤를 바짝 따랐다. 그리고 그가 위험하고 어려운 곳에 도착할 때마다 벗어나도록 도움을 베풀었으며 암울할 때는 위로와 기쁨을 안겨주었다.

슬픔의 짙은 그늘 너머
주님의 빛이 비치고

마지막 새로운 고아원의 개원을 볼 정도로 아주 오래 살았던 뮬러 부인의 죽음 때문에 1870년이라는 해는 영원히 슬픈 기억으로 남게 되었다. 이 사랑스럽고 경건한 부인은 1835년 11월에 그 사역이 시작된 이후로 34년간 적극적인 동역자가 되었다.

결혼생활은 부부의 금실, 하나님에 대한 공통된 믿음과 그분의 사역에 대한 애정, 그리고 기도와 봉사의 오랜 협력 덕분에 아주 행복했다. 둘 사이에는 애정이 여전했다. 실제로 결혼 초기의 다정하고 섬세한 서로의 관심은 세월이 흘러도 줄어들지 않고 오히려 커졌다. 그래서 사랑을 얻는 비결은 그것을 유지하는 것이라는 위대한 격언이 증명되고 분명히 드러났다. 그것 이상으로 애정은 깊어지고 점점 더 서로에게 기쁨을 주는 원천이 되었다. 뮬러의 사랑하는 '메리'가 떠난 바로 그 해처럼 그렇게 소중했던 때가 없었다.

    이 결혼은 아주 행복해서 뮬러는 그녀가 자신의 아내가 되고 난 이후로 볼 때마다 늘 기뻤다는 고백을 자주 했다. 그리고 둘은 날마다 식사를 마치고 자리에 앉은 채 잠시라도 손을 잡고 마음을 나누는 시간을 가졌는데, 이런 접촉 덕분에 말을 하건 그렇지 않건 간에 주님 안에서의 교제는 한층 더 완벽해졌다. 부부가 하나님 안에서, 그리고 서로에게서 누린 행복은 세월이 흘러도 변함이 없고 영속적이고 풍성해졌다.

    뮬러는 이렇게 더없이 행복한 결혼생활은 아내의 헌신적인 믿음뿐 아니라 그들의 일관된 목적이 오직 전적으로 하나님을 위해서 살기 때문이라고 확신했다. 부부는 하나님을 위해 늘 성실히 사역했고 그런 과정에서 진심으로 하나가 되었다. 이 사역에는 자신들의 영혼에 대한 걱정이 개입되지 않았고 개인 기도와 성경공부 시간이 상충하지 않았다. 그들은 날마다 하루에 세 차례씩 하나님 앞에 문제를 내려놓고 함께 기도하고 찬양하면서 감사하고 간구했다.

    뮬러 부인은 그리 건강하지 못했고 언젠가는 생명이 위태로울 만큼 아픈 적도 있었다. 29년간 사랑이 넘치는 결혼생활을 하고 난 뒤인 1859년 10월, 그녀는 류머티즘 때문에 9개월 동안 극심한 고통에 시달려서 아무 일도 할 수 없었다. 하지만 하나님은 이 고통을 통해 그녀의 건강과 능력을 돌아보게 하셨고 한 해의 대부분을 억지로 휴식하게 함으로써 이후로 10년간 수명과 봉사 기간이 연장되었다고 뮬러는 생각했다. 그것은 하나님의 사랑과 성실하심의 특별한 상징이었다. 그렇게 해서 둘이 믿음 안에서 겪어야 했던 극심한 시련은 영혼과 육신에 상당한 축복을 가져다주었다.

이렇게 아름다운 삶을 마감하는 모습은 너무 경건해서 보통 사람들에게는 아주 특별할 정도였다. 그녀는 세상을 뜨기 몇 해 전부터 건강과 기력이 확연히 감퇴하고 있었다. 활동하는 게 어려워지고 심하게 기침을 할 때는 의사를 불러야 할 지경이었다. 뮬러는 조심스럽게 돌보면서 간호했고 식사와 휴식에 특히 유의했다. 불필요한 외출을 삼가고 계속 기도함으로써 여전히 연약하고 고통이 심했지만 활기를 유지했다. 하지만 2월 5일 토요일 밤에 그녀는 한쪽 팔을 움직일 수 없었다. 마지막 때가 다가온 게 분명했다. 정신은 맑았고 마음은 평온했다. 그녀는 자신에게 말했다. "그분이 곧 오신다." 그리고 1870년 2월 6일 주일 오후 4시에 인간의 수고와 고통을 기꺼이 벗어버리고 영원히 주님 곁으로 떠났다.

대부분의 사내는 그런 슬픔의 무게 때문에 말할 수 없을 정도의 절망에 빠져들 것이다. 하지만 거룩한 사랑을 의지하는 이 하나님의 사람은 즉시 감사할 것을 찾아냈다. 그리고 상실을 불평하는 대신에 아내를 고통 속에 내버려 두지 않고 데려가셔서 거룩한 영혼을 연약함과 질병과 고통에서 풀려나게 하신 하나님의 선하심을 떠올리면서 기록했다. 그리고 무엇보다도 하나님은 아내의 바람, 즉 주 예수님의 임재를 직접 마주하면서 하늘나라에서 더 수준 높은 봉사를 하고 싶어 하는 것을 들어주셨다.

이렇게 극심한 시련을 겪을 때 비로소 아버지의 끝없는 지혜와 사랑에 대한 절대적인 믿음이 제대로 드러난다. 자기 뜻이 하나님의 뜻 안에서 완전히 사라질 때 그분 안에 감추어진 생명이 말할 수 없이 어두운 시기에 아주 밝게 드러난다. 이 사랑스러운 부인의 죽음은 그것의 본보기가 될 수 있다. 오랫동안 함께 사역을 계획하고 수행한 그녀가 세상을 떠

▲ 브리스톨의 킹스다운에 있는 뮬러의 집. 뮬러와 그의 아내 메리는 사랑을 얻는 비결은 그것을 유지하는 것이라는 위대한 격언을 증명이라도 하듯 34년간 이곳에서 아주 행복한 결혼생활을 했다.

나고 나서 몇 시간 지나지 않아 뮬러는 세일럼교회에서 열리는 월요일 저녁기도에 참석해 평상시처럼 기도하고 찬양했다. 그는 아주 밝은 얼굴로 일어서서 이렇게 말했다.

"그리스도 안에 있는 사랑하는 자매와 형제 여러분, 극심한 고통을 겪던 사랑하는 아내를 자기 품으로 데려가신 사랑이 넘치는 자비의 주님을 나와 더불어서 진심으로 찬양하고 감사합시다. 나는 그 사람이 행복하기만 하면 무엇이든지 기쁘기에, 그녀가 여기에 있는 그 무엇보다 더 사랑하던 주님을 바라보면서 훨씬 더 큰 기쁨을 누리고 있다는 사실을 알기 때문에 기쁩니다. 주님이 아내가 누리는 기쁨을 함께 맛보게 하셔서 사별한 나의 마음이 말로 다 할 수 없는 상실감보다는 그녀가 받은 축복에 집중하도록 기도해주시기를 여러분에게 당부합니다."

이처럼 대단한 발언은 직접 그 모임에 참석해서 지울 수 없는 인상을 받은 사람이 기억해서 전해준 내용이다. 이 일은 그 모임의 모든 참석자에게 엄청난 영향을 끼쳤다. 뮬러 부인은 모두에게 누구보다 소중하고 사랑스럽고 거룩한 여성이자 부인으로 알려졌었다. 거의 40년에 가까운 결혼생활을 하고 나서 지상에서 하늘나라의 집으로 떠났다. 남편에게 그녀는 말할 수 없는 기쁨이었고 딸 루디아에게는 지혜롭고 다정한 어머니이자 다정한 친구였다. 둘에게 그녀를 잃은 것은 세상의 어느 것으로도 대신할 수 없었다. 그렇지만 이런 상황 속에서도 이 하나님의 사내는 자신과 딸의 돌이킬 수 없는 상실을 잊고 세상을 떠난 아내이

자 어머니에게 주어진 엄청난 유익 때문에 하나님을 찬양할 수 있는 은혜를 받았다.

2월 11일, 시신은 몹시 슬퍼하는 수천 명의 친구가 지켜보는 가운데 안장되었다. 1,200명의 고아와 고아원을 비울 수 있는 동역자들이 함께 장례행렬에 참가했다. 부인을 잃은 남편은 교회와 묘지에서 장례예배가 진행되는 동안 신뢰하고 있는 전능하신 분의 팔을 놀라울 정도로 의지했다. 나중에 그는 심각하게 몸살을 앓았지만 기력을 회복하자마자 부인의 장례식에서 설교했다. 이것은 기억에 남을 만한 일이었다. 그를 돌본 의사는 그런 사별을 겪으면서도 초자연적으로 평안함을 유지한 것에 대해서 친구에게 이렇게 말했다. "저렇게 초인적인 사람은 처음이야." 인간의 능력과는 거리가 먼 초자연적인 능력이 인간의 평범한 연약함을 극복하게 하였다.

장례식 설교는 일생의 큰 시련 속에서도 선한 하나님께 바치는 고귀한 헌사였다. "주는 선하사 선을 행하시오니"(시 119:68). 이 구절은 다음과 같이 해석되었다. "주님이 선하사 선을 행하셨다. 첫째, 그녀를 내게 주셨다. 둘째, 그녀를 오랫동안 나와 함께 지내게 하셨다. 셋째, 그녀를 내게서 데려가셨다." 이것은 뮬러의 일기에 그대로 기록되었고, 반드시 읽어야 할 내용이다.

기도로 시작된 이 결합은 끝까지 기도로 거룩해졌다. 뮬러 부인은 천신적인 경건이 특히 뛰어났다. 그녀는 하나님이 아주 높게 평가하는 하나의 장신구, 즉 온유하고 침착한 성품을 소유했다. 그것은 주님이 허락하신 아름다움이었다. 그녀는 아주 오래 지속된 믿음과 인내의 시험을 겪는 동안 남편의 기도와 눈물을 진정으로 함께했고 승리의 순간에는 즐거움과 보상에 참여했다. 아내가 떠난 것에 대한 뮬러의 증언에는 추가할 게 없었다. 가장 오랫동안 누구보다 그녀를 잘 알았던 남편의 헌사이기 때문이다.

"아내는 타고난 기질까지 절묘하게 들어맞는 하나님이 직접 주신 선물이었다. 나는 수를 헤아릴 수 없을 정도로 이렇게 말했다. '여보, 하나님은 내가 상상할 수 없을 정도로 가장 잘 어울리는 아내로 직접 당신을 선택해주셨소.'"

교양에 관해서는 상당히 실용적인 교육을 받았고, 또 결혼생활에서 헤어나오지 못하는 생각이나 기회를 용납하지 않는 숙녀다운 수준을 유지했다. 언어뿐 아니라 천문학은 물론이고 수학과 같은 높은 수준의 학문에도 재능이 있었다. 후자의 재능은 34년간 남편에게 소중한 도움이 되었다. 매달 모든 회계장부와 고아원 보모들이 제출한 수백 장의 청구서를 한 치의 오차 없이 전문가 수준에서 검토했다.

그녀가 받은 모든 훈련과 타고난 기질은 담당한 일에 누구보다 적합했다. 자신이 받은 실용적인 재봉교육, 그리고 다양한 가사에 아주 유용한 재료에 대한 지식으로 의복이나 옷감, 침구류 등을 사고 제작하는 데 능력을 발휘했다. 그녀는 사랑의 천사처럼 고아원들을 돌아다니면서 어린이들을 위해서 깔끔하고 깨끗한 잠자리를 준비하고 추운 날에는 따뜻한 담요를 덮어주는 겸손한 사역을 하면서 남을 돕는 즐거움을 누렸다. 어린이들을 환영하는 주님을 위해 그녀는 궁핍한 수천 명의 고아를 보살피는 어머니가 되었다.

그녀가 세상을 떠난 직후, 대략 17년 전에 고아원에서 일자리를 찾아서 떠났던 믿음을 가진 어떤 고아에게서, 과거 고아원에서 생활한 다른 이들을 대신해서 사랑과 감사의 뜻으로 뮬러 부인의 비석을 세우게 허락해 달라는 편지 한 통이 당도했다. 요구가 수락되자 그녀가 어머니처럼 돌본 고아들에게서 양은 적었지만 수없이 많은 현금이 답지했다. 그녀에게는 대가족과 같았던 이들이 보낸 값지고 감동적인 선물이었다.

뮬러 부인이 세상을 뜨기 두 해 전에 사랑하는 딸 루디아는 어머니가 어느 작은 공책에 직접 적어 넣은 글을 발견하고 간직하다가 그녀가 세상을 떠난 이틀 뒤에 아내를 잃은 아버지에게 가져다주었다. 그녀의 삶을 보여주는 소중한 유물이었다. 내용은 이랬다.

"M. M.(메리 뮬러)가 갑자기 세상을 떠나도 남아 있는 사랑하는 이들 모두 심판으로 여기지 않는 것을 주님이 기뻐하실까? 나는 주님을 가까이하는 게 즐거울 때는 '지금 떠나서 주님과 함께 영원히 지내면 얼마나 기쁠까'라고 종종 생각해서 사랑하는 남편과 아이가 받을 충격만 아니라면 행복한 영혼이 마음껏 날고 싶은 간절한 바람을 가로막을 것은 하나도 없다. 귀하신 예수여! 다른 모든 일처럼 이것 역시 나의 뜻이 아니라 당신의 뜻대로 이루어지게 하소서!"

이 글은 뮬러에게 남긴 그녀의 마지막 유산이었다. 그리고 그것을 통해 얻은 위로, 어머니의 자리를 메우기 위해 할 수 있는 모든 일을 했던 소중한 루디아의 따뜻한 지지, 그리고 "내가 너를 떠나지 아니하며 버리지 아니하리니"라고 말한 분을 기억하면서 마음의 상처가 아물지 않고 더 커진 듯해도 주님 안에서 즐거워하며 외로운 순례자의 길을 갔다.

16개월 뒤에 뮬러처럼 부인과 사별한 제임스 라이트가 루디아에게 청혼했다. 조지 뮬러는 그 요청 때문에 무척 놀랐지만 지상에서 더할 수 없이 소중한 보배를 확실하게 믿고 맡길 만한 사내가 없다는 생각이 들었다. 자신보다 남의 행복을 염려한 그는 아버지의 의견 때문에 망설이는 딸에게 라이트의 청혼을 받아들이도록 격려했다. 1871년 11월 16일 둘은 결혼했다. 그들은 부모처럼 서로 기도하고 이해하는 삶을 시작했고 행복하고 도움이 되고 유용한 결혼이었다는 것을 탁월하게, 거의 이상적으로 증명해 냈다.

뮬러는 둘의 결혼을 앞두고 크게 외로움을 느꼈다. 딸이 자신을 떠나서 남편의 집에서 함께 지낼 것을 생각하니 더욱 그랬다. 그는 자신의 수고와 기도를 함께하고 주님의 사역을 도와줄 누군가가 필요하다 느꼈고 재혼하는 게 하나님의 뜻이라는 확신이 점점 커졌다. 많은 기도 끝에 수재나 그레이스 생어(Susannah Grace Sanger)에게 청혼하기로 했다. 그는 그녀가 25년 이상 성실한 그리스도인으로 지낸 것을 알고 있었고, 그래서 주님을 위한 사역의 조력자로 적합하다고 믿었다. 이 때문에 딸이 라이트와 결혼한 지 14일 뒤에 생어와 결혼생활을 시작해서 함께 기도하고 사랑을 베풀고 영혼을 돌보는 일을 했다.

뮬러의 두 번째 부인은 주님의 재산을 관리하는 청지기직에 대해서 남편과 한마음이었다. 뮬러는 그녀가 과거의 소유를 모두 잃어버려서 가난하다는 것을 알고 있었다. 그녀가 부자였다면 결혼의 장애물로 간주하고 성경의 원리에 따라서 자신을 부인하는 동료로 적당하지 않다고 생각했을지 모른다. 부유하거나 돈을 모아두었다면 둘에게 모두 함정이 되었을 것이다. 그녀 역시 그렇게 생각했다. 그래서 그녀는 결혼하기 전에 지니고 있던 2백 파운드를 주님의 처분에 맡겼고 남편처럼 스스로 가난한 삶에 동참했다. 그리고 나중에 유산을 상속하게 되었음에도 세상을 떠날 때까지 주님을 위해서 가난한 삶을 살았다.

뮬러는 일을 주도하는 그가 사라지면 그 사역이 어떻게 될지 종종 질문을 받았다. 사람들은 도구에서 눈을 떼는 것을 쉽지 않게 생각하고, 엄격히 말하면 대리인은 단 한 사람만 존재할 뿐이라고 기억한다. 대리인은 일하는 사람이고 도구는 그 대리인이 작업에 활용하는 것이기 때문이다. 수탁위원회에서 고아원 사역을 담당해도 그것을 처음 시작했던 뮬러처럼 하나님을 신뢰하고 의지하는 방향으로 지도할 사람을 어디에서 찾을 수 있을까?

그 모든 질문에 대해서 그의 대답은 늘 한 가지였다. 모든 걱정과 복잡한 문제의 유일한 해결책은 살아계신 하나님이었다. 고아원을 건축한 그분은 그것을 유지할 수 있었고 겸손한 사람을 세워서 자신의 이름으로 감당하게 한 그분은 모세를 따랐을 뿐 아니라 계승했던 여호수아와 같은 훌륭한 후계자를 제공하실 수 있었다. 만군의 여호와는 무한한 자원을 보유하고 계신다.

그럼에도 주님이 그런 후계자를 허락하시도록 자주 기도했고, 그래서 제임스 라이트를 통해 기도가 응답되었다. 그가 뮬러의 사위라서 선택된 게 아니었다. 그 선택은 그가 루디아 뮬러와 결혼을 생각하기 전에 이루어졌기 때문이다. 뮬러는 라이트를 어릴 적부터 30년 이상 잘 알고 있었다. 그리고 그가 하나님의 일을 하면서 성장하는 것을 지켜보았다. 그는 이미 13년간 중요한 문제들을 처리할 때 뮬러의 오른팔 구실을 담당했다. 그리고 그동안 하나님 앞에서 그의 후계자 역할을 했다. 뮬러와 뮬러 부인은 하나님이 전체적인 책임을 더욱더 맡을 수 있도록 해주실 것이라고 확신하면서 기도했다.

1870년 뮬러는 부인이 예수님 안에서 영원히 잠들고 자신은 병에 걸리자 라이트를 후계자로 낙점했다. 라이트는 겸손히 그 자리를 물렸는데 당시에는 그의 아내 역시 지나치게 부담이 될까 봐 염려했다. 하지만 그것이 하나님의 뜻이라는 게 밝혀지자 모든 반대는 사라졌다. 라이트가 뮬러의 외동딸과 결혼한 것은 이 일이 있은 지 21개월이 흐른 1871년 11월이었다. 따라서 그가 그 자리를 차지하려고 노력했다거나 뮬러의 사위라서 지명받았다는 것은 분명한 사실이 아니다. 당시에는 라이트의 첫 번째 부인이 건강하게 살아 있었기 때문이다. 그래서 라이트는 1872년 5월부터 장인과 더불어 고아원에 대한 책임을 함께했고 뮬러의 사역이 따르고 있는 위대한 사역에 모두 완벽히 공감하는 동역자와 후계자로서 큰 기쁨을 안겨주었다.

뮬러가 다시 결혼한 지 3년을 약간 지난 1874년 3월에 뮬러 부인이 병에 걸려서 이틀 뒤에는 열이 나서 잠을 자지 못했고 약 2주 뒤에는 거의 죽음 직전에 이를 정도로 출혈이 있었다. 병에서 회복되었지만 열과 정신착란이 닥쳐서 잠을 이루지 못하고 또다시 사경을 헤매는 것처럼 보였다. 실제로 기력이 거의 바닥나서 4월 17일에는 누구보다 경험이 풍부한 런던의 한 의사가 그런 질병에서 회복된 환자를 본 적이 없다고 말할 정도였다. 그러자 세 번째 회복을 기대하는 인간적인 희망이 사라진 것 같았다. 하지만 기도의 응답으로 뮬러 부인은 일어났고 5월 말에는 요양을 위해 바닷가를 찾아가 그곳에서 급속히 기력을 회복하고 다시 건강해졌다.

    그렇게 주님은 뮬러가 세계적으로 말씀을 전하는 선교여행 기간에 남편의 동료가 되도록 그녀의 생명을 보존하게 하셨다. 하나님이 사랑하는 이 사내는 슬픔의 그늘을 지나면서 "곤비한 땅에 큰 바위 그늘"(사 32:2)처럼 거룩한 휴식처를 발견할 수 있었다.

S·E·C·T·I·O·N·4

시험받은 믿음은
반드시 승리한다

또 다른 비전에 응답하신
하나님의 은혜

한없이 지혜로우신 하나님은 우리가 간구하는 그다지 중요하지 않은 이익을 거절해야만 더 큰 축복이 우리의 몫이 될 수 있다는 사실을 알고 계신다. 따라서 진심으로 기도하는 사람은 누구나 우리의 방법이나 시간, 혹은 우리가 직접 표현한 바람이 아니라 우리보다 우리 자신을 잘 이해하는 성령의 말할 수 없는 탄식에 하나님이 응답하신다는 것을 믿는다.

아우구스티누스(Augustine)의 어머니 모니카(Monica)는 방탕한 자식이 죄악의 소굴인 로마로 가지 않도록 해달라고 하나님께 호소했다. 하지만 그는 로마로 가게 되었고, 그곳에서 밀라노의 주교 암브로시우스(Ambrose)를 만나 회심했다. 하나님은 어머니의 요구를 거절하는 동시에 그녀의 바람을 성취하게 하셨다.

조지 뮬러가 회심하고 나서 처음 8년 동안 다섯 차례나 선교사를 자청했을 때 하나님은 길을 막으셨다. 그런데 그가 어떤 면에서 전혀 꿈꾸지 못했던 일, 즉 세계를 상대하는 선교사가 되도록 이제 막 허락이 떨어지려고 했다. 그는 사역 초기부터 영국과 유럽을 어느 정도는 돌아다녔다. 하지만 이제는 그 지역을 벗어나서 기도에 응답하시는 하나님을 전하기 위해 17년이라는 세월을 보내게 되었다.

1875년부터 1892년에 걸친 이런 광범위한 선교여행은 뮬러의 의욕적인 황혼기 대부분을 차지했다. 그는 유럽 이외에 미국, 아시아, 아프리카, 그리고 오스트레일리아를 방문했다. 방문 자체만으로도 평범한 사람에게는 전체 사역이 될 수 있었다.

목적은 하나였다. 뮬러의 부인이 건강이 악화하자 어쩔 수 없이 요양을 떠나 1874년 와이트섬에서 설교했는데 설교 경험이 풍부한 어느 그리스도인 형제가 그의 설교를 듣고는 "일평생 가장 행복한 순간이었다"라고 말했다. 다른 이들까지 그렇게 말하자 하나님이 그를 브리스톨 이외의 다른 지역 성도들도 돕게 하려고 계획하고 있다는 인상을 받게 되었다. 그래서 그는 말씀과 교리를 전하는 사역을 한 지역에 국한하지 않고 증거할 기회를 주는 곳이라면 어디든지 방문하기로 했다. 이 문제를 검토하는 과정에서 그는 선교여행에 따른 일곱 가지 이유와 동기를 다음과 같이 확인했다.

1. 단순하게 복음을 전할 필요가 있다. 그리고 구원은 감정이나, 심지어 믿음이 아니라 그리스도께서 완성하신 사역에 근거한다는 것을 특별히 소개해야 한다. 칭의는 믿는 순간에 우리의 몫이 되고, 그래서 우리는 내적인 감정 상태와 무관하게 주님 안에 받아

들여지고 그런 권리를 주장할 수 있다.
2. 성도들에게 구원받은 상태를 깨닫게 할 필요가 있다. 성도들은 물론이고 설교자와 목회자들조차 자신은 주님 안에서 진정한 평안과 기쁨을 누릴 수 없으므로 다른 이들을 평안과 기쁨으로 인도할 수 없음을 일러주어야 한다.
3. 성도들을 성경으로 돌아가게 해야 한다. 하나님의 말씀을 살피고 감추어진 보화를 발견하게 해야 한다. 이 거룩한 시금석으로 모든 것을 시험하고 이 시험을 통과하는 것만 굳게 붙잡아야 한다. 날마다 순종할 수 있도록 하루도 거르지 않고 묵상하고 기도하면서 살펴야 한다.
4. 모든 진정한 성도에게 형제의 사랑을 장려해야 한다. 그리스도인들이 의견이 다른 사소한 일에 집착하지 않고 모든 진정한 성도가 동의하는 진리를 본질적이고 기초적인 것으로 삼게 해야 한다. 그리고 주님만을 사랑하고 신뢰하는 모든 이로 하여금 편협하고 분파적인 편견과 교제를 가로막는 장벽을 넘어서게 해야 한다.
5. 성도들의 믿음을 강화시켜야 한다. 성도들이 하나님을 단순히 신뢰하도록 격려하고 하나님과 그분의 확고한 약속에 근거한 믿음의 기도가 분명히 응답된다는 사실을 보다 실제적이면서도 흔들림 없이 확신하게 해야 한다.
6. 세상과 분리되도록 격려해야 한다. 그리고 세상에 대하여 죽음으로써 하나님의 자녀들에게 하늘나라에 대한 소망이 자라나게 해야 한다. 동시에 육신을 유지하는 동안 죄와 무관한 완벽함을 주장하는 광신적인 극단과 터무니없는 생각을 경고해야 한다.

7. 끝으로 그리스도인들이 주 예수의 복된 재림을 소망하게 해야 한다. 그리고 그것과 관련해서 그들에게 현세대의 진정한 모습과 목적, 그리스도의 신부를 불러 모으는 이 시기에 교회와 세상의 관계에 대해서 교훈할 필요가 있다.

이와 같은 일곱 가지의 목적은 다음과 같이 요약할 수 있다. 즉 뮬러의 목적은 죄인들이 하나님의 아들을 믿도록 인도하고, 그것을 통해 영생에 이르게 하며, 그렇게 믿음을 갖게 된 이들을 돕고, 그들이 이 생명을 소유하고 있음을 알게 하고, 하나님의 말씀을 성실히 묵상하게 해서 가장 거룩한 믿음을 갖게 하는 것이다. 그런 후에 이 생명이 더욱 실제적이고 의식적인 소유가 되도록 성령 안에서 기도하게 하고, 모든 제자를 완전하게 결속시키는 성령을 통해 일치와 사랑을 증진시키며, 세상을 상대로 그 생명을 드러내도록 돕는 것이다. 그리고 그들 안에 있는 하나님의 생명과 한결같이 세상과 관계없는 영적인 성품을 배양하고, 믿음의 삶의 표현이자 확장인 믿음의 기도로 인도하며, 주님의 궁극적인 재림에 소망을 갖게 해서 주님이 오실 때까지 그분처럼 자신을 정결하게 하도록 인도하는 것이다. 이처럼 뮬러는 죽어가는 세계에 대한 자신의 애정만큼이나 전도와 교육이라는 이중적인 사역에 헌신하면서 그것을 모두에게, 특히 믿음의 가족에게 도움을 베풀 기회로 간주했다.

이렇게 길고 분주한 여행을 개략적으로라도 여기서 소개하고자 한다.

1875년 3월 26일은 중요한 날이다. 여행을 시작한 날이었다. 뮬러는 직접 이날을 '선교여행의 시작'이라고 불렀다. 브리스톨에서 브라이튼, 루이스, 그리고 선더랜드로 갔다. 선더랜드로 가는 길에 찰스 스펄전(Charles Spurgeon)의 부탁으로 메트로폴리탄 태버너클에서 설교했다. 계속해서 뉴캐슬을 들렀다가 런던으로 돌아와서 마일드메이 공원 집회와 탤벗 로드 태버너클, 그리고 에든버러성에서 설교했다. 이 여행은 대략 10주 동안 대중을 상대로 70회 설교를 하고 6월 5일에 끝났다.

6주가 지나지 않은 8월 14일에 제2차 여행이 시작되었다. 이때는 무디(D. L. Moody)와 생키(I. Sankey)의 부흥사역을 뒷받침해야 할 필요를 강력하게 느꼈기 때문이었다. 둘은 짧은 시간 동안 곳곳을 돌아다니다 보니 새로운 회심자들을 더욱 높은 수준의 지식과 은총으로 안내할 수 없었고, 그래서 순종의 삶을 사는 새로운 성도들에게 적합한 교육이 어느 정도 필요했다. 따라서 뮬러는 이 전도자들과 함께 영국과 아일랜드, 그리고 스코틀랜드로 가서 각각 1주에서 6주를 머물며 그리스도께 인도된 이들을 교육하고 일깨우는 일에 힘썼다.

1875년에는 이 사역을 위해 런던, 킬마너크, 솔트워터, 던디, 퍼스, 글래스고, 스코틀랜드의 커킨틸록, 아일랜드의 더블린을 방문했고, 계속해서 영국으로 돌아오다가 레밍턴, 워릭, 케닐워스, 코벤트리, 럭비 등을 방문했다. 특히 마일드메이 공원, 던디와 글래스고, 리버풀과 더블린 같은 지역에서는 2천 명에서 6천 명에 달하는 청중이 모였다. 그리고 그가 가는 곳마다 하늘로부터 임하는 축복이 넘쳐났다. 2차 여행은 이듬해인 1876년까지 계속되었고 리버풀과 요크, 켄달, 칼라일, 아난, 에든버러, 아브로스, 몬트로스, 에버딘 및 기타 지역을 방문했다. 거의 11개월 동안 계속된 여행은 6월에 끝났는데 뮬러는 이동하는 시간을 제외하고 평균 하루에 한 차례씩 설교해서 최소한 360회를 설교했다. 이 사역은 상당히 인기가 높고 좋은 성과를 거두는 바람에 1백여 차례 이상 초대에 응하지 못했다.

3차 여행은 대륙이었다. 거의 1년에 걸친 그 여행은 1877년 5월 26일에 끝났고, 방문한 곳은 파리, 스위스의 여러 지역, 프러시아와 네덜란드, 알사스, 비템베르크, 바덴, 헤세 다름시타트 등이었다. 그는 편지로 초대를 받은 약 70여 개 마을과 도시에서 3백 회 이상 설교를 했다. 하지만 60여 차례의 초대에 응하지 못하고 여행을 마쳐야 했고 뮬러는 자신의 사역과 글 덕분에 영국에서처럼 대륙에서도 널리 알려졌다는 사실을 실감했다.

미국으로 떠난 4차 여행은 1877년 8월부터 이듬해 6월까지 계속되었다. 여러 해 동안 그를 초대하는 편지가 미국과 캐나다로부터 점점 늘어났다. 거기에 담긴 절박함은 그들을 향한 하나님의 부름을 깨닫게 해주었는데, 특히 모국어로 말할 때면 더 조용해지는 대서양 건너편의 수많은 독일인을 생각하면 간절함이 더했다(행 22:2).

퀘벡에 도착한 뮬러 부부는 다시 미국으로 가서 10개월간 광활한 지역을 돌며 사역했다. 방문한 곳은 뉴욕, 뉴저지, 매사추세츠, 펜실베이니아, 메릴랜드, 컬럼비아 지역, 버지니아, 사우스캐롤라이나, 조지아, 플로리다, 앨라배마, 루이지애나, 그리고 미주리 등이었다. 이렇게 대서양 연안을 휩쓴 그는 태평양 해안을 가로질렀고 돌아오는 길에 몰몬교의 중심지이자 근거지인 유타의 솔트레이크시, 그리고 오하이오와 일리노이 등을 방문했다. 그는 대규모의 독일인 회중들에 자주 설교했고 남부에서는 흑인을 상대로 설교했다. 하지만 이 여행을 통해서 목회자나 전도자, 기독교 사역자와의 동역이나 반복된 만남만큼 중요한 기회로 간주하는 것도 없었고 그다음으로 중요한 것은 대학교와 신학대학원, 기타 고등교육 기관의 재학생과 교수들과의 면담이었다.

그가 보기에 사회적인 영향의 근원에 복음의 소금을 뿌려서 그곳으로부터 능력이 넘쳐흐르게 하는 것은 가장 거룩한 특권이었다. 그가 보여준 한결같은 포용성과 관용, 겸손은 의견을 달리하는 사람들까지 불러 모았고 교파를 초월해서 함께한 사람들에게 그를 소개했다. 이 여행을 통해 그는 3백 회 이상 설교를 했고 여행 거리는 무려 16,000km에 달할 정도였다. 다른 이유가 아니라 시간과 체력이 부족해서 1백 회 이상 초대에 응하지 못했다.

브리스톨에서 2개월가량 머문 뒤에 뮬러 부부는 1878년 9월 5일에 5차 선교여행에 나섰다. 이번에는 대륙이 목적지였다. 그는 영국과 독일과 프랑스에서 선교했고 스페인과 이탈리아에서는 통역을 사용해서 설교했다. 주님은 문을 활짝 열어주셔서 가난하고 어려운 계층은 물론이고 중산층과 상류층에게도 다가갈 수 있었다. 리비에라에서는 지중해의 온화한 기후에서 건강을 회복하고 휴식을 취하러 온 귀족과 관리들을 많이 만났고 망통에서는 스펄전을 만나서 깊은 대화를 나누었다(스펄전은 말년에 류머티즘을 비롯한 여러 가지 질환에 시달려서 프랑스의 망통에서 오랫동안 요양했고 그때 뮬러와 만났다-역주).

스페인에서 뮬러는 성경지식연구원이 전적으로 후원하는 학교들을 보고 기뻐했다. 가톨릭 사제들의 위협과 설득에도 가톨릭을 믿는 부모들까지 자녀들을 계속 보낼 정도로 아주 인기가 높았다. 게다가 그는 그 학생들이 집에서 자주 부모에게 하나님의 말씀을 읽어주고 학교에서 배운 찬송가를 불러주어서 그 영향이 눈으로 볼 수 있는 영역에 국한되지 않았다는 사실을 알게 되었다. 퍼져 나가는 햇빛이 태양의 가시적인 운동

권의 한계를 벗어나는 것과 마찬가지였다.

뮬러의 사역은 정부와의 갈등을 피할 수 없었다. 마드리드에서는 처음으로 집회장소를 개설하고 외부에 그 사실을 알리는 표시판을 설치했다. 그러자 관리들이 페인트로 표시판을 칠해서 내용을 지우도록 지시했다. 표시판을 제작한 인부는 작품을 없애거나 하나님의 사역을 방해하고 싶지 않아서 본래 내용의 절반 정도를 수성물감으로 칠해 비가 내리면 곧장 씻겨 나가게 했다. 그러자 정부는 인부를 보내서 유성물감으로 두껍게 칠하게 했다.

로마에서도 복음을 전할 준비가 되어 있던 뮬러는 도시 전체가 우상숭배에 몰두하는 것을 목격하자 마음이 슬펐고 뜨거워졌다. 로마는 이교가 아니라 교황을 숭배했고 시저가 아니라 교황이 지배하고 있었다. 나폴리에 머물면서는 베수비오산을 등산했다. 그는 연기가 치솟는 화산과 그것이 내뿜는 죽음의 용암을 바라보면서 생각했다. '하나님이 하실 수 없는 일이 도대체 무엇일까?' 그는 이전에 사랑과 은총을 통해 하나님의 전능하심을 어느 정도 느꼈지만 지금은 심판과 분노의 형태를 목격했다. 수많은 순교자가 예수님을 위해 재산과 목숨을 잃은 바우도이스 계곡을 방문했다가 순교자의 정신에 아주 깊은 영향을 받았다.

1879년 6월 18일, 뮬러는 브리스톨에 돌아왔다. 그는 9개월 12일간 그곳을 떠나서 46개의 마을과 도시에서 286회 설교를 했다. 브리스톨에서 10주를 보낸 뮬러 부부는 1879년 8월 마지막 주에 다시 미국으로 떠나는 배에 올라 9월 첫 주에 뉴욕에 도착했다. 이번에는 대서양과 미시시피 계곡 사이에 있는 뉴욕과 뉴저지, 오하이오, 인디애나, 미시간, 일리노이, 위스콘신, 아이오와, 미네소타를 방문하고, 런던과 해밀턴에서 캐나다의 퀘벡까지 축복을 함께 나누는 일정이었다. 이 방문은 불과 272일이었지만 40여 개 이상의 도시에서 설교를 3백 회나 했다. 그럼에도 서면 초대를 150회 이상 거절했지만 머무는 동안 그 숫자는 계속 늘었다. 덕분에 뮬러는 브리스톨에서 잠시 머물다가 주님이 미국으로 다시 돌아가도록 요구하신다는 사실을 확신하게 되었고, 고향에서의 사역과 밀접한 관계를 지속하고 잠시 라이트 부부의 무거운 책임을 덜어주기 위해 해마다 한 계절을 미국에서 지낼 필요가 있다고 생각했다.

따라서 이 여행자들은 1880년 9월 15일에 7차 여행을 위해 또다시 브리스톨을 떠나 열흘 뒤에는 퀘벡에 도착했다. 뮬러는 대륙으로 건너가면서 멀미 때문에 크게 고생해서 바다에 대한 거부감을 갖고 있었다. 하지만 그는 자신의 만족이나 유익이 아니라 전적으로 하나님을 위해 이 여행을 감수했다. 그리고 자신은 주님을 위해 어떤 불편이나 위험도 감당할 준비가 되어 있었지만 대서양을 여섯 번이나 건너는 동안에 조금도 어려움이 없었고, 이번 항해 역시 전혀 어려움을 겪지 않은 것이 주님의 자비를 확실히 보여주는 특별한 증거라고 생각했다.

그는 퀘벡을 거쳐서 매사추세츠, 코네티컷, 뉴욕, 뉴저지, 펜실베이니아를 방문했다. 기타 여러 지역 가운데 보스턴, 청교도들이 상륙한 플리머스, 여성을 위한 훌륭한 고등교육을 시행하는 웰즐리와 사우스 헤들리대학, 독일인들을 아주 폭넓게 접촉할 수 있는 서부의 중심지들이 특히 관심을 끌었다. 이 여행은 이전보다 범위가 넓지 않았고, 기간은 8개월이 걸렸다. 하지만 사람들에게 끼친 영향은 크고 지속적이었다. 그는 모두 250회의 설교를 했고 뮬러의 부인은 묻는 이들을 개인적으로 상담하며 신자와 불신자에게 책과 소책자를 배부하는 일을 자주 담당했다.

남편을 위해서 7백 통의 편지를 작성하기도 했는데, 하루 평균 3통씩 써야 하는 쉽지 않은 일이었다. 그들은 1881년 5월 30일에 다시 영국 해안에 도착했다.

1881년 8월 23일부터 1882년 5월 30일까지 오래 계속된 8차 전도여행은 유럽 대륙이 목적지였다. 그곳을 다시 방문한 것은 뮬러가 스위스와 독일의 낮은 종교생활 수준에 자극을 받았기 때문이었다. 이 방문은 하나님의 놀라운 섭리 덕분에 성지까지 여정이 확대되었다. 그는 알렉산드리아, 카이로, 포트사이드에서 복음을 전하고 나서 자파로 갔다가 11월 28일 예루살렘으로 떠났다. 그는 경외의 발걸음으로 하나님의 아들이 밟은 땅을 밟았고, 슬퍼하면서 겟세마네와 골고다를 방문하고, 올리브 산에서 베다니로 가로질러 갔다가 자파로 다시 돌아와서 하이파, 갈멜산, 베이루트, 서머나, 에베소, 콘스탄티노플, 아테네, 브린디시, 로마, 그리고 플로렌스를 방문했다.

또다시 그는 온갖 유형의 예배 때문에 분주한 날을 보냈는데, 사역의 결과는 주 예수의 날에 비로소 드러날 것이다. 영어와 독일어, 프랑스어로 설교하거나 아랍어, 아르메니아어, 터키어, 그리고 현대 그리스어의 통역을 빌어서 설교했다. 주님을 섬기는 고상한 사역에 비하면 관광은 언제나 부수적인 일에 불과했다. 8개월에 걸친 이 여행에서 수백 번 설교했고 그가 뿌린 씨앗에는 이전처럼 하나님의 축복을 알리는 온갖 표적이 뒤따랐다.

1882년 8월 8일부터 1883년 6월 1일까지 진행된 9차 여행은 독일, 오스트리아, 러시아를 비롯한 바바리아, 헝가리, 보헤미아, 작센, 그리고 폴란드가 대상이었다. 그가 특별히 기뻐한 것은 64년이 지나서 자신이 출생한 크로펜슈테트에서 복음을 전한 일이었다. 그는 리이벤(Lieven) 공주의 초대를 받아 상트페테르부르크에 있는 저택에서 여러 상류층 인사들을 상대로 복음을 전했다(뮬러의 러시아 사역은 미리암 쿠즈네트소바가 프레토리아대학교에 제출한 박사학위청구 논문에 일부 소개되어 있다. 복음주의자이자 침례교인으로 알려진 리이벤 공주는 남편을 잃은 직후(1881년)에 뮬러 부부를 자신의 저택으로 초대해서 모임을 갖도록 주선했다. 뮬러의 선교여행은 초기 러시아 복음주의자들에게 적지 않은 영향을 미쳤다-역주).

파시코프(Paschkoff) 대령의 집에서도 모이기 시작했는데 그는 주님을 위해 박해를 받았을 뿐 아니라 추방당하기까지 했었다. 하루는 루스에서 가난한 일곱 명의 러시아인들과 함께 성경을 읽는데 한 경찰관이 모임에 들이닥쳐서 해산시켰다. 폴란드의 우치에서는 '거의 전체 인구'를 대신해서 더 오래 머물러 달라는 편지 한 통이 당도했다. 그는 편지를 사역의 지속적인 발전에 대한 표적으로 간주하고서 책임을 내려놓지 않았고, 그래서 하나님이 그와 함께하셨다.

1883년 9월 26일에 10차 여행이 시작되었다. 이번에는 동양이 목적지였다. 그는 거의 60년 전에 동인도제도에 선교사로 가려고 했었다. 그런데 이제 하나님이 새롭고 낯선 방식으로 그 바람을 실천하도록 허락하셨다. 인도는 선교여행에서 방문한 23번째 국가였다. 뮬러는 약 34,000 km를 여행했고, 선교사와 기독교 사역자들, 유럽출신 거주자들, 유리시아인들, 힌두교인들, 무슬림들, 교육받은 원주민들, 콜라 고아원의 원주민 소년과 소녀들에게 복음을 전했다. 이 하나님의 종은 이처럼 79세의 나이에도 여전히 활발하게 사역했고 하나님은 그의 모든 사역을 크게 축복하셨다.

영국과 스코틀랜드, 웨일즈에서 몇 달 동안 설교한 뒤 1885년 11월 19일에 뮬러는 부인과 함께 미국을 네 번째 방문했는데, 이것이 11차 선교여행이었다. 둘은 태평양을 가로질러서 시드니와 뉴사우스웨일스로 갔다. 오스트레일리아에서 7개월을 보낸 뒤에 자바를 거쳐 중국으로 떠났고, 9월 12일에는 홍콩에 도착했다. 이 동양으로의 여행에는 일본과 말라카의 도시들이 포함되었다. 그 뒤 니스를 들러서 영국으로 돌아왔다. 뮬러 부부는 약 62,000km 이상을 여행하고, 1887년 6월 14일에 집으로 돌아왔다. 뮬러는 1년 7개월 이상 집을 떠나 있는 동안에 기회가 허락되는 대로 언제 어디서나 설교했다.

집으로 돌아온 후 2개월이 지나지 않은 1887년 8월에 사우스오스트레일리아, 태즈메이니아, 뉴질랜드, 실론 섬, 그리고 인도로 배를 타고 떠났다. 이 12차 선교여행은 수천 킬로미터를 여행하고 나서 1890년 3월에 끝났다. 뮬러는 한때 고열 때문에 어쩔 수 없이 캘커타를 떠나 다르질링으로 기차여행을 했는데 아내는 그가 어찌 될까 봐 크게 염려했었다. 하지만 하나님의 은혜로 생명에는 지장이 없었다.

이 여행을 계속하던 1890년 1월, 주님의 큰 도움을 받아가면서 자발푸르에서 설교하다가 아그라의 선교사에게서 편지 한 통을 전달받았다. 사랑하는 딸 루디아가 세상을 떠났다고 라이트가 장인에게 보낸 전보였다. 딸은 거의 30년간 고아원에서 무보수로 봉사했고 그 공백을 메우는 게 쉽지 않았다. 그리고 그녀는 14년간 남편에게는 이상적인 동료였고 아버지에게는 58년간 말로 다 할 수 없을 정도로 소중한 보화였다. 둘에게는 결코 채울 수 없는 공백이었다. 하지만 뮬러와 라이트의 마음은 평안했다. 하나님의 방식은 아무리 알 수 없더라도 영적으로 조화를 이루어서 모든 일이 합력해서 선을 이룬다는 확신이 있었기 때문이다(롬 8:28). 이 갑작스러운 사별 때문에 뮬러는 사위를 위로하고 지나친 일의 압박에서 벗어나려고 동양에서의 선교여행을 끝내고 브리스톨로 돌아왔다.

다시 2개월이 지나자 뮬러 부부는 광범위한 지역의 선교를 위해서 집을 나섰다. 둘은 대륙으로 떠나서 1890년 7월부터 1892년 5월까지 독일과 네덜란드, 오스트리아와 이탈리아에서 11개월을 보냈다. 이 기간에는 실제로 중간의 휴식기간이 없는 두 차례의 여행이 포함되었고 이 여행을 마지막으로 17년에 달하는 전 세계적인 선교여행이 끝을 맺었다.

이 사내는 대개 어떤 활동이든지 내켜하지 않는 시기 — 70세부터 87세까지 — 에 42개국을 방문하고 지구를 거의 여덟 바퀴나 도는 것과 맞먹는 32만 킬로미터 이상을 여행했다. 17년간 3백만 명 이상의 사람들에게 설교했고 이 모든 여행 기록을 수집해 보니 브리스톨 이외의 지역에서 5천에서 6천 회를 설교한 것으로 추산되었다. 그를 설교자이자 교육자로 알고 있는 이들을 위해 그가 이 선교여행에서 어떤 설교와 교육을 했는지 살펴볼 필요가 있다. 뮬러는 1891년 베를린에서 핵심적인 진리를 본보기로 설교해서 동료 성도들의 관심을 사로잡았는데 그것을 간단히 정리하면 이렇다.

먼저 그는 성도들이 더할 수 없는 어려움을 겪어도 낙심해서는 안 되고 성경의 건전한 교훈을 의지해야 한다고 강조했다. 이어서 날마다 힘써야 할 일은 무엇보다 하나님 안에서 진정한 안식과 기쁨을 추구하는 것이라고 지적했다. 계속해서 하나님의 말씀을 통해 구원받은 모든 성도가 그리스도 안에서 진정한 위치를 알고 아주 복잡한 상황에서 어떻게 하나님의 뜻을 발견할 수 있는지를 보여주었다. 그리고 성도들에게 성경에 계시된 대로 하나님과의 친밀함을 있는 힘껏 추구하고 체계적인 성경공부와 기도, 거룩한 삶과 경건하게 만드는 습관을 조심스럽게 기르고 유지하도록 설교했다. 그리고 하나님만이 영혼을 만족하게 하는 유일한 존재라서 그분을 소유하고 즐거워해야 한다고 교육했다. 그는 하나님의 뜻과 사역에 전적으로 순종하면서 날마다 그분을 영화롭게 하는 것을 유일한 목적으로 삼아야 한다고 강조하면서 끝을 맺었다.

이런 선교여행 과정에서 부족한 것은 무엇이든지 넘치도록 공급됨으로써 또다시 하나님의 성실하심이 확연하게 드러났다. 뱃삯과 기차 요금, 개인적인 경건생활, 공적인 사역, 그리고 적절한 휴식에 그리 적합하지 않지만 개인적인 호의로 제공된 호텔 숙식비는 상당한 비용이었다. 그리고 이제 주님을 위해서 새롭게 받아들인 생활방식은 과거에 검소한 생활비보다 적어도 세 배가 들어갔다. 하지만 인간의 도움에 호소하지 않고 기도에 대한 응답으로 주님은 모든 필요를 채워주셨다.

하나님이 인정하신다는 증거를 기대하는 것에 점차 익숙해지고, 그래서 앞으로 과감히 나아가게 된 뮬러는 개인적인 용도로 1백 파운드를 받자 위대한 공급자의 손길로 간주했다. 그는 이렇게 기록했다. "하나님이 내 마음에 이렇게 말씀하는 것 같았다. '나는 이 오랜 선교여행을 계획하는 너의 사역과 희생이 기쁘다. 내가 그 비용을 지급하겠고, 앞으로 그렇게 하겠다는 뜻으로 이것을 주겠다.'"

뮬러는 이 여행과 관련해서 두 가지 사실을 특별히 기록으로 남겼다. 첫째, 하나님이 브리스톨의 사역을 자비롭게 인도하고 지켜주셔서 부재 중에도 별다른 어려움을 겪지 않았다. 둘째, 이 여행들은 사역에 필요한 비용을 모금하거나 공개적으로 알리지 않았다. 긴급한 때가 아니면 브리스톨의 고아원을 전혀 거론하지 않았지만 그런 순간이 닥쳐도 그렇게 하지 않았고 돈을 모금하지 않았다. 미국에서 상당한 금액을 모금했다는 내용이 기사화되었지만 오보라는 사실은 그가 미국을 처음으로 여행할 때 기부금 총액이 60파운드에 미치지 못했다는 것에서 확실히 드러난다. 그 금액은 전체 고아원에서 하루에 필요한 양의 3분의 2에 불과했다.

이런 선교여행이 늘 친구나 조언자들의 지지를 받은 것은 아니었다. 재정적인 측면에서 많은 어려움을 겪은 1882년에는 애슐리다운 고아원에 관심 있는 사람들 가운데 하나님의 종이 오랫동안 부재한 탓에 기금이 줄었다고 생각하는 사람이 많았다. 그는 늘 열린 자세로 대화하기도 했지만 언제나 독자적으로 결정했다. 그리고 그 문제를 충분히 숙고해 보니 하나님의 사역을 위해서 반드시 영국에 있어야 할 필요는 없다는 결론을 내리게 한 몇 가지 이유가 있었다.

1. 그가 살펴보니 해를 거듭할수록 라이트와 대규모 동역자들의 경건하고 효율적인 지도력 덕분에 성경지식연구원의 모든 분야가 뮬러가 브리스톨에 없을 때도 건전하고 상당한 성과를 거두었다.
2. 주님이 이 광범위한 선교사역을 인정했다는 것은 여행에 필요한 재정이 풍성히 공급되고 사람들을 만날 기회가 폭넓게 열리고 수많은 영혼이 누린 축복 속에서 이미 여실히 드러나 있다.
3. 이것이 '그의 인생의 황혼기'를 주도할 사역이라는 생각이 한층 더 강력해졌고, 하나님의 섭리와 성령의 인도하심을 받고 있음을 의심할 수 없을 정도로 하나님의 표징이 상당히 많았다.
4. 그가 떠나 있는 동안에도 고국의 동역자들과는 늘 연락할 수 있었

다. 라이트와는 대개 적어도 매주 소식을 나누었고 그의 조언이 필요한 문제들은 편지로 전해졌다. 하나님에 대한 기도는 현장에 서처럼 브리스톨에서 멀리 떨어진 곳에서도 효과적이었다. 그리고 여행하는 동안에도 몇 주나 몇 달 동안 정기적으로 브리스톨에 들러서 전체 사역과 긴밀한 관계를 계속 유지했다.

5. 하지만 가장 일차적인 이유는 다음과 같았다. 뮬러가 충분한 공급을 위해 고국에 머물러야 한다는 생각은 그 사역을 처음 시작할 때부터 유지한 원칙에 정면으로 위배되었다. 하나님에 대한 진정한 신뢰는 상황과 환경을 초월한다. 그리고 이것은 그대로 증명되었다. 선교여행을 시작한 지 3년째 되는 해에는 성경지식연구원이 운영하는 다양한 분야들의 수입이 과거 44년간의 수입보다 더 많았다. 따라서 뮬러에게 자리를 지키도록 충고한 일부 기부자와 동료들의 애정 어린 조언에도 그는 주님의 사역에 절대적으로 필요한 사람이 없다는 것을 증명하기 위해 그 목적과 원칙을 고수했다. "나를 존중히 여기는 자를 내가 존중히 여기고"(삼상 2:30). 그는 이렇게 하나님을 폭넓게 전하는 것을 자신의 생애에서 가장 큰 영광이라 생각했고, 그래서 하나님 역시 이렇게 증거하는 자신의 종을 높여주셨다.

내가 개인적으로 뮬러와 접촉할 수 있는 특권을 갖게 된 것은 1차와 2차 선교여행 때였다. 1878년에 샌프란시스코에 머무는 동안에 뮬러는 샌프란시스코만의 건너편에 있는 오클랜드에서 5월 12일 주일 오후에 설교하게 되어 있었다. 하지만 나는 주일에 불필요한 여행을 하면 안 된다는 생각 때문에 20년 이상 주목해온 인물의 설교를 들을 유일한 기회를 스스로 포기하고 말았다. 그는 나보다 먼저 동양으로 떠나게 되어 있었고 줄곧 조금씩 앞서갈 수 있었다. 그런데 솔트레이크시티의 간선도로가 주요노선과 합류하는 오그던에서 뮬러 부부가 내가 탄 기차에 타는 바람에 우리는 시카고로 함께 여행했다. 우리는 인사를 나누고 매일 하나님의 일에 관해 대화를 계속했고 시카고에 체류하면서 여러 차례 설교를 들을 수 있었다.

이렇게 친밀하고 빈번한 접촉 덕분에 놀라운 축복을 누릴 수 있었고 그는 내 초청에 응하여 다음번 여행 때는 미시간의 디트로이트를 방문해서 내가 담임한 포트 스트리트 장로교회에서 1880년 1월 18일과 25일 주일, 그리고 월요일과 금요일 저녁에 설교했다.

설교를 듣고 대화를 나누는 시간을 자주 가졌을 뿐 아니라 뮬러는 내 서재에서 한 번에 한 시간씩 내가 더 확실히 알고 싶었던 하나님 말씀의 진리와 그리스도인의 삶의 경험에 관해 대화를 나누었다. 가령 나는 주님의 재림에 관한 성경의 교훈을 더 확실히 알고 싶었다. 나는 전천년설로 알려진 견해를 반대하면서 근거를 제시했다.

그러자 그는 간단히 대답했다. "사랑하는 형제여, 이 견해를 반대하는 당신의 의견과 주장을 모두 들었습니다. 하지만 거기에는 한 가지 치명적인 결함이 있습니다. 그것들 모두가 하나님이 말씀에 근거하지 않는다는 것입니다. 당신이 편견을 내려놓고 어린아이처럼 단순하게 성경의 증거를 구하지 않는 한 하나님의 계시에 전혀 도달하지 못할 겁니다."

그는 인내와 지혜로 나를 곤란하게 만들었을 뿐 아니라 소위 편의주의에 따른 그 밖의 문제들을 성경의 원칙에 따라서 해결할 수 있게 도와

주었다. 그가 다른 도시를 방문하기 위해서 헤어질 때 남긴 말은 내 기억 속에 뚜렷이 자리 잡았다. 그에겐 교회의 예배들이 본래의 소박함을 잃었고, 교회에서 자릿세를 받는 것이, 목회자들의 사례비를 획일적으로 정하는 것이 비성경적이었다. 그에게 있어서 하나님의 교회는 성령으로 충만한 사람들이 주도해야 하고, 교회에 출석하지 않는 대중에 대한 그리스도인의 의무를 간과해서는 안 된다는 것이었다.

그는 엄숙한 표정으로 대답했다. "사랑하는 형제여, 주님이 당신에게 이 문제들에 빛을 비춰주셨으니 그 빛을 사용하도록 당신을 붙들어주실 겁니다. 당신이 그분께 순종하고 빛 가운데서 걸어가면 더 많은 것을 얻을 테고, 그렇지 않으면 그 빛을 잃게 될 겁니다."

기름 부음을 받은 귀중한 입에서 나온 이 탁월한 교훈은 24년 전에 그 말을 들은 사내의 삶에 하루도 거르지 않고 영향을 끼쳤다. 책임에 대한 약속을 타협하고 양심의 소리나 하나님의 영의 음성을 가로막고 하나님의 말씀보다 인간의 전통을 따르게 하는 교묘한 유혹 속에서도 존경스러운 하나님의 종이 건넨 말은 줄곧 힘을 잃지 않고 반복되었다. 우리는 특권을 하나님을 위해 사용하지 않아서 회수되고 행동에 옮기지 않아서 확신을 어둡게 하는 위험을 겪게 된다.

하나님은 우리에게 "활용하지 않으면 잃는다"고 말씀하신다. "누구든지 있는 자는 받겠고 없는 자는 그 있는 줄로 아는 것까지도 빼앗기리라"(눅 8:18). 이 책의 내용을 읽고 기념비적인 인물과 직접 대화를 나누었다는 게 인정받게 되고, 또 조지 뮬러가 소개한 이 증거가 독자들에게 평생 말할 수 없을 만큼 축복의 근원이 되는 게 나의 소망이자 기도이다.

확신을 실천하기 위해 값비싼 희생을 치러야 하는 것은 당연하다. 그 덕분에 상실감과 고독감이라는 낯선 느낌을 주는 절교와 분리를 가져올 수도 있다. 하지만 독수리처럼 구름 없는 더 높은 곳으로 날고 하나님의 빛 가운데서 살고자 하는 사람은 상대적으로 외로운 삶을 사는 데 만족해야 한다. 독수리만큼 외로운 새도 없다. 독수리는 무리를 지어서 날지 않는다. 한 마리, 또는 기껏해야 두 마리 정도가 짝을 지어 날 뿐이다. 하지만 하나님을 위해 사는 사람은 인간적인 교제를 상실하더라도 하나님과의 교제에 만족할 줄 알아야 한다.

주인처럼 "항상 그가 기뻐하시는 일을" 행하는 하나님의 자녀는 자신의 주인처럼 이렇게 말할 수 있다.

"나를 혼자 두지 아니하셨느니라"(요 8:29).
"내가 혼자 있는 것이 아니라 아버지께서 나와 함께 계시느니라"
(요 16:32).

인간의 생각, 관습, 전통과 관계없이 하나님이 허락하시는 빛을 즉시 뒤따르는 사람은 누구든지 다음의 말씀에 담긴 깊은 뜻을 깨닫게 될 것이다.

"그러므로 우리가 여호와를 알자. 힘써 여호와를 알자"(호 6:3).

시험받은 믿음은
반드시 승리한다

전체적인 상황을 마무리하기에 앞서 뮬러 일생의 사역을 되짚어보는 것은 당연한 일이라 여겨진다. 뮬러의 삶은 섬김의 양과 질을 제대로 보여주었다. 금세기에 하나님과 사람을 위해서 그 정도의 일을 완수한 인물이 있는지 의심스럽겠지만 그가 주인에게 바친 풍성한 제물은 모두 하늘의 향기와 다르지 않았다.

고아원 사역은 단 한 개의 가지, 즉 성경지식연구원으로 이루어졌는데 그것의 존재 이유는 창립자가 주님을 위해 크고 놀라운 일을 계획했다는 사실이었다. 그는 필요할 때에 기독교 학교를 설립하거나 적어도 지원하고 성경과 기독교 서적과 소책자를 배부하려고 노력했다. 또한 진리를 전하고 궁핍한 지역에서 성경을 바탕으로 사역하는 선교사를 후원했다. 그리고 이 모든 목적이 그의 마음을 충분히 사로잡았을 테지만 그것들은 영혼들에 대한 그의 사랑에서 비롯된 다방면의 사역과 모두 결합되었다.

적극적인 사람은 이미 완성된 일에 절대 만족하지 않고 섭리에 따라 열린 새로운 문으로 즉시 들어간다. 1867년의 파리박람회는 프랑스의 수도로 몰려드는 군중에게 설교하고 그들에게 성경을 배부하는 아주 드문 기회가 되었다. 뮬러는 하나님이 사역하도록 그곳에 보내준 두 형제의 봉사를 기꺼이 활용했다. 한 사람은 언어를 3개, 다른 사람은 8개를 구사할 수 있었다. 박람회에서는 주로 그들을 통해 성경을 배부했는데 13개 언어로 거의 1만 2천 권이 전달되었다. 이 국제박람회에서 16개의 언어로 제작된 성경이 거의 125만 개 정도가 배부된 것으로 추정되었는데 가톨릭 사제들까지도 거리낌 없이 받았다. 그렇게 하나님이 열어주신 문으로 들어간 사내들은 6개월간 일상적인 상황보다 훨씬 더 많은 성경을 보급했다. 서적 행상 1만 명이 그 기간의 스무 배가 넘는 시간을 들여야 감당할 수 있는 분량이었다. 덕분에 수많은 영혼이 신약성경을 간단히 읽는 것만으로도 구원을 접했다고 한다. 조지 뮬러는 이 영광스러운 사역을 통해 크게 활약할 수 있었다.

이듬해인 1868년의 르아브르박람회에서도 비슷한 사역을 진행했다. 그리고 놀랍게도 비슷한 방식으로 섭리에 따라 종교재판소 나라의 문이 열렸다. 조지 뮬러는 하나님의 말씀을 스페인에 보급할 방법을 즉시 확보했다. 마드리드의 길거리에서 읽기 쉬운 성경이 최초로 등장하자 한 시간에 250권씩 팔려나가서 공급이 수요를 따라가지 못할 정도였다. 그리고 자유로운 이탈리아에서도 하나님 나라의 씨앗을 뿌리기에 적합한 밭이 준비되자 전체적으로 비슷한 일이 반복되었다. 이렇게 늘 깨어 있는 하나님의 종은 시대의 징조를 보았고 다른 이들이 잠든 사이에도 앞으로 나아가라는 주님의 신호를 따랐다.

뮬러의 지시를 받고 성경을 배부한 이들의 편지에서 「일화」의 가장 매력적인 특징 가운데 한 가지를 접할 수 있다. 하나님이 성실하게 다양한 방법을 제공하셔서 1874년까지 375만 부 이상 보급했던 소책자 사업의 성장에 얽힌 일화를 추적하는 것 역시 흥미롭다.

전도지를 배부한 이들이 끼친 영향은 뮬러가 고용하거나 지원한 다수의 성실한 대리인들에 대한 조사에서 간과되어서는 안 된다. 그에게 세상은 천국의 씨앗을 뿌려야 할 밭이었다. 그는 진리를 폭넓게 보급할 기회를 놓치지 않았다. 야외예배, 장날, 장애물 경마장에서, 선박과 기차를 탄 승객과 행인들이 자유롭게 읽을 수 있게 소책자들이 보급되었다. 가끔 여러 사람이 모인 모임에서 한 번에 1만 5천 권의 소책자가 기도하면서 적절히 배부되었고 이런 사역은 오랫동안 성실히 계속되어서 많은 결실을 보았다.

이 모든 일은 처음부터 끝까지 당연히 믿음의 사역이었다. 꾸준하고 활기찬 사역이 되려면 어느 정도나 믿음을 유지해야 하는지는 뮬러의 입장이 되어 보아야 알 수 있다. 예컨대 1874년에는 5만 4천 파운드가 부족했다. 그래서 그는 비용을 직시하고 그 상황에 대처하지 않을 수 없었다. 2,100명의 굶주린 입을 날마다 채우고 그와 마찬가지로 옷을 입히고 보살펴주어야 했다. 189명의 선교사를 후원하고 9천 명의 학생이 다니는 1백여 개의 학교들을 지원해야 했다. 4백만 권의 소책자와 수만 권의 성경을 배부하려면 해마다 공급을 계속해야 했다. 그리고 이 모든 경상비를 제외하고도 그런 광범위한 사역의 수행과 관련된 불가피한 위기나 긴급한 일을 대비하느라 특별한 경비가 필요할 때도 있었다. 성경지식연구원을 앞에서 이끌어가는 사내는 계속해서 지출해야 하는 이런 불가피한 비용과 함께 재원이 바닥날 가능성을 고려하지 않을 수 없었다. 뮬러가 그런 전망을 어떻게 받아들였는지 살펴볼 필요가 있다.

"우리의 영원히 부유한 재무장관이 되시는 하나님이 우리와 함께하신다. 이 때문에 나는 평온하다. …앞에 놓인 이런 가능성에 대해 나는 자신에게 늘 이렇게 말했다. '나를 통해 이 사역을 일으키신 하나님, 거의 매년 그것을 확장하도록 인도하신 하나님, 그리고 40년 이상 이 사역을 지원하신 하나님은 여전히 나를 돕고 혼란스럽게 하지 않으실 것이다. 내가 그분을 의지하기 때문이다. 모든 사역을 그분께 맡겼다. 그러나 그분은 필요한 것을 공급하시고 방법은 알지 못해도 앞으로도 필요한 것을 공급해주실 것이다.'"

그는 1874년 7월 28일 일기에 이렇게 기록했다. 이후로 24년이 흘렀고 지도력을 발휘하던 사내는 지금 예수님 안에 잠들었지만 오늘날까지 사역은 여전히 계속되고 있다. 하나님과 그렇게 교제하는 사람은 아주 소박하고 순수하고 어린아이와 같은 믿음, 즉 무력한 성도가 자신을 포기하고 모든 근심을 완전히 포기하며 하나님께만 관심을 두는 믿음을 주님이 영화롭게 하지 못할 것이라고는 전혀 의심할 수 없다. 이 사내는 자신은 물론, 그의 증거를 받아들이는 모두에게 그분을 신뢰하는 게 복되다는 사실을 증명해 냈다. 그가 일기를 기록하면서 염두에 둔 핵심적인 내용은 이 성경지식연구원의 연간 경비가 상당히 많이 필요하고 수입은 몹시 불확실했지만 자신의 영혼이 어땠는지 구체적으로 소개하는 것이었다. 그는 이렇게 말했다.

"성경지식연구원을 시작해서 처음부터 끝까지 거의 매년 확대하고, 믿음으로 하는 기도의 응답으로 40년 동안 유지하게 하신 하나님은 여전히 이 일을 계속하시고, 이 하나님의 종을 당황스럽게 하지 않으셨으며, 조금도 흔들리지 않고 하나님을 계속 의지하게 하셨다."

하나님이 계속해서 돕고 수단을 공급할 것을 믿은 조지 뮬러는 필요하다면 이미 겪은 극심하고 오랜 시험이 반복되더라도 감당할 준비를 철저히 하고 있었다. 살아계신 하나님은 믿음의 시험이 가볍거나 간단히 지나가지 않았어도 감독자와 지휘자처럼 오랫동안 부침을 반복하는 동안에도 평안과 안정을 유지하게 하셨다.

1838년 8월부터 1849년 4월까지 십 년 이상 하루도 거르지 않고, 그리고 몇 개월에 걸쳐서 식사 때마다 날마다의 공급을 위해 하나님을 의지해야 했다. 나중에 성경지식연구원이 20배나 커져서 그만큼 공급해야 할 것이 늘어나자 하나님은 여러 달 동안 종이 매 순간 자신을 의지하게 하셨다. 이렇게 계속 부족한 상태가 지속하는 기간에 영원하신 하나님은 피난처가 되시고 그를 돕는 영원한 팔이 되셨다.

그는 하나님이 사역의 확장과 부족한 것을 모두 알고 있음을 곰곰이 생각했다. 그리고 자신이 주님의 영광을 구하고 있다는 사실을 떠올리면서 위안으로 삼았다. 덕분에 하나님께 속한 이들과 여전히 불신자인 사람들에게 유익이 돌아가서 주님이 더 큰 영광을 받더라도 종과는 무관하다고 생각했다. 거룩한 판단으로 일을 주도하시는 주인에게 기쁨이 된다면 이 시련의 길을 끝까지라도 계속 가는 게 종에게는 마땅한 일이었다. 믿음의 시련은 끝없이 계속되었다. 1881년 7월 28일에 뮬러는 일기에 다음과 같이 기록했다.

"어느 때는 수입이 지출의 불과 3분의 1밖에 되지 않았다. 그 때문에 고아원을 지원하는 모든 자원이 거의 바닥났다. 그리고 성경지식연구원의 처음 네 가지 목적에 필요한 것도 수중에 일절 없다. 이제 겉모습으로는 그 사역을 수행할 수 없다. 하지만 나는 주님이 고아원을 위한 수단과 성경지식연구원의 또 다른 목적에 필요한 수단을 공급해주실 것으로 믿는다. 그리고 우리는 좌절하지 않을 것이고 사역을 포기할 수 없다. 나는 전적으로 도움을 기대하고 있고 하나님의 영광을 위해 이것을 기록한다. 결과는 드러날 것이다. 우리가 몇 해 동안 이처럼 가난한 적이 없었지만 어려움을 이겨낼 것이다."

믿음을 갖고 하나님을 의지하면서 더욱 간절히 기도했다. 하루에 여섯 번, 일곱 번, 여덟 번씩 그와 그의 사랑하는 부인은 응답을 구하면서 해결할 방법을 간구하는 기도를 했고, 덕분에 기대가 꺾이지 않으리라는 것을 굳게 신뢰할 수 있었다. 이 내용이 기록된 이후로 17년간 이런 신뢰기 부끄러움을 겪지 않았다는 게 입증되었다. 아무리 어려운 상황이 닥쳐도 이 거룩한 사업의 나뭇가지는 하나도 상하지 않았다.

이렇게 믿음으로 약속을 단단히 붙잡아도 압박은 곧장 풀리지 않았다. 하나님에 대한 확신에 찬 신뢰를 일기에 펼쳐놓은 지 2주일이 지난 뒤에도 고아원들의 잔액은 25년 동안의 그것보다 더 적어서 인간의 눈에는 하나님이 자비를 잊으신 것처럼 생각될 정도였다. 하지만 8월 22일에 고아원의 후원금으로 1천 파운드 이상이 들어와서 한동안 마음을 놓게 되었다.

전례 없는 어려움 속에서도 하나님만을 확신했고, 가난하든 부유하든 간에 누구도 극심한 부족함을 알지 못했다는 사실에 한 번 더 주목할 필요가 있다. 기꺼이 도와줄 여러 성도에게 처지를 알리거나 지원을 요구하더라도 죄가 될 수는 없었다. 하지만 주님에 대한 증거는 빈틈없이 보호되어야 했다. 어떤 식으로든지 사람에게 호소해서 하나님에 대한 증거가 약화되면 이런 믿음의 사역이 추구하는 주된 목적이 위험할 수도 있었다.

이런저런 위기 속에서 믿음은 승리했다. 그리고 세월이 지나가는 만큼 기도에 귀를 기울이시는 하나님에 대한 증거의 양과 능력도 함께 늘어났다. 이 시험의 기간이 끝나거나 영구적으로 후원이 공급된 것도 아니었지만 뮬러는 부인과 함께 1881년 8월 23일에 브리스톨을 떠나 대륙으로 제8차 선교여행에 나섰다. 일반적인 시선으로는 자리를 지키는 게 당연한 것처럼 보이는 순간에도 그는 이처럼 라이트와 다른 동역자들에게 일을 맡기고 다른 임무를 위해 조용히 떠났다. 그 여행은 하나님의 인도하심을 받아서 이미 계획되어 있었고, 뮬러는 이 일에 착수하면서 하나님은 애슐리 다운에서처럼 멀리 떨어진 지역에서도 기도하면서 기다리는 이들을 가까이하시고 그분의 사역을 수행하기 위해서 특정 장소나 특정인이 반드시 존재할 필요는 없다고 확신했다.

미국의 한 도시에서 정신이 온전하지 않은 소년이 무거운 짐을 지고 빈 수레를 끄는 짐차꾼에게 태워달라고 부탁했다. 허락받은 소년이 짐을 들고 마차에 올랐다. 소년은 말에게 부담을 주지 않으려는지 짐을 내려놓지 않았다. 우리는 어리석은 소년의 단순함 때문에 웃음을 터뜨리면서도 얼마나 자주 같은 잘못을 저지르는지 알지 못한다. 우리 자신은 물론이고 염려까지 주님께 맡긴다고 고백한다. 그러고는 그분이 우리와 짐을 감당하지 못할 듯이 계속해서 짐을 짊어지고 있다. 기독교 사역자들에게 필요한 아주 건전한 교훈은 진정한 사역이 모두 일차적으로는 주님의 몫이고 우리의 순서는 그다음이라는 것이다. 그래서 우리의 모든 '염려'는 주님을 불신하는 것이면서 동시에 그분이 유일한 사역자이고 나머지는 그저 도구일 뿐이라는 사실을 간과하는 교만을 내포한다.

우리는 주님을 차분히 믿으면서 시련, 어려움, 손실, 그리고 낙심을 그분께 맡기는 것을 주저하는 경향이 있다. 우리는 주님이 망설이는 제자 베드로에게 "내가 하는 것을 네가 지금은 알지 못하나 이후에는 알리라"(요 13:7)고 약속하신 것에서 피난처를 찾기만 하면 충분하다고 생각한다. 하지만 '이후에'라는 단어는 우리가 모든 문제의 해답을 구하고 있는 미래의 상태를 언급한다. 베드로는 발을 씻겨주고 의미를 설명하자 그 '이후에'가 찾아온 것처럼 보인다. 인생에 얽힌 모든 시험과 실망스러운 경험에 관한 뮬러의 증언을 살펴보는 것 역시 믿음에 도움이 된다. 그는 이미 삶을 통해 그것들이 합력해서 선을 이루는 것을 한 차례 예외도 없이 경험했다. 따라서 그는 그것들 때문에 하나님을 찬양해야 했다.

시편 90편에는 이런 말씀이 나온다. "우리를 괴롭게 하신 날수대로 와 우리가 화를 당한 연수대로 우리를 기쁘게 하소서"(시 90:15). 이것은 영감으로 이루어진 기도이고 또 이런 기도는 일종의 예언이다. 시련과 고난을 인내하면서 감당하자 천국의 이편에서 슬픔을 겪은 해와 날만큼 거룩한 기쁨을 발견한 성도가 적지 않다.

믿음은 선행을 계속하다가 어떤 낙심과 단절을 겪어도 평안과 꿋꿋함을 유지하게 하는 비결이다. 하나님 영의 인도를 받았던 야고보는 불안정하고 의심하는 사람을 "마치 바람에 밀려 요동하는 바다 물결"(약 1:6) 같다고 기록했다. 바다 물결은 두 가지 움직임이 있어서 위아래로 움직이는 것을 조수, 앞뒤로 움직이는 것을 요동이라고 부른다. 그것을 '밀려'와 '요동'이라는 말로 표현한 것은 아주 적절했다. 두 마음을 품은 사람은 두 가지 측면에서 꾸준하지 못하다. 믿음에 꾸준한 경험이 없다. 요동하는 바다 물결처럼 오르락내리락한다. 그리고 발전의 일관성이 없다. 오늘 얻은 것을 내일 잃어버린다.

뮬러는 수입의 변동과 분명한 번영 때문에 놀라지 않았다. 그는 그것을 예상했다. 위기와 긴급한 상황이 없는데 어떻게 결정적인 구조가 가능할까? 그는 기부자와 친구나 세상의 흐름을 신뢰하지 않았다. "나 여호와는 변하지 아니하나니"(말 3:6)라고 직접 약속하신 살아계신 하나님을 신뢰했기 때문에 그의 두 발은 어떤 변화 속에서도, 하물며 지진에도 전혀 기초가 흔들리지 않는 영원한 반석 위에 굳게 서 있었다. 뮬러는 이 무렵에 감사하고 있는 두 가지 사실을 기록했다. 첫 번째 사실은 이것이다.

"은총 덕분에 나는 50년 이상을 필요한 모든 것을 허락하시는 성실하신 분을 완벽하게 의지하는 길을 걸어왔다. 그렇지만 나는 오직 그분 덕분에 이 길을 계속 갈 수 있다는 확신이 점점 더 강해지고 있다. 하나님과의 교제 속에서 걸어가는 소중한 경험을 그토록 오랫동안 하고 난 이후에도 혼자 남겨진다면 그분을 전적으로 의지하는 이 길을 포기하고 싶은 유혹을 여전히 받게 될 것이다. 그렇지만 감사하게도 반세기 이상 전혀 그렇게 하고 싶은 생각이 들지 않았다는 사실을 밝혀둔다."

두 번째 사실을 정리하면 이렇다. 1880년 5월부터 1881년 5월까지 성령님의 자비하신 역사가 애슐리 다운의 고아원과 여러 학교에 임했다. 1880년 9월에 미국으로 향하는 배에 오르기 전 3개월간 집에서 지내는 동안 뮬러는 은총을 간절히 구했고 동역자들에게도 자주 그런 기도를 강조했다. 성실하신 주님은 종의 중보기도에 풍성하게 응답하셔서 부재중에도 기쁨을 안겨주었다. 미국에서 사역을 시작하기도 전에 복된 회심의 역사가 이미 진행 중이라는 소식이 고국에서 전해졌다. 그가 자리를 비웠던 거의 1년간 다섯 개 고아원에서 지내는 512명의 고아가 그리스도 안에서 하나님 아버지를 만났는데 거의 절반 이상이 희망적인 상태라는 것이다.

주님은 약속을 잊지 않으셨다. 주님은 자신의 종인 뮬러에게 자신의 이름으로 애슐리 다운에 심도록 허락하셨던 나무를 보호하셨다. 시험받은 믿음은 승리했다. 1884년 6월 7일에는 11,000파운드가 넘는 유산이 들어왔다. 기부금 가운데 최고의 액수였고 이전에 받았던 큰 금액의 기부금은 1천 파운드, 2천 파운드, 3천 파운드, 5천 파운드, 그리고 8,100파운드와 9,091파운드가 전부였다.

11,000파운드는 6년 이상을 사용할 수 있는 금액이었지만 고등법원에서 지연되는 바람에 지급되지 않았다. 그 유산을 자유롭게 사용할 수

있도록 하루도 거르지 않고 기도했고 결국에는 완전한 응답이 이루어졌다. 하나님은 필요한 순간에 정확히 도움을 허락하셨다. 당시 수중에는 하루에 필요한 평균 비용의 절반도 못 미치는 41파운드 10실링에 불과했고 위생설비의 개선을 위해 2천 파운드 이상을 지급해야 했다. 뮬러는 1884년의 엄숙하고 복된 기록을 이렇게 마무리했다.

"이렇게 1884년이 끝났다. 그 기간에 우리는 다양한 방식으로 엄청난 시험을 겪었다. 분명히 그것은 우리의 믿음을 실천하고 하나님을 더욱 온전히 알게 하기 위함이었다. 하지만 그동안 우리는 역시 놀라운 도움과 축복을 받았다. 그렇게 해서 하나님이 우리를 위하시고, 우리와 함께하시기 때문에 모든 일이 잘될 것이라고 크게 확신하면서 1885년을 맞이할 수 있었다."

한 세기 전에 존 웨슬리 역시 똑같은 심정으로 말했다. "무엇보다 좋은 것은 하나님이 우리와 함께하신다는 것이다." 그 무렵 애슐리 다운의 고아원들은 이전처럼 원아를 많이 수용하지 않았지만 이제 4~5백 명을 더 받아들여야 했다. 뮬러는 자신이 세상을 떠나기 전까지 궁핍한 고아들에게 그곳에서 가정을 제공할 목적으로 그만큼 빈자리가 있다는 것을 일반에 알려야 한다고 생각했다. 하지만 이런 고아원 사역이 시작된 이래 고아를 위한 대비시설이 크게 확대되었다는 것을 염두에 둘 필요가 있다.

1834년 사역이 급속히 확대되어서 애슐리 다운에만 2천 명 이상을 받아들였다. 그리고 이런 거대한 사업은 다른 이들이 유사한 기관을 시작하도록 자극해서 뮬러가 사역을 시작하고 50년이 지난 뒤에는 영국에서만 적어도 10만 명의 고아들을 수용하게 되었다. 하나님은 이처럼 뮬러가 일종의 자선활동에 활력을 불어넣게 함으로써 어려운 고아들이 개인과 사회 모두에 광범위하게 조직된 자선사업의 대상이 되게 하셨고, 이제는 다양한 계층을 위해서 고아원들이 운영되고 있다.

뮬러는 이 모든 다양한 사역을 추진하면서도 끝까지 자신의 몫을 챙기지 않았다. 1830년 10월에 목사와 복음의 사역자로서 사례비를 완전히 포기하고 난 뒤로는 성경지식연구원의 목사와 책임자로서 급료나 고정 수입을 일절 받지 않았다. 원칙과 우선순위에 따라서 개인적인 필요는 물론, 사역의 필요까지 전적으로 하나님을 의지했다. 그럼에도 하나님은 전 세계의 자신을 믿는 자녀들을 통해 뮬러가 이끄는 다양한 사역에 도움을 제공하셨을 뿐 아니라 직접 필요한 돈과 의복, 그리고 기타 실제적인 물품을 공급하셨다.

그는 개인적인 용도로 사용하도록 지정되거나 자신의 판단에 맡긴 것을 제외하고는 동전 한 닢도 전용하지 않았다. 자신에게 건네진 돈을 다른 목적 때문에 자신과 가족의 어려움을 해결하는 데 사용하지도 않았다. 뮬러를 위한 후원금은 대개 이름이 기록된 종이로 포장하거나 비슷한 방법으로 그를 위한 것임을 분명히 해두었다.

1874년에는 그의 연간 수입이 2,100파운드를 넘겼다. 비국교도 목회자나 20여 곳의 성직자 가운데 하루 6파운드의 수입을 올리는 사람이 별로 없었다. 이 모두 그서 기노에 대한 응답으로 주님에게서 주어진 것이었고 인간에게 호소하거나 개인적인 필요를 알려서 얻은 것이 아니었다. 1873년 말에 지급된 유산까지 모두 합할 때 뮬러가 13개월간 올린 전체 수입은 3,100파운드를 훌쩍 넘겼다. 이 가운데 자신과 가족을 위해 사용한 약 250파운드를 제외한 모든 금액을 어려운 이들과 하나님의 사역에 사용했다. 덕분에 뮬러는 45년 전과 마찬가지로 1875년을 가난하게 시작했다. 만일 개인적인 비용까지 들여다볼 수 있었다면 그는 먹고 마시고 입는 것까지 하나님의 영광을 위해 사용했기 때문에 실제로는 그가 자신을 위해 일절 사용하지 않았다는 결론을 내렸을 것이다.

앞서 언급한 내용을 달리 살펴보면 1890년 뮬러는 인도의 자발푸르에서 딸이 세상을 떠났다는 소식을 접했다. 신앙이 부족하고 나이가 지긋한 사내라면 누구든지 그런 소식이 충격적이고 치명적이었을 것이다. 제임스 라이트의 사랑하는 아내이자 뮬러의 외동딸이었던 루디아가 고아원을 시작한 지 거의 30년이 지난 58세의 나이에 천국으로 부름을 받았다. 84세가 된 뮬러에게 있어서 그 죽음이 갖는 의미는 딸과 아버지의 헌신적인 모습을 보지 못한 사람은 누구도 입에 담지 못할 것이다. 그리고 라이트의 상실감 역시 글로 설명할 수 없을 것이다. 만일 딸이 아버지와 인간적으로 불가분의 관계였다면 그녀는 남편에게는 없어서는 안 될 존재였다. 이런 경험은 표현하기가 너무 어려워서 말을 하지 않는 편이 훨씬 더 나을 것이다.

하지만 라이트 부인이 무엇보다 아주 겸손했다는 사실은 반드시 기록할 필요가 있다. 그녀만큼 자신을 부족하게 생각한 성도는 거의 없었고 그녀가 유일하게 꾸민 장식이라고는 겸손과 침착한 마음뿐이었다. 덕분에 이 "오직 마음에 숨은 사람"(벧전 3:4)이 그녀를 아는 모든 이에게 눈에 띌 정도로 아름답게 보였을 것이다. 그런 장식을 주님도 아주 귀하게 여기지 않았을까? 그녀의 하나님, 곧 "여호와의 아름다움"(시 27:4)이 그녀에게 임했다.

제임스 라이트는 18년 이상을 사랑하는 아내 루디아와 조금도 흠을 찾을 수 없을 정도로 행복하게 생활했다. 둘은 인생의 모든 짐을 함께 지고 기도와 눈물을 함께했다. 라이트는 무거운 책임을 맡게 되자 비록 그녀의 몸은 약했지만 늘 그녀를 의지하고 그녀에게서 영적인 힘을 얻었다. 마음이 겸손한 그녀는 자신을 작고 무익한 존재로 간주했지만 그는 능력 있는 여자의 손길이 필요한 가정의 중대사를 담당하는 그녀가 능력 있고 쾌활한 지도자라는 사실을 깨달았다. 그리고 그녀는 어머니가 그랬듯이 빈틈없이 성실하게 고아들을 보살폈다. 그녀가 죽은 뒤에 남편은 유품 속에서 값진 보화를 발견했다. 그녀가 직접 쓴 시였다.

"나는 예수님의 얼굴을 보았네.
그 무엇과도 비교할 수 없다네.
나는 예수님의 음성을 들었네.
내 영혼은 정말 만족해!"

말할 수 없이 소중한 이 작은 시는, 어머니의 유품에서 그녀가 직접 찾아낸 작품이 아버지 뮬러에게 그랬듯이 라이트에게도 세상을 떠난 사랑하는 아내의 마지막 유산이 되었다. 그녀의 바람은 성취되었다. 자신의 영혼을 만족하게 할 수 있는 유일한 근원이 되시는 예수님의 얼굴을 직접 보고 음성을 듣게 되었다.

1892년 5월 26일까지 계속된 53차 연례보고서에는 고아원들을 위한 지출이 3,600파운드나 수입을 초과하자 많은 동역자가 일절 불평하지 않고서 사례비가 지연되는 것을 감수했다는 기록이 나온다. 이것은 58

년간 수입이 지출을 초과했던 두 번째 사례였다. 10년 전에 지출이 수입을 488파운드 정도 초과했지만, 새롭게 회계연도가 시작된 지 한 달 안에 부족한 금액의 3배에 해당하는 유산이 들어와서 해결되었고 그것 말고도 6배가 되는 기부금이 들어왔다. 그런데 이제는 하나님이 뮬러에게 그 사역을 확장하기보다는 축소하게 하시려는 게 아닌지 궁금했다. 그는 이렇게 말했다.

"작년에 하나님이 우리를 대하는 방식은 활동을 축소하는 게 그분의 뜻이라는 것을 보여준다. 그래서 우리는 이것이 어떻게, 그리고 얼마나 이루어져야 하는지 지침을 얻으려고 그분을 기다리고 있다. 하나님께 영광을 돌리는 게 우리의 유일한 목적이기 때문이다. 내가 성경지식연구원을 시작했을 때 규정한 한 가지 원리는 '빚에 의지해서 사역을 확장하지 않는다' 는 것이었다. 그리고 마찬가지로 우리가 현재의 비용을 감당할 수 있는 충분한 수입이 없다면 이미 하고 있는 일을 계속할 수 없다."

그래서 하나님을 위해 사역을 확장하기를 즐기던 경건한 사내는 축소가 필요하다면 하나님의 뜻에 순종할 만큼 겸손하기까지 했다. 더욱 간절히 기도했고 덕분에 몇 주 혹은 몇 달간 지속된 시험 속에서도 믿음을 잃지 않고 한결같은 위대한 조력자의 약속 덕분에 풍성히 유지되었다. 이런 고난은 약 1만 2천 평 정도의 땅을 1만 파운드에 양도하는 것으로 해결되었다. 그래서 연말에는 2,300파운드가 수중에 남아 있었다.

그렇지만 1893년부터 1894년까지 상황은 훨씬 더 절박했다. 몇 년간 시련을 겪자 주님은 한 차례 더 풍성하게 재정을 공급하셨다. 뮬러는 그 시련의 기간에 겉으로는 하나님이 자신들을 잊거나 포기해서 성경지식연구원에 더는 관심을 두지 않는 것 같았어도 보기에 그럴 뿐이었다고 조심스레 덧붙인다. 줄곧 그렇게 생각했기 때문이다. 그리고 그는 이런 훈련을 통해서 믿음이 어떻게 더 강력해졌고, 하나님이 그들에게 시험을 견디게 한 인내와 온유함을 통해 그분이 얼마나 영광을 받게 되었고, 무수히 많은 성도가 거룩한 성실함에 대한 이런 경험을 나중에 읽고서 축복을 받았는지 기록으로 남겼다.

라이트의 아내가 세상을 떠난 지 5년 뒤에 뮬러는 또다시 혼자가 되었다. 마지막 선교여행은 1892년에 끝났지만, 1895년 1월 13일에 이 모든 오랜 여정의 변함없는 동료이며 동역자인 사랑하는 부인이 영원히 안식하자 경건한 루디아가 천국으로 부름받은 이후로 다시 한번 홀로 남게 되었다. 하지만 이전에도 언제나 붙잡아주신 하나님의 동일한 은총이 변함없이 평강을 유지하게 했을 뿐 아니라 사역을 가능하게 한 그 손에 입맞추게 해주셨다.

뮬러는 두 번째 부인의 장례식에서도 첫 번째 부인의 장례식 때처럼 설교했다. 그 장면은 아주 인상적이었다. 90세의 나이에 그런 예배의 집례는 드문 일이었다. 다른 모든 시험을 감당하게 해준 믿음이 이번에도 그를 붙잡아주었다. 눈으로 볼 수 없는 세계와 습관적으로 교제하면서 생활했고 보이지 않는 하나님과 어떤 간섭도 없이 함께 걸어갔다. 다른 세계로 떠나는 게 아주 생생해서 그것을 경험하는 이들은 슬퍼하거나 우리의 날들을 계수하는 한없는 사랑을 불평할 수 없었다. 그가 영원한 팔을 의지하는 모습을 지켜보는 것은 어떤 증거의 말보다 훨씬 커다란 감동을 안겨주었다.

나는 뮬러가 자신과 사역에 없어서는 안 될 것 같은 첫 번째 부인을 데려가신 하나님의 의도를 완벽히 이해하기까지 8년을 기다렸다고 말하던 게 기억난다. 일기에는 이 발언이 더 자세히 기록되어 있다. 23년 이상 결혼생활을 하고 나서 하나님이 두 번째 부인을 데려가시려고 하자 그는 "하나님을 사랑하는 자 곧 그의 뜻대로 부르심을 입은 자들에게는 모든 것이 합력하여 선을 이루느니라"(롬 8:28)는 약속을 또다시 의지하고 과거에 그 진리를 경험한 것을 돌아보았다.

39년 넘게 행복한 결혼생활을 하고 나서 첫 번째 부인을 잃었을 때 하나님의 뜻에 순종했지만 슬픔과 사별이 어떻게 선을 이룰 수 있는지는 전적으로 믿음의 문제였다. 선을 이루는 게 눈에 띄지 않았기 때문이다. 하지만 하나님의 말씀을 믿고 그런 일이 일어나기를 기다리면서 지켜보았다. 아내를 잃자 회복할 수 없을 것 같았다. 불과 얼마 전에 9백 명의 고아들을 수용할 수 있는 두 개의 고아원을 개원해서 모두 2천 명 이상 돌보게 되었다. 그녀는 본성과 교양, 재능과 사랑이 남편의 동역자로 적합했는데 어머니의 사랑으로 고아들을 보살피다가 갑자기 곁을 떠난 것이었다.

뮬러는 두 번째 부인과 결혼한 지 4년 뒤에 나라마다 말씀을 전하면서 인생의 황혼기를 보내는 게 하나님의 뜻이라는 사실을 확실히 깨달았다. 그렇지 않았다면 이런 선교여행을 육신적으로 감당하는 게 몹시 어려웠을 것이다. 그 여행은 거리가 32만 킬로미터를 넘겼다. 그리고 한 주 내내 기차에서 보내거나 어느 때는 4주나 6주를 선박에서 지낼 때도 있었다. 뮬러 부인은 공적으로 전혀 역할을 담당하지 않으면서도 이 여행 때문에 상당한 부담을 느꼈다. 그녀는 편지를 쓰고 책과 소책자를 배부하며 다양한 방법으로 남편을 돕고 위로하느라 언제나 분주했다.

피곤한 여정과 다양한 기후를 경험하다가 73세에 세상을 떠난 첫 번째 아내는 결코 이 여행을 감당할 수 없었을 뿐만 아니라 하나님이 그녀를 데려가셔서 이렇게 광범위하게 여정을 계속하게 되었다는 생각이 섬광처럼 갑자기 떠올랐다. 이 여행을 시작할 무렵 그녀는 팔순을 넘겼을 테고 건강이 나빠서 나이와 무관하게 고생을 못 견뎠을 것이다. 반면에 두 번째 부인은 아직 57세였고 나이든지 체력이든지 간에 자신에게 가해지는 부담을 제대로 감당할 수 있었다. 그러니 "하나님을 사랑하는 자 곧 그의 뜻대로 부르심을 입은 자들에게는 모든 것이 합력하여 선을 이루느니라"(롬 8:28)고 고백하지 않을 수 있겠는가?

아름답고 파란만장한 삶의
마지막 모습

·
·
·

마지막 선교여행을 마친 1892년 5월부터 그는 성경지식연구원 사역과 베데스다교회와 하나님이 이끄시는 다른 곳에서 설교하는 일에 주력했다. 젊어서 심각한 병을 자주 앓았고 몸이 약해서 병역의무를 면제받은 사실 때문에 일찍 죽거나 중병을 앓을 것이라고 많은 사람이 예상했던 것과는 달리 그의 신체는 놀라울 만큼 건강했다. 그는 여행하면서 열대 지역의 기후와 극지방의 추위, 바다에서의 돌풍과 태풍, 그리고 오랫동안 지속하는 기차여행과 항해를 겪었다. 또한 파리와 모기 같은 해충과 심지어는 쥐에게까지 시달렸다. 기후, 식사습관, 생활방식의 변화, 그리고 거의 매일 있는 예배의 중압감에도 부담을 느끼지 않았다. 건강이 좋은 때가 없던 이 사내는 강철 같은 체질이 요구되는 사역을 감당했다.

1837년에는 머리가 계속 아파서 정상적인 생활이 불가능해지는 게 두려웠던 이 사내는 92세가 되던 해에 이렇게 말했다. "나는 70세 이후로 하루도 거르지 않고 온종일, 그것도 어렵지 않게 일할 수 있었다." 내가 1896년 브리스톨에서 아주 특별한 의미가 있는 집회를 진행할 때 존경하는 뮬러에게 YMCA 건물에서 열리는 마지막 집회의 설교를 부탁했다. 그러자 그는 선교와 관련된 기도를 주제로 45분간 힘차게 설교하면서 나이를 잊은 것처럼 활기찬 음성과 태도로 자신이 살아온 이야기를 일부 소개했다.

그 나이에 그런 놀라운 능력을 발휘하는 모습은 정탐꾼으로 약속의 땅을 살피던 시절과 다름없이 강건하다고 하나님 안에서 자랑한 갈렙을 떠올리게 했다. 그리고 뮬러는 이렇게 건강할 수 있었던 세 가지 이유를 소개했다. 첫째, 하나님과 사람에게 잘못을 범하지 않도록 늘 양심을 지켰다. 둘째, 성경을 사랑했고 성경이 꾸준히 회복의 능력을 전체적으로 발휘했다. 셋째, 하나님과 그분의 사역에서 경험한 행복이 모든 근심과 무익한 심신의 소모를 벗어나게 해주었다.

이 영웅이 자신의 세대에 남긴 위대한 핵심 진리는 살아계신 하나님이 흘러간 과거와 다름없이 오늘이나 영원히 동일하시다는 것, 그리고 우리는 시대와 무관하게 가장 믿음직한 영혼들과 똑같이 확신하면서 하나님의 말씀을 믿고 아브라함처럼 모든 약속에 아멘으로 대답할 수 있다는 것이었다.

"아브람이 여호와를 믿으니 여호와께서 이를 그의 의로 여기시고"
(창 15:6).

뮬러가 세상을 떠난 지 며칠 뒤에 북아프리카 선교회의 헌신적인 동료였던 글렌(E. H. Glen)이 바르셀로나에 들렀다가 그가 사진첩에 친필로 남긴 글을 발견했다.

"예수 그리스도는 어제나 오늘이나 영원토록 동일하시니라"(히 13:8).

우리는 시편 102편을 인용하는 히브리서의 기자처럼 여호와를 이렇게 찬양할 수 있다.

"천지는 없어지려니와… 주는 한결같으시고 주의 연대는 무궁하리이다"(시 102:26-27).

뮬러는 말년에 활동을 자제하라는 의사의 조언을 받아들여서 주일에 한 차례만 설교했다. 나는 1896년 3월 22일 주일 오전에 그의 설교를 들을 수 있는 특권을 누렸다. 시편 77편을 설교했는데 주제는 당연히 그가 가장 좋아하는 기도에 관한 것이었다. 그의 일상적인 설교의 특징을 고려한다면 그는 91세의 나이에도 탁월한 성경주석가였다. 이 강해는 나중에 소개하겠다.

1898년 3월 6일 주일 오전에 그는 앨마로드교회에서 설교했고, 그다음 월요일 저녁에는 베데스다교회의 기도예배에 참석했다. 두 차례 모두 건강은 양호했다. 수요일 저녁에 고아원 기도모임에 참석해서는 찬송을 불렀다.

"하늘의 허다한 무리."

"숨을 거둔 목자를 찬양하겠네."

뮬러가 사랑하는 사위에게 잠자리 인사를 나눌 때도 건강이 나빠지고 있다는 것을 겉으로 확인할 수 없었다. 그는 끝까지 활기찬 노인처럼 보였고 여느 때처럼 휴식을 취하러 방으로 갔다. 그렇게 나이가 많으면 잠자리를 돌보는 사람이 있어야 할 것 같았다. 얼마 전에 심장이 약해졌다는 진단을 받은 뒤로는 특히 그랬다. 그래서 그는 사랑의 강권을 못 이긴 채 '그날 밤 이후로' 그렇게 하기로 동의했다. 하지만 때가 너무 늦은 동의였다. 더는 사람의 돌봄이나 관심이 필요하지 않았다.

3월 10일 목요일 아침 7시경에 늘 그렇듯이 따뜻한 차가 방으로 배달되었다. 문을 두드렸지만 불길한 침묵만이 흘렀다. 문을 열어보니 뮬러가 침대 옆 바닥에 숨진 채 누워 있었다. 아마 그는 언제나처럼 가까이 놓여 있던 우유 한 잔과 비스킷을 먹으려고 일어났고 비스킷을 먹다가 현기증이 나자 식탁보를 붙잡고 쓰러졌을 것이다. 식탁보와 그 위에 있던 것들이 잡아 당겨져 있었다. 곧장 달려온 의사는 그가 발견되기 한두 시간 전에 심장마비로 숨졌다고 진단했다.

고령이었음에도 그의 서거는 세계적으로 화제가 되었다. 그 사내의 도덕적 및 영적인 감화력이 미치지 않는 곳이 없었다. 브리스톨이나 영국뿐 아니라 해 뜨는 곳에서부터 해지는 곳에 이르기까지 깊은 조의를 표하는 게 느껴졌다. 조지 뮬러가 세상을 떠났다는 소식이 전보와 전신을 통해 알려지자 전 세계가 애도했다. 그리고 세계적인 수준에서 영향력을 가늠할 수 있는 위대한 영국인으로 소개되었다. 그는 특별한 의미에서 전체 교회와 전 세계에 속했고 그의 죽음은 인류의 손실이었다.

월요일에 거행된 장례식은 대중들이 애정을 표하는 아주 보기 드문 장례식이었다. 수만 명이 소박한 행렬이 지나는 길을 따라서 숙연하게 자리를 지켰다. 남자들은 작업장과 사무실을, 여자들은 집과 부엌을 비우고 마지막으로 존경을 표했다. 브리스톨에서는 일찍이 그런 대단한 장면이 연출된 적이 없었다.

제3고아원에서 간단히 예배가 진행되었다. 그곳에는 또다시 아버지를 잃은 1천 명 이상의 어린이들이 있었다. 꽃으로 꾸미지 않은 소박한 관에 누운 조지 뮬러의 시신은 커다란 식당의 독서대 앞에 놓여 있었고, 명판에는 그의 사망일과 나이만 새겨져 있었다.

사위인 제임스 라이트가 모인 사람들을 상대로 설교했다. 하나님을 가장 가까이 한 이들에게도 주님이 지체하는 사이에 죽음이 찾아오고, 주님 안에서 죽는 것은 축복이며, 그리고 그리스도 안에 있는 성도들에게는 영광된 부활이 기다리고 있다는 내용이었다. 어린이들이 흘리는 눈물은 어떤 말보다 죽은 이에 대한 애정을 증명했다.

침묵이 흐르는 가운데 장례 행렬이 이어졌다. 운구 행렬에는 윌슨 가에 있던 최초의 고아원에서 지냈던 네 명이 참여했다. 서러워하는 어린이들을 바라보는 사람들의 마음도 가눌 길이 없었고 눈물이 없는 이들 역시 그날 함께 울었다. 운구차를 따른 마차에는 의사와 친척들, 그리고 뮬러와 관련된 교회들의 장로와 집사들, 애슐리 다운의 동역자들이 타고 있었다. 그 뒤를 여러 종교단체의 대표들을 태운 사오십 대의 마차가 따라갔다.

베데스다교회에서는 발 디딜 틈이 없어서 수백 명의 사람이 입장하

▲ 뮬러의 운구 행렬. 뮬러가 세상을 떠났다는 소식이 전해지자, 해 뜨는 곳에서부터 해 지는 곳에 이르기까지 깊은 조의를 표했다. 뮬러의 장례식이 거행된 날에는 수만 명의 사람이 스박한 운구 행렬을 숙연히 지켜보았고 그의 삶을 애도하며 살아계신 하나님을 찬양했다.

지 못했다. 세상을 떠나기 전날 밤에 뮬러가 기도모임에 참석해서 불렀던 찬송을 함께 불렀다. 베스의 맥클린(Maclean of Bath) 박사는 그토록 오랫동안 봉사와 증거, 기도와 믿음의 삶을 지속한 것을 기리면서 기도했고, 라이트는 히브리서 13장 7~8절을 본문으로 삼아 설교했다.

> "하나님의 말씀을 너희에게 일러주고
> 너희를 인도하던 자들을 생각하며
> 그들의 행실의 결말을 주의하여 보고
> 그들의 믿음을 본받으라.
> 예수 그리스도는 어제나 오늘이나
> 영원토록 동일하시니라."

그는 하나님이 자기 사람들을 세우는 영적 지도자들과 지침에 대해서 말씀을 전했다. 그리고 그들의 믿음을 본받는 특권을 소개하면서 사랑하는 장인의 두 가지 특징에 주목하도록 강조했다. 첫째, 뮬러의 믿음은 변함없는 영원한 반석이신 하나님의 기록된 말씀에 근거했다. 그리고 둘째, 말씀의 언약과 개념을 일상의 삶에 적용했다.

라이트는 성경 전체가 영감으로 기록되었다는 게 뮬러의 믿음이었다고 강조했다. 뮬러는 젊은 성도들에게 "여러분의 믿음이 의지하는 성경 구절을 말해보라"고 자주 독려했고 스스로 성경을 처음부터 끝까지 거의 2백 번을 읽었다. 그는 말씀을 먹고 강해졌다. 그는 말씀의 중심이 살아계신 하나님 안에 자리 잡고 있음을 깨달았고 그분의 구속 사역이 확신의 근거가 되었다. 그는 늘 자신을 연약하고 타락했으며 사악해서 가장 하찮은 축복조차 받을 자격이 없는 존재로 간주하여 위대하신 대제사장의 공로와 중보를 전적으로 의지했다. 뮬러는 믿음을 길렀다. 그는 자신의 기도와 사역을 돕는 동역자들에게 "아버지의 사랑이나 아버지의 능력의 팔에 대한 의심의 그림자가 마음에 깃들지 않게 하라"고 자주 도전했다. 그리고 자신의 모든 삶을 심판의 날에 비추어서 살아갔다.

라이트의 설교는 가장 중요한 교훈을 한두 가지 두드러지게 강조했다. 예를 들면 성령은 다른 이들의 개성이나 자선활동이 아니라 믿음을 본받으라고 명령하신다는 것이다. 그리고 그는 청중들에게 뮬러의 삶에서 가장 중요한 목적과 특징은 자선활동이 아니라 무엇보다 "수천 년 전은 물론이고, 오늘날에도 자신에게 속한 이들의 기도에 귀를 기울이고 신뢰하는 이들을 돕는 살아계신 하나님께 영광을 돌리는 것이었다"라고 말했다. 그는 뮬러가 겸손 덕분에 자신을 의식하지 않고 하나님을 위해 강력하게 사역할 수 있었다고 감동적으로 소개하면서 하나님은 도구가 되려고 하는 이들을 들어 사용하신다고 설교했다. 계속해서 라이트는 이렇게 말했다.

"최근에 고아원 사역이 지속될 수 있는지 거듭해서 질문을 받았습니다. 앞으로도 계속될 것입니다. 올해 초 이후로 우리는 45명의 고아를 더 받아들였고 앞으로도 더 많은 고아를 받아들일 예정입니다. 하나님이 우리에게 허락하시는 능력에 근거한 성경지식연구원의 그 밖의 네 가지 목적은 여전히 실천에 옮겨지고 있습니다. 우리는 미래와 관련해서 하나님이 행하시는 것은 무엇이든지 그분께 값진 일이라고 믿습니다. 우리는 그 이상을 알 수 없고, 알고 싶지도 않습니다. 그분은 자신이 할 일을 알고 계십니다. 하지만 나는 아주 오랫동안 사역을 축복하신 하나님이 미래에 대한 우리의 기도에 응답하시지 않을 것이라고는 생각하지 않습니다."

이어서 벤저민 페리(Benjamin Perry)는 뮬러를 브리스톨의 시민 가운데 가장 위대한 인물로 간단히 소개했다. 뮬러를 능력 있는 성경해석가로 언급하면서 그가 다른 이들에게 자신 영혼의 양식이었던 위로와 격려를 가져다주었다는 사실도 빠뜨리지 않았다. 예를 들어 그는 뮬러가 그렇게 많은 나이에도 불구하고 정신적이나 신체적인 장애를 겪지 않고, 류머티즘이나 통증이나 고통 없이 지치지 않고 계속 사역했던 능력을 거론하면서 개인적인 추억을 일부 소개했다. 페리는 그를 죄에 속한 삶에서 구원과 섬김의 삶으로 부른 하나님의 끝없는 사랑에 응답해서 어떤 사람이나 사물보다 하나님을 전적으로 사랑해서 그분을 즐겁게 하고 섬기는 것을 더할 나위 없는 기쁨으로 삼았던 인물이라고 간략하게 묘사했다.

뮬러의 겸손을 보여주는 한 가지 사례를 털어놓았다. 뮬러가 세상을 떠나기 전에 한 친구가 그에게 이렇게 말했다.

"하나님이 자네를 천국으로 부르실 때는 배가 항해를 마치고 항구에 들어가는 것 같을 거야."

그러자 뮬러가 대답했다.

"그렇지 않아. '발걸음이 미끄러지지 않게 길을 인도하소서'라고 하루도 거르지 않고 기도해야 하는 불쌍한 조지 뮬러라네."

아사와 솔로몬 같은 이들의 말년의 삶은 노년에도 주님을 절대 떠나지 않도록 기도하게 했다.

스탠리(J. L. Stanley)가 기도를 끝내자 몰스워스(Molesworth) 대령이 찬송을 불렀다. "평안을 누리는 이들을 생각하니 즐거운 일 아닌가." 그리고 스탠리 아노트(Stanley Arnot)가 또다시 기도한 뒤에 뮬러의 시신은 아노스 베일 공동묘지에 있는 첫 번째와 두 번째 부인의 옆에 안장되었다. 무덤에 이르는 행렬에는 마차 80대가 뒤따랐다. 처음부터 끝까지 모든 것이 뮬러가 바랐던 대로 소박하고 검소하게 치러졌다.

무덤 옆에서는 몰스워스가 기도하고, 조지 버긴이 고린도전서 15장을 읽고서 우리의 모습과 행위에서 드러나는 하나님의 은총을 전하는 10절을 바탕으로 간단히 말했다. 뮬러의 조카인 그로브스(E. K. Groves)는 뮬러가 마지막으로 참석한 고아원 기도모임에서 불렀던 찬송을 부르자 그것을 큰소리로 알렸다. "숨을 거둔 목자를 찬양하겠네." 계속해서 데이비스(E. T. Davies)가 기도하고 나서 뮬러의 시신은 주님이 오실 때까지 안식에 들어갔다.

또 다른 추도예배가 아주 자연스럽게 YMCA 건물과 베데스다교회에서 있었다. 덕분에 고인에 대한 이런 사랑이 넘치는 일련의 애도를 통해 격식을 갖추고 마무리할 수 있었다. 장례식이 끝난 뒤에 맞이한 그 도시의 거의 모든 강단에서는 브리스톨에서 그렇게 오래 살았던 사랑하는 성도의 삶과 인격과 업적을 대부분 거론했다. 게다가 일간지와 주간지들이 부고와 함께 그의 경건함과 업적을 소개했다.

장례식에서는 뮬러가 지상의 마지막 날 밤에 자신이 사역을 감당할 힘이 없고 피곤하다는 말을 처음으로 했다는 게 전해져서 안타까움을 자아냈다. 그리고 주님이 그를 데려가시려고 병거를 보내기 직전까지 피로감을 느끼지 않게 하신 것은 주님의 특별한 배려로 받아들였다.

뮬러가 66년간 사역을 하고 난 뒤 베데스다교회에서 했던 최후의 설교 본문은 고린도후서 5장 1절이었다. "만일 땅에 있는 우리의 장막 집이 무너지면 하나님께서 지으신 집 곧 손으로 지은 것이 아니요, 하늘에 있는 영원한 집이 우리에게 있는 줄 아느니라." 그는 오래지 않아서 땅에 있는 장막 집을 떠나게 될 것을 어느 정도는 짐작한 것 같다. 갑자기 떠오른 생각이 아닌 게 분명했다. 그는 자신에게 허락된 날이 빠르게 줄고 있다는 것을 예상했다. 세상을 뜨기 7개월 전에 그는 의사에게 맥박이 불규칙한 것에 대해서 이렇게 말했다. "죽을 수 있다는 뜻이지요."

많은 고아가 뮬러의 첫 번째 부인이 세상을 떠났을 때처럼 사랑하는 은인을 기리는 기념비를 건립하는 데 이바지하게 해달라고 요청하는 편지를 보냈다. 그리스도의 소중한 어느 젊은 종은 그 일을 위해서 이미 20파운드 이상을 모았다. 라이트는 무덤에 소박한 묘비를 세우라는 장인의 바람을 받들기 위해서는 금액을 적정하게 제한할 필요가 있다고 생각했다. 게다가 영국과 미국의 동료들이 뮬러를 기념하는 조각상이나 대형 기념비의 건립을 서둘러서 요청했고 이런 요구가 지역 신문에 보도되었다. 결국 개인적인 편지들까지 전달되자 라이트는 이런 요청들을 즉시 잠재우면서 그런 제안을 거절할 수 있는 근거를 제시하는 제일 나은 방법으로 대중매체를 택했다. 그는 이렇게 발표했다.

"여러분은 세상을 떠난 조지 뮬러와 오랫동안 막역하게 지내온 나에게 고인이 소박하게 자신을 기렸으면 하고 바라던 것에 부응하는 방안이 무엇인지 물었습니다. 그가 직접 이 질문에 대답하게 하는 게 가장 좋은 방법이 아니겠습니까?

▲ 아노스 베일 공동묘지에 있는 뮬러의 묘비. 뮬러는 이곳에 있는 첫 번째와 두 번째 부인 옆에 안장되었다. 생전에 뮬러가 관심을 보인 단 하나의 기념비는 하나님을 향한 그의 모범이 다른 사람들에게 영향을 미치는 것뿐이었다.

첫째, 제1고아원을 세우고 건물의 이름을 정하는 게 문제가 되자 그는 의도적으로 자기 이름을 피해서 '애슐리 다운의 새 고아원'으로 결정했습니다(주의 : 그는 끝까지 '뮬러의 고아원'이라는 이름을 듣거나 읽는 것을 내켜하지 않았습니다). 이것과 일관되게 그는 여러 해 동안 모든 연례보고서에서 고아원을 언급할 때마다 '브리스톨의 새 고아원들은 나의 고아원이 아니라 하나님의 고아원이다'라고 거듭해서 진술했습니다.

둘째, 여러 해 동안, 실제로 그가 거의 80세가 될 때까지 자기 사진이 출판되는 것을 꾸준히 거절했습니다. 그리고 그는 이 점에 관해 그리 내켜 하지 않으면서도 소상하게 밝혔습니다(그는 「선교 여행」의 머리말에 그 이유를 소상히 설명합니다).

셋째, 최근에 발행한 보고서 66쪽에서 그는 이렇게 말합니다. '내가 이 사역을 수행하면서 마음에 담고 있는 일차적인 목적은 19세기에도 하나님은 여전히 살아계시고, 수천 년 전처럼 자녀들의 기도를 들어주시고, 자신을 신뢰하는 이들을 돕는다는 사실을 알리는 것이다.' 이런 발언과 행동방식을 고려해보면 조지 뮬러가 관심을 보인 단 하나의 기념비는 하나님을 향한 그의 모범이 다른 이들에게 영향을 미치는 것이었다는 게 분명하지 않겠습니까? 그의 말과 모범 덕분에(도구가 되어서) 하나님께로 돌아선 영혼은 그리스도 안에서 그런 사람의 아버지가 된 그에게는 영원한 기념비입니다. 그리고 그의 말이나 모범 덕분에 믿음이 강해진 성도는 마찬가지로 영적인 스승의 기념비입니다.

그는 하나님이 풍성한 은총을 통해 이미 자신에게 아주 많은 기념비를 허락하셨다는 것을 알고 있었습니다. 그리고 그는 내가 잘 알고 있듯이 자신을 풍성한 영적인 축복의 통로로 만들어주신 하나님께 기쁨을 주는 천국의 수많은 성도를 만날 수 있다는 가장 생생한 소망을 품고 이생을 마쳤습니다.

그는 금전상의 어려움을 토로하면서 자신이 지닌 소유의 2배나 3배, 또는 10배를 넘기는 금액을 도와달라고 요청하는 편지를 개봉할 때마다 자주 말했습니다. '이 사람들은 내가 전하려고 하는 교훈을 완전히 놓쳐버렸어. 내가 아니라 하나님께 갔어야지.' 그러니 그가 잠시만 우리에게 다시 돌아와서 그를 진정으로 존경하면서도 방향을 잘못 잡은 친구들에게 그에 대한 기억을 영구화하려는 계획을 들으면 한숨을 쉬면서 이렇게 말할 것입니다. '이 친구들이 70년간 가르치려고 했던 교훈, 그러니까 만일 하늘에서 주신 바 아니면 사람이 아무것도 받을 수 없고, 그래서 받는 이가 아니라 주는 분께 영광을 돌려야 한다는 교훈을 완전히 놓쳐버렸어.'"

제임스 라이트 올림

뮬러에 대한
하나님의 살아 있는 증거들

-
-
-

"선진들이 이로써 증거를 얻었느니라"(히 11:2)는 말씀은 그들의 증거에 대한 대가로 하나님이 그들에게 한 증거를 확보했다는 뜻이다. 성경에 기록된 두드러진 믿음의 모범들은 예외 없이 이 이중적인 증거를 제시한다. 아벨은 하나님의 속죄양에 대한 믿음을 증거했고 하나님은 그의 예물을 증언하셨다. 에녹은 하나님과 거룩하게 동행해서 보이지 않는 하나님을 증거했고, 하나님은 그를 옮겨서 증거하셨다. 에녹은 옮겨지기 전에 하나님을 기쁘게 하는 사람이라는 증거를 받았다. 그리고 노아는 방주를 만들고 의를 선포해서 하나님의 말씀을 증거했다. 하나님은 경건하지 않은 세상을 홍수로 심판하시고 노아와 그의 가족들을 구원하셔서 그를 증거하셨다.

조지 뮬러의 삶은 기도에 귀 기울이시는 하나님에 대한 오랜 증거였다. 그리고 하나님은 줄곧 뮬러의 기도에 귀를 기울이시고 그의 사역을 받아들였다고 증거하셨다. 그의 일기 곳곳에는 이런 증거를 보여주는 결정적인 사례들이 넘쳐난다. 그것은 주님의 재림 때까지 보류된 보다 충분한 보상에 대한 전조이며 예고이다.

포기에 대한 보상, 그리고 섬김에 대한 사례는 그리스도의 심판 자리까지 완전히 연기된 게 아니다. 하지만 일부의 죄가 심판 전에 공개되듯이 하나님을 위해 뿌린 씨앗도 추수해서 미리 공개적으로 즐겁게 확인할 수 있다. 하나님과 어려운 이들에 대한 오랜 헌신은 거룩한 사랑을 통해 자비롭고 풍성하게 인정받았는데, 크고 예상하지 못할 정도의 축복이 증거가 되었다. 고생과 시험, 눈물과 기도는 이생에서도 헛되지 않았다.

이것을 보여주는 사례를 위해 일차적으로 살펴볼 것은 고아원 사역이다. 부모가 없는 수많은 아이가 조지 뮬러가 설립한 고아원을 통해 가정과 따뜻한 보살핌을 접했고, 그가 천국으로 부름받을 때까지 먹을 것과 입을 것, 그리고 교육을 제공받았다. 신체적, 도덕적, 영적인 수준을 개선하려는 노력은 하나님께 분명히 인정받았고, 그래서 그는 지속해서 풍성히 보상받았다고 생각했다. 그의 일기에는 뜨거운 감사가 가득하다.

이 고아원 사역은 한 세기의 3분의 2에 걸쳐서 그 대가를 모두 풍성히 보상받았기 때문에 현세적인 유익만 살펴볼 필요가 있다. 하나님의 축복 덕분에 빈곤에 희생된 어린아이 가운데 절반이 규칙적이고 청결한 습관, 괜찮은 음식, 깨끗한 공기, 적절한 의복, 건강에 좋은 운동처럼 몸에 더 좋은 환경 덕분에 생명을 구했다. 애슐리 다운에서 안식처를 발견한 어린이들의 부모 가운데 4분의 3은 아니더라도 적어도 3분의 2가 폐결핵이나 비슷한 질병으로 목숨을 잃었다. 그래서 어린이들 역시 같은 병에 걸릴 가능성이 높았다. 하지만 이 고아원 사역의 역사를 전체적으로 돌아보면 적절한 위생 조건을 갖추고 있어서 모든 질병, 특히 전염병으로부터 안전했다. 그래서 성홍열이나 홍역과 같은 질병이 유행했을 때도 감염률이 비교적 낮았고, 평균 사망률 역시 무척 낮았다.

충분히 보상받은 분야는 이뿐만이 아니었다. 무지는 어느 곳에서든지 대개 가난을 동반하기 때문에 고아원에서는 적절한 정신적인 교양을 제공하려고 상당히 공을 들였다. 고아원에서의 교육이 얼마나 성공을 거두었는지는 학교 장학관의 보고서를 통해 충분히 밝혀질 것이다. 고아원 학생들은 매년 읽기, 쓰기, 셈하기, 성경, 받아쓰기, 지리, 역사, 문법, 작문, 그리고 노래에 대해서 시험을 쳤다. 장학관 중 한 명인 혼(Horne)은 전체 학생의 평균 점수가 1885년에는 91.1점이었고, 이듬해는 94점, 2년 뒤에는 96.1점을 기록했다고 보고했다.

하지만 일차적으로 추진한 고아들의 도덕 및 영적인 복지는 더할 수 없이 풍성한 보상을 받았다. 뮬러와 운영진의 주요 목표는 처음부터 끝까지 이 어린이들을 구원하는 것, 즉 주님 안에서 양육하고 훈계하는 것이었다. 장애물은 많고 간단하지 않았다. 질병의 유전이 두려웠다면 죄와 범죄의 유산은 얼마나 끔찍했을까! 고아들 대부분은 고아원에 들어오기 전까지는 제대로 교육을 받은 적이 없었다. 술과 정욕을 가르치는 사탄의 학교 출신들이었다. 하지만 이 모든 장애에도 뮬러는 크게 감사하면서 "주님이 전체적으로 그들을 강권하셔서 지켜보는 이들의 관심을 사로잡을 정도로 아주 올바르게 행동하게 되었다"라고 기록했다. 게다가 이 사역의 전체 역사를 돌아보면 상당수가 실제로 중생한 것으로 증명되었고, 나중에도 일관되게 성품과 행동이 일치했다. 그리고 일부는 완벽한 변화와 선한 영향으로 하나님의 은혜를 확실하게 증거하기도 했다.

1858년 8월에는 12년간 뮬러의 보살핌을 받고 5년간 폐결핵을 앓았던 마사 피넬(Martha Pinnell)이 예수님 안에서 잠들었다. 피넬은 세상을 떠나기 전 2년 반 동안 주님을 알았고, 덕분에 성품이나 행동은 놀랍게 변화되었다. 해로운 환경에서 자라나 몹시 반항적이고 다루기 어려웠던 그녀는 아주 온순하고 겸손하며, 누구보다 유익한 영향을 끼친 소녀가 되었다. 그녀는 중생하지 않았을 때 앞으로 중생하면 "철저한 그리스도인이 되겠다"라고 선언하고, 그대로 입증했다. 하나님 안에서 누린 기쁨, 하나님 말씀의 공부, 예수님에 대한 깊은 지식, 영혼에 대한 뜨거운 열정은 최근에 하나님께 돌아선 어린 소녀로서는 믿어지지 않을 정도였다. 뮬러는 일기 곳곳에서 그녀가 고아원의 다른 친구들에게 보낸 네 통의 귀중한 편지를 소개했다.

수많은 어린이가 주님을 만나는 대규모의 부흥이 때때로, 그리고 자주 일어났다. 1858년에는 성령이 전례 없는 규모와 속도로 회심사역에 역사하셨다. 그리스도를 믿은 고아출신 캐롤린 베일리(Caroline Bailey)은 5월 26일 평화롭게 주님의 품에 안겼다. 그 해에는 이 사건 외에 전혀 특별할 게 없었는데 베일리가 죽은 며칠 만에 제1고아원에 수용된 140명의 소녀 가운데 50명 이상이 죄를 회개했고 그 일이 다른 고아원으로 급히 퍼져나가 60명 정도가 믿음을 실천했다. 또다시 1859년 7월에는 120명이 출석하는 학교에서 절반 이상이 영적인 관심을 크게 두게 되었다. 그리고 한 해가 지난 뒤에도 아이들은 계속해서 새로운 삶을 살고 있다는 게 확인되었다.

1860년 1월과 2월에는 성령의 강력한 능력이 고아원에 밀어닥쳤다.

6세부터 9세 사이의 어린 소녀들 사이에서 시작된 역사는 나이 많은 소녀에게로 확대되었고, 계속해서 소년들에게까지 확산되어 열흘 만에 2백 명 이상이 성령을 간구했고, 대부분의 아이가 즉시 평안을 발견했다. 어린 회심자들은 기도모임을 갖게 해달라고 요구해서 허락을 받았다. 그뿐만이 아니라 대부분이 다른 어린이들을 섬기고 기도하기 시작했고, 그 당시에 돌보던 7백 명의 고아들 가운데 260명이 얼마 지나지 않아 회심하거나 그럴 가능성이 큰 상태였다.

게다가 1872년에는 기도주간을 시작하는 날 있었던 성령의 감동 덕분에 특별한 이유 없이 그 기간에 수백 명이 회심했다. 고아들의 영혼을 위한 부단한 기도는 고아원을 거룩한 곳으로 만들었고 8월 1일까지 세심히 살펴본 결과 729명이 그리스도의 제자가 된 게 확실했다. 믿음을 가진 고아의 숫자는 과거 어느 때보다 많았다. 그런 일련의 축복은 오늘날까지 이 어린이들을 맡아서 먼저 하나님의 나라와 그의 의를 구하도록 인도한 이들의 성실한 노력 덕분이었다.

직업이나 도제교육을 위해 고아원을 떠난 대다수의 고아는 얼마 전부터 주님을 이미 알고 있었다. 그리고 회심하지 않은 채 고아원을 나선 아이들조차 고아원에서 받은 훈련 덕분에 윤리적으로 아주 성숙한, 즉 죄를 짓지 않는 거룩한 삶을 살았다고 상당 부분 입증됐다. 이렇게 씨를 뿌리고 나중에 풍성히 수확함으로써 하나님은 이런 믿음의 사역, 사랑의 수고, 그리고 소망의 인내를 잊으시는 불의한 존재가 아니라는 사실이 밝혀졌다.

1874년 4월, 과거에 고아원에서 지낸 어느 여성이 그곳에서 받은 훌륭한 성경 교육이 세월이 흐른 뒤 결실을 본 것에 감사하면서 기부금을 보내왔다. 그녀는 구원의 길에 대해서 아주 세밀히 교육받았지만, 여전히 중생하지 않은 상태로 직장 동료들에게 복음을 소개해서 진리의 길로 인도하시는 하나님의 도구가 되었다.

1876년에는 또 다른 고아가 불신의 죄를 범하려는 유혹을 받을 때마다 애슐리 다운에서 6년간 지내면서 교육받은 내용이 섬광처럼 떠올랐다는 내용의 편지를 보내왔다. 그는 고아원에서 입은 옷, 먹은 음식, 잠을 잔 침대, 주위를 둘러싼 벽과 응답받은 기도를 기억해 냈다. 이 모든 것에 대한 기억이 하나님 자녀의 의심과 망설임에 대한 강력한 처방이자 치료약이었고 사탄의 불화살을 막아내는 방패였다.

1865년부터 1895년 사이 30년간 2,566명의 고아가 성도가 되어 고아원을 떠난 것으로 밝혀졌는데, 매년 평균 85%였다. 그리고 이 30년이 끝나갈 무렵에는 중생한 것을 확실하게 입증한 6백 명의 고아가 여전히 애슐리 다운에 머물러 있었다.

뮬러는 이 고아들이 건강의 축복을 누리고, 심성을 기르는 교육을 받고 하나님께 회심해서 쓸모 있는 기독교 시민이 되었을 뿐 아니라 그들 대부분이 기독교 가정의 부모가 되었다는 사실을 알게 되었다. 한 가지 예를 들면 이렇다. 과거에 고아원에서 지낸 한 남자와 여자가 결혼해서 8명의 자녀를 두었다. 그 자녀들 모두 진정한 성도들이었고 그 가운데 하나는 아프리카 선교사가 되었다.

히니님은 고아원에서 실시한 이 신앙훈련을 처음부터 인정히 셨다. 제1고아원에서 처음으로 받아들인 두 명의 어린이는 진정한 믿음의 사람이자 열정적인 사역자가 되었다. 그 가운데 한 명은 회중교회의 집사로서 미개한 지역에서 평신도 설교자로 활약했다. 그리고 나머지 한 명은 영국 국교회의 부지런하고 성공적인 목회자가 되었다. 이 둘은 하나님이 영혼 구원에 크게 사용하셨다. 이 고아원들을 거쳐 간 모두에 대한 역사를 제대로 기록하는 책을 집필한다면 엄청난 분량일 것이다. 경력을 확인할 수 있는 이들은 하나님의 부름을 받아서 특별한 사역에 임했던 얼마 되지 않는 사례에 불과할 따름이다.

뮬러는 길고 광범위한 선교여행을 하는 동안 애슐리 다운에서의 사역을 통해 널리 흩어진 결실들을 확인하고 수확하고 맛보는 기회를 가졌다. 1877년 뉴욕의 브루클린에서 설교할 때 그는 필라델피아에 1천 파운드의 유산이 기다리고 있음을 알게 되었다. 유언자가 뮬러의 사역을 위해 남긴 생명보험의 배상금이었다. 그리고 그 도시의 곳곳을 돌아다니면서 자신이 돌보았던 수많은 고아를 만나는 즐거움을 누렸다.

그는 대략 14세까지 고아원에서 교육을 받은 윌킨슨(Wilkinson)이라는 사람의 괄목할 만한 활약을 자세히 기록했다. 뮬러가 그를 만난 것은 20년이 흐른 1878년, 브리스톨에서 1만 킬로미터 이상 떨어진 샌프란시스코의 캘버리교회였다. 뮬러는 그가 주 예수 그리스도에 대한 믿음을 굳게 붙잡고 있는 복되고 변함없는 그리스도인이라는 사실을 알 수 있었다. 게다가 뮬러는 이 사내가 미국 내전 당시에 수행한 특별한 임무에 대한 아주 감동적인 일화를 접하게 되었다.

루이지애나 포함에 승선한 그는 지도력을 발휘해서 동료 선원들이 참석하는 작은 베델교회의 지도자로 인정을 받았다. 그들은 사내의 지도를 받아 광신적인 열정과는 무관한, 거룩한 열심과 즐거움이 가득한 믿음으로 그리스도를 예배했다. 그들의 대화는 오직 하나님에 대한 것이었다. 나중에 알고 보니 임박한 전투의 구름이 선원들에게 드리워진 몇 개월 전에 사내와 동료 병사 하나가 기도하러 닻줄 보관창고에서 만났다. 그렇게 해서 단 하룻밤도 끊이지 않고 약 20개월간 아주 특별한 모임이 줄지어 계속되었다. 전체 선원 가운데 하나님의 말씀에 대한 지식을 가진 사람은 윌킨슨밖에 없었다. 그래서 그는 그 운동의 지도자가 되었고 성경을 읽고 그 말씀에 대해 의견을 나누러 모일 때는 성경해석자가 되었다. 그는 동료들과 매일 그런 모임을 하는 데 만족하지 않고 선택한 일부 동역자와 함께 흑인 선원들을 모아서 읽기와 쓰기를 가르쳤다.

기독교위원회의 일원으로 윌킨슨과 그가 함선에서 활약한 것을 잘 알고 있던 해먼드(J. R. Hammond)는 그 사실을 공개하면서 이렇게 말했다. "그는 뮬러의 믿음, 하나님에 대한 그의 단호한 확신, 전반적인 생활방식, 목적에 대한 끈기, 그리고 영적인 능력의 직접적인 결과물처럼 보였다." 브리스톨 고아원 설립자의 특징들이 그의 영향으로 훈련받은 이 젊은이에게 훌륭하게 재생산된 것이었다. 사내는 해변에 있는 돛을 수리하는 방에서 동료 둘과 함께 2주간 파견근무를 하면서 그들의 외설적이고 불경한 대화를 듣게 되었다. 그는 한마디도 거들지 않고 침묵하다가 단 한마디만을 했는데, 그 덕분에 거칠고 사악한 선원들을 자신이 사랑하는 구세주께 인도하게 되었다. 선원 가운데 한 명은 3개월 동안 하나님의 말씀을 창세기부터 요한계시록까지 읽었다.

뮬러는 어느 곳을 가든지 회심한 고아들을 만나거나 그들의 활동을 전해 들었다. 아주 멀리 떨어진 곳이라고 해도 다르지 않았다. 어느 때는 대도시에서 열에서 열다섯 명이 그의 설교가 끝날 때를 기다렸다가 자신들의 '아버지'와 악수하면서 감사와 사랑의 빚에 관해 대화를 나누었다. 뮬러는 그들이 다양한 섬김의 사역을 하고 있고 상당수가 고아원에서 익힌 원칙에 따라서 가정을 꾸리고 있다는 사실을 알게 되었다. 그들은 보잘것없는 삶을 살기도 했지만 상당한 수준을 유지하는 직업에 종사하기도 했다.

또한 하나님은 성경지식연구원이 지원하는 주간학교에 임하는 커다란 축복을 눈으로 확인할 수 있는 축복을 누리도록 허락하셨다. 예를 들자면 클레이히든의 학교 교장은 가난한 소년의 일화를 소개했다. 소년은 주간학교의 학생이었고 기독교 신앙을 반대하는 가정에서 자랐다. 하루는 류머티스성 열로 몸을 가누지 못하던 이 소년이 갑자기 "내게로 오라. 내가 너희를 쉬게 하리라"(마 11:28)고 말씀하신 주님을 부르짖으며 구원받지 못한 자신의 영혼을 크게 걱정했다. 이어서 소년은 새로운 세계에 들어가기나 한 것처럼 "어린아이들을 용납하고 내게 오는 것을 금하지 말라"(마 19:14)는 성경 구절을 암송하다가 갑자기 찬송을 불렀다.

"예수 사랑하심은 거룩하신 말일세.
우리들은 약하나 예수 권세 많도다.
날 사랑하심 날 사랑하심
날 사랑하심 성경에 써 있네."

소년은 황홀경에 빠진 것처럼 주간학교에서 익힌 성경 구절을 반복해서 암송하고 찬송가를 계속 불렀다. 구원의 기쁨을 만끽하는 것처럼 보였다. 이 광경을 지켜보던 교장은 주님 안에서 자신의 수고가 헛되지 않았음을 보여주는 이 증거 덕분에 천사처럼 기쁨을 느꼈다. 이런 사례는 수없이 많았지만 이 열매가 전체 수확의 성격을 잘 보여준다.

성경지식연구원으로부터 기금을 지원받은 세계 곳곳의 선교사들로부터 편지가 끊임없이 도착했다. 이런 자료만 소개해도 두꺼운 책 한 권이 충분히 되기 때문에 이 전기에 포함하는 것은 불가능했다. 재정을 지원받은 다양한 사역지에서 보낸 커다란 격려가 무엇이었는지 알고 싶은 이들은 연례보고서들을 읽을 필요가 있다. 천국의 씨앗이 아주 광범위하게 뿌려진 데 따른 결과를 보여주는 수많은 모범 가운데 몇 가지 사례를 소개하면 다음과 같다.

마드리드에서 사역하던 앨버트 펜(Albert R. Fenn)은 어느 민병대원에 대해서 기록을 남겼다. 민병대원은 그리스도를 담대하게 증거하고 로마 가톨릭의 신앙고백을 거부해서 아주 잔인한 처우와 유형지로 추방될 수 있다는 위협을 받았다.

계속해서 펜은 가톨릭에서 회심하고서 소그룹 모임을 조직하려다가 총독에게 소환된 또 다른 사람을 소개했다.

"누가 이 일에 자금을 댔나?"

"그런 일은 없습니다."

"이 일을 통해서 어떤 이익을 볼 생각이지?"

"그럴 생각은 조금도 없습니다."

"직업이 무엇인가?"

"광산에서 일합니다."

"그럼 어째서 모임을 하려 하는가?"

"하나님이 내 영혼을 축복하셨고, 다른 이들 역시 축복을 받았으면 하기 때문입니다."

"당신은 형편없는 날품팔이 아닌가? 모임은 허락할 수 없다."

그는 조용히 대답했다.

"나에게는 거역할 힘이 없지만 입을 지니고 있으니 그리스도를 위해서 말하지 않을 수 없습니다."

이것은 초대교회 사도들이 예수님의 이름으로 말하는 것을 금지당하자 예루살렘의 통치자들과 맞서 단호하게 대답한 것과 아주 비슷했다.

"하나님 앞에서 너희의 말을 듣는 것이 하나님의 말씀을 듣는 것보다 옳은가 판단하라. 우리는 보고 들은 것을 말하지 아니할 수 없다"(행 4:19-20).

인도에서 어느 선교사가 세 명의 브라만 사제들과 수십 명의 산탈족(Santhals, 동인도 지역의 최대 부족으로 대부분 비하르주 동부를 중심으로 오리사주와 서벵골주에 거주했다-역주)과 힌두인들에 대한 편지를 보내왔다. 그들 모두가 선교의 결실이었고 성찬식에 참석하러 네 명의 유럽인과 자리를 함께했다. 12개월이 지나지 않아서 복음이 선포되었던 23개 마을을 대표하는 족장과 사제들, 그리고 족장들의 부인들로 브라만교를 믿는 여자 4명을 비롯한 63명의 남녀가 세례를 받았다. 스페인에서는 1백 명 이상이 한꺼번에 선교의 사명을 깨닫기도 했다. 이런 추수는 고아원 사역의 설립자가 기쁘게 후원하는 현장에서 자주 일어났다.

1885년에는 이탈리아 카라라의 어느 학교에 다니는 학생이 신부와 맞서는 일이 발생했다.

신부가 말했다.

"너는 성경에서 교회의 계명을 발견하지 못한 것이다."

아이가 대답했다.

"아닙니다. 하나님의 교회는 명령하는 게 아니라 순종하는 것입니다."

그러자 신부가 말했다.

"그렇다면 그런 하나님의 계명들을 말해 보아라."

아이가 대답했다.

"알겠습니다. '나는… 네 하나님 여호와니라. 너는 나 외에는 다른 신들을 네게 두지 말라. 너를 위하여 새긴 우상을 만들지 말고'(출 20:2-4)."

신부가 소리를 질렀다.

"그만, 됐어! 무슨 말인지 모르겠다."

학생이 조용히 말했다.

"그렇지만 하나님의 말씀에는 그렇게 기록되어 있습니다."

이 간단한 사건은 학교에서 가르치는 교육의 성격, 그리고 교육을 받는 학생들에게 나타나는 성품을 동시에 보여준다.

아마 뮬러의 일기 가운데 5분의 1은 고향이나 다양한 지역에서 그의 도움을 받아 사역하면서 주님 사역의 진보를 알려온 선교사들, 교사들, 동역자들의 편지에서 발췌한 내용으로 이루어져 있을 것이다. 말씀을 접하지 못한 세계 곳곳의 영혼들을 위한 성경 보급, 야외예배, 기독교학교, 소책자 배부, 그리고 기타 다양한 형식의 거룩한 사역들은 애슐리 다운에 심어놓은 생명나무의 가지 가운데 하나가 되었다.

뮬리가 세상에서 받은 또 다른 격려와 보상은 그의 모범 덕분에 다른 성도들이 같은 원칙에 근거해서 용기 있게 하나님을 위해서 사역했다는 사실을 알게 된 것이었다. 그는 이렇게 해서 세계 곳곳에 있는 하나님의 수많은 자녀가 아주 단순히 하나님을 신뢰하도록 인도받은 사실을 자신의 삶과 사역에서 가장 큰 축복으로 여겼다. 그리고 그런 신뢰가 비슷하게 고아들을 위한 사역 속에서 드러나게 되자 소원이 성취된 것 같았다. 그 사역은 자체에 생명력이 있는 씨앗처럼 자라서 주님이 심고 영광을 받은 나무가 되었다는 게 입증되었기 때문이다.

예를 들어 1876년 12월에는 어떤 그리스도인 전도자가 별 뜻 없이 브리스톨의 고아원 사역에 대한 글을 읽고 고아들에게 관심을 두게 되었다. 그는 뮬러의 모범에 용기를 얻고서 전적으로 주님을 의지한 채 1863년에 네덜란드의 님베겐에서 3명의 고아를 데리고 고아원 사역을 시작했고, 14년 뒤에는 450명을 보살피는 고아원으로 성장했다. 뮬러 부부는 주님이 기뻐하신 그 사역을 직접 눈으로 확인할 수 있었다. 그는 주님이 자신의 사역과 비슷한 결실을 본 열매들을 거의 무수하게 확인하도록 허락받았다고 말했다.

뮬러는 일본의 도쿄를 처음으로 방문한 자리에서 고아원 사역을 소개했다. 그 덕분에 일본 그리스도인 이시이(Ishii)가 비슷하게 기도와 믿음과 살아 있는 하나님을 의지해서 고아원 사역을 시작했고, 뮬러가 이 섬나라를 두 번째 방문했을 때는 고아원 사역이 성장하고 있다는 증거를 보게 되었다.

애슐리 다운의 사역에 기초한 선한 열매가 교회와 세상에 얼마나 맺혔는지는 지상에서는 결코 알 수 없을 것이다. 고아원 건물들이 눈에 들어오는 호필드에 살던 한 사내는 살아 있는 하나님에 대해 의심이 생겨날 때마다 일어나서 애슐리 다운의 불 켜진 창을 바라보았고 그것들이 밤하늘의 별처럼 빛났다고 말했다.

뮬러가 위대한 발걸음을 옮긴 지 30년 뒤에 허드슨 테일러가 전적으로 하나님을 의지한 채 중국내지선교회를 설립했다. 그것은 기도를 들어주시는 주님에 대한 뮬러의 증거 때문에 가능했다. 이후로 일반화된 '믿음의 사역'은 규모와 상관없이 할레의 프랑케와 브리스톨의 조지 뮬러와 직접 관계가 있었다.

성경지식연구원은 모든 분야가 축복의 도구가 되었다. 1860년 5월 26일 보고서에 의하면 이미 마무리된 회계연도에 그리스도의 종 1백 명 정도가 도움을 받았고 그들의 수고 덕분에 과거 어느 해보다 훨씬 더 많은 영혼이 하나님을 만났다. 그들이 보낸 대략 6백 통의 편지 덕분에 뮬러는 1년 내내 즐거웠고 이런 기쁨의 근원은 일평생 흘러넘쳤다. 애슐리 다운의 고아원들이 하나님을 증거해서 하나님의 수많은 자녀가 높은 수준의 믿음과 삶에 도달했고, 회심하지 않은 영혼들이 하나님께 돌아섰다.

뮬러는 이 긴 축복의 역사를 생각해 볼 만한 가치가 있는 두 가지 문장으로 요약했다. 첫째, 주님은 애초에 도달하거나 받게 될 것이라는 예상을 완전히 넘어설 정도로 기쁘게 베푸셨다. 둘째, 뮬러는 자신이 보고 알게 된 모든 것은 공로에 따라서 모두에게 상급을 주시려고 주님이 오실 때 보고 알게 될 것의 극히 일부에 지나지 않는다고 확신하게 되었다.

뮬러의 「일화」의 출판은 말할 수 없이 유익한 아주 특별한 수단이었다. 1856년 11월에는 제임스 맥퀼킨(James McQuilkin)이라는 아일랜드 출신의 젊은이가 회심하고서, 이듬해 연초에 뮬러의 「일화」 1, 2권을 읽었다. 그는 이렇게 생각했다. '뮬러는 단지 기도를 통해서 이 모든 것을 얻었다. 그렇다면 나도 같은 방법으로 당연히 축복을 누릴 수 있다.' 그리고서 그는 기도하기 시작했다. 그는 제일 먼저 기도에 대한 응답으로 영적인 동료를 얻었고 계속해서 같은 생각을 하는 두 명의 사람들을 만났다. 그들은 아일랜드의 앤트림 카운티에 있는 켈즈 인근의 작은 학교에서 금요일 저녁마다 기도모임을 갖기 시작했다. 1858년 정월 초하루에 그들의 기도에 대한 응답으로 놀랍게도 어느 농부가 주님께 돌아왔고 이 다섯 사내는 합심기도에 새롭게 헌신했다. 얼마 지나지 않아서 여섯 번째 젊은이가 회심해서 그들에게 합류했고 기도하는 영혼의 이 작은 모임은 서서히 성장했다. 성경을 읽고 기도하고 서로 격려하는 이 소박한 모임에는 오직 성도들만 들어올 수 있었다.

그해 성탄절 무렵에 맥퀼킨은 처음에 합류한 두 형제 — 그 가운데 하나가 여전히 하나님을 위해 사역하고 있는 제레마이어 미닐리(Jeremiah Meneely)이다 — 와 함께 애호길에서 모임을 알리고 진행했다. 이 세 명의 회심자를 신뢰한 이들도 있고 비웃거나 주제넘게 생각한 이들도 있었다. 그런데 2주 뒤에 또 한 차례 모임이 개최되었고 거기서 성령의 역사가 강력히 나타나서 회심하는 이들의 숫자가 급속히 늘어났다. 일부 회심자들은 거룩한 불길을 다른 곳으로 옮겨서 불을 지폈다. 그렇게 해서 여러 곳에서 부흥의 불길이 타올랐다. 그리고 밸리미나와 벨파스트를 비롯한 기타 지역에서 은혜로운 성령의 역사가 나타났다.

그렇게 해서 금세기에 일어난 가장 광범위하고 기념비적인 부흥운동 가운데 하나가 시작되었다. 부흥은 이듬해에 영국, 웨일즈, 스코틀랜드로 번져나갔다. 수천 명이 그리스도를 만나서 새로운 삶을 살게 되었고 그에 따른 결과는 40년 이상이 지난 뒤에도 여전히 나타나고 있다. 이미 1868년에 어떤 사람이 「일화」를 읽고서 감사하게도 그것을 스웨덴어로 요약해 출간했다는 사실이 알려졌다. 우리는 「일화」가 독일에서 얼마나 유용하게 사용되었는지 앞에서 살펴보았다. 그리고 그 내용 가운데 일부가 여러 개의 언어로 번역되어서 독자들에게 전달되었다.

연례보고서를 읽은 11세 소년의 사연이 뮬러에게 전해졌다. 소년은 불신자의 가정에서 자랐지만 이렇게 기도하기 시작했다. "하나님, 조지 뮬러처럼 기도하는 법을 가르쳐주세요. 그리고 조지 뮬러의 기도처럼 나의 기도를 들어주세요." 소년은 더 나아가서 설교자가 되겠다는 포부를 밝혔다. 남편과 사별한 소년의 어머니는 아이가 그런 고귀한 소명의 첫 단계인 학교에도 들어갈 정도의 능력이 없다는 것을 근거로 완강히 반대했다. 하지만 소년은 이렇게 대답했다. "내가 배우고 기도하면, 하나님이 조지 뮬러에게 그랬던 것처럼 나를 도와주실 거예요." 그리고 얼마 지나지 않아 놀랍게도 소년은 시험에 합격해서 학교에 들어갔다.

1879년 9월 20일에는 어떤 기부자가 「일화」를 읽고서 하나님을 전적으로 의지하고 신뢰하는 삶으로 완전히 변화되었다는 내용의 편지를 보내왔다. 그렇게 해서 최소한 수입의 십일조를 주님께 바치게 되었고 그 덕분에 주는 게 받는 것보다 얼마나 복된지 깨닫게 되었다. 그리고 그는 「일화」를 동네 도서관에 비치해서 3천 명의 회원들이 읽을 수 있도록 배려했다.

1882년 9월, 또 다른 기부자는 "기도와 믿음의 복된 결과들 때문에 놀랐다"라고 자신을 소개했고, 그 이외에도 많은 사람이 이 간단한 「일화」를 "전체 회의론과 맞설 수 있는 가장 놀랍고 완벽한 반박", 즉 전혀 부성할 수 없는 '기독교의 증거'로 구성된 사실들의 집합체로 간주했다. 뮬러의 간증이 영향력을 발휘한 사례는 아주 많다. 불신자였던 한 여성은 뮬러가 믿음으로 사는 사람들이 있음을 깨닫게 해준 최초의 인물이고 이런 이유로 소유를 모두 기부한다는 편지를 보내왔다.

또 다른 독자는 연례보고서가 "어떤 설교보다 믿음을 더 강하게 하고 영혼을 새롭게 해준다"라고 말했다. 덕분에 그는 어느 프랑스 출신 불신자가 매일 하는 수백만 번의 기도 가운데 응답되는 게 하나도 없다는 과감한 주장을 겨우 극복할 수 있었다. 우리는 어떤 회의론자든지 간에 꾸밈없는 믿음의 삶을 살았던 뮬러의 일화를 대면하게 해서 그들이 '복합적인 개연성'과 '우연한 일치'라는 원리로 믿음의 기도에 대한 무수한 응답을 폄하하려고 한다는 사실을 일깨워주고 싶다. 실제로 세상의 불신자 가운데 절반은 정직하지 않고 나머지는 하나님이 존재할 뿐 아니라 부지런히 자신을 찾는 이들에게 보상하신다는 매일의 증거를 조금도 알지 못한다.

뮬러는 「일화」가 처음 출판된 이후로 하나님이 그것을 자신의 성실하심에 대한 증언으로 기꺼이 받아들였다는 확신을 했다. 이미 1842년에 그는 연례보고서의 사본을 전국의 목회자들에게 무료로 보내기로 했다. 뮬러의 목적은 돈을 벌거나 사역에 관한 관심을 끌기 위해서가 아니라 믿음을 자극하고 기도를 촉진하기 위함이었는데 주님은 그렇게 하도록 도와주셨다.

20년이 지난 1868년에는 책으로 출판된 「일화」가 성도를 거룩하게 하고 바로잡고 죄인을 회심시키고 믿음이 부족한 이들에게 확신을 심어주는 데 활용되고 있다는 사실이 확실해졌다. 덕분에 뮬러는 이것을 당시까지 하나님을 위한 사역이 가져다준 모든 영적인 축복 가운데 무엇보다 커다란 축복으로 평가했다. 이후로 30년이 더 지났지만 그 기간에도 그가 보여준 모범 덕분에 다른 사람들을 하나님의 말씀과 능력, 사랑에 대한 보다 온전한 믿음과 흔들림 없는 확신으로 인도할 수 있었다는 내용의 편지가 각처에서 도착했다. 엘리야는 하늘나라로 올라갔어도 엘리야의 하나님은 여전히 이적을 행하고 계셨다.

그래서 하나님을 위한 뮬러의 모든 사역에서 증거된 주님은 거꾸로 그를 증거하셨고 뮬러는 현재의 보상과 함께 넘치는 기쁨으로 최후에 누릴 축복을 가늠할 수 있었다. 이것은 그가 70세 이후에 해외에 나가서 하나님 나라의 씨앗을 뿌렸던 오랜 선교여행 과정에서 아주 두드러진다. 이 사내는 씨를 뿌리러 갔다가 묵혀둔 밭은 물론, 추수해야 할 밭을 발견하고서 한껏 곡식을 추수했다. 덕분에 어떤 의미에서 수확하는 사람이 쟁기질하는 사람을 앞질렀고 추수꾼이 씨앗을 뿌리는 일이 벌어졌다. 뮬러는 영국의 모든 도시와 1877년까지 유럽과 미국에서 설교했던 68개 도시에서 회심한 고아들과 그의 연례보고서를 읽고 풍성한 축복을 누리게 된 성도들을 만났다. 그때 이후로 21년 이상 대단한 성과가 지속되고 있다.

그래서 조지 뮬러는 주님이 하늘나라로 부르시기 전까지 자신이 받을 보상을 미리 맛볼 수 있었다. 고아들의 신체와 정신과 영적인 이익, 영국과 외국에서 폭넓게 뿌린 씨앗의 결실, 하나님의 말씀과 기독교 문서의 배부, 그가 후원하는 학교의 어린이들을 위한 기독교 교육, 수백 명의 헌신적인 선교사의 지원, 「일화」의 출판을 통한 놀라운 축복의 분배, 그리고 세계 곳곳에 은혜의 복음을 전할 수 있었던 개인적인 특권이 그것들이었다.

기도의 사람을 향한
회고, 그리고 비전

조지 뮬러는 톱니바퀴가 서로 맞물리듯이, 뼈가 관절에 잘 들어맞듯이 자신의 사역에 훌륭하게 어울리는 적임자였다. 그는 본성적으로나 은혜의 측면에서 소명에 잘 적응했고 하나님의 뜻에 대한 철저한 순종과 그분의 말씀에 대한 어린아이 같은 믿음 덕분에 이례적으로 성결한 삶과 섬김이 가능했다.

그에게서 가장 두드러진 세 가지 특징을 꼽는다면 '진실'과 '믿음', 그리고 '사랑'이었다. 우리 주님은 제자들에게 어린아이 같은 마음이 제자의 정신이고, 이상적인 하나님의 자녀에게는 이 세 가지 특징이 핵심이라고 자주 교훈하셨다. 진실은 어린아이 같은 솔직함과 정직, 순진함과 소박함의 중심이다. 믿음 역시 확신과 신뢰, 온순함과 겸손을 주도한다. 사랑은 이타심과 관대함, 친절과 평안함의 중심이 된다. 따라서 모범

적이거나 온전한 자녀는 이 모든 아름다운 특징이 공존하고 제자는 그것들이 드러나는 수준에 비례해서 하나님의 자녀라고 불리게 된다.

누군가에게서는 거의 접할 수 없는 이런 특징을 뮬러는 모두 갖추고 있었다. 그리고 이 사실은 그가 놀라울 정도로 예수님을 닮았고 효과적으로 하나님과 인간을 섬긴 것에 대한 충분한 근거가 될 수 있다. 이런 특징이 드러나지 않는 그에 대한 설명은 정확하지 않거나 제대로 묘사한 게 아니다. 조지 뮬러의 모습이나 업적과 그런 특징의 관계가 갖는 중요성은 아무리 강조해도 지나치지 않는다.

진실은 모든 탁월함의 기초가 된다. 그것이 없이는 어떤 것도 참되거나 순수하거나 진실할 수 없다. 뮬러는 회심의 순간부터 확실히 진실함의 지배를 받게 되었다. 실제로 그는 어느 때는 불필요할 정도로 지나치게 정확했다. 사람들은 그가 하나님을 알게 된 이후, 또는 특정한 목적을 위해서 기도하기 시작한 이후로 연도와 날짜, 시간을 포함한 사실과 정해진 목적대로 사용한 총액을 파운드, 실링, 펜스, 반 펜스, 파딩에 이르기까지 아주 수리적으로 정확히 기록한 것 때문에 웃음 짓기도 했다. 하지만 이 모든 것에는 의미가 있다. 그것은 주님이 다루시는 방식에 대한 기록을 절대적으로 확신하게 만든다.

첫째, 그것은 기록자가 정확한 진술을 직접 훈련했다는 사실을 보여 준다. 오류는 상당 부분 의도적이라기보다는 우발적이다. 인간의 능력 가운데 우리의 진실함에 강력하게 영향을 끼치는 것을 꼽으면 기억, 상상력, 그리고 양심이다. 기억은 사실에 주목하고 상상력은 사실을 공상으로 색칠하고 양심은 비현실적인 것에서 현실적인 것을 걸러내는 도덕 관념을 제공한다. 양심이 예민하지 않고 압도적이지 않은 곳에서는 기억과 상상력이 혼란에 빠져서 사실과 환상을 구분하지 못한다. 상상력이 영광의 후광이나 편견의 구름을 사건이나 경험에 부여하도록 용납하게 되면 이야기하는 사람은 기억의 책에서 분명히 확인한 내용이 아니라 상상력이라는 화폭에 그려진 내용을 계속해서 말하게 될 것이다. 그러면 반쯤은 의식하지 못한 사이에 정확성은 상상력의 제물이 되고 만다. 말하는 사람은 충동이 이끄는 대로 부풀리거나 얕잡아본다. 그리고 의도하지 않은 거짓말을 하게 되면 습관적으로 신뢰할 수 없는 존재가 될 수 있다. 산 주변의 자주색과 황금색 구름이 사라지면 험준한 바위들이 있는 그대로의 모습을 드러내듯이 비현실적인 것이 사라지면 정확한 사실이 무엇인지 분명히 말할 수 있게 된다.

조지 뮬러는 정확한 진술의 중요성을 절감했다. 그래서 스스로 정확성을 훈련했다. 양심이 그의 이야기를 지배했고 진실함을 위해 나머지 모두를 조심스럽게 희생하도록 요구했다. 하지만 이것 이상으로 하나님은 어떤 측면에서 상상력과 무관한 사내, 즉 열광적인 기질의 유혹에서 비교적 자유롭게 하셨다. 그는 시인이라기보다는 수학자, 예술가라기보다는 장인이었다. 사물을 그릇된 후광을 배제하고서 바라보았다. 그는 충동적이지 않고 신중했고 흥분하지 않고 차분했다. 또한 말하기에 앞서 해야 할 말을 낱낱이 검토했고 글이나 말로 표현하기 전에 끝까지 점검하고 살폈다.

따라서 일부에게는 그의 「일화」가 매력적이지 않고, 심지어 지나치게 따분해 보일 수 있는 바로 그런 특징이 분명하고 양심적이고 상상력과 무관하며 꾸미지 않고 믿을 만한 사실에 대한 진술로서의 가치를 높여준다. 더 시적인 생각을 하는 사람이 일기를 기록했다면 그것을 읽는 독자는 저자의 열정을 무의식적으로 계속 상상해서 사실을 있는 그대로 받아들이지 않을 수 있다. 쉽게 이야기를 읽을 수 있어도 신빙성은 그리 높지 않을 것이다.

따라서 「일화」의 경우에는 정확한 진실보다 필수적인 게 있을 수 없다. 진실은 그리 읽을 가치가 없어 보일 수 있겠지만 부정하는 것은 불가능하다. 주님은 믿음과 기도의 삶을 산 이 사내에게 확신을 심어줄 전기를 집필하게 하셔서 회의하고 의심하는 이들이 소설이나 시가 아니라 역사를 읽고 있다는 생각을 하게 하셨다.

믿음은 조지 뮬러의 핵심적인 두 번째 특징이었고 순전히 은혜의 결과였다. 우리는 창세기 15장 6절을 통해 믿음에 대한 첫 번째 위대한 교훈을 알게 되었다. "아브람이 여호와를 믿으니 여호와께서 이를 그의 의로 여기시고." 아브람은 여호와를 믿었다. 문자적으로는 여호와께 아멘 했다. '아멘'이라는 말은 '그렇게 되라지'가 아니라 '그렇게 될 것이다'라는 뜻이다. 여호와는 아브람에게 이것이 '이루어질 것'이라고 말씀하셨고, 그러자 아브람은 진심으로 '아멘', 즉 하나님의 말씀대로 이루어질 것이라고만 말했다. 그리고 바울은 아브람의 믿음을 그대로 따르는 것처럼 보인다. 그는 멜리데에서 배가 좌초하게 되자 이렇게 말했다.

"나는 내게 말씀하신 그대로 되리라고 하나님을 믿노라"(행 27:25).

이것은 가장 단순한 믿음의 실천이며 조지 뮬러의 믿음이었다. 뮬러는 하나님의 복된 책에서 하나님의 말씀, 곧 새로운 시험이나 어려움이라는 위기에 필요한 새로운 약속의 말씀을 찾아냈다. 그는 바로 그 본문을 손으로 짚고서 하나님을 올려다보며 입을 열었다. "당신이 말씀하셨습니다. 나는 믿습니다." 하나님의 변함없는 진리를 확신한 그는 흔들리지 않는 믿음으로 그분의 말씀을 믿었고, 그 덕분에 평안을 누렸다.

65세가 될 때까지 이 하나님의 사람의 전체 생애에서 변함없는 믿음과 그것이 전체 성격에 가져다준 견실함보다 두드러진 것은 하나도 없었다. 하나님의 말씀을 소유하는 것으로 충분했다. 그가 말씀 위에 세운 집은 아무리 홍수가 밀어닥쳐도 흔들리지 않았다. 절대 당황하거나 회피하지 않았다. 지진이 땅과 하늘을 흔들 수 있겠지만 움직일 수 없는 나라의 상속자인 진정한 성도들은 어찌지 못한다. 그렇게 흔드는 목적은 흔들리는 것은 제거하고 흔들릴 수 없는 것은 남겨두기 위함이다.

성경과 책과 소책자를 배부하고, 수천 명의 고아에게 안식처와 먹을 것을 제공하며 기독교 학교를 설립하고 선교사들을 후원하는 게 아무리 유용해도 뮬러가 의도한 위대한 사명은 세계적인 단체의 설립이 아니었다. 그의 주요 사명은 사람들에게 하나님의 말씀을 신뢰하고 그분의 말씀은 무엇이든지 확고하게 의지하며 또 그분의 명령은 어떤 것이든 확실하게 순종하는 게 안전하다는 사실, 하나님의 약속과 그분의 사랑하는 아들의 중보를 신뢰하면서 믿음으로 하는 기도는 절대 헛되지 않는다는 것, 그리고 믿음으로 사는 삶은 하늘나라의 문 밖에서 하나님과의 동행이라는 점을 가르치는 일이었다.

은혜의 삼위일체 가운데 세 번째인 사랑은 뮬러의 삶에서 또 다른 위대한 비밀이자 교훈이었다. 그렇다면 사랑이란 무엇일까? 사랑은 단순히 사랑할 만한 것에 대한 애정, 즉 우리를 사랑하는 이들의 모임과 교제 안에서 즐거움을 찾는 절반의 이기적인 것이 아니다. 사랑은 이타적 원리이다. 사랑은 자신의 유익을 구하지 않는다. 사랑은 우리의 기쁨과 이익보다는 다른 이의 이익과 기쁨을 앞세우는 것이라서 감사할 게 없고 사랑스럽지 않은 이들을 상대로 실천해서 그들을 더 높은 수준으로 끌어올릴 수 있다. 그런 사랑은 자기만족이라기보다는 자비이고, 따라서 사랑은 하나님께 속한 것이다. 하나님은 감사하지도 않는 악한 자들을 사랑하시기 때문이다.

사랑하는 사람은 하나님에게 나서 하나님을 안다. 그런 사랑은 이타적인 원리에 대한 순종이고 자기희생을 습관적일 뿐 아니라 심지어는 타고난 것으로까지 받아들이게 한다. 사탄의 표어는 "자신을 아끼라!"이지만, 그리스도의 그것은 "자신을 부인하라!"이다. 주님은 베드로를 가장 심하게 책망하셨다. 주님은 자신에게 사탄의 표어를 따르도록 권하다가 사탄이 된 베드로를 꾸짖으셨다(마 16장). 바울은 우리에게 주 예수를 기억하라고 명령했고(딤후 2장), 베드로는 주님의 발자취를 따르라고 권면했다(벧전 2:21).

우리가 이렇게 간단한 두 가지 표어의 깊은 의미를 살펴보면 예수 그리스도의 성품에 관해서는 하나님에 대한 믿음의 순종과 자기희생보다 더 두드러진 것을 전혀 찾을 수 없다. 우리가 그분의 삶에서 따라야 할 것은 사람을 사랑하기 위한 자기희생과 포기이다. 그렇기에 다음과 같은 조롱은 정말 옳은 지적이었다. "그가 남은 구원하였으되 자기는 구원할 수 없도다"(마 27:42). 그분이 자신을 구원하지 못한 것은 다른 이들을 구원하기 위함이었다. 수확하려면 씨앗은 생명을 버려야 한다. 그리고 다른 이들에게 생명이 되려는 사람도 주님처럼 죽어야 한다.

이것이 바로 "자기를 부인하고 자기 십자가를 지고 주님을 따르라"

는 명령의 진정한 의미이다. 자기 부인은 욕심을 여기저기 잘라내는 게 아니라 자아라는 나무의 뿌리에 도끼를 대는 것이다. 모든 욕심은 자아의 크고 작은 가지에 불과하기 때문이다. 자기 의와 자기 신뢰, 자기 이익과 자기 만족, 자기 중심과 자기 방어, 자기 영광과 같은 것들은 모두 깊이 뿌리박은 자아라는 나무의 무수한 가지이다. 그러다 보니 이런 가지 가운데 한두 개를 잘라내도 나머지 것들에 생기가 공급되고 자아의 나무는 더 왕성하게 자란다.

그러면 십자가를 지는 것은 무엇일까? 우리는 자신의 '십자가'를 말하지만 하나님의 말씀은 그 단어를 전혀 복수로 사용하지 않으신다. 십자가는 하나뿐이기 때문이다. 그것은 자아의 생명을 십자가에 못 박는 자발적인 자기 부인의 십자가이다. 그리스도는 어떻게 십자가에 도달하셨을까? 빌립보서를 보면 그리스도께서 하늘나라에서 십자가로 나아가는 일곱 단계를 확인할 수 있다.

그분은 하나님의 아들로서 온갖 소중한 것을 소유하고 하나님의 영광을 동일하게 갖고 있었다. 그런데 인간을 위해 그분은 어떻게 하셨을까? 하나님과 동등 됨을 취하지 않고 자신을 비워서 종의 형체를 입고 타락한 인간 가운데 하나가 되셨다. 그리고 더 나아가서 자신을 낮추어 우리의 가난함과 비참함과 죄와 자신을 동일시하셨다. 그분은 우리를 위해 죽음을 받아들이셨는데 그것은 저주를 받아 나무에 달리는 수치스러운 죽음이었다. 강도들의 욕설이 천사들의 찬양으로, 가시관이 영광의 관으로 바뀔 때까지 계속 낮아지셨다. 이것이 바로 그리스도께 의미하는 십자가였다.

그래서 예수 그리스도께서는 이렇게 말씀하셨다.

"누구든지 나를 따라오려거든 자기를 부인하고 자기 십자가를 지고 나를 따를 것이니라"(막 8:34).

이 십자가는 우리가 '우리의 십자가들'이라고 부르는 여러 사소한 성가신 일처럼 억지로 부과되지 않는다. 그것은 그리스도를 위한 자발적인 자기희생으로 우리가 스스로 취하는 것이다. 우리는 섬김을 통해 그것을 되찾도록 자신의 생명을 희생하는 자기 부인을 선택한다. 이것이 사랑에 근거한 자기 망각이다.

그리고 뮬러는 그것을 실천했다. 그는 십자가에 달리신 분을 섬기기 시작한 이후로 그분의 죽음을 따르기 위해 고난에 더욱더 참여했다. 성공과 명성의 추구를 포기했다. 세상의 유혹과 즐거움과 단절했다. 의심스러운 행위를 멀리했고, 심지어는 교회의 전통과 관습까지 하나님의 말씀으로 시험했으며, 말씀에 소개된 형식에 한 걸음씩 접근했다. 그런 단계는 모두 새로운 자기 부인이었지만 그리스도를 따르는 일이었다.

뮬러는 다른 이들이 부유해지도록 자발적으로 가난을 택했다. 그의 삶은 다른 이들을 축복하는 오랜 노력이었고 하나님의 진리와 사랑과 은혜를 전달하는 통로였다. 그는 바울처럼 다른 이들을 위한 고난을 즐거워했다. 그 고난을 통해 그리스도의 몸, 즉 교회를 위한 고난을 채웠기 때문이다(골 1:24). 그리고 사랑의 자발적인 희생을 고려하지 않으면 조지 뮬러의 생애는 여전히 수수께끼로 남아 있을 것이다.

진리에 대한 충성, 믿음의 순종, 사랑의 희생은 그의 생애로 들어가는 닫힌 문을 열 수 있는 세 개의 열쇠이고 그것들은 어떤 면에서 다른 이로 하여금 하나님의 방에 들어가도록 문을 열어준다. 조지 뮬러는 거룩한 삶과 거룩한 섬김을 독점하지 않았다. 하나님의 뜻에 복종하고 인간의 복지를 위해 자신을 희생하면서 주님을 따랐고 여기에 그의 삶에 대한 비밀이 자리 잡고 있다. 섬김의 비밀을 묻는 이에게 그는 이렇게 말했다. "내가 철저히 죽은 날이 있었습니다." 그러고는 바닥에 닿을 정도로 몸을 숙였다.

"나는 조지 뮬러와 그의 생각, 기호, 취미, 의지에 대해서 죽었습니다. 나는 세상에 대해서, 세상의 칭찬이나 비난에 대해서 죽었습니다. 형제와 친구들의 칭찬이나 비난에 대해서 죽었습니다. 그날 이후로 나는 하나님께만 인정받으려고 궁리하고 있습니다."

조지 뮬러는 구원을 위해서 피를 의지할 때는 아벨의 태도를 보였고 거룩한 길을 걷기 위해서는 에녹을 따랐다. 평생의 사역을 위해 하나님과 교제를 나누게 될 때는 노아의 곁에 섰으며 오직 하나님의 말씀만 의지할 때는 아브라함과 하나가 되었다. 그리고 자신과 세상에 대해서 죽을 때는 모세의 자기 포기에 도달했다.

이렇게 위대하고 선한 사내는 경건한 특징들을 지니고 있음에도 여전히 인간이었다. 그가 하나님 쪽으로 구별된 것은 죽을 수밖에 없는 인간과 특별히 분리되었다는 것을 의미하지는 않는다. 로마제국의 극작가였던 테렌스(Terence)처럼 이렇게 말할 수 있었다. "나는 인간이고, 그러니 인간에게 일반적이지 않은 것은 내게 낯설 뿐이다."

뮬러를 제대로 파악하기 위해서는 매일의 소박한 가정생활을 살펴볼 필요가 있다. 제3고아원에 있는 숙소에서 그를 자주 만난 것은 나의 특권이었다. 그의 방은 중간 정도의 크기였다. 내부는 책상과 의자들, 안락의자와 집필용 책상으로 깔끔하면서도 소박하게 꾸며져 있었다. 그리고 그가 부단히 도움을 구하는 성경은 늘 펼쳐져 있었다.

그의 체형은 키가 크고 말랐고, 늘 깔끔하게 옷을 차려입고 꼿꼿이 서서 힘 있게 걸어 다녔다. 온화한 그의 표정은 엄격해 보일 수도 있었지만 늘 그의 눈가에 자리 잡은 미소는 얼굴을 인상적으로 보이게 했다. 그의 태도는 아주 예의 바르고 천부적으로 기품이 있었다. 그와 함께 있으면 헛된 생각을 할 수 없었고 그에게는 말로 할 수 없는 어떤 권위와 품위 있는 위엄이 풍겼다. 하지만 어린이들조차 집에서처럼 편안해지게 만드는 아이 같은 소박함이 함께 있었다. 그는 말할 때 늘 아주 독특하게 외국식으로 발음했고 입술에 두 배로 느리게 가는 시계가 달린 것처럼 항상 느리고 신중하게 말했다. 그의 혀는 성령으로 길들어서 야고보가 말했던 대로 "말에 실수가 없는 자라면 곧 온전한 사람"의 전형이었다.

그를 잘 알지 못하고, 진지한 분위기에 있는 모습만 본 사람이라면 그에게 유머가 부족하다고 생각할 수도 있다. 하지만 그는 금욕적이지 않았을 뿐 아니라 건전한 웃음을 거부하지도 않았다. 원숙한 사람에게 필수적인 좋은 이야기도 상당히 즐겼다. 그는 습관적으로 진지했지만 부도덕한 것과는 전혀 무관한 농담을 즐겼다. 그러면서도 다른 사람들에게 피해를 주지 않았다. 자신을 누구보다 잘 알고 사랑하는 이들에게 유쾌하게 진짜 모습을 드러냈다.

일프렉콤에서 아내와 다른 사람들과 함께 바다가 내려다보이는 높은 곳을 오를 때의 일이었다. 그는 조금 앞서 걷다 일행이 도착할 때까지 앉아서 쉬다가 그들이 막 앉으려고 하는 순간에 일어서면서 나지막이 말했다. "이제 충분히 쉬었으니 계속 갑시다." 이 일화는 거룩한 주님을 따른다고 해서 사람들과 완벽한 동료의식이 부족하거나 방해가 되지 않았다는 것을 보여주기에 충분할 것이다. 거룩한 영혼과 그 어떤 인간성 사이를 가로막는 것은 불완전한 경건이 분명하다. 우리를 세상 밖으로 선택한 주님은 그곳으로 다시 돌려보내서 섬길 수 있는 분야를 찾게 하신다. 그리고 그렇게 섬기기 위해서 우리는 거룩한 주님이 직접 그러셨던 것처럼 사람들과 막역하고 활기찬 관계를 지속해야 한다.

하나님을 섬기는 것은 조지 뮬러에게는 일종의 열정이었다. 1897년 5월, 그는 하루도 쉬지 않고 계속하던 고아원 사역을 내려놓고 헌틀리에서 휴식하라는 권유를 받아들였다. 도착한 날 저녁에 그는 "여기서 주님을 위해 무슨 일을 할 수 있을까?"라고 말했다. 이제는 일에서 손을 떼고 휴식을 취해야 할 때라고 말하자, 그는 일상적인 업무에서 풀려났으니 또 다른 섬김의 방법을 찾아서 인생의 목적이 되는 하나님께 영광을 돌려야 한다고 생각했다. 그렇게 해서 헌틀리와 테인머스에서 모임을 하고 설교하게 되었다.

이렇게 특별히 거룩하고 섬김의 삶을 산 인물을 마지막으로 돌아보면 '효과적인 기도'라는 한 가지 교훈이 뚜렷해지는 것 같다. 하나님이 거룩한 삶의 철학을 가르치려고 성별된 인간의 삶을 모범으로 활용한다면, 조지 뮬러의 삶은 우리에게 단순한 믿음으로 하는 기도가 어떻게 하나님을 통해서 능력을 발휘하는지 보여주기 위함이었다.

성경의 한 문단은 조지 뮬러라는 살아 있는 편지가 강조하고 설명한 진리를 확실하게 제시한다. 야고보서 5장 16~18절이 그것이다.

"의인의 간구는 역사하는 힘이 큼이니라"(약 5:16).

그 문단은 이 구절로 시작된다. 어떤 번역본도 그것의 의미를 제대로 옮기지 못했다. 로더럼역(Rotherham)은 이렇게 번역했다. "의인의 간구는 내적으로 크게 역사함이라." 개정역(Revised Version)은 "많이 역사한다"라고 옮겼다. 번역의 어려움은 원문의 모호함이 아니라 풍부한 의미에 있다. 이 구절에 등장하는 헬라어 중간태 분사는 '기도의 효과에 대한 원인이나 시간'을 가리킬 수 있어서 '기도를 통해서'나 '기도가 독립적으로 작용하는 동안에'를 의미할 수 있다. 기도가 초자연적인 능력을 지니고 있다는 뜻이다.

본문의 구절을 제대로 파악할 수 있는 가장 좋은 열쇠는 나머지 문맥에 비추어서 해석하는 것일지 모른다. "엘리야는 우리와 성정이 같은 사람이로되 그가 비가 오지 않기를 간절히 기도한즉 삼 년 육 개월 동안 땅에 비가 오지 아니하고 다시 기도하니 하늘이 비를 주고 땅이 열매를 맺었느니라"(약 5:17-18). 여기에서 두 가지 사실이 확연히 드러난다. 첫 번째 사실은 엘리야는 다른 이들과 같은 본성을 지니고서 인간의 모든 연약함과 부족함의 지배를 받는 사람에 불과했다는 점이다. 하지만 이 사람은 기도의 사람이라서 그런 능력을 지니고 있었다는 게 두 번째 사실이다. 그는 간절히 기도했다. 문자 그대로 옮기면 "기도로 기도했다." 즉 습관적으로 끈질기게 기도했던 것이다.

하나님의 말씀에 기록된 엘리야의 짧은 역사를 읽으면 누구든지 그가 우리와 같은 사람이라는 사실을 알게 된다. 의심과 낙심 속에서 로뎀나무 아래 누워 있을 때 그는 죽음을 바랐다. 그리고 동굴에서 절망할 때 그는 하나님의 모습을 보고, 또 하나님의 세미한 음성을 듣고 복종해야 했다. 그는 다른 이들과 전혀 다를 바 없는 사람이었다.

따라서 그가 우리를 격려하는 효과적인 기도의 강력한 모범이 된 것은 인간적인 연약함이나 부족함을 넘어섰기 때문이 아니라 그것들의 지배를 받았기 때문이다. 그는 연약해서 전능자의 팔을 붙잡았다. 그 팔을 계속 붙잡은 것은 연약함이 지배하지 못하도록 하기 위함이었다. 그럼에도 이 사람은 오직 기도만으로 3년 반 동안 하늘의 비를 그치게 했을 뿐 아니라 비를 내리게 하였다. 이 사람은 다음과 같은 놀라운 말씀의 의미를 시험했다.

"내 손으로 한 일에 관하여 내게 명령하려느냐"(사 45:11).

하나님은 이 한 사람의 기도에 자연의 힘을 잠시 맡기셨다. 연약하고 어리석고 죽을 수밖에 없는 한 사람이 하나님의 열쇠를 갖고 있었기 때문에 물의 샘이 닫히고 열린 것이다.

조지 뮬러는 단지 또 한 사람의 엘리야였을 뿐이다. 인간의 모든 연약함에 굴복한 엘리야처럼 절망과 불평, 불신과 방황에 익숙했다. 하지만 그는 기도하고 계속해서 기도했다. 그는 자신이 어떤 의미에서 특별한 특권을 가진 성인, 즉 성품이나 재능에서 다른 성도들보다 우월한, 기적을 부르는 사람이라는 것을 부정했다. 하지만 그는 자연과 육신에 속한 사람이 결코 할 수 없는 이적을 수행했다는 의미에서는 기적을 부르는 사람이었다.

하나님에게는 불가능한 일이 없고 하나님을 믿으면 그것이 가능하다. 하나님은 조지 뮬러의 사역이 증거가 되거나 일화가 전해지는 곳마다 그를 통해 평범한 성도의 실질적인 무능력을 계속 책망하시려고 했다. 사람들은 옛날처럼 비슷한 이적을 행할 수 있는지를 묻지만 여기에 있는 사내는 반박할 수 없는 사실의 논리로 질문에 응답한다. 능력이 없는 것은 기도하지 않기 때문이다. 하나님을 통해 능력을 주는 이 놀라운 무기를 사용하기 위해서 죄가 없는 완전한 상태가 되거나 특별한 특권과 은사를 소유해야 할 필요는 없다. 하지만 우리는 반드시 습관적으로 믿음을 가지고서 끈기 있게 기도하는 사람이 되어야 한다.

조지 뮬러는 아주 사소한 것까지 기도의 제목으로 삼았다. 아무리 사소한 것이라도 하나님의 돌봄의 대상이기 때문이다. 하나님이 우리의 머리털을 세시고 참새 한 마리가 땅에 떨어지는 것을 아시고 들에 핀 꽃을 입히시는 게 사실이라면 자녀에 관해서 하나님의 관심을 벗어나 있는 것은 하나도 없다.

긴박한 상황에서 그의 유일한 해결책은 필요를 아버지에게 가져가는 일이었다. 1858년, 5백 파운드의 유산이 고등법원의 상법부에서 14개월간 지급되지 않자 그는 이 돈을 빨리 받을 수 있도록 주님께 간구했다. 베드로를 감옥에서 빠져나오게 한 기도처럼 그 유산이 재판을 벗어날 때까지 오랫동안 기도했다. 인간적인 예상과는 전혀 달리 그 돈은 4%의 이사와 힘께 지급되었다.

뮬러는 많은 금액의 기부금이 들어올 때는 탐욕스럽게 돈을 밝히지 않도록 그것을 받아들일지 아니면 거절할지를 판단할 수 있는 은총을 구했다. 그리고 하나님께 영광이 되지 않는 조건을 받아들이지 않아서 기부할 수 없을 때는 정중하고 다정하며 겸손하게, 그러면서도 단호하게 거절할 수 있게 해달라고 기도했다. 거절하고 돌려주는 모습은 그 자신이 아니라 더 높은 주인의 권위를 따르는 종으로 행동하고 있음을 보여주는 것이기 때문이었다.

이것들은 더 중대한 문제이고 하나님의 인도하심과 도우심이 필요한 것들이었다. 하지만 조지 뮬러는 여기서 멈추지 않았다. 그는 이보다 더 사소한 문제들, 심지어는 무엇보다 사소한 문제까지 하나님께 도움을 구하고 응답을 받았다. 그의 가장 오랜 친구인 반스터플의 로버트 채프먼은 필자에게 다음과 같은 간단한 일화를 전해주었다.

조지 뮬러는 그리스도를 사랑하게 된 지 얼마 지나지 않아서 한 친구를 방문했다. 그 친구가 깃펜을 고치고 있는 모습을 지켜보던 뮬러가 말했다.

"자네는 펜을 고칠 때마다 하나님께 기도하는가?"

친구가 대답했다.

"그러면 좋겠지만 펜을 고칠 때마다 기도한다고는 말할 수 없군."

그러자 뮬러는 이렇게 말했다.

"나는 항상 그렇게 기도하지. 그래야 펜을 더 잘 고칠 수 있으니까."

이 하나님의 사내를 마지막으로 돌아보면 그에게는 일곱 개의 특징이 두드러진다. 그것들이 결합해서 그의 모습을 만들었다. 흠 없는 정직, 어린아이 같은 순수함, 효율적인 정확성, 목적의 일관성, 담대한 믿음, 습관적인 기도, 그리고 자발적인 자기 포기가 그것들이다. 시편 90편 17절에 아주 아름답게 암시된 것처럼 그의 거룩한 삶은 그의 풍성한 섬김을 가능하게 한 필수적인 조건이었다.

"주 우리 하나님의 은총을 우리에게 내리게 하사 우리의 손이 행한 일을 우리에게 견고하게 하소서. 우리의 손이 행한 일을 견고하게 하소서"(시 90:17).

하나님의 은총, 즉 우리 삶을 변화시키고 우리 안에 그분의 역사를 증거하는 하나님의 거룩하신 은총이 우리에게 임하지 않으면 우리의 손이 행한 일을 어떻게 견고하게 할 수 있을까?

우리는 충분히 뒤를 돌아보았다. 우리는 앞을 내다보기 전까지는 끝을 낼 수 없다. 하나님의 놀라운 두 가지 말씀이 있다. 그것들은 서로 보완할 뿐 아니라 나란히 배치할 수 있다.

"누구든지 나를 따라오려거든 자기를 부인하고 자기 십자가를 지고 나를 따를 것이니라"(마 16:24).	"사람이 나를 섬기려면 나를 따르라. 나 있는 곳에 나를 섬기는 자도 거기 있으리니 사람이 나를 섬기면 내 아버지께서 그를 귀히 여기시리라"(요 12:26).

앞의 구절 가운데 하나는 십자가를 제시하고 있고 또 다른 구절은 면류관을 제시한다. 하나는 포기, 또 다른 하나는 보상을 거론한다. 두 구절 모두에 "나를 따르라"는 표현이 등장하지만 두 번째 구절에서는 갈보리의 십자가보다 더 멀리까지 그리스도를 따라간다. 그것은 무덤에서 부활한 것, 40일간 영적으로 세상에서 지낸 것, 하늘로 올라간 것, 하나님

보좌 오른쪽에 앉은 것, 재림하는 것, 그리고 영광스러운 마지막 통치를 그리스도와 함께하는 것으로까지 계속 이어진다. 그런데 두 가지 보상이 특별히 두드러진다. 첫째는 그리스도와 함께 영원한 집에서 지내는 것, 둘째는 아버지로부터 높임을 받는 것이다.

우리는 십자가와 십자가에 달리는 모습만 너무 지나치게 바라보다 보니 그리스도 안에서의 우리의 삶은 오직 고난과 섬김으로만 그분과 하나가 될 수 있다고 생각한다. 그러나 우리가 그분의 약속과 우리의 비전에 대한 온전한 관점을 가지려면 보상과 상급의 측면을 넘어서서 주님과 하나 되는 것을 바라보아야 한다. 자기를 부인하는 것은 빈곤해지는 게 아니라 유예되는 것이다. 우리는 미래와 더 좋은 것을 위해 현재의 좋은 것을 희생한다. 주님도 자기 앞에 놓여 있는 기쁨과 궁극적인 승리의 영광 때문에 십자가를 견디고 멸시를 감당할 수 있는 능력을 얻으셨다. 주님이 비천해지려고 일곱 단계를 내려가셨다면 모두가 무릎 꿇고 모든 입이 그분의 주권을 인정할 때까지 올라가는 일곱 단계가 역시 존재한다.

조지 뮬러는 사람들이 얻었다고 생각하는 모든 것을 잃었다고 생각했다. 자신의 주인인 예수님을 아는 지식이 가장 고상했기 때문이다. 그는 모든 것을 잃어버리고 그것들을 배설물로 여겼다. 하지만 그것은 그리스도를 얻고 그 안에서 발견되기 위함이었다. 그는 그리스도와 부활의 권능과 고난에 참여하는 것을 알려고 했고 그분의 죽음을 본받아서 죽은 자 가운데서 부활에 이르려고 했다. 세상이 소중히 여기는 것을 모두 뒤로 한 채 그리스도 예수 안에서 하나님이 위에서 부르시는 부름의 상을 위하여 푯대를 향해 앞으로 계속 나아갔다. "그러므로 누구든지 우리 온전히 이룬 자들은 이렇게 생각할지니"(빌 3:15).

주 예수님이 지상에 있었을 때는 그분이 사랑하신 제자 하나만이 품을 의지해서 누울 수 있었다. 오직 한 사람이 그 자리를 차지할 수 있었다. 하지만 이제 그분은 하늘에 계시고 모든 제자가 사랑받은 제자로서 그분의 가슴을 의지하고 누울 수 있다. 특권과 축복을 전적으로 독점할 수 없다. 가까이 따르고 주님 안에 거하는 사람은 부름받고 선택받은 성실한 이들에게 보류된 아주 가까운 접촉, 영광스러운 친밀감을 알고 있어서 어디로 가든지 어린 양을 뒤따른다. 자기를 부인하는 하나님의 종들은 하나님과 함께 지내면서 영광의 면류관을 쓰게 될 일곱 가지의 궁극적인 완전함에 도달하는 과정에 있는 것이다. "다시 저주가 없으며 하나님과 그 어린 양의 보좌가 그 가운데에 있으리니 그의 종들이 그를 섬기며 그의 얼굴을 볼 터이요. 그의 이름도 그들의 이마에 있으리라. 다시 밤이 없겠고…. 그들이 세세토록 왕 노릇 하리로다"(계 22:3-5). 아멘!

| 에필로그 | 나로 말미암아 하나님께 영광을

사랑하는 장인이 세상을 떠난 지 얼마 되지 않아서 전기와 저서를 가능하면 일찍 출판하는 것이 좋겠다고 재촉하는 편지들이 당도하기 시작했다. 「조지 뮬러를 인도하신 주님에 대한 일화」(앞의 본문에서는 「일화」로 줄였음-역주)라는 제목의 유명한 자서전이 출판되었고, 하나님이 지금도 성도들을 바로 세우고 불신자들을 회심시키는 데 크게 사용하고 있어서 그것을 대신하거나 보충하는 것을 용납하기가 쉽지 않았다. 하지만 기도하면서 그 문제를 생각하다가 몇 가지 고려해야 할 점이 떠올랐다.

첫째, 「일화」의 마지막 권은 1885년에 마무리가 되기 때문에 성경지식연구원의 연례 보고서에 포함된 내용을 제외하면 뮬러의 마지막 30년간의 삶에 대한 기록이 존재하지 않는다.

둘째, 「일화」의 마지막 세 권이 대부분 거기에 포함된 연보를 요약하다 보니 어쩔 수 없이 내용이 중복된다.

셋째, 네 권으로 구성된 「일화」의 핵심을 놓치지 않고 성경지식연구원의 설립자가 세상을 떠난 날까지 다루는 450페이지 정도 분량의 책이라면 여러 독자가 만족해할 것이다.

넷째, 장례식을 마치고 며칠 지나지 않아 조지 뮬러의 삶을 소개하는 글이 서너 개의 신문에 실렸다. 그 가운데 원(F. Warne)이 집필한 아주 정확하고 정말 고마운 글 한 편이 널리 나돌았다. 하지만 편지를 읽고 나서 더 자세한 전기가 필요하고 집필될 수 있겠다는 확신을 하게 되었다. 그래서 그런 책을 맡길 수 있는 저자를 찾을 수 있도록 하나님의 인도하심을 구하는 특별한 기도를 하게 되었다.

이런 분명한 기도의 응답을 기다리는 동안에도 출판사들로부터 일의 진척에 대한 요구가 빗발쳤지만 더 확실한 빛이 비출 때까지 어떤 일도 진행하지 않았다. 게다가 나는 개인적으로 5월과 6월에 성경지식연구원의 연례보고서에 집중하느라 다른 문제에 관심을 둘 겨를이 없었다.

바로 그때 뉴욕의 브루클린에 있는 아더 피어슨 박사가 미국 독자들을 위해 조지 뮬러의 전기를 집필하게 되었고 그 작업에 필요한 얼마간의 자료를 확보하려고 내게 도움을 요청하고 있다는 사실을 알게 되었다. 이런 요청에 응하고 난 뒤에 피어슨 박사로부터 의도한 작업 방법과 내용이 담긴 집필계획서가 도착했다. 이 문제를 생각하면 할수록 대서양 이편에서 요구되는 작업을 진행하는 데는 나와 막역한 친구인 피어슨 박사보다 더 적절한 사람을 찾을 수 없다는 점이 확실해졌다.

피어슨 박사는 20년 전에 미국에서, 그리고 나중에는 영국을 방문해서 뮬러와 아주 가까워졌고, 그래서 고아원과 성경지식연구원의 운영원리와 세부 내용을 잘 알게 되었다. 나는 그가 말씀에 계시된 하나님의 뜻에 근거한 이 원리에 전폭적으로 공감한다는 사실을 이미 알고 있었다. 덕분에 그는 겉으로 드러난 뮬러의 삶과 사역의 사실과 결과는 물론이고 하나님의 도움으로 열정과 확신을 하고 그 생애와 사역의 은밀한 원천을 드러낼 수 있고, 또 그렇게 할 것이다.

그래서 사랑하는 친구에게 원고를 읽고 의견을 밝힐 기회를 갖게 해 달라고 부탁하면서 필요하면 내가 사랑하는 장인의 유언 집행인과 대리인 자격으로 그 작품을 미국과 영국 독자들에게 권위 있는 전기로 기꺼이 추천하겠다는 뜻을 밝혔다.

피어슨 박사는 이 제안에 흔쾌히 동의했다. 그래서 원고 전체를 주의 깊게 살펴본 나는 이제 대서양을 마주하고 있는 존경하는 독자들에게 이 책을 자신 있게 공식 전기로 추천하면서, 이 책의 주제와 관련된 결과가 사도 바울이 그리스도 안에 있는 유대의 교회를 상대로 제시한 생활방식의 결과와 같기를 간절히 기도한다.

"나로 말미암아 하나님께 영광을 돌리니라"(갈 1:24).

제임스 라이트

> 나는 조지 뮬러와 그의 생각, 기호, 취미, 의지에 대해서 죽었습니다. 나는 세상에 대해서, 세상의 칭찬이나 비난에 대해서 죽었습니다. 형제와 친구들의 칭찬이나 비난에 대해서 죽었습니다. 그날 이후로 나는 하나님께만 인정받으려고 궁리하고 있습니다.

특·별·부·록

뮬러를 기도의 사람으로
세운 자양분

조지 뮬러를 만든
성경 구절들

-
-
-

특별한 성경의 개념과 약속들은 이 하나님의 사람에게 상당한 영향을 미쳤고 시편 119편 105절의 말씀처럼 그가 가는 길의 지침이 될 때가 자주 있었다. "주의 말씀은 내 발에 등이요 내 길에 빛이니이다."

뮬러가 갈림길에 도달할 때마다 올바른 방향을 지시하시는 하나님의 표지판이 된 성경 구절들을 그가 도움을 받은 순서대로 여기에 소개한다. 그 성경 구절들을 연구해보면 그의 삶을 개괄하는 일종의 영적 자서전이라는 게 드러날 것이다.

"하나님이 세상을 이처럼 사랑하사 독생자를 주셨으니, 이는 그를 믿는 자마다 멸망하지 않고 영생을 얻게 하려 하심이라"(요 3:16).
"무릇 사람을 믿으며 육신으로 그의 힘을 삼고 마음이 여호와에게서 떠난 그 사람은 저주를 받을 것이라"(렘 17:5).

"너희 성도들아 여호와를 경외하라. 그를 경외하는 자에게는 부족함이 없도다"(시 34:9).

"피차 사랑의 빚 외에는 아무에게든지 아무 빚도 지지 말라"(롬 13:8).

"너희는 먼저 그의 나라와 그의 의를 구하라. 그리하면 이 모든 것을 너희에게 더하시리라"(마 6:33).

"성경은 능히 너로 하여금 그리스도 예수 안에 있는 믿음으로 말미암아 구원에 이르는 지혜가 있게 하느니라"(딤후 3:15).

"구하라. 그리하면 너희에게 주실 것이요, 찾으라. 그리하면 찾아낼 것이요, 문을 두드리라. 그리하면 너희에게 열릴 것이니, 구하는 이마다 받을 것이요, 찾는 이는 찾아낼 것이요, 두드리는 이에게는 열릴 것이니라"(마 7:7-8).

"너희가 내 이름으로 무엇을 구하든지 내가 행하리니 이는 아버지로 하여금 아들로 말미암아 영광을 받으시게 하려 함이라. 내 이름으로 무엇이든지 내게 구하면 내가 행하리라"(요 14:13-14).

"그러므로 내가 너희에게 이르노니 목숨을 위하여 무엇을 먹을까 무엇을 마실까 몸을 위하여 무엇을 입을까 염려하지 말라. 목숨이 음식보다 중하지 아니하며 몸이 의복보다 중하지 아니하냐. 공중의 새를 보라. 심지도 않고 거두지도 않고 창고에 모아들이지도 아니하되 너희 하늘 아버지께서 기르시나니 너희는 이것들보다 귀하지 아니하냐. 너희 중에 누가 염려함으로 그 키를 한 자라도 더할 수 있겠느냐. 또 너희가 어찌 의복을 위하여 염려하느냐. 들의 백합화가 어떻게 자라는가 생각하여 보라. 수고도 아니하고 길쌈도 아니하느니라. 그러나 내가 너희에게 말하노니 솔로몬의 모든 영광으로도 입은 것이 이 꽃 하나만 같지 못하였느니라. 오늘 있다가 내일 아궁이에 던져지는 들풀도 하나님이 이렇게 입히시거든 하물며 너희일까 보냐, 믿음이 작은 자들아. 그러므로 염려하여 이르기를 무엇을 먹을까 무엇을 마실까 무엇을 입을까 하지 말라. 이는 다 이방인들이 구하는 것이라. 너희 하늘 아버지께서 이 모든 것이 너희에게 있어야 할 줄을 아시느니라. 그런즉 너희는 먼저 그의 나라와 그의 의를 구하라. 그리하면 이 모든 것을 너희에게 더하시리라. 그러므로 내일 일을 위하여 염려하지 말라. 내일 일은 내일이 염려할 것이요, 한 날의 괴로움은 그날로 족하니라"(마 6:25-34).

"사람이 하나님의 뜻을 행하려 하면 이 교훈이 하나님께로부터 왔는지 내가 스스로 말함인지 알리라"(요 7:17).

"그러므로 예수께서 자기를 믿은 유대인들에게 이르시되 너희가 내 말에 거하면 참으로 내 제자가 되고 진리를 알지니 진리가 너희를 자유롭게 하리라"(요 8:31-32).

"길 가다가 물 있는 곳에 이르러 그 내시가 말하되 보라. 물이 있으니 내가 세례를 받음에 무슨 거리낌이 있느냐. (없음) 이에 명하여 수레를 멈추고 빌립과 내시가 둘 다 물에 내려가 빌립이 세례를 베풀고"(행 8:36-38).

"무릇 그리스도 예수와 합하여 세례를 받은 우리는 그의 죽으심과 합하여 세례를 받은 줄을 알지 못하느냐. 그러므로 우리가 그의 죽으심과 합하여 세례를 받음으로 그와 함께 장사되었나니"(롬 6:3-4).

"그 주간의 첫날에 우리가 떡을 떼려 하여 모였더니"(행 20:7).

"내 형제들아 영광의 주, 곧 우리 주 예수 그리스도에 대한 믿음을 너희가 가졌으니 사람을 차별하여 대하지 말라. 만일 너희 회당에 금가락지를 끼고 아름다운 옷을 입은 사람이 들어오고 또 남루한 옷을 입은 가난한 사람이 들어올 때에 너희가 아름다운 옷을 입은 자를 눈여겨보고 말하되 여기 좋은 자리에 앉으소서 하고 또 가난한 자에게 말하되 너는 거기 서 있든지 내 발등상 아래에 앉으라 하면 너희끼리 서로 차별하며 악한 생각으로 판단하는 자가 되는 것이 아니냐. 내 사랑하는 형제들아 들을지어다. 하나님이 세상에서 가난한 자를 택하사 믿음에 부요하게 하시고 또 자기를 사랑하는 자들에게 약속하신 나라를 상속으로 받게 하지 아니하셨느냐. 너희는 도리어 가난한 자를 업신여겼도다. 부자는 너희를 억압하며 법정으로 끌고 가지 아니하느냐"(약 2:1-6).

"우리에게 주신 은혜대로 받은 은사가 각각 다르니 혹 예언이면 믿음의 분수대로, 혹 섬기는 일이면 섬기는 일로, 혹 가르치는 자면 가르치는 일로, 혹 위로하는 자면 위로하는 일로, 구제하는 자는 성실함으로, 다스리는 자는 부지런함으로, 긍휼을 베푸는 자는 즐거움으로 할 것이니라"(롬 12:6-8).

"이 모든 일은 같은 한 성령이 행하사 그의 뜻대로 각 사람에게 나누어 주시는 것이니라"(고전 12:11).

"내가 선물을 구함이 아니요, 오직 너희에게 유익하도록 풍성한 열매를 구함이라"(빌 4:17).

"너희를 위하여 보물을 땅에 쌓아 두지 말라"(마 6:19).

"너희 소유를 팔아 구제하여 낡아지지 아니하는 배낭을 만들라. 곧 하늘에 둔 바 다함이 없는 보물이니 거기는 도둑도 가까이 하는 일이 없고 좀도 먹는 일이 없느니라"(눅 12:33).

"만일 하늘에서 주신 바 아니면 사람이 아무것도 받을 수 없느니라" (요 3:27).

"하나님이 처음으로 이방인 중에서 자기 이름을 위할 백성을 취하시려고 그들을 돌보신 것을 시므온이 말하였으니"(행 15:14).

"너는 이것을 알라. 말세에 고통하는 때가 이르러… 악한 사람들과 속이는 자들은 더욱 악하여져서 속이기도 하고 속기도 하나니"(딤후 3:1,13).

"너희는 그들 중에서 나와서 따로 있고 부정한 것을 만지지 말라"(고후 6:17).

"이는 힘으로 되지 아니하며 능력으로 되지 아니하고, 오직 나의 영으로 되느니라"(슥 4:6).

"내 은혜가 네게 족하도다"(고후 12:9).

"각 사람은 부르심을 받은 그 부르심 그대로 지내라. …형제들아 너희는 각각 부르심을 받은 그대로 하나님과 함께 거하라"(고전 7:20,24).

"모든 성경은 하나님의 감동으로 된 것으로 교훈과 책망과 바르게 함과 의로 교육하기에 유익하니"(딤후 3:16).

"네 입을 크게 열라. 내가 채우리라"(시 81:10).

"내 때가 아직 이르시 아니하였나이다"(요 2:4).

"어린아이 하나를 데려다가 그들 가운데 세우시고 안으시며 제자들에게 이르시되 누구든지 내 이름으로 이런 어린아이 하나를 영접하면 곧 나를 영접함이요, 누구든지 나를 영접하면 나를 영접함이 아니요,

나를 보내신 이를 영접함이니라"(막 9:36-37).

"할 수 있거든 너희로서는 모든 사람과 더불어 화목하라"(롬 12:18).

"그들은 잠시 자기의 뜻대로 우리를 징계하였거니와 오직 하나님은 우리의 유익을 위하여 그의 거룩하심에 참여하게 하시느니라. 무릇 징계가 당시에는 즐거워 보이지 않고 슬퍼 보이나 후에 그로 말미암아 연단 받은 자들은 의와 평강의 열매를 맺느니라"(히 12:10-11)

"무엇이든지 기도하고 구하는 것은 받은 줄로 믿으라. 그리하면 너희에게 그대로 되리라"(막 11:24).

"그를 믿는 자는 부끄러움을 당하지 아니하리라"(벧전 2:6).

"기도를 들으시는 주여 모든 육체가 주께 나아오리이다"(시 65:2).

"하나님을 두려워하는 너희들아 다 와서 들으라. 하나님이 나의 영혼을 위하여 행하신 일을 내가 선포하리로다"(시 66:16).

"하나님은 고아의 아버지시며"(시 68:5).

"내 아들아 여호와의 징계를 경히 여기지 말라. 그 꾸지람을 싫어하지 말라"(잠 3:11).

"아버지가 자식을 긍휼히 여김 같이 여호와께서는 자기를 경외하는 자를 긍휼히 여기시나니"(시 103:13).

"예수 그리스도는 어제나 오늘이나 영원토록 동일하시니라"(히 13:8).

"내일 일은 내일이 염려할 것이요, 한 날의 괴로움은 그날로 족하니라"(마 6:34).

"여호와께서 여기까지 우리를 도우셨다"(삼상 7:12).

"너희는 여호와의 선하심을 맛보아 알지어다. 그에게 피하는 자는 복이 있도다"(시 34:8).

"모든 기름은 여호와의 것이니라"(레 3:16).

"나는 가난하고 궁핍하오나 주께서는 나를 생각하시오니"(시 40:17).

"또 여호와를 기뻐하라. 그가 네 마음의 소원을 네게 이루어 주시리로다"(시 37:4).

"내가 나의 마음에 죄악을 품었더라면 주께서 듣지 아니하시리라"(시 66:18).

"여호와께서 자기를 위하여 경건한 자를 택하신 줄 너희가 알지어다. 내가 그를 부를 때에 여호와께서 들으시리로다"(시 4:3).

"여호와 이레(여호와께서 준비하심)"(창 22:14).

"내가 결코 너희를 버리지 아니하고 너희를 떠나지 아니하리라 하셨느니라. 그러므로 우리가 담대히 말하되 주는 나를 돕는 이시니"(히 13:5-6).

"너는 사람과 더불어 손을 잡지 말며 남의 빚에 보증을 서지 말라"(잠 22:26).

"보증이 되기를 싫어하는 자는 평안하니라"(잠 11:15).

"내가 너희 영혼을 위하여 크게 기뻐하므로 재물을 사용하고, 또 내 자신까지도 내어 주리니, 너희를 더욱 사랑할수록 나는 사랑을 덜 받겠느냐"(고후 12:15).

"너희가 다 믿음으로 말미암아 그리스도 예수 안에서 하나님의 아들이 되었으니"(갈 3:26).

"너희 염려를 다 주께 맡기라. 이는 그가 너희를 돌보심이라"(벧전 5:7).

"아무것도 염려하지 말고 다만 모든 일에 기도와 간구로, 너희 구할 것을 감사함으로 하나님께 아뢰라"(빌 4:6).

"예수께서 이르시되 내 말이 네가 믿으면 하나님의 영광을 보리라 하지 아니하였느냐 하시니"(요 11:40).

"우리가 알거니와 하나님을 사랑하는 자, 곧 그의 뜻대로 부르심을 입은 자들에게는 모든 것이 합력하여 선을 이루느니라"(롬 8:28).

"세상을 심판하시는 이가 정의를 행하실 것이 아니니이까"(창 18:25).

"천국이 이런 사람의 것이니라"(마 19:14).

"자기 아들을 아끼지 아니하시고 우리 모든 사람을 위하여 내주신 이가 어찌 그 아들과 함께 모든 것을 우리에게 주시지 아니하겠느냐"(롬 8:32).

"온갖 좋은 은사와 온전한 선물이 다 위로부터 빛들의 아버지께로부터 내려오나니"(약 1:17).

"젊은 사자는 궁핍하여 주릴지라도 여호와를 찾는 자는 모든 좋은 것에 부족함이 없으리로다"(시 34:10).

"흩어 구제하여도 더욱 부하게 되는 일이 있나니 과도히 아껴도 가난하게 될 뿐이니라. 구제를 좋아하는 자는 풍족하여질 것이요. 남을 윤택하게 하는 자는 자기도 윤택하여지리라"(잠 11:24-25).

"주라. 그리하면 너희에게 줄 것이니, 곧 후히 되어 누르고 흔들어 넘치도록 하여 너희에게 안겨 주리라. 너희가 헤아리는 그 헤아림으로 너희도 헤아림을 도로 받을 것이니라"(눅 6:38).

"존귀한 자는 존귀한 일을 계획하나니 그는 항상 존귀한 일에 서리라"(사 32:8).

"가난한 자들은 항상 너희와 함께 있으니 아무 때라도 원하는 대로 도울 수 있거니와 나는 너희와 항상 함께 있지 아니하리라"(막 14:7).

"그러므로 너희의 선한 것이 비방을 받지 않게 하라"(롬 14:16).

"너희 관용을 모든 사람에게 알게 하라"(빌 4:5).

"내 형제들아 너희가 여러 가지 시험을 당하거든 온전히 기쁘게 여기라. 이는 너희 믿음의 시련이 인내를 만들어 내는 줄 너희가 앎이라. 인내를 온전히 이루라. 이는 너희로 온전하고 구비하여 조금도 부족함이 없게 하려 함이라"(약 1:2-4).

"너는 마음을 다하여 여호와를 신뢰하고 네 명철을 의지하지 말라. 너는 범사에 그를 인정하라. 그리하면 네 길을 지도하시리라"(잠 3:5-6).

"정직한 자의 성실은 자기를 인도하거니와 사악한 자의 패역은 자기를 망하게 하느니라"(잠 11:3).

"너의 행사를 여호와께 맡기라. 그리하면 네가 경영하는 것이 이루어지리라"(잠 16:3).

"내게 주신 은혜로 말미암아 너희 각 사람에게 말하노니 마땅히 생각할 그 이상의 생각을 품지 말고 오직 하나님께서 각 사람에게 나누어 주신 믿음의 분량대로 지혜롭게 생각하라"(롬 12:3).

"너는 여호와를 기다릴지어다. 강하고 담대하며 여호와를 기다릴지어다"(시 27:14).

"그가 이같이 오래 참아 약속을 받았느니라"(히 6:15).

"너희가 무엇이든지 아버지께 구하는 것을 내 이름으로 주시리라"(요 16:23).

"이것이 곧 적게 심는 자는 적게 거두고 많이 심는 자는 많이 거둔다 하는 말이로다"(고후 9:6).

"값으로 산 것이 되었으니 그런즉 너희 몸으로 하나님께 영광을 돌리라"(고전 6:20).

"여호와여 주의 이름을 아는 자는 주를 의지하오리니 이는 주를 찾는 자들을 버리지 아니하심이니이다"(시 9:10).

"주께서 심지가 견고한 자를 평강하고 평강하도록 지키시리니 이는 그가 주를 신뢰함이니이다. 너희는 여호와를 영원히 신뢰하라. 주 여호와는 영원한 반석이심이로다"(사 26:3-4).

"할 마음만 있으면 있는 대로 받으실 터이요, 없는 것은 받지 아니하시리라"(고후 8:12).

"견실하며 흔들리지 말고 항상 주의 일에 더욱 힘쓰는 자들이 되라. 이는 너희 수고가 주 안에서 헛되지 않은 줄 앎이라"(고전 15:58).

"우리가 선을 행하되 낙심하지 말지니 포기하지 아니하면 때가 이르매 거두리라"(갈 6:9).

"주는 선하사 선을 행하시오니"(시 119:68).

"여호와여 내가 알거니와 주의 심판은 의로우시고 주께서 나를 괴롭게 하심은 성실하심 때문이니이다"(시 119:75).

"나의 앞날이 주의 손에 있사오니"(시 31:15).

"여호와 하나님은 해요 방패이시라. 여호와께서 은혜와 영화를 주시며 정직하게 행하는 자에게 좋은 것을 아끼지 아니하실 것임이니이다"(시 84:11).

"나를 붙드소서. 그리하시면 내가 구원을 얻고 주의 율례들에 항상 주의하리이다"(시 119:117).

"보라. 내가 속히 오리니 내가 줄 상이 내게 있어 각 사람에게 그가 행한 대로 갚아 주리라"(계 22:12).

"주는 것이 받는 것보다 복이 있다"(행 20:35).

"오늘 우리에게 일용할 양식을 주시옵고"(마 6:11).

"우리 가운데서 역사하시는 능력대로 우리가 구하거나 생각하는 모든 것에 더 넘치도록 능히 하실 이에게"(엡 3:20).

"나를 존중히 여기는 자를 내가 존중히 여기고"(삼상 2:30).

"너희 믿음의 확실함은 불로 연단하여도 없어질 금보다 더 귀하여 예수 그리스도께서 나타나실 때에 칭찬과 영광과 존귀를 얻게 할 것이니라"(벧전 1:7).

뮬러가 깨달은
진리의 이해

하나님은 뮬러가 1829년에 테인머스에서 지내는 동안 다음의 몇 가지 사실을 일깨우기 시작하셨다.

1. 하나님의 말씀만이 영적인 문제를 판단하는 우리의 기준이다. 그것은 오직 성령만 설명할 수 있기 때문이다. 그리고 옛날은 물론, 지금까지 성령은 자신에게 속한 사람들의 교사이다. 나는 그 이전까지는 성령의 직무를 경험적으로 이해하지 못했다. 실제로 삼위일체라고 흔히 부르는 복된 각각의 위격에 대해서 경험적으로 이해하지 못했다.

   그전까지 나는 아버지가 세상을 만드시기 전부터 우리를 선택하셨다는 것을 성경에서 확인하지 못했다. 그분 안에서 우리의 구속이라는 놀라운 계획이 시작되었고 구속에 필요한 모든 수단을 정해 두셨다는 것도 마찬가지였다. 게다가 성자 예수님이 우리를 구원하시려고 율법의 요구와 하나님의 거룩함을 만족하게 하려고 율법을 성취했다는 것도 몰랐다. 그리고 그분이 우리의 죄 때문에 벌을 받고, 그렇게 해서 하나님의 의를 충족하셨다는 사실도 그랬다.

성령만이 우리의 본성에 관해서 가르쳐주시고, 우리에게 구세주가 필요하다는 사실을 일러주시고, 그리스도를 믿게 하시고, 성경을 설명하시고, 설교할 수 있도록 도와주신다는 사실도 알지 못했다. 내가 특별히 커다란 영향을 받은 것은 이 후자의 사실을 이해하기 시작한 것이었다. 주님은 여러 주석과 그 밖의 거의 모든 책을 내려놓고 그저 하나님의 말씀을 읽고 연구해서 그것을 직접 경험적으로 시험할 수 있게 하셨다.

그에 따른 결과, 내가 처음으로 방에 들어가서 기도하고 성경을 묵상하자 몇 시간이 되지 않았는데도 과거 몇 개월간보다 더 많은 것을 깨닫게 되었다. 그런데 특이하게도 그런 노력 덕분에 내 영혼에 필요한 진정한 능력을 받게 되었다. 이제 나는 내가 배우고 본 것을 성경에 비추어보기 시작했고 그 시험에 통과한 원리들만이 실제로 가치가 있다는 것을 알게 되었다.

2. 그 이전까지 나는 신택의 교리, 특히 구속과 궁극적인 견인의 은총을 상당히 반대했다. 그래서 테인머스에 도착한 지 며칠 만에 선택의 교리를 사탄의 것이라고 불렀다. 내가 주님의 인도하심을 받았다고는 생각하지 않았다. 그것은 확실히 잘못된 것이었기 때

문이다. 오히려 나는 궁극적으로 반대할 수도 있다고 생각했다. 게다가 나는 하나님께 속한 사람들의 선택에 관해서 몰랐고, 일단 하나님의 자녀가 되면 영원히 안전하다는 것을 믿지 않았다. 육신적으로 생각하던 나는, 하나님의 자녀라고 일단 영원히 입증할 수 있으면 한두 해 정도 세상으로 나갔다가 다시 돌아와도 결국에는 구원을 받을 수 있다고 거듭해서 말했다.

하지만 나는 이제 이 소중한 진리들을 하나님의 말씀에 비추어서 검토했다. 그리고 죄인들의 회심에 대해서 내가 영광을 취하지 않고 단순히 도구로 생각하게 되었다. 나는 말씀으로 나아가서 이런 진리들을 특별히 언급하는 신약성경을 처음부터 끝까지 읽었다. 놀랍게도 선택과 견인의 은총을 결정적으로 언급하는 구절들이 그 진리들을 분명히 반대하는 구절들보다 4배나 많다는 것을 발견했다. 그리고 내가 검토하고 이해하고 난 직후에 얼마 되지 않는 구절들까지 위의 교리들을 확증했다.

내가 아주 연약하고 육신의 정욕과 안목의 정욕과 이생의 자랑에 대해서 완전히 죽지 않았음에도, 이런 교리들이 끼친 영향에 대해서 나는 하나님의 은총 덕분에 그때 이후로 하나님과 더욱 가깝게 동행했다는 사실을 하나님의 영광을 위해서 밝히지 않을 수 없다. 이후로 내 삶은 흔들리지 않았고 과거보다 훨씬 더 하나님을 위해서 살았다고 말할 수 있다.

그리고 나는 이런 진리들을 도구로 삼아서 주님으로부터 대단한 능력을 얻게 되었다. 시험받을 때마다 이렇게 거듭 자문했다. "그래서 내가 죄를 지어야 할까?" 나는 잠깐만 영혼에 고통을 안겨주고 하나님의 영광을 가렸을 뿐이었다. 영원히 하나님의 자녀가 되었으니 엄격한 처벌이 기다리고 있더라도 다시 돌아와야 하기 때문이다. 그래서 나는 그리스도를 통한 하나님의 선택하시는 사랑(내가 그것을 깨달을 수 있을 때)은 죄를 짓게 하지 않고 오히려 거룩함을 낳는 수단이 되었다고 말한다. 그런 진리들을 마음에 두지 않고 머리에 담아두는 것은 위험하다.

3. 내가 어느 정도 이해하게 된 또 다른 진리는 주님의 재림에 관한 것이다. 당시까지 이 문제에 관한 나의 견해는 전적으로 모호하고 비성경적이었다. 나는 말씀에 비추어보지 않은 채 다른 이들의 말을 믿었다. 나는 세상이 점점 더 좋아지고, 그러니 얼마 지나지 않아서 온 세상이 회심할 것으로 생각했다.

하지만 이제 나는 하나님의 말씀을 통해서 주님의 재림 전에 세상의 회심을 기대할 성경적 근거가 전혀 없다는 사실을 알게 되었다. 주 예수의 재림이 교회에 영광이 되고 성도에게는 무궁한 기쁨이 된다는 것과 그때까지는 다소의 혼란이 있다는 것을 말씀에서 발견했다. 아울러 예수님의 죽음이 아니라 재림이 사도적 그리스도인들의 소망이었다는 것도 알게 되었다. 그렇게 해서 나는 그리스도의 재림을 기다리게 되었다.

이 진리가 내 마음에 들어오게 되지 요양을 위해서 데번셔로 갈 때는 런던에 다시 돌아갈 수 없을 것 같았지만 이 진리를 바라보면서 죽음이 아니라 주님의 재림을 기대하게 되었다. 이 진리를 깨닫고 난 뒤에 주님은 자비하게도 그것을 최소한으로 적용하게 하서서 이렇게 엄숙히 자문하게 하셨다. "주님이 곧 돌아오시기 전에 나는 그분을 위해서 무엇을 할 수 있을까?"

4. 이런 진리들 이외에도 주님은 나를 과거보다 더 높은 수준의 헌신으로 이끄시는 것을 기뻐하셨다. 주님은 그리스도와 함께 멸시당하고 가난하고 비참해지더라도 이 세상에서 누리는 진정한 영광이 무엇인지 깨닫게 인도하셨다. 그때 나는 주님이 가난하고 비참하고 멸시받은 세상에서, 주님의 종이 부유하고 위대하고 영광을 누리려고 하는 것은 잘못임을 깨달았다. 비록 그것을 확실히 깨달은 것은 나중의 일이었지만 말이다.

런던협회와의
결별 이유

평상시처럼 협회와 관계를 지속해야 할 것인지가 중대한 문제로 드러났다. 내가 반대하는 대표적인 이유는 이랬다.

1. 만일 협회의 파송을 받아서 영국을 떠나야 한다면, 대륙에서 사역할 가능성이 크다. 건강 때문에 동양의 국가들로 파송되는 것은 내게 적합하지 않았고, 기후와 다른 언어들을 익히느라 어려움을 겪을 수 있었다. 그런데 만일 대륙으로 가게 되면 안수를 받지 않은 목회자들이 그곳에서 일반적으로 자유롭게 사역하는 데 어려움을 겪는 것처럼 안수를 받지 않고는 도움이 될 수 있는 어떤 광범위한 현장을 만나지 못할 게 분명했다. 하지만 양심적으로 나는 회심을 하지 않은 사람들로부터 안수를 받을 수 없었다. 그들은

사역을 위해서 나를 따로 구별하고 자신들이 소유하지 못한 무엇을 자신들에게 전달할 수 있는 능력을 소유하고 있다고 장담했다. 이것 이외에도 나는 어떤 국가교회나 국가적인 종교단체와 관계를 유지하는 것을 역시 반대했다. 하나님의 말씀은 유일한 기준이고 성령은 유일한 교사라는 이 진리를 받아들이면서 확실한 관점을 갖게 되었기 때문이다. 이제 영국과 대륙의 단체들에 대해서 내가 가진 지식과 이 유일한 진리, 곧 하나님의 말씀을 비교하자, 단체들은 모두 세상과 교회가 서로 뒤섞인 단체들에 불과해서 그 안에 하나님의 말씀을 불가피하게 멀리하게 하는 원리들이 존재할 뿐 아니라 그것들이 단체로 존속하는 한 철저하게 성경에 따라서 행동하는 것을 불가능하게 한다는 사실을 깨달았다. 따라서 내가 또다시 영국에 머물게 되면 그 협회는 나를 위해서 주님이 문을 열어주시는 장소에서 자유롭게 설교하도록 허락하지 않을 것이다.

2. 게다가 나는 선교사역에서 인간의 안내와 지도를 받는 것에 대해서 양심상 반대했다. 나는 그리스도의 종이라서 시간과 장소에 대해서 인간보다는 성령의 인도하심을 받아야 한다고 생각했다. 나는 나보다 훨씬 더 많이 교육을 받고 훨씬 더 영적인 사람들을 존중하면서 이렇게 말할 수 있다. "그리스도의 종은 단 한 명의 주인을 모신다."

3. 나는 유대인들을 사랑했고, 그래서 그것에 대한 증거를 제시할 수

있었다. 하지만 나는 그 협회가 그렇게 하기를 기대해도 양심상 더 많은 시간을 오직 그들을 위해서만 보내겠다고는 말할 수 없었다. 유대인들을 찾아가서 특별한 사역을 시작해야 하지만, 그들이 복음을 거절하면, 명목상의 그리스도인들에게 가야 하는 게 성경적인 계획처럼 보였기 때문이다.

이런 내용을 검토하면 할수록 그것들을 위원회에 알리지 않을 때는 그것들이 마음에 남아 위선적으로 행동하게 될 것이라는 생각이 들었다.

국내 및 해외를 위한
성경지식연구원

-
-
-

Ⅰ. 기구의 원칙

1. 우리는 모든 신자가 어떤 식으로든지 그리스도의 사역을 도와야 할 의무가 있다고 생각하고 있고, 또 우리에게는 믿음의 사역과 사랑의 수고에 대해서 주님의 축복을 기대하는 성경적인 근거가 있다. 마태복음 13장 24~43절, 디모데후서 3장 1~13절, 그리고 그 밖의 여러 구절에 따르면, 세상은 주 예수가 재림하기 전까지 회심하지 않을 것이다. 하지만 주님이 지체하시는 동안 우리는 하나님이 선택하신 이들을 모으기 위해서 성경적 수단을 모두 동원해야 한다.

2. 우리는 주님의 도움을 받기 때문에 세상의 지원을 기대하지 않는

다. 즉, 우리는 회심하지 않고 높은 지위와 많은 재산을 소유한 이들에게 이 기구의 후원을 절대 기대하지 않는다. 그것은 주님의 영광을 가릴 수 있기 때문이다. "우리 하나님의 이름으로 우리의 깃발을 세우리니"(시 20:5). 주님만이 우리의 후원자가 되시고, 만일 주님이 우리를 도우시면 성공하고, 우리 편에 서지 않으면 우리는 성공하지 못할 것이다.

3. 우리는 불신자들에게 돈을 요구하지 않는다(고후 6:14-18). 그들이 스스로 기부할 때에는 받아들일 것이다(행 28:2-10).

4. 우리는 기구의 문제들을 다루거나 처리하는 데 있어서 불신자들의 도움을 일절 거절한다(고후 6:14-18).

5. 우리는 빚을 지면서 사역을 절대 확장하지 않을 것이고(롬 13:8), 나중에 하나님의 교회에 도움을 청하지도 않을 것이다. 우리는 이것이 신약성경의 내용과 정신에 모두 위반되는 것으로 간주한다. 하지만 하나님이 우리를 돕는 은밀한 기도를 하면서 주님 기구의 어려움을 해결하고 하나님이 허락하시는 방법에 근거해서 행동할 것이다.

6. 우리는 기구의 성공을 기부된 금액이나 배부된 성경의 양이 아니라 그 사역에 임하는 주님의 축복으로 평가할 것이다(슥 4:6). 그리고 우리는 기도하면서 주님을 기다리는 것에 비례해서 축복을 기대한다.

7. 우리는 불필요한 고립을 피하지만, 진리를 양보하지 않고 오직 성경에 따라서 일을 추진할 것이다. 동시에 경험 많은 그리스도인들이 기도한 뒤에 기구에 관해서 제공하는 성경적 교훈을 감사하게

받아들일 것이다.

II. 기구의 목적

1. 성경의 원리에 따라서 교육하는 주간학교, 주일학교, 성인학교를 지원하고, 또 주님이 방법과 적절한 교사를 허락하시고 다른 측면에서 우리의 앞길을 분명하게 제시할 때에는 이런 유형의 학교들을 설립할 것이다.
   (1) 성경적 원리에 근거한 주간학교의 교사는 경건해야 한다. 구원의 길을 성경적으로 가르치고 복음의 원리에 어긋나는 교육을 하면 안 된다.
   (2) 기구는 교사가 모두 신자이고 성경만 교육의 기초로 삼고 있는 주일학교에만 성경을 공급한다. 우리는 주님을 알고 있다고 직접 고백하지 않는 사람에게 신앙교육을 하는 것을 비성경적이라고 간주한다.
   (3) 기구는 교사가 신자가 아닐 때는 어떤 성인학교든지 성경이나 철자교본을 지원하지 않는다.
2. 성경을 배부하는 게 두 번째 목적이다.
   우리는 어려운 이들에게 성경을 할인가격으로 판매한다. 하지만 우리는 일반적으로 성경을 판매하고 무료로 제공하지 않는 게 낫다고 생각하지만 극빈자에게는 값을 받지 않고 보급판을 주는 게 옳다고 본다.
3. 이 기구의 세 번째 목적은 선교활동을 후원하는 것이다.

우리는 철저히 성경에 근거한 것으로 보이는 선교사들을 지원하겠다. 주님이 지시하시는 대로 기부금의 일정액을 앞에서 언급한 각각의 목적에 제공할 생각이다. 하지만 그 목적 가운데 어느 것도 더 특별히 지원할 필요가 없으면 동일하게 제공할 것이다. 하지만 기부자가 어떤 한 가지 목적을 위해서 기부하면 그것에 따라서 적절히 사용할 것이다.

뮬러가 고아원을
설립하게 된 이유

•
•
•

나는 오늘날 하나님의 자녀에게 필요한 특별한 것들 가운데 하나는 믿음에 힘을 내는 것이라는 사실을 입증하는 사례를 부단히 접했다. 가령, 하루에 14시간에서 16시간을 장사에 매달리는 한 형제를 방문한다고 해보자. 당연히 그의 몸은 고달프고 영혼이 쇠약해져서 하나님의 일들을 전혀 누리지 못하고 있을 것이다. 그런 상황이라면 나는 건강이 나빠지지 않도록 일을 줄이고 하나님의 말씀을 읽고 묵상하고 기도함으로써 속사람이 힘을 회복할 것을 조언한다. 그렇지만 일반적으로 돌아오는 대답은 이런 식이다.

"하지만 내가 일을 줄이면 가족을 부양할 만큼 벌 수 없습니다. 지금도 아주 부지런히 일하고 있지만, 겨우 유지할 정도입니다. 임금이 너무 적다 보니 필요한 것을 얻으려면 열심히 일하지 않을 수 없습니다."

대답에는 하나님에 대한 신뢰가 존재하지 않는다. 실제로는 하나님의 말씀을 신뢰하지 않는 것이다. "너희는 먼저 그의 나라와 그의 의를 구하라. 그리하면 이 모든 것을 너희에게 더하시리라"(마 6:33). 그러면 나는 이렇게 말할 것이다.

"사랑하는 형제여, 당신의 가족을 부양하는 것은 당신이 아니라 주님입니다. 그리고 당신이 질병에 걸려서 전혀 일할 수 없을 때 당신과 가족을 먹이시는 주님은 당신이 속사람에게 필요한 양식을 위해서 은퇴 뒤에나 가능한 만큼의 시간을 일하더라도 당신과 가족에게 분명히 공급하실 것입니다. 그런데도 당신은 서둘러서 잠시 기도하고 일과를 시작하지 않습니까? 그리고 저녁에 일을 끝마치고 하나님의 말씀을 잠시 읽으려다가 그것을 감당하기에는 몸과 마음이 너무 지쳐서 성경을 읽거나 무릎을 꿇고 기도하다가 잠들어버리지 않습니까?"

형제는 그렇다고 인정할 것이다. 그리고 내 충고가 옳다는 것도 수긍할 것이다. 하지만 나는 그의 표정에서 이런 생각을 읽는다. "당신의 충고를 따르면 생계는 어떻게 꾸려야 할까요?" 그래서 나는 그 형제에게 우리 하나님 아버지는 늘 그런 것처럼 여전히 성실하신 하나님이시고, 자신을 신뢰하는 모든 사람에게 과거처럼 오늘날에도 자신이 살아 있는 하나님이시라는 사실을 늘 입증하고 싶어 하신다는 것을 가시적으로 입증할 수 있는 무엇인가를 소유하고 싶었다.

게다가 나이가 들어서 더는 일할 수 없고, 그래서 빈민원에 들어가는 게 두려워서 걱정하는 하나님의 자녀를 종종 만난다. 그럴 때 하늘에 있는 아버지가 자신을 신뢰하는 이들을 늘 어떻게 도와주셨는지 설명해주면, 그들은 항상 시대가 바뀌었다는 식으로 말하지는 않을 것이다. 하지만 그들이 하나님을 살아계신 하나님으로 여기지 않고 있는 것은 분명하다. 이런 일을 겪을 때마다 자주 맥이 빠지다 보니 하나님은 오늘날에도 자신을 의지하는 이들을 저버리시지 않고 있음을 보여주는 무엇인가를 하나님의 자녀들에게 제시하고 싶었다.

사업하는 또 다른 유형의 형제들은 회심하지 않은 사람들과 거의 같은 방식으로 사업하다가 영적으로 고통을 겪고 양심의 가책을 받는다. 그들은 전적으로 하나님의 말씀에 따라서 사업을 할 때 사업의 성공을 기대하지 못하게 하는 것으로 치열한 경쟁, 불경기, 인구의 밀집을 꼽는다. 그 형제는 어쩌면 상황의 변화를 기대하고 말한 것일 수도 있다. 하지만 나는 선한 양심을 지속하려고 살아 있는 하나님을 신뢰하고 그분을 의지하는 거룩한 결단을 유지하는 사례를 거의 목격하지 못했다. 나는 이런 유형에 속한 사람들에게도 하나님이 변함없이 동일하시다는 사실을 가시적인 증거로 보여주고 싶었다.

그리고 계속해서 선한 양심을 유지할 수 없는 직업을 가진 사람들, 또는 영적인 것과 관련해서 비성경적인 처지에 있는 유형의 사람들이 있었다. 두 유형 모두 결과적으로는 직장을 잃지 않으려고 하나님과 함께 거할 수 없는 직업이나 지위를 포기하려고 하지 않았다. 나는 누구든지 의지하는 이들을 기꺼이 도울 수 있는 하나님의 말씀에 기록된 사례뿐 아니라 그분이 오늘날에도 동일하시다는 증거를 제시해서 그들의 믿음을 회복시킬 수 있는 도구가 되고 싶은 마음이 간절했다.

나는 하나님의 말씀으로 충분하다는 것을 잘 알고 있었고, 그리고 은총 덕분에 그것은 충분했다. 하지만 여전히 나는 할 수만 있다면 변함없는 주님의 성실하심에 대한 가시적인 증거들을 가지고서 형제들이 하나님을 의지하도록 도움을 주어야 한다고 생각했다. 주님이 자신의 종 프랑케를 대하시는 방식을 통해서 내 영혼에 주어진 놀라운 축복을 기억했기 때문이다. 그는 살아계신 하나님만 의지한 채 내가 직접 자주 방문했던 대형 고아원을 설립했다. 따라서 내가 자비를 확보했다는, 즉 말씀으로 하나님을 만나고 그것을 의지할 수 있게 되었다는 특별한 사실을 고려할 때 하나님 교회의 종이 되는 게 마땅하다고 판단했다.

내가 이런 결심을 하게 된 것은 나와 가까워진 상당수의 성도가 주님을 신뢰하지 않는 바람에 마음이 몹시 불편하거나 양심의 가책을 받고 있다는 사실 때문이었다. 교회 전체와 세상 앞에 하나님이 조금도 변하시지 않았다는 증거를 제시해야 한다는 생각을 일깨우려고 그들을 사용했다. 그리고 이 일을 위해서는 고아원의 설립이 가장 좋은 방법처럼 보였다.

고아원은 일반의 눈으로도 직접 확인할 수 있는 특별한 무엇이 되어야 했다. 그런데 만일 아무것도 소유하지 않은 내가 누구에게도 도움을 구하지 않고 오직 믿음과 기도로 고아원을 설립하고 계속 유지할 수 있다면, 그것은 회심하지 않은 사람들의 양심에 하나님의 일들이 현실적이라는 증거되는 동시에 주님의 축복으로 하나님 자녀들의 믿음을 굳건하게 하는 도구가 될 수 있다.

따라서 이것이 고아원 설립의 일차적인 이유가 된다. 나는 부모와 사별한 가난한 어린이를 보살피고, 그리고 다른 차원에서는 하나님의 도움으로 그들이 이 세상에서 선하게 살아가도록 돕는 데 하나님께 사용되고 싶은 심정이었다. 아울러서 나는 사랑하는 고아들이 하나님을 경외하도록 훈련하는 데 사용되기를 진심으로 갈망했다. 하지만 그 사역의 일차적이고 핵심적인 목적은 나를 비롯한 동료 사역자들이 누구에게도 도움을 청하지 않은 채 보살핌을 받은 고아들의 필요를 오직 기도와 믿음으로 공급해서 하나님께 영광을 돌리는 것이었다. 그것을 통해서 하나님은 여전히 성실하시고, 여전히 기도에 응답하신다는 게 확인될 수 있었다.

고아원을 설립하는 대표적인 세 가지 이유는 이렇다. 첫째, 하나님께 영광을 돌리기 위함이다. 하나님이 기쁘게 그 수단을 공급하시면 그 덕분에 하나님을 신뢰하는 게 헛된 일이 아니라는 게 입증될 수 있다. 그렇게 되면 하나님 자녀들의 믿음이 힘을 얻게 될 것이다. 둘째, 부모를 잃은 어린이들의 영적 복지이다. 셋째, 고아들의 현실적인 복지이다.

특별히 내 마음이 이끌린 것은 궁핍한 고아들에게 음식과 의복과 성경적인 교육을 제공할 수 있는 고아원의 설립이었다. 이런 의도를 가진 고아원에 관해서 나는 다음과 같이 말하고 싶다.

1. 고아원은 보고, 회계, 감독, 그리고 관리 원칙을 국내 및 해외를 위한 성경지식연구원과 연계시킬 작정이다.

어떤 면에서 고아원은 그 기구의 새로운 목적으로 간주할 수도 있겠지만 고아원 사역에 확실하게 전달된 기금만 사용한다는 측면에서는 다르다. 따라서 어떤 성도든지 지금껏 기금을 지원받은 이 기구의 다양한 목적이나 현재 계획 중인 고아원 가운데 어느 한쪽을 지원하겠다는 의사를 밝히면 그에 따라서 돈이 전달될 수 있다.

2. 고아원은 주님이 그것을 위한 방법과 운영할 수 있는 적당한 사람들을 허락하실 때만 설립될 수 있다.

방법에 대해서는 나의 의견을 다음과 같이 밝히고 싶다. 사역의 현장을 확대하려고 제안하는 이유는 우리가 최근에 다양한 방법을 확보했기 때문이 아니다. 오히려 우리는 경제적으로 어려웠다. 하지만 주님은 우리가 빚을 지는 게 성경적이 아니라는 것을 고려해서 나와 크레익 형제가 그 사역을 감당해낼 방법을 공급해달라고 기도하도록 하고, 이 기구와 관련해서 자비로운 응답을 자주 허락하셨다.

우리는 닷새 동안 서너 차례 함께 협력해서, 그리고 따로 떨어져서 기도했다. 이후로 주님은 우리 기도에 응답하시기 시작해서 며칠 만에 50파운드 정도가 기부되었다. 계속해서 나는 과거 5년 동안 하나님이 기도에 대한 응답으로 어떤 고정적인 수입이 없는 내게 세상의 필요를 자비롭게 사랑으로 공급했다는 것을 소개하고 싶다.

하나님은 내가 몹시 어려울 때마다 나와 같은 지역에 사는 이들뿐만 아니라 상당히 멀리 떨어진 곳에서 지내는 이들을 통해서, 그리고 친숙한 친구들뿐 아니라 단 한 번도 만나지 못한 사람들을 통해서 돈과 식량과 의복을 넉넉히 보내주셨다. 이 모든 일 덕분에 지난 4년간 주님이 오직 자신만 의지하게 한 것은 나 자신은 물론, 다른 이들을 위한 일이었다고 종종 생각하게 되었다.

나는 버림받은 가난한 어린이들이 테인머스 거리를 달리는 모습을 볼 때마다 이렇게 생각했다. "이 어린이들을 위한 학교를 세우기 위해서 방법을 허락해달라고 간구하는 게 하나님의 뜻이 아닐까?" 하지만 그것은 2, 3년간 생각에 불과할 뿐이었다. 이후로 대략 2년 반 동안 빈곤에 시달리는 많은 어린이가 브리스톨 거리와 내가 사는 집까지 찾아오는 것을 목격하고서 그들을 위해서 무엇인가를 해야 한다는 생각을 새롭게 하게 되었다. 당시에 실행에 옮기지 못한 것은 주님에 대한 신뢰가 부족해서가 아니라 나와 크레익 형제의 시간과 능력을 필요로 하는 일이 많았기 때문이다.

주님은 둘에게 믿음은 물론이고 주님이 할 수 있고, 또 하려는 일들에 관해서 다음의 사례를 통해서 보여주었다.

어느 날 아침에 방에 앉아서 어려운 어떤 형제를 생각하다가 자신에게 이렇게 말했다. "주님이 이 불쌍한 형제를 도울 방법을 기쁘게 허락하시면 얼마나 좋을까!" 약 1시간이 지났을 즈음에 오늘까지 한 번도 만난 적이 없는 어느 형제가 수천 킬로미터가 떨어진 곳에서 나를 위한 선물로 60파운드를 보내왔다. 이런 경험이 요한복음 14장 13~14절에 기록된 약속("너희가 내 이름으로 무엇을 구하든지 내가 행하리니, 이는 아버지로 하여금 아들로 말미암아 영광을 받으시게 하려 함이라. 내 이름으로 무엇이든지 내게 구하면 내가 행하리라")과 함께 우리 자신과 다른 이들의 세상적 축복과 영적 축복을 함께 담대히 간구하도록 우리를 격려하는 게 아닐까?

주님은 결국 그 생각이 '국내 및 해외를 위한 성경지식연구원'의 설립으로 이어질 때까지 이 가난한 어린이들에 관한 관심이 사라지지 않도록 거듭해서 생각나게 하셨다. 나는 처음으로 대략 14개월 전에, 그리고 이후로도 계속해서 비슷한 방식으로 고아원의 설립을 생각해왔지만 지난 몇 주 동안은 더욱 그랬다. 최근에 내가 자주 했던 기도는 만일 그것이 하나님의 일이라면 가능할 수 있지만 그렇지 않으면 그 생각이 사라지게 할 것이라는 내용이었다.

후자의 경우보다는 그 문제가 하나님의 일이라는 생각을 점점 더하게 되었다. 만일 실제로 그렇다면, 하나님은 세계 곳곳에 있는 자신의 사람들에게 영향을 발휘해서(나는 브리스톨이나 영국이 아니라 금과 은의 소유자인 살아 있는 하나님을 기대하고 있었기 때문에) 주님이 이 사역을 돕게 하였던 크레익 형제와 나에게 일을 맡길 것이다. 그것이 가능할 때까지 우리는 주택을 임대하거나 거기에 가구를 마련할 길이 전혀 없다. 하지만 이 일에 필요한 것과 사역에 적합한 인력을 일단 확보하면 고아원에 기부되거나 해마다 고아원에 많은 어린이가 지원할 때까지 기다릴 필요가 없다는 게 우리의 생각이다.

우리는 일용할 양식을 간구하도록 교훈하신 주님이 우리가 돌보는 것을 기뻐하는 어린이들의 필요를 공급할 수 있도록 의지하게 할 것이라고 믿고 있다. 모든 기부금은 우리 집에서 받을 것이다. 어떤 성도든지 고아원을 꾸밀 수 있도록 책상, 의자, 침대, 침구, 그릇과 기타 가재도구, 의복제작에 필요한 면직물, 모직물, 혼모직물 자투리나 헌 옷을 보내주면 기쁘게 받을 것이다.

기금을 확보하는 것만큼이나 중요한 문제라고 할 수 있는 그 사역의 수행에 필요한 인력 역시 하나님을 직접 의지하는 방식을 따를 것이다. 아울러 고아원의 규모에 따라서 교사와 보모와 보조직원으로 참여할 사람들은 진정한 성도여야 하고 우리가 판단하기에 그 사역에 필요한 자격을 역시 갖춰야 한다.

3. 현재는 그 사역을 개시할 시점에 관해서 전혀 말할 수 없다.

고아원에 남녀 어린이들을 모두 받아들일지, 아니면 어느 한쪽만 받아들일지, 그리고 어떤 연령대의 어린이들을 받아들일지, 어느 정도나 어린이들이 고아원에서 지낼지도 마찬가지다. 우리가 줄곧 이런 문제를 고민했지만 이런 구체적인 것은 차라리 주님이 우리 손에 쥐여주실 방법과 그 기관의 관리를 위해 제공하는 사람들의 의견을 따르고 싶다. 주님이 우리를 도구로 사용하신다면 되도록 빨리 구체적인 내용을 알릴 수 있도록 간단한 문서를 발간할 것이다.

4. 부모를 모두 잃은 몹시 가난한 어린이들만 받으면 좋겠다는 게 분명해졌다.
5. 여자아이들은 봉사, 남자아이들은 직업을 갖도록 양육할 생각이다. 그들은 능력과 건강 상태에 따라서 유용한 직업을 갖게 되고, 그러면 생계를 책임질 수 있게 될 것이다. 그 밖에도 어린이들은 일반적인 교육을 받게 된다. 하지만 고아원의 중심이 되는 특별한 목적은 하나님의 축복으로 성경을 가르쳐서 예수 그리스도에 대한 지식을 갖게 하는 것이다.

〈 고아원에 관한 추가 설명 〉

최근에 주님을 의지하는 가운데 고아원 설립에 관한 관심이 되살아났지만 처음 두 주는 그것이 주님의 일인지를 놓고서 그저 기도만 했다. 만일 주님과 무관하다면 그 일에 관한 모든 생각은 그분의 은혜로 사라질 수 있었다. 주님의 생각을 제대로 파악하지 못한 것은, 부모를 잃은 가난한 어린이들에게 숙소와 성경적 교육을 제공하는 것을 주님이 내켜

하시는지 아닌지가 아니라 이미 상당한 업무를 맡은 내가 그런 목적을 추진하는 도구가 되는 게 그분의 뜻인지 의문이 들었기 때문이었다. 하지만 만일 그게 하나님의 뜻이면 방법을 받을 수 있을 뿐 아니라 어린이들을 보살필 사람들도 확보될 테니 내가 관여해도 일의 중요성에 비례해서 많은 시간을 뺏기지 않을 것이라는 게 위안이 되었다.

나는 두 주 내내 주님께 그 사역에 필요한 돈이나 인력을 일절 구하지 않았다. 하지만 12월 5일에 기도 제목이 갑자기 달라졌다. 시편 81편을 읽다가 과거 어느 때보다 상당한 충격을 받았다. "네 입을 크게 열라. 내가 채우리라." 나는 잠시 이 구절을 묵상하고서 그것을 고아원 문제에 적용했다. 내가 고아원의 설립 여부에 관해서 주님의 생각을 제외하고는 일절 간구하지 않았다는 사실 때문에 충격을 받았다. 그래서 무릎을 꿇고서 입을 크게 벌린 채 주님께 많은 것을 구했다. 그분의 뜻에 복종하면서 기도 응답의 기간을 정하지 않고 간구했다.

주님께 주택을 달라고 기도했다. 임대하거나 누군가 우리 대신 임대료를 지급하거나 아니면 이 목적을 위해서 주택을 영구적으로 제공받을 수도 있었다. 아울러서 나는 주님께 1천 파운드를 간구하고 어린이들을 돌볼 수 있는 적당한 사람들을 위해서도 기도했다. 이것 이외에도 주님께 사람들을 시켜서 고아원에 필요한 가구나 어린이들을 위한 의복을 보내달라고 기도했다. 그렇게 간구하면서도 내가 무슨 일을 하고 있는지 정확하게 알고 있었다. 즉 간구의 내용을 내가 아는 형제들로부터 얻을 수 있다고는 당연히 기대할 수 없지만, 주님이 감당하시지 못할 정도는 아니라는 것을 알고 있었다.

고아원 사역을 위한
기도의 근거들

하나님께 호소하는 데 사용한 근거들은 다음과 같다.

1. 나는 기도에 대한 응답을 통해서만 고아들의 필요를 공급하시는 하나님의 가시적인 증거가 될 수 있는 사역을 하나님의 영광을 위해서 시작한다. 그분은 살아계신 하나님이시고 오늘날에도 아주 적극적으로 기도에 응답하시기 때문에 필요한 것을 기쁘게 공급하실 것이다.

2. 하나님은 '고아의 아버지'이시고, 따라서 그분은 아버지답게 주는 것을 좋아하신다(시 68:5).

3. 나는 예수님의 이름으로 어린이들을 받아들였고, 그러니 그분이 이 어린이들을 받아들이고 먹이고 입혀주신 것이다. 그분이 이 일

을 당연히 만족스럽게 생각했을 것이다(막 9:36-37).
4. 지금껏 많은 하나님 자녀들의 믿음이 이 사역 덕분에 강화되었다. 만일 하나님이 미래를 위한 수단을 보류하면 믿음이 약한 이들은 충격을 받을 것이다. 하지만 그 수단을 계속 허락하시면 그들의 믿음은 한층 더 강해질 수 있다.
5. 주님이 공급을 중단하신다면 많은 원수가 비웃으면서 이 광신이 허무하게 끝날 줄 알고 있었다고 말할 것이다.
6. 교육을 받지 못했거나 육적인 상태를 벗어나지 못한, 하나님의 많은 자녀가 하나님의 사역을 할 때 세상과 계속해서 연합을 유지하는 것을 정당하게 생각할 수 있다. 만일 하나님이 돕지 않으신다면 그들은 비슷한 기관들을 운영하면서 필요한 방법을 확보하기까지 비성경적인 방법을 계속 사용할 것이다.
7. 주님은 내가 자신의 자녀이고 나의 힘으로는 이 어린이들의 필요를 공급할 수 없음을 알고 계신다. 따라서 그분은 도움을 베풀지 않으면서 이 짐을 계속 내게 맡기지 않을 것이다.
8. 하나님은 자신을 신뢰하는 나의 동료 사역자들도 공급이 끊어지면 시험을 받게 된다는 것을 기억하실 것이다.
9. 하나님은 성경적인 교육을 받는 어린이들을 그들의 과거 친구들에게로 돌려보내야 한다는 것을 기억하실 것이다.
10. 하나님은 처음에는 공급을 기대할 수 있어도 나중에는 그렇지 않을 것이라고 말한 이들이 그릇되었다는 사실을 증명하려고 하실 것이다.
11. 하나님이 방법을 제공하신 것이 아니라면, 지금껏 이 사역과 관

련해서 하나님이 내게 허락하시고, 또 그것이 내게 속한 일이라고 아주 확실하게 보여주신 기도에 대한 여러 가지 아주 놀라운 응답들은 어떻게 해석해야 할까?

고아원 부지의 매입에
관한 일화

.
.
.

벤자민 페리(Benjamin Perry)는 애슐리 다운에 고아원을 세우기 전에 땅을 사게 된 상황을 설명한다. 그는 주님이 어떻게 그 땅의 소유주에게 직접 역사하셨는지를 소개하는 내용을 뮬러에게 직접 전해 들었다.

뮬러는 브리스톨에서 훨씬 가까운 곳의 땅을 사는 것에 관해서 알아보고 있었다. 그런데 부르는 값은 에이커 당 최소한 1천 파운드였다. 그 때 그는 제1고아원과 제2고아원이 세워진 땅을 에이커 당 2배 파운드에 내놓았다는 것을 알게 되었다. 그래서 그는 소유주의 집을 방문했다. 그는 집에 없었고 시내에 있는 사무실에 있다는 말을 들었다. 뮬러는 그곳을 찾아갔지만 그가 몇 분 전에 떠나서 집에 가야 만날 수 있었다.
대부분의 사람은 즉시 소유주의 집으로 출발했을 것이다. 하지만 그는 걸음을 멈추고 생각했다.

"만일 주님이 이렇게 짧은 시간에 땅 주인을 두 번씩이나 만나지 못하게 하신 것이라면, 그 사람을 오늘 만나지 못한 데는 어떤 목적이 있다. 그러니 이 문제에 대해서 주님을 앞서가지 않도록 아침까지 기다리자."

그래서 기다렸다가 다음 날 아침에 그의 집을 찾아가서 만났다. 거실에 들어서자마자 주인이 말했다.

"뮬러 씨, 당신이 찾아온 이유를 알고 있습니다. 애슐리 다운에 있는 내 땅을 사려는 것 아닙니까? 어젯밤에 꿈을 꾸었는데 당신이 땅을 사러 찾아왔습니다. 나는 에이커 당 2백 파운드를 요구했지만 주님은 당신에게 120파운드 이상을 요구하지 말라고 말씀하셨습니다. 그러니 그 가격에 사신다면 문제가 될 게 없습니다."

그렇게 해서 10분 안에 계약이 이루어졌다. 뮬러는 이렇게 말한다.

"주님의 인도하심을 앞질러 가지 않고 조심스럽게 따름으로써 전날 저녁에 주인을 찾아갔으면 치렀을 가격보다 에이커 당 80파운드씩 싸게 땅을 살 수 있었다."

성실하게 공급하시는 하나님

-
-
-

페리는 이렇게 기록한다.

뮬러는 헌틀리에서 개최된 모임에서 요청을 받고 고아원 사역과 관계된 기도에 대한 응답 속에 드러난 하나님의 성실하신 모습을 구체적으로 제시했다. 다음은 그런 예들 가운데 일부이다.

첫째, 그는 사역의 초기는 물론이고 만년에 이르기까지 다양한 시기에 하나님이 자신의 믿음을 극단적으로 시험하신 것은 적절했지만, 그렇게 해서 하나님이 약속을 성실하게 지키신다는 게 더 확실하게 입증되었다.

뮬러는 한때를 예로 들어서 설명한다. 어린이들이 하루의 마지막 식사를 하고 나자 다음 날 아침식사에 필요한 돈이나 물질이 수중에 전혀 없었다. 뮬러는 집으로 갔지만 아무것도 들어오지 않았고, 그래서 필요를 하나님께 맡기고 잠자리에 들었다.

다음날 이른 아침 산책하러 나간 그는 도움을 구하는 기도를 하다가 전혀 낯선 길에 들어섰다. 그리고 잠시 걷다가 어느 친구를 만났는데, 그는 만나서 반갑다는 인사를 하면서 고아들을 위해 사용해달라고 하면서 5파운드를 건넸다. 뮬러는 감사를 표했지만, 기부자에게는 어려운 시기에 대해서 한마디도 하지 않고 즉시 고아원으로 돌아가서 이렇게 곧장 기도에 응답하신 하나님을 찬양했다.

둘째, 고아들에게 아침을 먹일 수 있는 재정이 전혀 없을 때도 있었다. 어느 신사가 아침 식사 시간 전에 찾아와서 당시에 필요한 모든 비용을 기부했다. 그해에 보고서를 발간하면서 필요한 순간에 도움을 베푸시는 하나님의 성실하심을 알리는 이런 증거가 수록되었다. 얼마 지나지 않아서 그 기부자가 뮬러를 방문해서 신분을 밝혔고, 자신의 기부금이 그렇게 특별히 어려운 시기에 전해진 것을 알고서 그 돈의 전달과정을 알릴 필요가 있다는 생각을 하게 되었다고 말했다. 사연은 이랬다.

그는 아침 식사 전에 일찍 브리스톨에 있는 사무실에 가게 되었다. 가는 도중에 '뮬러의 고아원에 들러서 기부해야겠다'는 생각을 하게 되었다. 발걸음을 돌려서 약 400m쯤 고아원을 향해 갔을 때 걸음을 멈추고 혼잣말을 했다. "어리석게도 급히 해야 할 일을 잊어버리다니! 고아들에게는 언제라도 돈을 줄 수 있는 거잖아." 그래서 그는 다시 발길을 돌려 사무실로 향했다.

그런데 잠시 뒤에 다시 돌아가야 할 것 같은 느낌을 받았다. 그는 이렇게 생각했다. '고아들에게 지금 돈이 필요할지도 몰라. 하나님이 그들을 돕도록 보내셨는데 내가 그냥 외면한 것일 수도 있어.' 이런 느낌이 너무 강해서 그는 고아원으로 되돌아가서 고아들에게 아침 식사를 먹일 수 있는 돈을 기부했다. 이 일에 대한 뮬러의 해석은 이렇다. "정말 자비로우신 하늘 아버지답지 않습니까!" 그러면서 그는 집회 참석자들에게 자신을 신뢰하는 이들에게 약속을 지키시는 성실하신 하나님을 의지하고 드러내도록 강조했다.

뮬러에 관한
또 다른 회상

페리는 또 다른 추억을 다음과 같이 소개한다.

    조지 뮬러는 주님이 있는 곳으로 떠나기 약 3주 전 어느 날 오후에 친구들과 함께 집에서 자유롭게 대화를 하다가 일주일 전에 오래된 사랑하는 두 명의 친구를 방문했다는 소식을 전했다. 그들이 자신보다 대략 10년 정도 젊었지만 뮬러는 걸어 다닐 힘과 특히 주님을 섬길 수 있는 능력이 그들보다 훨씬 크다는 것을 확실히 알 수 있었다.
    그래서 그는 환한 미소를 지으면서 장난스럽게 말했다.
    "비록 그들보다 나이는 많을지 모르지만, 기력을 비교하면 내가 훨씬 젊다는 생각을 하면서 사랑하는 친구들과 헤어졌지요."
    그리고는 자신에게 자비를 베푸는 하나님을 곧장 찬양했다.

"하늘 아버지는 정말 다정하고 자비하십니다. 나는 어느 곳도 아프거나 불편하지 않고, 류머티즘에도 걸리지 않았습니다. 그리고 지금 93세이지만 여느 때처럼 힘들지 않고 고아원에서 하루의 일과를 감당하고 있습니다."

뮬러의 신앙적 성품이 다음의 두 문장에 고스란히 드러나 있다.

| 조지 뮬러는 아무것도 아닙니다. 그 자신 안에서는 더 나쁜 일만이 가능할 뿐입니다. | 주 예수님은 모든 것이 되십니다. 은총 덕분에 만왕의 아들인 그리스도 안에서 무엇이든 가능합니다. |

그리고 그는 그렇게 살았다. 이 사랑스럽고 존경스러운 그리스도의 종을 누구보다 잘 알고 사랑하는 모든 이는 그가 늘 가까이 계시고 전능하시고 사랑이 넘치는 주님을 한결같이 대했다고 증언할 것이다. 주님의 사랑은 뮬러가 갚을 수 없을 만큼 커서 모든 것을 기쁘게 전폭적으로 확신했고, 또 주님은 크고 중요한 문제에 대한 그의 기도와 찬양을 늘 가까이서 들어주실 준비를 하고 있어서, 아무리 사소한 일이라도 기분께 털어놓았다.

이것은 너무 사실적이라서 주님이 실제로 임재하고 있음을 의식하지 않고서는 그가 주님과 개인적으로 은밀하게 교제하는 게 거의 불가능할 정도였다. 그는 사람들이 제삼자와 대화하듯이 주님께 자유롭게 기도하고 찬양하면서 조언을 구했다. 그리고 자신의 특별한 사역을 모두 구별해서 주님께 내려놓은 간구에 대한 답변으로 몇 번이고 아주 확실한 기도의 응답을 받을 수 있었다.

【 참고 문헌 】

● 조지 뮬러 전기 자료

Muller, George (2004). Autobiography of George Muller : A Million and a Half in Answer to Prayer. Vestavia Hills, Alabama : Solid Ground Christian Books.

Muller, George (1984). Autobiography of George Muller : the Life of Trust. Grand Rapids, Michigan : Baker Book House.

Muller, George (2003). A Narrative of Some of the Lord's Dealings with George Muller Volume 1. Spring Lake, Michigan : Dust & Ashes Publications.

Pierson, Arthur Tappan (1899). George Muller of Bristol. London : James Nisbet & Co.

Steer, Roger (1997). George Muller : Delighted in God. Tain, Rosshire : Christian Focus.

Garton, Nancy (1992). George Muller and his Orphans. Chivers Press, Bath.

Harding, William Henry (1914). The Life of George Muller. Oliphants Ltd, London/Edinburgh.

Muller, George (2008). Excercise the Power of Prayer. 유재덕 역. 「조지 뮬러의 기도」. 서울 : 브니엘.

● 옮긴이 참고 자료

Thwing, Charles F. (1979). American and the German University : One Hundred Years of History. 이형행 역.「대학과 학문」. 서울 : 연세대학교출판부.

Lindberg, Carter (ed.). (2005). The Pietist Theologians : An Introduction to Theology in the Seventeenth and Eighteenth Centuries. Malden : Blackwell Pub.

Philip, Robert (1838). The Life and Times of the Reverend George Whitefield. New York : D. Appleton & Co.

Peterson, Robert (1995). Robert Chapman, A Biography. Neptune : Loizeaux Brothers Inc.

Drummond, Lewis A. (1992). Spurgeon : Prince of Preachers. Grand Rapids: Kregel Publications.

Kuznetsova, Miriam (2009). Early Russian Evangelicals(1874-1929) : Historical Background & Hermeneutical Tendencies Based On I. V. Kragel's Written Heritage. Gauteng : University of Pretoria.

Mueller, Susannah Grace (1889). The Preaching Tours and Missionary Labours of George Mueller. London : J. Nisbet.

Peterson, Robert (1995). Robert Chapman, A Biography. Neptune : Loizeaux Brothers Inc.

Tenney, Mary McWhorter (1936). Communion Tokens: Their History and Use, With a Treatise on the Relation of the

Sacrament to the Vitality and Revivals of the Church. Grand Rapids, MI : Zondervan Publishing House.

Lindberg. David C. & Ronald L. Numbers (ed.) (2003). When Science and Christianity Meet. Chicago : The University of Chicago Press.